國學經典譯注叢書

周易译注

黄寿祺　张善文　撰

上海古籍出版社

图书在版编目（CIP）数据

周易译注/ 黄寿祺，张善文撰. —上海：上海古籍出版社，2012.8（2025.5 重印）
（国学经典译注丛书）
ISBN 978-7-5325-6403-3

Ⅰ.①周… Ⅱ.①黄… ②张… Ⅲ.①周易—译文②周易—注释 Ⅳ.①B221

中国版本图书馆 CIP 数据核字（2012）第 047110 号

国学经典译注丛书
周易译注
黄寿祺　张善文 撰
上海古籍出版社出版、发行
（上海市闵行区号景路 159 弄 1—5 号 A 座 5F　邮政编码 201101）
（1）网址：www.guji.com.cn
（2）E—mail：gujil@guji.com.cn
（3）易文网网址：www.ewen.co
常熟市人民印刷有限公司印刷
开本 700×1000　1/16　印张 25　插页 2　字数 348,000
2012 年 8 月第 1 版　2025 年 5 月第 11 次印刷
印数：30,901—32,400
ISBN 978-7-5325-6403-3
K·1565　定价：49.00 元
如有质量问题，请与承印公司联系

前　言

冠居“群经”之首的《周易》，是我国古代现存最早的一部奇特的哲学专著。这部奇书的思想光华，是通过神秘的“占筮”外衣，焕发出恍惚窈冥的象征色彩：它那蕴蓄丰富的变化哲理出现之际，人们对之既向往又“陌生”，乃至“仁者见之谓之仁，智者见之谓之智，百姓日用而不知”（《系辞上传》）；随着历史的推进，自孔子“读《易》韦编三绝”（《史记·孔子世家》）之后，学人对《周易》的认识逐代加深，《易》学著述层出不穷，然而，同时产生的种种扑朔迷离的猜测、附会之说却也多得令人眼花缭乱，遂使本属“玄学”的《周易》思想被涂上一重又一重“幻想和奇想”的“附加色”。尚秉和先生有感于这一情状，慨而叹曰：“最多者《易》解……最难者《易》解……苟非真知灼见之士，为扬榷其是非，厘订其得失，后学将胡所适从哉？”①

处在今天的时代，我们有必要在辨析旧说的基础上，科学地发掘这部古老的哲学著作的真正价值，品评、确立其在中国哲学史、世界文化史上应有的地位。当然，进行这项工作的首要步骤，是先须正确地理解《易》学研究中一系列不可回避的问题，如《周易》的创作过程、时代背景、命名之义、经传大旨，以及历代《易》学的源流派别、今天应当采用的研究方法等。这些问题虽有种种成说，却多数未臻一致。笔者固不敢辄论前贤是非，谨就见识所及，采摭可取的说法，在简述《周易》经传基本内容的同时，结合上述问题略作分析，以期有助于读《易》、研《易》者探索打开《易》学大门的最初途径。

一、《周易》“经”部分的创作过程经历三大阶段：阴阳概念的产生、八卦创立、重卦并撰成卦爻辞，三者均是遵循“观物取象”的创作原则

翻开《周易》，首先看到的是八卦、六十四卦符号，以及与这些符号紧密关联的卦辞、爻辞。这就是《周易》的“经”文。

《周易》“经”部分的创作过程，大致经历了三个阶段：阴阳概念的产生，八卦创立，重卦并撰成卦爻辞。

十分明显，无论是后来的八卦或六十四卦，都是由阴阳两爻（--、—）组合成的，所以，叙及《周易》的创作，我们不得不从这两种基本符号谈起。“阴”、“阳”概念的形成，是古代人们通过对宇宙万物矛盾现象的直接观察得出的。“盈乎天地之间无非一阴一阳之理”（《朱子大全·易纲领》），在古人心目中，天地、男女、昼夜、炎凉、上下、胜负……几乎生活环境中的一切现象都体现着普遍的、相互对立的矛盾。根据这种直感的、朴素的观察，前人把宇宙间变化万端、纷纭复杂的事物分为阴、阳两大类，用两种符号表示：阴物为“--”，阳物为“—”。为什么用这两种符号（而不是别的符号）来象征阴阳呢？人们曾作过各种猜测，或以为是男女生殖器的象征，或以为是龟卜兆纹所演化，或以为是古代用于占筮的两种竹节的象形，或以为是取用上古“结绳”时代“有结”、“无结”的形态等等[②]，见仁见智，皆可并存。但有一点是人所公认的：阴阳爻象的形成，本于古人对自然万物的直接观察，象征着广泛的相互对立的种种事物、现象。

在这基础上，古人以阴、阳符号为“爻”，每三爻叠成一卦，出现了“八卦”（《周礼》称为“经卦”）。八卦各有不同的名称、形式，分别是：乾（☰）、坤（☷）、震（☳）、巽（☴）、坎（☵）、离（☲）、艮（☶）、兑（☱）。八卦的取象，已经从阴阳二爻对事物的广泛象征，发展到对自然界八种基本物质的具体象征；这八种基本物质是：天、地、雷、风、水、火、山、泽。在后来的《易》理演绎和《易》筮运用的过程中，八卦的卦象又不断扩展增益，可以分别象征八种类型的诸多物象，《说卦传》所举象例，即可见其概略。以八卦与阴阳二爻相比较，两者的创立有一个共同点：均是古人通过观察自然物象所得，然后又作为喻示种种物情、事理的象征符号。《系辞下传》对此作了较为明白的说明：

> 古者包牺氏之王天下也，仰则观象于天，俯则观法于地，观鸟兽之文，与地之宜，近取诸身，远取诸物，于是始作八卦，以通神明之德，以类万物之情。

这是阐述古人从观察万物到制成八卦的整个思维过程，即“观物取象”的创作特征。其中所“观”之“物”，乃是自然、生活中的具体事物；所“取”之“象”，则是模拟这些事物成为有象征意义的卦象。如乾为天、坤为地等即是。此后，八卦两两相重，出现了六十四卦(《周礼》称为“别卦”)，并产生了解说这些卦形所寓哲理的卦爻辞。此时，《周易》“经”文全部创成，其独具体系的哲学思想已趋成熟。

就卦形看，六十四卦及每卦中的六爻，也同样都是作《易》者遵循“观物取象”思维形式的产物。例如，䷢为《晋》卦(“晋”意为“进长”)，卦形是坤下离上(地在下，火在上)，拟取太阳从东方大地升起这一物象，说明事物处于上进、成长之时的发展规律；与之相对的，䷣为《明夷》卦(“明夷”意为“光明殒灭”)，卦形是离下坤上(火在下，地在上)，拟取太阳从西方大地落下这一物象，说明事物处于光明转向黑暗之时的变化情状。很明显，它们都以拟取物象来喻示事理。至于六十四卦中的每一爻，也各具其象。如䷀为《乾》卦，卦形是由完全相同的六个阳爻“—”组成，但每爻各自象征着不同的义理。以上下两爻为例：下爻(初九)“—”，爻辞曰“潜龙勿用”，喻示此爻犹如一条潜伏水底、养精蓄锐的“龙”的形象，说明事物以刚健气势崛起之初，必须积蓄力量，创造条件，不可轻易盲动；上爻(上九)“—”，爻辞曰“亢龙有悔”，喻示此爻犹如一条激昂飞腾而飞得太高太猛的“龙”的形象，说明事物刚健过甚、发展超过一定限度，必将走向反面，出现挫折。显然，这些“爻”都是某种特定的象征，暗示着各不相同的哲理意义。

就卦爻辞看，六十四卦的卦辞及每爻的爻辞，均是配合卦形阐明象旨。卦爻辞的出现有两大意义：(一)使《周易》成为卦形符号与语言文字有机结合的一部特殊的哲学著作；(二)使“《易》象”从隐晦的符号暗示发展为用文字表述的带有一定文学性的形象。卦爻辞的表现形式是“假象喻意”，即拟取人们生活中习见常闻的物象，通过文字的具体表述，使卦形、爻形内涵的象征旨趣更为鲜明、生动。如上文所引《乾》卦的两爻，由于“潜龙勿用”、“亢龙有悔”这些具体文辞的形象表达，使这两爻的象征意义突出地显示出来了。而每卦的卦辞与六则爻辞，在相互联系中，披露了该卦所蕴涵的事物运动、变化、发展的哲理；六十四卦相承相受，从六十四种角度分别展示不同的环境条件下的事理特征及变化规律——《周易》哲学于是形成了独特的系统，并深刻地影响着后世的文化、思想而流传不衰。

二、《易传》七种十篇，又称《十翼》，汉以后被合入经文并行

宋人林光世《水村易镜·自序》云：

> 古之君子，天地、日月、星辰、阴阳造化、鸟兽草木无所不知，不必读卦辞、爻辞，眼前皆自然之《易》也。世道衰微，《易》象几废，孔圣惧焉，于是作《大象》、《小象》，又作《系辞》……令天下后世皆知此象自仰观俯察而得也③。

水村所谓"古之君子"，殆即指当时的卜筮者或学者们，其言不免流于浮夸；但其指出《易传》作者欲令人知《易》象均从仰观俯察而得，遂撰诸篇以明《易》旨，似不违情实。

从现存《易传》的内容看，共有《文言》、《彖传》上下、《象传》上下、《系辞传》上下、《说卦传》、《序卦传》、《杂卦传》七种，凡十篇。这十篇的创作宗旨均在解释《周易》"经"文大义，犹如"经"之"羽翼"，故又称《十翼》（见《周易乾凿度》）。

《易传》解"经"各有一定的侧重点或特定的角度，兹分叙如下。

《文言》，分前后两节，分别解说《乾》、《坤》两卦的象征意旨，故前节称《乾文言》，后节称《坤文言》。"文言"两字之义，即谓"文饰《乾》、《坤》两卦之言"。孔颖达引庄氏曰："以《乾》、《坤》德大，故特文饰以为《文言》。"（《周易正义》）李鼎祚又引姚信曰："《乾》、《坤》为门户，文说《乾》、《坤》，六十二卦皆放焉。"（《周易集解》）这两说似已点明《文言》的名义所在。

《彖传》，随上下经分为上下两篇，共六十四节，分释六十四卦卦名、卦辞及一卦大旨。"彖"字之义，李鼎祚引刘瓛曰："彖者，断也。"（《集解》）孔颖达引褚氏、庄氏曰："彖，断也，断定一卦之义，所以名为'彖'也。"（《正义》）但作为经传之名，其义有二：（一）指卦辞，即《释文》引马融所谓"彖辞，卦辞也"，《左传》襄公九年孔疏从之，称"《周易》卦下之辞谓为《彖》"；（二）指《易传》中的《彖传》，即王弼《周易略例》所谓"统论一卦之体，明其所由之旨也"，《正义》亦曰："夫子所作《彖辞》，统论一卦之义。"《彖传》阐释卦名、卦辞、卦义的体例，往往取卦象、爻象为说，多能指明每卦中的为主之爻，而以简约明了的文字论断该卦主旨。

《象传》，随上下经分为上下两篇，阐释各卦的卦象及各爻的爻象。其中释卦象者六十四则，称《大象传》；释爻象者三百八十六则④，称《小象传》。"象"字之义，犹言"形象"、"象征"，即《系辞下传》所谓："象也者，像此者也。"但作为经传之名，则有两义：（一）指《周易》的卦形和卦爻辞，《系辞下传》："《易》者，象也。"《左传》昭公二年叙韩宣子适鲁"见《易象》"即指此；（二）指

《易传》中的《象传》，旨在分析卦、爻的象征意义。《大象传》的体例，是先释每卦上下象相重之旨，然后从重卦的卦象中推衍出切近人事的象征意义，文辞多取“君子”的言行、道德为喻。如《乾》卦《大象传》称：“天行健，君子以自强不息。”即表明该卦上下象均为“天”，君子当效法“天”的健行气质，奋发图强；又如《损》卦《大象传》称：“山下有泽，损，君子以惩恶窒欲。”即表明该卦上“山”下“泽”，有损下益上之象，君子当效法此象，时时自损不善。其他诸卦的义例，无不如此。《小象传》的体例，是根据每爻的性质、处位特点，分析爻义吉凶利弊之所以然。如《乾》卦初九爻的《小象传》曰“潜龙勿用，阳在下也”，指明此爻微阳初萌，不可急于施用；又如《明夷》卦六二爻《小象传》曰“六二之吉，顺以则也”，指明此爻柔顺中正，不违法则，故获吉祥。其他诸爻亦均类此。《象传》以言简意明的文辞，逐卦逐爻地解说六十四卦、三百八十四爻的立象所在，使《周易》经文的象征意趣有了比较整齐划一的阐说。

《系辞传》，因其篇幅较长，分为上下两篇。“系辞”二字的名义，有两方面：（一）指卦爻辞，即《正义》所谓“圣人系属此辞于爻卦之下”，“上下二篇经辞是也”；（二）指《易传》中的《系辞传》，亦即《正义》所云“夫子本作《十翼》，申说上下二篇经文系辞，条贯义理，别自为卷，总曰《系辞》”。《系辞传》可视为早期的《易》义通论，文中对《周易》“经”文的各方面内容作了较为全面、可取的辨析、阐发，有助于后人理解八卦、六十四卦及卦爻辞的大义。其中有对《周易》作者、成书年代的推测，有对《周易》“观物取象”创作方法的追述；或辨阴阳之理，或释八卦之象，或疏解乾坤要旨，或展示《易》筮略例；并穿插解说了十九则爻辞的象征意旨（集中见于《系辞上传》者七则，集中见于《系辞下传》者十一则，散见于《系辞上传》者一则，共十九则，详见黄寿祺所撰《从易传看孔子的教育思想》，载《齐鲁学刊》1984 年第 6 期）。当然，《系辞传》在通说《易》义的过程中，也充分地表露了作者的哲学观点；但就其创作宗旨分析，这些哲学观点又无不归趋于《易》理范畴。简言之，《系辞传》的要领，在于发《易》义之深微，示读《易》之范例。

《说卦传》，是阐说八卦象例的专论。全文先追述作《易》者用“蓍”衍卦的历史；再申言八卦的两种方位（宋人称为“先天”、“后天”方位）；然后集中说明八卦的取象特点，并广引众多象例，是今天理解、探讨《易》象的产生及推展的重要资料。其中言及八卦的最基本象例：乾为天，坤为地，震为雷，巽为风（为木），坎为水，离为火，艮为山，兑为泽；以及与之相对应的八种大体不变的象征意义：乾健，坤顺，震动，巽入，坎陷，离丽，艮止，兑说（悦）——这在《周易》六十四卦象征义理中几乎是每卦必用的象喻条例，对于明确《周易》卦形符号的构成原理尤有不可忽视的参考价值。

《序卦传》，旨在解说《周易》六十四卦的编排次序，揭示诸卦相承的意义。全文分两段：前段叙上经《乾》至《离》三十卦次序，后段叙下经《咸》至《未济》三十四卦次序。这种卦序，当是相沿已久的[5]；而文中所明各卦依次相承的意义，含有事物向正面发展或向反面转化的朴素辩证观点。可以说，《序卦传》是一篇颇具哲理深度的六十四卦推衍纲要。

《杂卦传》，其取名为"杂"之义，韩康伯云"杂糅众卦，错综其义"（《韩注》），即打散《序卦传》所揭明的卦序，把六十四卦重新分成三十二组两两对举，以精要的语言概括卦旨。文中对举的两卦之间，其卦形或"错"（亦称"旁通"，六爻相互交变）或"综"（亦称"反对"，卦体相互倒置），其卦义多成相反。这种"错"、"综"现象，是六十四卦符号形式的重要特征，从中可以窥探出作者对卦形结构的认识，其哲学意义在于表明事物的发展往往在正反相对的因素中体现其变化规律。

综上所述，我们在大体揭明了《易传》七种的内容要点的同时，可以得出这样一种论断：《易传》的创作，尽管其抒论角度各不相同，或叙述重点各有所主，但其基本宗旨无不就《周易》经文而发。那么，作为《周易》经文出现之后而产生的，并成为自古以来众所公认、无与伦匹的解经专著的《易传》，不但是今天研究《周易》经文的最重要的"津梁"，而且其本身的哲学内涵也值得深入探讨。

应当指出，《易传》七种原皆单行，后来被合入经文并行，自有一段为学者所认识、接受的过程。关于援传连经始于何人的问题，旧有两说。《三国志·魏书·高贵乡公传》记载曹髦与《易》博士淳于俊的一节对话云：

> 帝又问曰："孔子作《彖》、《象》，郑玄作注，虽圣贤不同，其所释经义一也。今《彖》、《象》不与经文相连，而注连之，何也？"俊对曰："郑玄合《彖》、《象》于经者，欲使学者寻省易了也。"帝曰："若郑玄合之，于学诚便，则孔子曷为不合以了学者乎？"俊对曰："孔子恐其与文王相乱，是以不合，此圣人以不合为谦。"

这段资料说明淳于俊认为，东汉的郑玄合《彖传》、《象传》于经文。《崇文总目》云："凡以《彖》、《象》、《文言》杂入卦中者，自费氏始。"晁公武《郡斋读书志》亦曰：

> 凡以《彖》、《象》、《文言》等参入卦中，皆祖费氏。东京荀、刘、马、郑皆传其学。王弼最后出，或用郑说，则弼亦本费氏也。

这是主张西汉的费直连传于经。两说孰是，尚无定论；但汉代学者出于便利诵习的目的，编成经传参合本，当是较为可信的说法。

经传合编本《周易》出现于汉代，是当时崇尚经学的社会背景的一方面反映。后代学者多依此本研读，影响至为广大，遂使《易传》的学术价值提高到与"经"并驾齐驱的地位，乃至人们在传述研究时论及《周易》一书，事实上往往兼指"经"、"传"两部分。

三、对《周易》经传作者、创作时代的考察："经"作于商末周初，"传"作于春秋、战国之间，经传并是"人更多手、时历多世"的集体撰成的作品

《周易》的作者、创作时代，是《易》学史上争论已久的重要问题。今天探讨这一问题，当分别就"经"、"传"的内容作具体辨析。

八卦的作者，《系辞下传》以为是伏羲，似属较早的传说，前人多信而不疑。

重卦始于何人，唐以前有四种主要说法：王弼以为伏羲重卦，郑玄之徒以为神农重卦，孙盛以为夏禹重卦，司马迁以为文王重卦（见《周易正义·序》）。

卦爻辞的作者，唐以前有两种主要说法：一说以为卦辞、爻辞并是周文王所作，郑学之徒并依此说；二以为验爻辞多是文王后事，以为卦辞文王所作，爻辞周公所作（见《周易正义·序》）。

《易传》的作者，孔颖达云："其《彖》、《象》等《十翼》之辞，以为孔子所作，先儒更无异论。"（《周易正义·序》）直至宋欧阳修撰《易童子问》，才第一次对孔子作《十翼》提出疑问。

可见，从先秦到北宋初的《易》学研究历史中，关于《周易》作者的争端，主要集中在重卦与卦爻辞的创作究竟归属何人的问题上。但在汉代学术界，较为通行的权威性观点，当推司马迁的论断，其说如下：

> 西伯……囚羑里，盖益《易》之八卦为六十四卦。（《史记·周本纪》）

自伏羲作八卦，周文王演三百八十四爻，而天下治。（《史记·日者列传》）

文王拘而演《周易》。（《报任少卿书》）

孔子晚而喜《易》，序《彖》、《系》、《象》、《说卦》、《文言》。（《史记·孔子世家》）

班固撰《汉书》，承司马迁说，对《周易》的作者问题作了简要的总结，其《艺文志》先引述《系辞下传》伏羲"始作八卦"诸语，又曰：

至于殷、周之际，纣在上位，逆天暴物，文王以诸侯顺命而行道，天人之占可得而效。于是重《易》六爻，作上下篇。孔氏为之《彖》、《象》、《系辞》、《文言》、《序卦》之属十篇。故曰《易》道深矣，人更三圣，世历三古。

其中"三圣"、"三古"之义，颜师古注云："伏羲为上古，文王为中古，孔子为下古。"这种说法，在汉代最为学者所接受，《周易乾凿度》亦谓"垂黄策者羲，益卦演德者文，成命者孔也"。故可视为汉儒之通谊。

北宋欧阳修以勇于疑古的精神，考辨了《易传》七种的内容，指出《文言》、《系辞传》、《说卦传》有相互牴牾之处，而《系辞传》前后文又有相矛盾之处，认为《系辞传》、《文言》、《说卦传》、《序卦传》、《杂卦传》非出自一人之手，不可视为孔子所作。其说略云："昔之学《易》者杂取以资其讲说，而说非一家，是以或同或异，或是或非。""余所以知《系辞》而下非圣人之作者，以其言繁衍丛脞而乖戾也。""至于'何谓'、'子曰'者，讲师之言也；《说卦》、《杂卦》者，筮人之占书也：此又不待言而可以知者。"（《易童子问》）欧阳修所疑，只是《易传》中的五种；而《彖传》、《象传》两种，似仍以为撰于孔子。

自欧阳修之后，疑古学风渐启。以至清人姚际恒《易传通论》、康有为《新学伪经考》等，均认为《易传》非孔子所作。康有为曰：

史迁《太史公自序》，称"《系辞》"为"《易大传》"，盖《系辞》有"子曰"，则非出孔子手笔，但为孔门弟子所作，商瞿之徒所传授，故太史谈不以为经而为传也。至《说卦》、《序卦》、《杂卦》三篇，《隋志》以为后得，盖本《论衡·正说篇》"河内后得《逸易》"之事，《法言·问神篇》"《易》损其一也，虽蠢知阙焉"，则西汉前《易》无《说卦》可知。扬雄、王充尝见西

> 汉博士旧本，故知之。《说卦》与孟、京《卦气图》合，其出汉时伪托无疑。《序卦》肤浅，《杂卦》则言训诂，此则歆（引者案，指刘歆）所伪窜，并非河内所出，宋叶适尝攻《序卦》、《杂卦》为后人伪作矣（《习学记言》）。歆既伪《序卦》、《杂卦》二篇，为西汉人所未见。又于《儒林传》云"费直徒以《彖》、《象》、《系辞》十篇《文言》解说上下经"；此云"孔氏为之《彖》、《象》、《系辞》、《文言》、《序卦》之属十篇"；又叙《易经》十二篇而托之为施、孟、梁丘三家；又于《史记·孔子世家》窜入"孔子晚而喜《易》，序《彖》、《系》、《象》、《说卦》、《文言》"。颠倒眩乱，学者传习，熟于心目，无人明其伪窜矣。（《新学伪经考·汉书艺文志辨伪》）

上述议论完全推翻了孔子作《易传》的旧说，并断言《说卦传》、《序卦传》、《杂卦传》三篇为汉人伪作。此说带有不少主观臆测成分，但对后来学术界疑古风气的盛行则产生了颇为重要的影响。

上世纪二三十年代间，学术界关于《周易》的作者和时代问题的讨论出现了一次热潮，主要倾向是否定汉儒的说法。其基本观点约可归纳如下：《周易》"经"部的作者，顾颉刚、余永梁等人认为非伏羲、文王所作，而是周初作品；李镜池等人认为《周易》编定于西周晚期，与《诗经》时代略同，作者亦非一人；郭沫若认为《周易》之作决不能在春秋中叶以前，当在春秋以后，作者是孔子的再传弟子馯臂子弓。至于《易传》，说者多承欧阳修以来"非孔子所作"的观点，郭沫若则进一步推测《易传》中的大部分是荀子的门徒们、楚国人所著，著书时代当在秦始皇三十四年（前213）以后；钱玄同认为西汉初田何传《易》时，只有上下经和《彖》、《象》、《系辞》、《文言》诸传，西汉中叶后加入汉人伪作的《说卦传》、《序卦传》、《杂卦传》三篇；李镜池又对诸篇作具体推测，以为《彖传》、《象传》作于秦汉间，《系辞传》、《文言》作于汉昭、宣间，《说卦传》、《序卦传》、《杂卦传》作于昭、宣后[6]。

此后四十余年来，人们又陆续对《周易》经传的作者进行了不同角度的探讨[7]，所得结论亦未臻一致，而较有影响的看法是卦爻辞作于周初，《易传》作于春秋战国间，经传作者均非一人，当是经过多人多时加工编纂而成的[8]。

值得注意的一个问题是，近年来，中国大陆考古学界对商周甲骨文、陶文、金文中的一些原先未解的"奇字"进行了探研，指出这些"奇字"即是商周时期以数字形式刻写下来的八卦、六十四卦符号，因而认为《易》筮时代至少应上推至商代，而周文王重八卦为六十四卦的说法也应予以纠正[9]。

当然,"数字卦"问题目前尚在探讨,能否成为确论,有待学术界的进一步研究。但据《周礼》云:"太卜掌《三易》之法,一曰《连山》,二曰《归藏》,三曰《周易》。其经卦皆八,其别皆六十有四。"郑玄注引杜子春云:"《连山》,宓羲;《归藏》,黄帝。"《周易正义序》引郑玄《易赞》及《易论》云:"夏曰《连山》,殷曰《归藏》,周曰《周易》。"《玉海》引《山海经》云:"伏羲氏得河图,夏后因之,曰《连山》;黄帝得河图,商人因之,曰《归藏》;列山氏得河图,周人因之,曰《周易》。"这些文献记载,说明周代以前即有与《周易》相类似的筮书《连山》、《归藏》[10],其卦形符号均为八卦重成的六十四卦;清人顾炎武依据《周礼》之说及《左传》所载春秋筮例,认为重卦应在周以前,"不始于文王",而周初的卦爻辞写定以后,《周易》才被取名为"《易》"[11]。此说似颇可取。

在上引诸多研究成果的基础上,我们可以说,八卦的出现和六十四卦的创成,当在西周以前的颇为远古的年代;古人称其作者为伏羲、神农、夏禹之类的"圣人",自然是一种带有崇古、崇圣心理的传说,但此中所涉及的时代范围却是可以参考的。那么,既然远在西周以前就产生了以六十四卦符号为基础的筮书,与之相应的筮辞也很可能同时出现了(至少在口头上流传)[12]。沿此进展,西周初年产生了一部新编的卦形、卦爻辞井然有序的《周易》,则是于理颇顺的。《系辞下传》说:"《易》之兴也,其当殷之末世,周之盛德邪?当文王与纣之事邪?"又说:"《易》之兴也,其于中古乎?作《易》者,其有忧患乎?"正是对《周易》卦爻辞创作时代较为审慎而且可取的推测。因此,我们不妨对《周易》卦形和卦爻辞的创作历程作出初步的拟议——西周以前的漫长岁月中,古人就已经运用以八卦重成的、类同《周易》六十四卦的符号进行占筮活动,甚或还附有简单的筮辞;到了殷末周初,当时的学者(或筮人)对旧筮书进行了革故鼎新的改编工作,改编的大致内容可能是:(一)使卦形符号规范化;(二)确定六十四卦卦序;(三)充实卦爻辞文句;(四)又经过多时、多人的润色、增删,最后编定成卦形体系完整、卦爻辞文句富有形象性的《周易》,时当为商朝灭亡、周朝鼎盛之际,约公元前十一世纪。此后,随着治《易》者的不断增多,尤其是孔子设教授徒亦涉及《易》学,遂陆续出现了从各种角度阐释《周易》大义的作品,并被学者编为专书传习,这就是汉儒称为《十翼》的《易传》。从《易传》中保留的不少"子曰"云云的言论,以及大部分内容所反映的浓厚的儒家思想,似可说明其作者当属孔门弟子们,而创作时代当在春秋、战国之间。总之,应该认为,《周易》经传的创作经历了远古时代至春秋战国之间的漫长过程,是"人更多手,时历多世"的集体撰成的作品。

四、《周易》的命名之义,“周”指周代,“易”谓变易

古人凡著一书,必重于立其名义。那么,《周易》的命名意义何在呢?

先叙“周”字。

“周”字之义,自来有两说:一曰“周”指周代。《周易正义·序》云:“案《世谱》等群书,神农一曰连山氏,亦曰列山氏;黄帝一曰归藏氏。既《连山》、《归藏》并是代号,则《周易》称‘周’取岐阳地名。《毛诗》云‘周原膴膴’是也。又文王作《易》之时,正在羑里,周德未兴,犹是殷世也,故题‘周’别于殷;以此文王所演,故谓之《周易》。其犹《周书》、《周礼》,题周以别余代。故《易纬》云‘因代以题周’是也。”二曰“周”字义取“周普”。《周易正义·序》又引郑玄释《周礼》“三易”之义曰:“《连山》者,象山之出云,连连不绝;《归藏》者,万物莫不归藏于其中;《周易》者,言《易》道周普,无所不备。”陆德明《经典释文》认为:“周,代名也;周,至也,遍也,备也,今名书义取周普。”是陆氏虽兼取两说,而实主“周普”之义。孔颖达指出:“先儒又兼取郑说,云既指周代之名,亦是普遍之义,虽欲无所遐弃,亦恐未可尽通。其《易》题‘周’,因代以称周,是先儒更不别解。”(《周易正义·序》)自孔颖达以来,注《易》之家专主“周”为代名者至为众多,今当从之。

再叙“易”字。

“易”字之义,古今说者尤多。考其本义,当为“蜥易”。《说文》云:“易,蜥易、蝘蜓、守宫也。象形。”其字篆文作“”,正像蜥易之形,蜥易即壁虎类动物,以其能十二时变色,故假借为“变易”之“易”。孔颖达指出:“夫‘易’者,变化之总名,改换之殊称。自天地开辟,阴阳运行,寒暑迭来,日月更出,孚萌庶类,亭毒群品,新新不停,生生相续,莫非资变化之力、换代之功。然变化运行,在阴阳二气,故圣人初画八卦,设刚柔两画,象二气也;布以三位,象三才也。谓之为《易》,取变化之义。”(《周易正义·序》)其他不同说法,择其要者约有六种:(一)《周易乾凿度》云:“‘易’一名而含三义:所谓易也,变易也,不易也。”即谓“易”含有“简易”、“变易”、“不变”三层意义。其书又详释曰:“易者,其德也。光明四通,简易立节,天以烂明,日月星辰,布设张列,通精无门,藏神无穴,不烦不扰,澹泊不失,此其易也。变易者,其气也。天地不变,不能通气,五行迭终,四时更废,君臣取象,变节相移,能消者息,必专者败,此其变易也。不易者,其位也。天在上,地在下,君南面,臣北面,父坐子伏,此其不易也。”(二)《说文》又引“秘书说:‘日月为易,象阴阳也。’一曰:‘从勿。’”考虞

翻《易注》引《参同契》云"字从日下月",取日月更迭、交相变易为说,意义与《说文》引正相同。清儒治《虞氏易》者,多遵其说。唯"从勿"之义,则颇难通。(三)清初毛奇龄撰《仲氏易》,略总前儒之说,谓"易"兼有"变易"、"交易"、"反易"、"对易"、"移易"五义。其谓"反易"实即虞翻之"反对","移易"即荀爽之"升降","对易"亦同虞翻之"旁通":此多取汉魏说《易》条例以释"易"名,义虽未为详备,要不为冥心臆测,用力亦勤。(四)桐城吴挚甫先生撰《易说》,又别为一解,云"易者占卜之名,因以名其官"。尚秉和先生宗其说,谓《史记·礼书》"能虑勿易",即言能虑者则不占,故坚主"易"字本诂谓"占卜"。(五)近人余永梁著《易卦爻辞的时代及其作者》一文(载中央研究院《历史语言研究所集刊》第一本第一分册,1931 年出版),认为筮法乃周人所创,以替代或辅助卜法,较龟卜为简易,故名书曰《易》。此说与《乾凿度》"易简"之义,名同而实异。(六)近人黄振华著《论日出为易》一文(载《哲学年刊》第五辑,1968 年 11 月台湾商务印书馆印行),据殷代甲骨文"易"字作"㣇",认为字形象征"日出",上半部尖顶表示初出的太阳,中间弧线表示海的水平面或山的轮廓线,下面三斜劈线表示太阳的光彩。并谓"日出"象征阴阳变化,大义亦主于"变易"。综观众说,立言纷纭。笔者以为,其义当就本义与后起义分别观之。《系辞上传》云"圣人设卦观象,系辞焉而明吉凶,刚柔相推而生变化"。《下传》云"八卦成列,象在其中矣;因而重之,爻在其中矣;刚柔相推,变在其中矣;系辞焉而命之,动在其中矣"。于此可见"易"之名书本义为"变易",《说文》所释可从;易简、不易等义,当为后起之说。而所谓"'易'兼有变易、交易、反易、对易、移易五义",实皆不出"变易"一义之范围,举"变易"而五义可尽赅。至如以"日月"、"日出"释字形者,其旨不离"变易",亦并可备为参考⑬。视《周易》书名的西语意译,多作《变化的书》(*The Book of Changes*),即立足于"易"字本义,颇见确切。

要言之,《周易》命名之义,"周"为代名,"易"主变易。古代典籍多简称为《易》,即强调其书所言之"变化"大旨。而"六经"之名,起于孔门弟子(本章学诚《文史通义》说);西汉初,《周易》为被列为学官的"经"书之一,学者遂尊称为《易经》。又因《易传》被合入经内并行,后来广义上的《周易》则兼指"经"、"传"。此即《周易》名义及其前后流变的大略情状。

五、《周易》一书的性质,就经传大旨分析,应当视为我国古代一部特殊的哲学专著

《周易》的性质,历来颇有争论。主要的分歧是:或以为是筮书,或以为是

哲学著作。这一问题牵涉到对《周易》经传大义的认识，因此这里亦分经传两部分试作探讨。

显然，《周易》的卦形、卦爻辞创成之后，其最突出的效用是占筮。无论《周礼》谓“太卜掌《三易》之法”，还是《左传》、《国语》所载诸多《易》筮史例，都足以印证这一事实。但古代的占筮往往与政治大事密切相关，天子、诸侯的政治、军事措施，有时必须取决于卜官的占筮结果；那么，在占筮过程中，事实上影响人们思想、左右人们行动的关键因素是筮书所表露的哲学内涵。换言之，要是抽掉了《周易》内在的哲学意义，则其书必不可能成为古代“太卜”所执掌的上层统治阶级奉为“圣典”的重要书籍。因此，朱熹虽极力强调“《易》本为卜筮而作”，却也不曾抹煞其哲学意蕴，认为“孔子恐义理一向没卜筮中，故明其义”(《朱子语类》)。清人皮锡瑞指出：

> 伏羲画卦，虽有占而无文，而亦寓有义理在内。……左氏杂采占书，其占不称《周易》者，当是夏、殷之《易》，而亦未尝不具义理；若无义理，但有占法，何能使人信用？观夏、殷之《易》如是，可知伏羲、文王之《易》亦如是矣。周衰而卜筮失官，盖失其义，专言祸福，流为巫史。左氏所载，焦循尝一一辨其得失，曰：《易》至春秋，淆乱于术士之口，谬悠荒诞，不足以解圣经，孔子所以韦编三绝而翼赞之也。……孔子见当时之人，惑于吉凶祸福，而卜筮之史加以穿凿傅会，故演《易》系辞，明义理，切人事，借卜筮以教后人，所谓以神道设教。其所发明者，实即羲、文之义理，而非别有义理；亦非羲、文并无义理，至孔子始言义理也。(《经学通论》)

皮氏的基本观点，是不同意把《周易》看成简单的“筮书”，认为八卦、六十四卦符号及卦爻辞均寓含“义理”，而《易传》作者只是把这些义理作了更加鲜明、更加切近“人事”的阐发。这种认识应当是较为客观、可取的。其实，倘若《周易》的卦形、卦爻辞没有内在的哲学性质，无论哪一位“圣人”，都无法凭空阐发出其中的“义理”来。所以，我们必须认识到，尽管《周易》的出现是以卜筮为用，但其内容实质却含藏着深邃的哲学意义。

只要认真剖析《周易》六十四卦的大义，我们不难发现，自从代表阴阳观念的爻画产生之日开始，《周易》哲学就奠下了符号象征的基础，或者说出现了最初的萌芽因素；而当八卦重成的独具体系的六十四卦及卦爻辞撰成编定之后，《周易》的象征哲学就完全显示出奇异的思想光华。这一点，前文叙《周易》创作过程时已略有提及，下面再举一些例子从四方面试为印证。

（一）从整体角度看，六十四卦是六十四种事物、现象的组合，一一喻示着特定环境、条件下的处事方法、人生哲理、自然规律等。如《乾》卦象征“天”，喻示“刚健”气质的发展规律；《坤》卦象征“地”，喻示“柔顺”气质的客观功用；《屯》卦象征“初生”，喻示事物“草创”之际排除艰难而发展的情状；《蒙》卦象征“蒙昧”，喻示事物蒙稚之时“启蒙发智”的道理。其余诸卦无不如是，均喻示某种具体的事理；而六十四卦的旨趣，又共同贯串会通而成作者对自然、社会、人生在运动变化中发展规律的基本认识，并反映着颇为丰富的哲学意义。

（二）分别诸卦来看，各卦六爻之间在“义理”上的联系，是十分明显的；而这种联系，正是某种事物、现象的变动、发展规律的象征性表露，也是一卦哲学内容的具体反映。举《师》卦为例，全卦象征“兵众”，阐明用兵的规律：初六阴爻处下，为“用兵”初始之象，爻辞说“兵众出发要用法律、号令来约束，军纪不良必有凶险”（“师出以律，否臧凶”），极言严明军纪的必要性；九二阳刚处中，上应六五，为率兵主帅之象，爻辞说“统率兵众，持中不偏可获吉祥，无所咎害；君王多次给予奖赏、委以重任”（“在师，中吉，无咎；王三锡命”），揭明主帅出师成功的条件；六三处下卦之上，阴柔失正，为力微任重、贪功冒进之象，爻辞说“兵众时而载运尸体归来，有凶险”（“师或舆尸，凶”），陈述出师失利败绩的教训；六四处上卦之下，柔顺得正，为谨慎用兵之象，爻辞说“兵众撤退暂守，免遭咎害”（“师左次，无咎”），指出用兵有时必须退守的情状；六五柔中居尊，为有德“君主”、慎于用兵之象，爻辞先说“田中有禽兽，利于捕取，必无咎害”（“田有禽，利执言，无咎”），又说“委任刚正长者可以统率兵众，委任无德小子必将载尸败归，守持正固以防凶险”（“长子帅师，弟子舆尸，贞凶”），这是模拟“君主”的身份、地位，申言用兵适时及谨慎择将的道理；上六柔居卦终，为班师归来之象，爻辞说“天子颁发命令，封赏功臣为诸侯、大夫，小人不可重用”（“大君有命，开国承家，小人勿用”），体现出师终了、论功行赏的法则。总归六爻大义，从“兵众”初出到收兵归来，分别展示了用兵的各方面要旨；其中贯穿一体、相互联系的本质意义，则是强调“师”以“正”为本。这就是卦辞所概括的：“《师》卦象征兵众：守持正固，贤明长者统兵可获吉祥，必无咎害”（“师：贞，丈人吉，无咎”）。若进一步分析六爻的哲学内涵，我们可以从爻中反映的胜败、进退、利弊、得失的种种喻象，领会出作《易》者所流露的早期军事思想的朴素辩证因素。可见，卦辞提纲挈领的概括，与六爻爻辞互为联系的分述,揭示出该卦卦象、爻象的象征本旨:卦爻的义理因之而显,全卦的哲学内容也由此得以体现。纵观《周易》六十四卦,均同此例。

(三)若将有关卦义两相比较,又可以发现六十四卦的哲理十分突出地反映着事物对立面矛盾转化的变动规律。如《乾》、《坤》两卦,象征"刚健"与"柔顺"的对立转化;《泰》、《否》两卦,象征"通泰"与"否闭"的对立转化;《损》、《益》两卦,象征"减损"与"增益"的对立转化,等等。不仅卦与卦之间如此,在一卦的具体爻象中,也往往喻示这一哲理;各卦的上爻多喻物极必反的意旨,即是最显著的例证。

(四)用综合分析的方法考察,《周易》六十四卦的内容又涉及作者对所处时代的思想意识形态各领域的多方面认识。其中有反映作者政治思想的,如《同人》卦流露的对"天下和同"理想的追求,《革》卦含藏的"革除弊政"的愿望等;有反映作者伦理思想的,如《家人》、《归妹》卦表述的对家庭结构、男婚女嫁问题的看法等;有反映作者经济思想的,如《节》卦喻示的"节制"观念,《贲》卦阐明的"质朴"主张等;有反映作者法制思想的,如《讼》、《夬》卦关于争讼和决除邪恶问题的阐述,等等。总之,一部《周易》的思想内容是十分丰富的,而无论哪一方面思想的反映,都建立在变化哲学的基础上。具体说,六十四卦纷繁复杂的内容,尽管涉及面十分广泛,却集中体现着统一的哲学原理:阴阳变化的规律。程颐指出:"六十四卦、三百八十四爻,皆所以顺性命之理,尽变化之道也。散之在理,则有万殊;统之在道,则无二致。"(《河南程氏遗书·易序》)这里所说的"变化之道",事实上就是《周易》哲学思想的核心。

应当指出,六十四卦的哲理,是通过"象征"形式表现出来的。《系辞下传》曰"《易》者,象也";《左传》昭公二年载:"晋侯使韩宣子来聘,……见《易象》与《鲁春秋》。"这是现存文献中最早视《周易》为"象"的例证。六十四卦的卦形、爻形,以及相应的卦辞、爻辞,均是特定形式的"象征":前者依赖卦爻符号的暗示,后者借助卦爻辞文字的描述——两者相互依存,融会贯通,共同喻示诸卦诸爻的象征义理。王弼曰:"触类可为其象,合意可为其征。"(《周易略例·明象》)项安世云:"凡卦辞皆曰象,凡卦画皆曰象;未画则其象隐,已画则其象著。"(《周易玩辞》)这两说分别指出《易》象触类旁通,以及文辞与卦形相辅而明"《易》象"的特点。那么,我们在研究《周易》六十四卦的过程中,必须细致把握这种象征规律,才能透过卦形、卦爻辞的外在喻象,领悟其内在的哲学涵义。

根据上文对六十四卦哲学意义的简要分析,我们认为《周易》的占筮,仅仅是古人对六十四卦义理的一方面运用[14]；《周易》的象征，是其书哲学内容的基本表现形式；而贯穿全书的反映事物对立、运动、变化规律的思想，则是六十四卦哲理的根本核心。因此，《周易》的“经”部分，虽以占筮为表，实以哲学为里，应当视为一部独具体系的哲学著作。

关于《易传》的性质，人们比较一致认为是一组颇有深度的哲学著述。对《易传》思想的归纳，近人作过一些尝试，如张立文将其归为六点，曰：政治思想、唯物主义的自然观、朴素辩证法思想、唯物主义认识论、道德伦理思想、社会进化的历史观等（《周易思想研究》，1980 年 8 月湖北人民出版社出版）；张岱年将其归为三点，曰：本体论学说、辩证法思想、人生理想与政治观点等（《论〈易大传〉的著作年代与哲学思想》，载《中国哲学》第一辑，1981 年北京三联书店出版）。其他论著尚多，兹不赘引。诸说归纳分析的角度、方法虽不尽同，但其基本认识均在于肯定《易传》作为一组古代哲学著作的丰富的思想价值。

然而，《易传》哲学思想的一个重要特色，是建立在对《周易》经义的阐释、发挥的基点上。因此，其中有相当一部分思想内容，如关于阴阳矛盾、运动变化的朴素辩证观念，关于以乾坤为本的宇宙生成说，乃至关于政治、伦理、道德各方面的观点，常常是六十四卦大义的直接引申，与“经”的本旨是无法割裂的。当然，也有不少内容是《易传》作者的独特见解，但也是在阐“经”过程中得出的。朱熹论《系辞传》云：“或言造化以及《易》或言《易》以及造化，不出此理。”（《朱子语类》）意谓作者在“言《易》”的同时，泛及自然界的发展规律，以体现其哲学观点。这一看法用来说明整个《易传》，似也大略适合。可以说，没有“经”的哲学基础，就没有“传”的思想体系；有了“传”的推阐发挥，“经”的哲学就更加显明昭著。所以，我们认为，《易传》七种的性质，应当视为一组以阐解《周易》经义为宗旨的富有鲜明思想观点的哲学著作。

当然，六十四卦义理和《易传》思想是不同时代的产物，其内容与价值必须结合特定的历史背景进行具体深入的考察，才能得出全面、科学的结论。但通过上文的简单分析，我们可以对《周易》的性质作出如下认识：包涵经传在内的《周易》一书，由于其早期部分内容诞生之古远，及其核心思想意义之深邃，不能不视为我国古代一部特殊的哲学专著。

六、《易》学史的流派至为繁杂，要以“象数”、“义理”两派为主

《易》学研究的历史，其源流派别至为纷繁复杂。先秦时期，《左传》、《国

语》及诸子哲学著作载有不少《易》说，当属《易》学史的滥觞阶段。

孔子开创儒学，并以“六经”传授门徒，《周易》必为一项课程。《易传》屡引孔子阐《易》言论；《史记·孔子世家》称其“读《易》韦编三绝，曰‘假我数年，若是，我于《易》则彬彬矣’”；旧题《子夏易传》一书[15]，相传即孔子学生卜商（字子夏）所作。由此可以推知，孔子对《易》学作过较深刻的探讨，堪称先秦《易》学史上一位有影响的研《易》大师。至于《易传》七种，以其解经精辟，亦可看作集先秦研《易》成果之大成的第一部《易》学论著。

秦政焚书，《易》独以卜筮幸存，较群经为最无阙。汉置“五经博士”，学人又以《易传》连经并行，《易》学研究至见昌盛[16]。但此时经说之最复杂者，亦莫如《易》。西汉的《易》学派别，大抵可分为四派：一曰训故举大谊，周王孙、服光、王同、丁宽、杨何、蔡公、韩婴七家是也；二曰阴阳候灾变，孟喜、京房、五鹿充宗、段嘉四家是也；三曰章句守师说，施雠、孟喜、梁丘贺、京房学官博士所立以教授者是也[17]；四曰《十翼》解经意，费直无章句，专以《易传》解说，民间所用以传授者是也。东汉的《易》学派别，亦可分为四派：一曰马融、刘表、宋衷、王肃、董遇，皆为《费氏易》作章句（《费氏易》无章句，诸家各为立注）；二曰郑玄、荀爽，先治《京氏易》，后参治《费氏易》（郑玄从第五元先通《京氏易》，荀爽从陈实受樊英句，亦京氏学）；三曰虞翻，本治《孟氏易》，杂用《参同契》纳甲之术；四曰陆绩，专治《京氏易》。明确了上述线索，则“汉易”的主要流派，约略可知[18]。

自魏王弼《易注》盛行之后，汉《易》渐衰，这是《易》学变化的一大关键。陆德明《经典释文·序录》指出：

> 永嘉之乱，施氏、梁氏之《易》亡，孟、京、费之《易》人无传者。惟郑康成、王辅嗣所注行于世，而王氏为世所重[19]。

《隋书·经籍志》云：

> 梁丘、施氏、高氏亡于西晋[20]，孟氏、京氏有书无师。梁、陈，郑玄、王弼二注列于国学；齐代唯传郑义。至隋，王注盛行，郑学浸微，今殆绝矣。

孔颖达《周易正义·序》亦曰：

> 传《易》者，西都则有丁、孟、京、田；东都则有荀、刘、马、郑，大体更相祖述，非有绝伦；惟魏世王辅嗣之注，独冠古今，所以江左诸儒并传其学，河北学者罕能及之。

观此诸文，可知王弼《易注》的势力，笼罩于魏晋南北朝之间，虽郑玄之注也莫能抗行，足征"象数"《易》学见绌于"玄理"《易》学。

唐初修撰《五经正义》，《周易》采用王弼、韩康伯注[21]，孔颖达为之作疏。于是王弼《易》学，在唐代广为学者传习，几定于一尊。惟李鼎祚撰《周易集解》，采摭汉儒以讫唐代象数家之说，得三十五家[22]，崇象数，黜玄言，"汉《易》"余绪，赖以仅存。

及宋，陈抟、刘牧、邵雍之徒出，而后遂有"先天图"、"后天图"、"河图"、"洛书"诸图说。《易》学之途，又为之一变[23]。朱熹、蔡元定等取用诸图，引申其说，并参以义理，而后遂有"宋《易》"之名与"汉《易》"相对峙[24]。而胡瑗、程颐专阐儒理，李光、杨万里参证史事，两者各为宗派[25]，《易》学派别之分歧，日益繁多。

元代诸儒，大抵笃守程、朱遗说。如吴澄《易纂言》、胡震《周易衍义》等即是。明初犹然。如胡广《周易大全》、蔡清《易经蒙引》等书影响较著。明中叶以后，有以"狂禅"解经者，如方时化《学易述谈》四卷，总以禅机为主；徐世淳《易就》六卷，语多似禅家机锋；苏濬《周易冥冥篇》，观其书名，即可知援禅入《易》；至释智旭著《周易禅解》十卷，更明言以禅解《易》。这又是当时《易》学流派的一个旁支。

至清儒辈出，务求征实，如惠栋《易汉学》即属重要代表作。此时"宋《易》"遂至受攻击而逐渐消沉，风气又为之一变。

清乾隆间，四库馆臣综观《易》学历史的源流变迁，概括为"两派六宗"之说。其言曰：

> 《左传》所记诸占，盖犹太卜之遗法，汉儒言象数，去古未远也；一变而为京、焦，入于机祥；再变而为陈、邵，务穷造化，《易》遂不切于民用。王弼尽黜象数，说以老、庄；一变而(为)胡瑗、程子，始阐明儒理；再变而(为)李光、杨万里，又参证史事，《易》遂日启其论端。此两派六宗，已互相攻驳。(《四库全书总目·经部易类小序》)

此说归纳了《易》学史上最有影响的流派。总其大端,即为"象数"、"义理"两派。"象数派"的正宗学说,见于汉儒以《易》象(八卦的众多卦象)、《易》数(阴阳奇耦之数)为解《易》途径,既切占筮之用,又发《易》理深蕴;"义理派"主于阐明《周易》的哲学大义,王弼以老、庄思想解《易》已开其风气,至胡瑗、程颐则蔚为大观。平心而论,汉儒以"象数"解《易》,有时执泥卦象,并杂入种种术数之说,每使《易》义支离破碎;王弼一扫旧习,独树新帜,援玄理为说固属一弊,但亦非尽弃象数,其宗旨实在于探寻完整的《易》象,把握《易》理内蕴,使六十四卦经义条贯不紊[26]。故此两派立说互有可取之处,吴承仕先生云"名物为象数所依,象数为义理而设"[27],即言"象数"、"义理"当相互参用,才能明辨《周易》大旨。

但"两派六宗"仅就《易》学主要派系而言,尚未足以尽赅《周易》研究的广阔领域。故《四库全书总目·易类小序》又曰:

> 又《易》道广大,无所不包,旁及天文、地理、乐律、兵法、韵学、算术,以逮方外之炉火,皆可援《易》以为说,而好异者又援以入《易》,故《易》说愈繁[28]。

可见,在历代《易》学研究中,所涉及的学术领域至为宽广。

辛亥革命以后,《易》学研究的趋势出现了一个重大变化。即除了继承前人的成果,在象数、义理两方面进行深入探讨之外,更多的学者注重于接受现当代科学理论,从各种新的角度研究《周易》。其中有从史学角度探讨《周易》的史料价值,有从循环论和辩证法的角度探讨《周易》的哲学意义,有从文学的角度探讨《周易》的文艺学价值,有从自然科学(包括数学、物理学、化学、天文学、历学、医学、量子力学、生物遗传学等)角度探讨《周易》与诸学科原理的相通之处,有运用不同的方法探讨《周易》经传的名义、作者、创作年代、发源地域诸问题,等等。这期间出现的较有影响的《易》学两大家:一是杭辛斋,著有《易数偶得》、《学易笔谈初集》、《学易笔谈二集》、《易楔》、《读易杂识》、《愚一斋易说订》、《改正揲蓍法》等七种,主于贯通旧学新知,蔚为一家之言;二是尚秉和先生,著有《焦氏易诂》、《焦氏易林注》、《周易尚氏学》等书,专研象数之学,创为新说,"解决了旧所不解的不可胜数的易象问题"(于省吾《周易尚氏学序》),甚为学术界所推重。

近年来,湖南长沙马王堆汉墓出土的《帛书周易》,引起人们的研究兴趣。

《帛书周易》的内容包括三部分:六十四卦经文;《系辞传》残卷;《卷后佚书》等(详于豪亮著《帛书周易》,载《文物》1984 年第 3 期)。由于《帛书周易》与通行本不尽相同,故学术界对之研究大致围绕四个方面:(一)关于六十四卦卦序问题;(二)卦爻辞文字与各本的异同问题;(三)《卷后佚书》的考证问题;(四)《系辞传》残卷的辨析问题。尽管目前诸问题尚未取得定论,但随着研究的深入,必将有新的成果出现。

总之,从先秦两汉至现当代的两千多年中,《周易》研究的历史是漫长的,《易》学流派及著述是繁杂众多的。皮锡瑞云:"说《易》之书最多,可取者少"(《经学通论》),此说或有一定依据;但作为一项学术研究的课题,我们应当认真考辨历史上的种种既有成果,扬榷是非,厘订得失,才能在前人努力的基础上进一步使这门学问的研究向前推展。

七、研究《周易》必须把握一定的方法,今天尤宜运用科学理论品评此书在学术史上的各方面价值

《周易》研究的方法论,曾经是二十世纪六十年代初学术界引起讨论的一个问题。讨论的中心集中于两点:(一)研究《周易》哲学是否应当以"传"解"经";(二)在研究中如何划分现代观念与古人思想的界限。当时的讨论似仅涉及局部范围,尚未深入展开,故也未能得出全面的结论[29]。

事实上,《易》学史中的不同流别,往往都采用过各具特色的研究方法。如《左传》、《国语》所载《易》说重在"本卦"、"之卦"的交变,汉儒解《易》常用"互体"、"卦变"、"卦气"、"纳甲"、"爻辰"、"升降"、"消息"、"之正"等法,王弼《易注》参以老庄哲理,程颐《易传》贯注着儒家思想,李光、杨万里援史证《易》,等等,均在一定程度上反映前人对《易》学研究方法的不同理解及运用。

那么,今天我们必须采用怎样的方法研究《周易》呢?笔者以为,应当把握以下几个方面要点。

第一,从源溯流。《易》学研究的根本对象是《周易》经传,故研究者首须熟习经传本文,考明《左传》、《国语》所载古筮例;其次,研读汉魏古注(李鼎祚《周易集解》所存最多);再次,观六朝、隋、唐诸家义疏(孔颖达《周易正义》多本六朝义疏);最后,参考宋、元以来各家之经说(宋、元人经说多存于《通志堂经解》中,清儒经说以《清经解》、《续清经解》中所收的为最多)。不从古注入手者,是为迷不知本源。

第二,强干弱枝。《周易》源本象数,发为义理,故当以象数、义理为主干;

外此而旁及者，如涉及天文、地理、乐律、兵法、韵学、算术乃至现当代科学之说，皆其枝附。不由主干而寻枝附，是为浑不辨主客。

第三，在明确经传既相区别、又相联系的基础上，应当以《易传》为解经的首要依据。经、传的创作时代不同，故两者反映的思想也互有差异。但《易传》的创作宗旨本在阐经，又属现存最早的论《易》专著，则不可不视为今天探讨《周易》经义的最重要参考资料。《重定周易费氏学》引秦澍澧曰："以经解画，以传解经；合则是，而离则非。"此说可取。

第四，应当掌握六十四卦表现哲理的特殊方式：象征。《易》之用虽在占筮，《易》的本质内蕴则为哲学。前人讲象数不离义理，叙义理不废象数，即可知两者本不能截然割裂；而"象"与"理"的结合，正是《周易》卦形、卦爻辞"象征"特色的体现。朱熹曰："《易》难看，不比他书。《易》说一个物，非真是一个物，如说龙非真龙。"（《朱子语类》）此所谓"龙"，即《乾》卦六爻爻辞所取之象，正是用来象征事物的"刚健"气质。掌握了"象征"规律，有利于熔"象数"、"义理"于一炉，较完整地挖掘《周易》的内在思想。

第五，应当掌握前人总结出来的切实可用的《易》学条例。如六爻居位特征、承乘比应关系及卦时、卦主、中正等规律。明确了这些义例，有利于阐发卦形符号象征中所包含的"时间"、"空间"观念以及导致事物变化、发展的条件等特点。

第六，应当结合考古学界发现的有关《周易》资料，细密辨析《周易》经传的本来面目及《易》学史研究中的各方面问题。如近年出土的《帛书周易》、目前学术界正在讨论的"数字卦"等，即是值得注意的材料。

第七，应当重视多学科、多课题相互贯通的比较研究。《周易》作为一部早期的哲学著作，其所旁及的内容至为丰富。如经传的文学价值、史学价值、美学价值、文字音韵学价值，以及在古代科技史研究中的价值等，都有认真发掘的必要。至于《周易》与西方古代哲学的比较，也是颇有意义的一个研究方向。

第八，应当注意国外汉学者研究《周易》的成果，吸收其可取的因素，以增进中外文化学术的交流。本世纪以来，国外研究《周易》较有影响的学者不乏其人，如日本的铃木由次郎、户田丰三郎、高田真治，德国的卫礼贤（Richard Wilhelm）、卫德明（Hellmut Wilhelm），苏联的舒茨基（Ю. К. щуцкий）等人，其治《易》成就显著，在汉学界享有盛名[30]，并值得我们取资参考。

历史在前进，科学在发展。随着人们认识的不断提高，研究方法的不断更新、完善,《周易》研究必定能够出现崭新的面貌。

同时,我们还应看到,《周易》一书不但是中国古代文化的珍贵遗产,也是全人类文化宝库中的一颗奇异的明珠——它的各方面价值,需要今天的学术界作出新的、科学的认识,以评定其在社会科学、自然科学诸领域中的历史意义和现实意义——我们相信,经过人们的深入研究、努力阐扬,《周易》丰富的思想内容必将在世界学术之林焕发出更加绚丽夺目的光彩。

黄寿祺　张善文

【注释】

①见《易学群书平议》卷首载尚秉和先生《序》。该书黄寿祺著,北京师大出版社 1988 年出版。　②郭沫若《周易时代的社会生活》(见郭著《中国古代社会研究》,1954 年人民出版社出版)谓阳(—)和阴(- -)符号分别是男、女生殖器象征;高亨《周易杂论》(1962 年山东人民出版社出版)认为阳(—)和阴(- -)分别是古代占筮时所用的一节和两节的"竹棍"(即"蓍草")的象形;陈道生《重论八卦的起源》(载《孔孟学报》第 12 期,台湾 1966 年 9 月出版)认为阴阳(- -,—)符号源于"结绳"时代绳子上"有结"、"无结"的形态。　③林光世《水村易镜》一卷,见《通志堂经解》。《四库全书总目·易类存目》载其书提要。　④六十四卦共三百八十四爻,其《小象传》亦三百八十四则;加上《乾》、《坤》两卦的"用九"、"用六"文辞亦各有一则《小象传》,故总计三百八十六则。　⑤长沙马王堆出土的《帛书周易》卦序与通行本不同,卦名亦多相异。其六十四卦编次规律,是以上卦为纲,分为八组(即第一组上卦均为乾☰,第二组上卦均为艮☶,第三组上卦均为坎☵,第四组上卦均为震☳,第五组上卦均为坤☷,第六组上卦均为兑☱,第七组上卦均为离☲,第八组上卦均为巽☴);各组又以下卦为目(即每组下卦的次序大略依乾☰、坤☷、艮☶、兑☱、坎☵、离☲、震☳、巽☴编排,唯各组纯卦均居首)。八组名次详见《文物》1984 年第 3 期所载《马王堆帛书六十四卦释文》。这种排列方式至便检索,当是后人为了占筮实用而作的改编,其卦序已不含哲学意义。　⑥此处所叙观点,分别见于:顾颉刚《周易卦爻辞中的故事》、余永梁《易卦爻辞的时代及其作者》、李镜池《周易筮辞考》、《周易筮辞续考》、《易传探源》、郭沫若《周易之制作时代》、钱玄同《读汉石经周易残字而论及今文易的篇数问题》等文。其中余氏文载中央研究院《历史语言研究所集刊》第一本第一分册(1931 年出版),李镜池《周易筮辞续考》载《岭南学报》8 卷 1 期,郭氏文见其所著《青铜时代》(1945 年 3 月文治出版社出版);余文均收入顾颉刚主编的《古史辨》

第三册上编(1931年出版)。案,郭沫若1927年的作品《周易时代的社会生活》,认为孔子研究过《周易》,《易传》出于孔门弟子的笔录,作于春秋战国期间。但此观点已为其后来的论著《周易之制作时代》所否定。　⑦这期间有关《周易》经传作者及时代的主要论著有:李汉三《周易卦爻辞时代考》(载《建设》3卷11期,台湾1955年5月出版)、《周易说卦传著成的时代》(载《大陆杂志》32卷10期,台湾1966年5月出版)、平心《关于周易的性质、历史内容和制作年代》(载《学术月刊》1963年第7期)、严灵峰《易经小象成立的年代及其内容》(载《哲学年刊》第四辑,1967年6月台湾商务印书馆印行)、蒙传铭《周易成书年代考》(载《中文大学学报》,香港1975年12月出版)、张岱年《论易大传的著作年代与哲学思想》(载《中国哲学》第一辑,1981年北京三联书店出版)、林炯阳《周易卦爻辞之作者》、詹秀惠《周易卦爻辞之著成年代》、王开府《周易经传著作问题初探》(以上三篇均载《易经研究论集》,台湾黎明文化事业公司1981年1月出版)、王世舜与韩慕君《试论周易产生的年代》(载《齐鲁学刊》1981年2期)、刘大钧《周易大传我见》(载《中国哲学史研究》1982年2期)等。这些文章观点不一,可资研究者参考。　⑧张立文著《周易思想研究》一书(1980年8月湖北人民出版社出版),对前人有关《周易》的时代、作者的研究成果作了扼要综述,并提出自己的看法,较为可取,宜备参考。　⑨见张政烺《试释周初青铜器铭文中的易卦》(载《考古学报》1980年第4期),张亚初、刘雨《从商周八卦数字符号谈筮法的几个问题》(载《考古》1981年第2期)。　⑩《连山》、《归藏》亡佚已久,清儒马国翰《玉函山房辑佚书》辑有逸文,可以推见两书梗概。近人刘师培、高明并撰《连山归藏考》(刘文载《中国学报》第二册,1915年2月出版;高文载《制言》第49期,1939年2月出版),考辨两书散佚过程及后人伪作诸事颇详,可备省览。　⑪见顾炎武《日知录》卷一《三易》、《重卦不始于文王》两篇。　⑫《三国志·魏书·高贵乡公传》载《易》博士淳于俊曰:"包羲因燧皇之图而制八卦,神农演之为六十四,黄帝、尧、舜通其变,三代随时,质文各繇其事,故《易》者,变易也。"其说提及"三代随时,质文各繇其事",即是认为夏、商之《连山》、《归藏》也各有筮辞。

⑬《周易》名义问题,详见黄寿祺《周易名义考》一文,载《福建师大学报》1979年第2期(后收入《中国古代史论丛》第一辑,福建人民出版社1981年出版)。⑭《系辞上传》云:"《易》有圣人之道四焉:以言者尚其辞,以动者尚其变,以制器者尚其象,以卜筮者尚其占。"可见,《系辞传》作者认为,"卜筮"只是《周易》的四大主要效用之一。　⑮《四库全书》著录《子夏易传》十一卷,《提要》辨此书不但非子夏作,亦非晁说之所谓唐张弧伪撰之本,盖"伪中生伪","流传既久,姑存以备一家说"。清人孙堂、张澍、黄奭、孙冯翼、马国翰等据陆德明《经典释文》、孔

颖达《周易正义》、李鼎祚《周易集解》等书所引,分别辑有《子夏易传》(孙辑本见《汉魏二十一家易注》,张辑本见《二酉堂丛书》,黄辑本见《汉学堂丛书》,孙辑本〔臧庸述〕见《问经堂丛书》,马辑本见《玉函山房辑佚书》),并可参考。《子夏易传》的作者,或谓韩婴,或谓丁宽,或谓馯臂子弓,莫衷一是;臧庸以"子夏"为韩婴之字,宋翔凤以"子夏"为韩婴之孙韩商之字,近人柯劭忞指为"望文生义,等于说经者之附会"(《续修四库全书提要·易类》,1971年台湾商务印书馆印行)。要之,子夏之书今虽莫考真伪,但其人曾有说《易》专著或属可信。 ⑯皮锡瑞《经学历史》谓经学至汉武为"昌明时代",自汉元帝、成帝至后汉为"极盛时代"。今略依其说,以西汉、东汉为《易》学研究之昌盛阶段。 ⑰此据《汉书·艺文志》将孟喜、京房分为两类,章句之学为正宗,灾变占验则独成一家。案,京房受《易》于焦赣,焦氏无章句,故《汉书·艺文志》不著录。又案,西汉有两京房:一为焦赣弟子,字君明,著有《京氏易传》,称"前京房";一为杨何弟子,梁丘贺尝从问《易》,称"后京房"。此指前京房。 ⑱以上略本吴翊寅《易汉学考》之说。⑲《序录》谓《费氏易》"人无传者",但学者多以王弼《易注》即承费氏家法。案,吴承仕先生云:"《隋志》首述陈元、郑众,次言马、郑,次言二王作注而费氏大兴,似谓辅嗣之学远宗费氏,近接马、郑。自尔以讫近世,皆谓《王易》即《费易》矣。愚意王氏注经不注《系辞》以下,盖用费氏家法。"(《经典释文序录疏证》)吴先生之说,似甚可从。又案,王弼,字辅嗣,山阳高平人,魏尚书郎,年二十四卒。⑳高氏指西汉时沛人高相。《经典释文·序录》约《汉书·儒林传》文曰:"沛人高相治《易》,与费直同时,其《易》亦无章句,专说阴阳灾异,自言出丁将军,传至相。相授子康及兰陵毋将永,为高氏学。" ㉑自元嘉以来,王弼所注六十四卦及《彖传》、《象传》之义盛行,独阙《系辞传》以下不注。谢万、韩伯、袁悦之、桓玄、卞伯玉、荀柔之、徐爰、顾欢、明僧绍、刘瓛等十人并注《系辞》,自韩注专行,而各家皆废。又案,韩伯,字康伯;颍川人,东晋太常卿。 ㉒《周易集解》所采各家为:子夏、孟喜、焦延寿、京房、马融、郑玄、荀爽、刘表、宋衷、王肃、王弼、何晏、虞翻、陆绩、姚信、翟玄、韩康伯、向秀、王廙、张璠、干宝、蜀才、刘瓛、沈驎士、伏曼容、姚规、崔觐、卢氏、何妥、王凯冲、侯果、朱仰之、蔡景君、孔颖达、崔憬等三十五家。又引有《九家易》一书,据陆德明《经典释文·序录》云:"《荀爽九家集注》十卷,不知何人所集。称'荀爽'者,以为主故也。其序有荀爽、京房、马融、郑玄、宋衷、虞翻、陆绩、姚信、翟子玄。子玄不详何人,为《易义》。注内又有张氏、朱氏,并不知何人。"又云:"(蜀才)姓范,名长生,一名贤,隐居青城山,自号蜀才,李雄以为丞相。"吴承仕先生《经典释文序录疏证》指出,"魏晋以后儒者每有集解之作,杂取众说,合为一编","时代各不相接,撰录者又无主名,斯类甚众。此之《集注》,亦昔人隐栝京、马、郑、虞等九家说，而以荀义为依"。此说可从。　㉓刘牧、邵雍之学，均传自陈抟。刘著《易数钩隐图》三卷，邵著《皇极经世书》十二卷。　㉔朱熹著《周易本义》十二卷；又著《易数启蒙》三卷，则属稿于蔡元定。　㉕胡瑗，泰州如皋人，宋仁宗皇祐、至和间国子直讲，尝在太学讲《易》，讲授之余欲著述而未逮，其门人倪天隐遂述师说作《周易口义》十二卷，即《宋史·艺文志》所载之胡瑗《易解》十二卷。胡著尝为程颐所崇。程颐著《易传》四卷。李光著《周易详说》十卷。杨万里著《诚斋易传》二十卷。　㉖王弼《易注》不废八卦卦象及诸爻爻象，并每阐说阴阳爻位，亦间有采用互体、卦变者，故吴承仕先生谓其"本不废绝汉法"（见吴先生所撰清彭申甫《周易解注传义辨正》提要，刊于《续修四库全书提要·经部易类》）。又王弼《周易略例》更详言用象主张，章太炎先生云："读王注者，当先取《略例》观之，其言闳廓，亦不牵及玄言。"（《答吴絸斋论易书》，载《国学论衡》第五卷下，1936年6月）。　㉗见吴先生所撰清彭申甫《周易解注传义辨正》提要，刊于《续修四库全书提要·经部易类》。　㉘天文涉及方位，地理涉及分野，乐律、韵学均涉及阴阳之变，故皆与《易》有关。又兵法之书，涉及奇门、遁甲、太乙、六壬诸术数，亦附会于《易》，故近人盐城韦汝霖著有《奇门阐易》之书。《周易》有象有数，故涉及数学，如《周易折中》后所附《易学启蒙附论》，近人邵武丁超五所著《易理新诠》等即是。方外之炉火，则指《周易参同契》之类。㉙当时关于《周易》研究方法的讨论，主要是针对李景春《周易哲学及其辩证法因素》（1961年山东人民出版社出版）一书存在的问题而发。参加讨论的主要论文有：方蠡《研究周易不能援"传"于"经"》（载《光明日报》1962年3月16日），东方明《哲学史工作中的一种极有害的方法》（载《哲学研究》1963年第1期），李景春《研究周易哲学应当以"传"解"经"》（载《光明日报》1962年9月14日）、《从研究周易哲学看哲学史方法论的问题》（载《哲学研究》1963年第3期），冯友兰《从周易研究谈到哲学史方法论的问题》（载《哲学研究》1963年第3期），王明《以乾卦的解释为例看李景春同志的周易哲学方法论问题》（载《光明日报》1963年8月30日），林杰《不要把现代思想挂到古人名下》（载《文汇报》1963年4月4日）等。㉚铃木由次郎著有《汉易研究》（1963年东京明德社出版）等，户田丰三郎著有《易经注译史纲》（1968年12月东京风间书房出版）等，高田真治著有日译本《易经》（1959年东京岩波书店出版）等；卫礼贤著有德译本《易经》（*I Ging, das Buch der Wandlungen aus dem chinesichen verdeu—tscht und erläutert*），1924年出版于德国耶拿（Jena）；卫德明系卫礼贤之子，著有《变化——周易八论》（*Die Wandlung, acht Uoträge Zum I—Ching*）、《易经中的天、地、人》（*Heaven, earth and man in the Book of Changes*）等；舒茨基著有《周易研究》（*Кндга Перемен*）等。

译注说明

一、《周易》版本颇多，本书以阮刻《十三经注疏》本《周易正义》为底本，偶有校改处则注明依据。

二、本书主要内容包括：原文、注释、译文、总论。

三、"译文"部分，以现代汉语写成，在尽可能切合原著意义、接近原文风格的同时，力求通畅明白。

四、"注释"部分，重在分析较有疑难的字音、词义、文理。

五、《易》之为书，以"象"、"数"为本，这是《周易》不同于其他典籍的重要特点；而《易》"象"与"数"的本质又在于明"理"，即说明《周易》的象征哲理。《易》学史中的"象数"、"义理"两派，既各有可取之说，也互有偏颇之处。本书的"注释"，对前贤旧说择善而从，不敢先存门户之见。间有发表著者个人看法者，亦本着"持之有故，言之成理"的精神，竭力探寻《周易》经传的本义，避免穿凿附会。

六、"总论"部分，有概说六十四卦大义者凡六十四篇，分附各卦之末；另有简论《系辞上传》、《系辞下传》、《说卦传》、《序卦传》、《杂卦传》诸文者凡五篇，则分附各传之后。

七、西汉以降，《易》学著述繁多，有些卦爻、文句的训释往往众说纷纭，莫衷一是。本书所采古今学者的阐解，一般限取一说；唯个别重要之处，亦或两三说并存，以备参考。

八、本书所引旧注，或有涉及《周易》经传的作者、成书年代等问题，立说未必悉当，著者的看法则以书首《前言》所论为准，不一一驳正；或有反映旧时代学者的思想局限处，更希望读者作深入的分析批判。

九、《周易折中》、《重定周易费氏学》、《周易学说》等书所引前人《易》说，有时稍作删节更易，往往反映出引用者的主张。此类现象，本书转引时一仍其旧。

十、书末附录《读易要例》一篇，简述较为重要的《易》学条例，供读者阅读本书时参考。

十一、本书所引文献资料，详书末附录《主要引用书目》。一些常用书名或作简略，如王弼《周易注》简为《王注》，孔颖达《周易正义》简为《正义》，李鼎祚《周易集解》简为《集解》，等等；此类书名，在《书目》中均以“※”号标明，以示区别。

十二、《周易》是以筮书面目出现的我国古代最早的哲学著作，有丰富的辩证法和唯物论的思想，对研究古代哲学史具有重要价值；同时，又含有可资研究古代历史、文学史、科技史、文字音韵学史等方面的资料。但书中也杂糅着一些明显的唯心主义成分，尤其是浓厚的占筮色彩。这就要求读者以批判的眼光阅读，取其精华，弃其糟粕。

十三、著者是在前人研究成果的基础上撰写《周易译注》，基本宗旨是：努力帮助一般读者比较容易地读懂《周易》，在运用新的观点研究《周易》、继承古代文化遗产的学术领域中，奉献一块引玉之砖。然而，学术的是非有待于历史检验，“非一人所得私”，“非偏执所能改”（《周易尚氏学·自序》），本书中不成熟的见解及不自觉的谬误，期待着读者的批评指正。

十四、华东师范大学古籍研究所潘雨庭教授对本书的译注提出不少中肯的意见，福建师范大学《易》学研究室王筱婧、郭天沅同志在本书修改过程中给予许多帮助，郑伯辉、李金健同志协助抄写部分书稿，在此一并致谢。

目　录

卷一　上　经

卷　二

卷　三

卷 四

卷五 下 经

卷 六

卷　七

卷　八

卷　九

卷 十

卷一　上经

乾 卦 第 一

☰ 乾[①]:元,亨,利,贞[②]。

【注释】

①乾:卦名,下卦、上卦皆乾(☰),象征“天”。　②元,亨,利,贞:《正义》:“《子夏传》云:‘元,始也;亨,通也;利,和也;贞,正也。’言此卦之德,有纯阳之性,自然能以阳气始生万物,而得元始、亨通,能使物性和谐各有其利,又能使物坚固贞正得终。”

【译文】

《乾》卦象征天:元始,亨通,和谐有利,贞正坚固。

初九[①],潜龙勿用[②]。

【注释】

①初九:《周易》六十四卦各由六爻组成,其位自下而上,名曰:初、二、三、四、五、上,本爻居卦下第一位,所以称“初”;《周易》占筮用“九”、“六”之数,“九”代表阳,“六”代表阴,本爻为阳,所以称“九”。　②潜龙勿用:潜,潜伏,“初九”一阳在下,故谓“潜”;龙,古代神话中神奇刚健的动物,《周易》取为《乾》卦六爻的象征物。

【译文】

初九,巨龙潜伏水中,暂不施展才用。

九二,见龙在田[①],利见大人[②]。

【注释】

①见龙在田:见,音 xiàn,出现,下文“利见”之“见”同;田,地也。　②大人:一般有两种含义:其一,指有道德有作为的人;其二,指有道德并居于高位的人。这里指第一义。

【译文】

九二,巨龙出现田间,利于出现大人。

九三,君子终日乾乾[①],夕惕若[②],厉无咎[③]。

【注释】

①君子终日乾乾:君子,与“大人”义相近,指有道德者,往往也兼指居于尊位者;终日,《正义》:“终竟此日”,因九三居下卦之终,故称;乾乾,犹言“健而又健”。②惕若:惕,警惕;若,语助词。　③厉无咎:厉,危之意;咎,含有“灾病”、“罪过”、“咎害”之义。此爻处《乾》上下卦之际,其时多危,故须“朝乾夕惕”,修省不懈,才可“无咎”。

【译文】

九三,君子整天健强振作不已,直到夜间还时时警惕慎行,这样,即使面临危险也免遭咎害。

九四,或跃在渊[①],无咎。

【注释】

①或:这里用作副词,表示不确定之义。并非犹疑不决,而是审时度势,待机奋进。本句省略主语“龙”。

【译文】

九四,或者腾跃上进,或者退处在渊,必无咎害。

九五,飞龙在天,利见大人[①]。

【注释】

①大人:指有道德并居高位者,与“九二”所称“大人”有别。

【译文】

九五,巨龙高飞上天,利于出现大人。

上九,亢龙有悔[①]。

【注释】

①亢:音 kàng,过甚,极度,此处形容龙飞到极高的程度。　悔:悔恨。《集解》引王肃曰:“知进忘退,故悔也。”

【译文】

上九，巨龙高飞穷极，终将有所悔恨。

用九①，见群龙无首，吉②。

【注释】

①用九：这是指明《周易》哲学以“变”为主的一方面特点。《易》筮过程中，凡筮得阳爻，其数或“七”、或“九”，“九”可变，“七”不变，故《周易》筮法原则是阳爻用“九”不用“七”，意即占其“变爻”；若筮得六爻均“九”时，即以“用九”辞为占。②群龙，指六爻均为阳爻；而六阳皆变，皆由阳刚变为阴柔，所以取群龙都不以首领自居之象。

【译文】

用“九”数，出现一群巨龙，都不以首领自居，吉祥。

《彖》①曰：大哉乾元②！万物资始，乃统天③。云行雨施，品物流形④。大明终始⑤，六位时成⑥，时乘六龙以御天⑦。乾道变化⑧，各正性命⑨，保合太和⑩，乃利贞⑪。首出庶物⑫，万国咸宁⑬。

【注释】

①彖：音 tuàn，断也，断定一卦之义，所以名为彖。但作为经传之名，其义有二：一、指卦辞；二、指《十翼》中的《彖传》。这里指第二义，凡六十四卦所附“《彖》曰”之辞，均属此例。《彖传》又称《彖辞传》。　②乾元：“天”的元始之德，即充沛宇宙间、开创万物的阳气。以季节为喻，犹如春天景象。　③统天：统，统领；天，犹言“大自然”。以上一节释卦辞“元”。　④品物流形：品物，各类事物；流形，流布成形。这是指万物因雨水的滋润而不断变化发展、壮大成形。此犹夏天的景象。以上一节释卦辞“亨”。　⑤大明：即太阳，因属天上最光明之物，故称“大明”。　⑥六位时成：六位，指《乾》卦六爻；时，作副词，即按时。此句举卦中六爻按不同的“时位”组成，说明阳气的发展顺沿一定的规律。　⑦六龙：亦喻《乾》卦六爻。此句紧承前句之义，说明六爻的变动如六龙按时御天，恰似自然界沿四季程序发展至秋、万物尽趋成熟。前文“时成”二字，正寓含秋天景象。以上一节释卦辞“利”。　⑧乾道：犹言天道，即大自然运行规律。　⑨各正性命：正，犹“定”，静定；性命，精神。这一句的主语是“万物”，文中省略。　⑩太和：即万物的“太和元气”。这两句说明自然界的变化，导致万物各自静定精神、眠伏潜息，保全其“太和元气”。此犹冬天景象。　⑪乃利贞：以上一节释卦辞

"贞"。 ⑫首出庶物：此句说明阳气的变化循环不已，犹如冬尽春来，新的阳气又开始萌生万物；就"四德"言，即复返"元"德，故亦称"贞下起元"。 ⑬万国咸宁：万国，即天下万方之意。

【译文】

《彖传》说：伟大啊，开创万物的（春天）阳气！万物依靠它开始产生，它统领着大自然。（夏天）云朵飘行、霖雨降落，各类事物流布成形。光辉灿烂的太阳反复运转（带来秋天），《乾》卦六爻按不同的时位组合而有所成，就像阳气按时乘着六条巨龙驾驭大自然。大自然的运行变化（迎来冬天），万物各自静定精神，保全太和元气，以利于守持正固（等待来年生长）。阳气周流不息，又开始重新萌生万物，天下万方都和美顺昌。

《象》曰①：天行健②；君子以自强不息③。

【注释】

①象：《周易》中的"象"字，即"形象"、"象征"之意，亦《系辞下传》所谓"象也者，像此者也"。但作为经传之名，则有两义：一、指《周易》的卦形和卦爻辞；二、指《十翼》中的《象传》，旨在阐释卦象、爻象的象征意义。这里指第二义。凡六十四卦所附"《象》曰"云云，均属此例。《象传》又有《大象传》、《小象传》之分：前者每卦一则，释上下卦象；后者每卦六则，释六爻爻象（《乾》、《坤》两卦分别多一则释"用九"、"用六"）。本则即属《乾》卦的《大象传》。 ②天行健：此释《乾》卦上下"乾"均为"天"之象，说明"天"健行周流，永不衰竭。 ③以：介词，其后省略一"之"字，可释为"因此"、"像这样"。 自强不息：指"君子"效法《乾》卦"健行"之象，立身、行事始终奋发不止。

【译文】

《象传》说：天的运行刚强劲健；君子因此不停地自我奋发图强。

"潜龙勿用"，阳在下也①；"见龙在田"，德施普也②；"终日乾乾"，反复道也③；"或跃在渊"，进无咎也；"飞龙在天"，大人造也④；"亢龙有悔"，盈不可久也；"用九"，天德不可为首也⑤。

【注释】

①阳在下：指初九阳气初生而居下。自此以下至"不可为首也"，是《乾》卦的《小象传》，每两句释一爻象，末两句释"用九"。 ②德施普：指九二阳气出现于地面，其生养之德普及万物。 ③反复道：反复，重复践行之意。道，合理的

行为。 ④造:兴起而有所作为。 ⑤天德:指阳刚之德。

【译文】

“巨龙潜伏水中,暂不施展才用”,说明阳气初生居位低下;“巨龙出现田间”,说明美德昭著广施无涯;“整天健强振作”,说明反复行道不使偏差;“或腾跃上进,或退处在渊”,说明审时前进必无咎害;“巨龙高飞上天”,说明大人奋起大展雄才;“巨龙高飞穷极,终将有所悔恨”,说明刚进过甚不久必衰;“用九数”,说明“天”的美德不自居首(刚去柔来)。

《文言》曰①:元者,善之长也②;亨者,嘉之会也③;利者,义之和也④;贞者,事之干也⑤。君子体仁足以长人⑥,嘉会足以合礼⑦,利物足以和义⑧,贞固足以干事⑨。君子行此四德者,故曰:“乾:元,亨,利,贞。”

【注释】

①《文言》:文,饰也;《文言》即文饰《乾》、《坤》两卦之言,为《十翼》之一,又称《文言传》。 ②善之长:《本义》:“元者,生物之始,天地之德莫先于此,故于时为春,于人则为仁,而众善之长也。” ③嘉之会:《本义》:“亨者,生物之通,物至于此,莫不嘉美,故于时为夏,于人则为礼,而众美之会也。” ④义之和:义,宜也。《本义》:“利者,生物之遂,物各得宜,不相妨害,故于时为秋,于人则为义,而得其分之和。” ⑤事之干:干,树木的主干,犹言根本。 ⑥体仁:以“仁”为体。 ⑦合礼:《集解》引何妥曰:“礼,是交接会通之道,故以通配,‘五礼’有吉、凶、宾、军、嘉,故以‘嘉’合(符合)于‘礼’也。” ⑧和义:和,合也。《集解》引何妥曰:“利者,裁成也,君子体此利以利物,足以合于五常之义。” ⑨贞固:《本义》:“贞固者,知正之所在,而固守之,所谓知而弗去者也,故足以为事之干。”

【译文】

《文言》说:元始,是众善的尊长;亨通,是美好的会合;有利,是事义的和谐;正固,是办事的根本。君子用仁心作为本体,可以当人们的尊长;寻求美好的会合,就符合“礼”;施利于他物,就符合“义”;坚持正固的节操,就可以办好事务。君子是施行这四种美德的人,所以说:“《乾》卦象征天:元始,亨通,和谐有利,贞正坚固。”

初九曰“潜龙勿用”,何谓也①?子曰②:“龙德而隐者也③。不易乎世，不成乎名；遁世无闷[4]，不见是而无闷[5]；乐则行之，忧则违之[6]，确乎其不可拔[7]，‘潜龙’也。”

【注释】

①何谓也：此《文言》作者设问之辞，后五节同。此句以下至终，依次阐释《乾》卦六则爻辞及“用九”辞。 ②子曰：子，孔子。旧说《文言》为孔子所作，固未必然，但其中采用了孔子的某些言论或观点却是可信的。 ③龙德而隐者：《正义》认为这是“以人事释‘潜龙’之义”。 ④遁世无闷：《正义》：“谓逃遁避世，虽逢无道，心无所闷。” ⑤不见是而无闷：是，赞许。《集解》引崔憬曰：“世人虽不己是，而己知不违道，故无闷。” ⑥乐则行之，忧则违之：指对某事该不该施行有独自的主张。 ⑦确乎其不可拔：《正义》：“身虽逐物推移，隐潜避世；心志守道，确乎坚实其不可拔。”

【译文】

初九爻辞说“巨龙潜伏水中，暂不施展才用”，讲什么意思呢？孔子指出：“这是譬喻有龙一样品德而隐居的人。他不被污浊的世俗改变节操，不迷恋于成就功名；逃离这个世俗不感到苦闷，不为世人称许也不苦闷；称心的事付诸实施，不称心的事决不实行，具有坚定不可动摇的意志，这就是‘潜伏的巨龙’。”

九二曰“见龙在田，利见大人”，何谓也？子曰：“龙德而正中者也[1]。庸言之信，庸行之谨[2]；闲邪存其诚[3]，善世而不伐[4]，德博而化[5]。《易》曰：‘见龙在田，利见大人’，君德也[6]。”

【注释】

①正中：指九二居下卦之中。 ②庸言之信，庸行之谨：庸，平常。《正义》：“从始至末，常言之信实，常行之谨慎。” ③闲邪存其诚：闲，犹言“防止”；“闲邪”与“存其诚”为对文。《程传》：“既处无过之地，则唯在闲邪；邪既闲，则诚存矣。” ④善世而不伐：善，名词，指美好的行为；世，犹言“大”，如“世子”、“世父”之“世”，均作“大”解（善世，与下文“德博”对举）。 ⑤德博而化：《正义》：“德能广博，而变化于世俗。” ⑥君德：指九二虽未登君位，却有君主的品德。

【译文】

九二爻辞说“巨龙出现田间，利于出现大人”，讲什么意思呢？孔子指出：“这是譬喻有龙一样品德而立身中正的人。他的平凡言论说到做到，他的日常举动谨慎有节；防止邪恶的言行而保持诚挚，美好的行为伟大而不自夸，道德广博而能感化天下。《周易》说:‘巨龙出现田间,利于出现大人’,正是说明出现具备君主品德的贤人。”

九三曰“君子终日乾乾,夕惕若,厉无咎”,何谓也?子曰:“君子进德修业①。忠信②,所以进德也;修辞立其诚③,所以居业也④。知至至之⑤,可与言几也⑥;知终终之⑦,可与存义也⑧。是故居上位而不骄,在下位而不忧⑨。故乾乾因其时而惕⑩,虽危无咎矣。”

【注释】

①进德修业:《正义》:“九三所以终日乾乾者,欲进益道德,修营功业,故终日乾乾匪懈也。” ②忠信:《正义》:“推忠于人,以信待物,人则亲而尊之,其德日进,是进德也。” ③修辞立其诚:《折中》引程子曰:“修辞立其诚,不可不仔细理会,言能修省言辞,便是要立诚,若只是修饰言辞为心,只是为伪也。修辞立其诚,正为立己之诚意。” ④居业:《尚氏学》:“居者,蓄也,积也,业以积而高大也。” ⑤知至至之:至,达到。前一“至”为名词,指要达到的目标;后一“至”为动词,指努力达到这一目标。此谓九三居下卦之极,有“知几”进取、审慎“无咎”之象。 ⑥几:音jī,犹言隐微之征兆。《系辞传》:“几者,动之微,吉凶之先见者也。” ⑦知终终之:前一“终”为名词,指事物的终了;后一“终”为动词,指结束。此谓九三为下卦最后一爻,有事物发展到一个阶段而暂告终之象。 ⑧存义:存,保留;义,适宜。 ⑨居上位而不骄,在下位而不忧:上位,指九三居下卦之上;下位,指九三居上卦之下;不骄不忧,因“知至”、“知终”而然。 ⑩因其时:因,沿也;时,一天中的各个时辰。

【译文】

九三爻辞说“君子整天健强振作,直到夜间还时时警惕慎行,这样即使面临危险也免遭咎害”,讲什么意思呢?孔子指出“这是譬喻君子要增进美德、营修功业。忠诚信实,就可以增进美德;修饰言辞出于诚挚的感情,就可以积蓄功业。知道进取的目标而努力实现它,这种人可以跟他商讨事物发展的征兆;知道终止的时刻而及时终止,这种人可以跟他共同保全事物发展的适宜状态。像这样就能居上位而不骄傲,处下位而不忧愁。所以能够恒久保持健强振作,随时警惕慎行,即使面临危险也就免遭咎害了。”

九四曰“或跃在渊,无咎”,何谓也?子曰:“上下无常①,非为邪也②;进退无恒,非离群也。君子进德修业,欲及时也,故‘无咎’。”

【注释】

①上下无常：与下句“进退无恒”为互文，指第四爻处于可上可下之位，必须根据不同情况决定上下进退。　②非为邪：此句与下句“非离群”为互文，指九三的上下进退，是顺从形势，既非私自欲望，亦非脱离众人。

【译文】

九四爻辞说“或腾跃上进，或退处在渊，必无咎害”，讲什么意思呢？孔子指出：“这是譬喻贤人的上升、下降是不一定的，并非出于邪念；他的进取、引退也是不一定的，并非脱离众人。君子增益道德、营修功业，是想抓住时机进取，所以‘必无咎害’。”

九五曰“飞龙在天，利见大人”，何谓也？子曰：“同声相应，同气相求[①]；水流湿，火就燥；云从龙，风从虎；圣人作而万物睹[②]；本乎天者亲上，本乎地者亲下，则各从其类也[③]。”

【注释】

①同声相应，同气相求：气，与“声”相对；求，与“应”之意相近。以下诸句均举各种现象说明事物的互相感应作用。　②圣人作而万物睹：作，犹“起”；睹，见也。指“圣人”兴起，天下光明，万物呈现本色，各尽其用。　③本乎天者亲上，本乎地者亲下，则各从其类也：天、地，即“阳刚”、“阴柔”之谓。此三句上承前文之义，说明“圣人”兴起、治世清明，故阴阳判然区分，万物各从其类。

【译文】

九五爻辞说“巨龙高飞上天，利于出现大人”，讲什么意思呢？孔子指出：“这是譬喻同类的声音互相感应，同样的气息互相求合；水向湿处流，火向干处烧；景云随着龙吟而出，谷风随着虎啸而生；圣人奋起治世而万物显明可见；依存于天的亲近于上，依存于地的亲近于下，各以类相从而发挥作用。”

上九曰“亢龙有悔”，何谓也？子曰：“贵而无位，高而无民[①]，贤人在下位而无辅[②]，是以动而‘有悔’也。”

【注释】

①贵而无位，高而无民：谓上九处于有名无实的高位，即《集解》于《小象》注引《九家易》所谓“若太上皇者也”。　②贤人在下位而无辅：贤人，指下卦的九三。此以三、上两阳不应，喻上九不得“贤人”辅助。

【译文】

上九爻辞说“巨龙高飞穷极，终将有所悔恨”，讲什么意思呢？孔子指出：“这是譬喻某种人尊贵而没有实位，崇高而管不到百姓，贤明的人居下位而无人辅助他，所以一旦轻举妄动就将‘有所悔恨’。”

“潜龙勿用”，下也①；“见龙在田”，时舍也②；“终日乾乾”，行事也③；“或跃在渊”，自试也；“飞龙在天”，上治也④；“亢龙有悔”，穷之灾也；乾元“用九”，天下治也⑤。

【注释】

①下：指初九居于下位，犹如人的地位低下。 ②时舍：舍，通“舒”。指形势已经舒展好转。 ③行事：指九三正勤勉地从事某项事业。 ④上治：上，通“尚”。指九五之时出现了最好的政治局面。 ⑤乾元用九，天下治也：《正义》：“用九之文，总是乾德；又‘乾’字不可独言，故举‘元’德以配‘乾’也。言此乾元用九德而天下治。”案，这是归结《乾》卦“用九”的意义，谓“阳刚”之德以能“化柔”为美。

【译文】

“巨龙潜伏水中，暂不施展才用”，说明地位低下微贱；“巨龙出现田间”，说明时势开始舒展；“整天健强振作”，说明事业付诸实践；“或腾跃上进，或退处在渊”，说明正在自我检验；“巨龙高飞上天”，说明形成最好的政治局面；“巨龙高飞穷极，终将有所悔恨”，说明穷极带来的灾难；天有元始之德而“用（阳刚化为阴柔的）九数”，说明天下大治是势所必然。

“潜龙勿用”，阳气潜藏①；“见龙在田”，天下文明②；“终日乾乾”，与时偕行③；“或跃在渊”，乾道乃革④；“飞龙在天”，乃位乎天德⑤；“亢龙有悔”，与时偕极⑥；乾元“用九”，乃见天则⑦。

【注释】

①阳气潜藏：指初九如阳气潜伏，藏而未发。 ②天下文明：指九二如阳气发出地面，万物初焕光彩。 ③与时偕行：行，发展。指九三如阳气发展到一定阶段，万物将趋繁盛。 ④乾道乃革：乾道，天道，即大自然的运行规律；革，变革。指九四如阳气发展至一个新阶段，万物正临转化。 ⑤乃位乎天德：位，此言尊居“天位”；天德，指九五如阳气发展到最旺盛阶段，万物已至繁茂。 ⑥与时偕极：指上九如阳气由盛转衰，万物消亡穷尽。 ⑦乃见天则：“天则”谓大自然运行的法则，如阳气转化为阴气即是自然规律。

【译文】

“巨龙潜伏水中，暂不施展才用”，说明阳气潜藏未现；“巨龙出现田间”，说明天下文采灿烂；"整天健强振作"，说明追随时光向前发展；"或腾跃上进，或退处在渊"，说明"天道"转化、出现变革；"巨龙高飞上天"，说明阳气旺盛正当天位、具备"天"的美德；"巨龙高飞穷极，终将有所悔恨"，说明随着时节推展而穷尽衰落；天有元始之德而"用(阳刚化为阴柔的)九数"，这是体现大自然的法则。

"乾，元"者①，始而亨者也；"利，贞"者，性情也②。乾始能以美利利天下③，不言所利，大矣哉！大哉乾乎！刚健中正，纯粹精也④；六爻发挥，旁通情也⑤；时乘六龙，以御天也；云行雨施，天下平也。

【注释】

①"乾，元"者：这是回头重释《乾》卦的卦辞。 ②性情：《集解》引干宝曰："以施化利万物之性，以纯一正万物之情。"案，前句"始而亨"释卦辞"元，亨"，此句释"利，贞"。以下又广赞"四德"之美。 ③以美利利天下：前一"利"为名词，后一"利"为动词。 ④纯粹精也：指六爻均为阳爻。 ⑤旁通：广泛会通。

【译文】

"《乾》卦象征天：元始"，说明天的美德在于首创万物并使之亨通；"和谐有利，贞正坚固"，是天所蕴含的本性和内情。天一开始就能用美好的利益来施利天下，却不说出它所施予的利惠，这是极大的利惠啊！伟大的天啊！刚强劲健、居中守正，通体不杂、纯粹至精；《乾》卦六爻的运动变化，曲尽万物的发展情理；犹如顺着不同时节套上六条巨龙，驾驭着大自然而驰骋；行云降雨，带来天下太平。

君子以成德为行，日可见之行也①。"潜"之为言也，隐而未见，行而未成，是以君子弗用也。

【注释】

①日：俞樾《群经平义》以为"日"是"曰"之讹，可备一说。

【译文】

君子把成就道德作为行动的目的，是每天都可以体现出来的行为。初九爻辞所讲的"潜"，意思是隐藏不曾露面，行动尚未显著，所以君子暂时不施展才用。

君子学以聚之，问以辩之①，宽以居之，仁以行之。《易》曰"见龙在田，利见大人"，君德也。

【注释】

①学以聚之，问以辩之：辩，通"辨"。此谓九二虽已"见龙在田"，但仍要勤于

学问，增长知识。

【译文】

君子靠学习来积累知识，靠发问来辨决疑难，胸怀宽阔而居于适当之位，心存仁爱而施诸一切行为。《周易》说“巨龙出现田间，利于出现大人”，这种“大人”具备了当国君的品德。

九三重刚而不中[1]，上不在天，下不在田[2]，故乾乾因其时而惕，虽危无咎矣。

【注释】

①重刚而不中：初九、九二均为阳刚之爻，九三仍为阳爻，故称“重刚”；六十四卦的每卦只有二、五两爻居中，故九三“不中”。　②上不在天，下不在田：九五“飞龙在天”，九二“见龙在田”，九三则介乎“天”、“田”之间。

【译文】

九三是多重阳刚叠成的，居位不正中，上不达于高天，下不立于地面，所以要不断健强振作、随时保持警惕，这样即使面临危险也免遭咎害。

九四重刚而不中，上不在天，下不在田，中不在人[1]，故“或”之[2]。“或”之者，疑之也，故无咎。

【注释】

①中不在人：九四和九三的相同之处是“重刚而不中，上不在天，下不在田”；不同之处是九四更有“中不在人”一层。　②或：见九四爻辞注。

【译文】

九四是多重阳刚叠成的，居位不正中，上不达于高天，下不立于地面，中不处于人境，所以强调“或”。强调“或”的意思，就是说明要有所疑虑而多方审度，这样就能不遭咎害。

夫“大人”者，与天地合其德，与日月合其明，与四时合其序，与鬼神合其吉凶[1]。先天而天弗违[2]，后天而奉天时[3]。天且弗违，而况于人乎？况于鬼神乎？

【注释】

①“与天地合其德”四句：合犹言符合、相同。这四句是通过多种比拟来赞扬九五的“大人”。　②先天：先于天象，这里指自然界尚未出现变化时，就预先

采取必要的措施。 ③后天：后于天象，这里指自然界出现变化之后，及时采取适当的措施。天时：指大自然的阴晴寒暑等变化规律。

【译文】

九五爻辞所说的"大人"，他的道德像天地一样覆载万物，他的圣明像日月一样普照大地，他的施政像四时一样井然有序，他示人吉凶像鬼神一样奥妙莫测。他先于天象而行动，天不违背他；后于天象而处事，也能遵循天的变化规律。天尚且不违背他，何况人呢？何况鬼神呢？

"亢"之为言也，知进而不知退，知存而不知亡，知得而不知丧。其唯圣人乎①！知进退存亡，而不失其正者，其唯圣人乎！

【注释】

①其唯圣人乎：这是《文言》作者的慨叹语，与末句相同而复用，旨在渲染慨叹语气。

【译文】

上九爻辞所说的"亢"，是说明某种人只晓得进取而不知及时引退，只晓得生存而不知终将衰亡，只晓得获利而不知所得必失。大概只有圣人才是明智的吧！深知进取、引退、生存、灭亡的道理，行为不偏失正确途径的，大概只有圣人吧！

【总论】

《乾》卦作为《周易》六十四卦之首，以"天"为象征形象，揭示了"阳刚"元素、"强健"气质的本质作用及其发展变化规律。孔颖达问道："此既象天，何不谓之'天'，而谓之'乾'？"他自答说：天是"定体之名"，乾是"体用之称"，"天以健为用者，运行不息，应化无穷，此天自然之理。"（《正义》）事实上这是论及"象"与"意"的关系。从"象征"的角度分析，《乾》卦的喻旨，正是勉励人效法"天"的刚健精神，奋发向上；这也是《大象传》所极力推赞的："君子以自强不息。"卦辞以"元，亨，利，贞"四言，高度概括"天"具有开创万物，并使之亨通、富利、正固这四方面"功德"，意在表明阳气是宇宙万物"资始"之本。但"阳刚"之气的自身发展，又有一定的规律，于是，六爻拟取"龙"作为"阳"的象征，从"潜龙"到"亢龙"，层层推进，形象地展示了阳气萌生、进长、盛壮乃至穷衰消亡的变化过程。其中九五"飞龙在天"，体现阳气至盛至美的情状；上九"亢龙有悔"，则披露物极必反、阳极生阴的哲理。《周易》的辩证哲学体系，在此铺下了第一块基石。要是进一步从"《易》者，象也"（《系辞下传》）这一特征细加考究，还可以发现，本卦的卦体取"天"为象，固是比喻；六爻的爻辞取"龙"为象，也是比喻：大旨无非揭明"阳刚"的内在气质。朱熹说:"《易》难看,不比他书。《易》说一个物,非真是一个物,如说'龙'非真龙。"(《朱子语类》)这种假象寓意,广见于《周易》全书,是这部现存最古老的哲学著作所具备的重要特色。

坤卦第二

☷ 坤[1]:元,亨[2],利牝马之贞[3]。君子有攸往,先迷;后得主,利[4]。西南得朋,东北丧朋[5]。安贞吉[6]。

【注释】

①坤:卦名,下卦、上卦皆坤(☷),象征"地"。 ②元,亨:词义与乾卦略同,此处特指"地"配合"天",也能开创化生万物,并使之亨通。 ③利牝马之贞:贞,正也,指守持正固。"牝马"柔顺而能行地,故取为"坤"德之象。 ④君子有攸往,先迷,后得主,利:攸,所。这几句说明"坤"德在于"柔顺"、"居后","抢先"必"迷","随后"则"利"。 ⑤西南得朋,东北丧朋:尚秉和取《十二辟卦图》为说,指出《坤》居西北亥位,阴气逆行,沿西南方向前行遇"阳"渐盛,若沿东北方向前行则失"阳"渐尽;而"阴得阳为朋",故西南行"得朋",东北行"丧朋"(《尚氏学》)。此说分析"得朋"、"丧朋"至为可取,其中阐明"阴阳为朋"之理尤为精当,今从之。⑥安贞吉:这是归结"得朋"、"丧朋"之义,说明"坤"德以安顺守正为吉。

【译文】

《坤》卦象征地:元始,亨通,利于像雌马一样守持正固。君子有所前往,要是抢先居首必然迷入歧途;要是随从人后就会有人作主,必有利益。往西南将得到友朋,往东北将丧失友朋。安顺守持正固可获吉祥。

《彖》曰:至哉坤元[1]!万物资生,乃顺承天。坤厚载物,德合无疆[2];含弘光大,品物咸亨[3]。牝马地类,行地无疆,柔顺利贞[4]。君子攸行,先迷失道,后顺得常[5]。西南得朋,乃与类行;东北丧朋,乃终有庆[6]。安贞之吉,应地无疆[7]。

【注释】

①至哉坤元:至,形容词,指地生养万物之德美善至极。此句至"乃顺承天",

释卦辞“元”。 ②无疆：兼含地域无涯和时间无限之义。 ③含弘光大，品物咸亨：崔憬曰：“含育万物为‘弘’，光华万物为‘大’；动植各遂其性，故曰‘品物咸亨’也。”以上四句释卦辞“亨”。 ④柔顺利贞：此句连上文“牝马地类，行地无疆”，释卦辞“利牝马之贞”。 ⑤君子攸行，先迷失道，后顺得常：得常，谓“坤德”能顺则福庆常保。这三句释卦辞“君子有攸往，先迷，后得主，利”。⑥东北丧朋，乃终有庆：终，至终、终极。此谓往东北方向虽丧阳失朋（参见卦辞译注），但行至终极，必将旋转为“西南”向，则也出现“得朋”之“庆”，故曰“乃终有庆”。这是揭示阴阳循环消长之理，表明只要安顺守持“坤”德，即使“丧朋”，也将出现“得朋”之时。以上四句释卦辞“西南得朋，东北丧朋”。 ⑦应地无疆：此释卦辞“安贞吉”。君子有安贞之吉，所以应地德也。

【译文】

《彖传》说：美德至极啊，配合天开创万物的大地！万物依靠它成长，它顺从禀承天的志向。地体深厚而能普载万物，德性广合而能久远无疆；它含育一切使之发扬光大，万物亨通畅达遍受滋养。雌马是地面动物，永久驰骋在无边的大地上，它柔和温顺利于守持正固。君子有所前往，要是抢先居首必然迷入歧途偏失正道，要是随从人后、温和柔顺就能使福庆久长。往西南将得到友朋，可以和朋类共赴前方；往东北将丧失友朋，但最终也仍有喜庆福祥。安顺守持正固的吉祥，正应合大地的美德永保无疆。

【说明】

《易传》原各自为篇，后人以《彖传》、《象传》分附于经文之下，盖始于东汉郑玄（参阅《三国志·魏志·高贵乡公传》）。今本《周易》的通例是：自《坤》以下六十三卦，《彖》、《象》皆散附卦辞、爻辞后；唯《乾》卦先卦爻辞，后《彖》、《象》、《文言》，经传不混，似是传《易》者有意留此一例，让读者据以明了《周易》经传各自分别的本来面目。

《象》曰：地势坤[①]；君子以厚德载物[②]。

【注释】

①地势坤：此释《坤》卦上下“坤”皆为“地”之象。 ②厚德载物：厚，用如动词，犹言“增厚”。这是说明“君子”效法“地”厚实和顺之象，增厚其德以载万物。

【译文】

《象传》说：大地的气势厚实和顺；君子因此增厚美德、容载万物。

初六[1],履霜,坚冰至[2]。

【注释】

①初六:居卦下第一位,故称“初”;以其阴爻,故称“六”。 ②履霜,坚冰至:履,犹言践、踩。此言阴气初起,必增积渐盛,犹如微霜预示着坚冰将至。

【译文】

初六,踩上微霜,将要迎来坚冰。

《象》曰:“履霜坚冰”[1],阴始凝也;驯致其道[2],至坚冰也。

【注释】

①履霜坚冰:“坚冰”二字与下文重,郭京以为衍文;朱熹据《三国志·魏志·文帝丕》注引作“初六履霜”,认为当从补“初六”删“坚冰”。两说并通,可备参考。②驯致其道:《正义》:“驯,犹狎顺也,若鸟兽顺狎然。言顺其阴柔之道,习而不已,乃至坚冰也。”

【译文】

《象传》说:“踩上微霜将迎来坚冰”,说明阴气已经开始凝积;顺沿其中的规律,坚冰必将来到。

六二,直方大[1],不习无不利[2]。

【注释】

①直方大:这是从六二的位、体、用三方面说明爻义之美。《正义》:“生物不邪谓之‘直’也,地体安静是其‘方’也,无物不载是其‘大’也。”《尚氏学》:“方者,地之体;大者,地之用;而二又居中直之位:故曰‘直方大’。” ②不习无不利:习,犹言“学习”。

【译文】

六二,正直、端方、宏大,不学习也未必不获利。

《象》曰:六二之动[1],直以方也;“不习无不利”,地道光也[2]。

【注释】

①六二之动:《正义》:“言六二之体,所有兴动,任其自然之性,故云‘直以方也’。” ②地道:指地的柔顺之道。

【译文】

《象传》说:六二的变动,趋向正直、端方;“不学习未必不获利”,是大地的柔顺之道发出光芒。

六三,含章可贞[①];或从王事,无成有终[②]。

【注释】

①含章可贞:章,指刚美章彩。此谓六三阴居阳位,犹内含刚美而不轻易发露,故可守"贞"。 ②或从王事,无成有终:或,不定之辞,含抉择时机之义(见《乾》九四译注);成,成功,"无成"犹言"不以成功自居";有终,即尽"臣职"至终。此二句承前文义,展示"含章可贞"的具体情状。

【译文】

六三,蕴含阳刚的章美、可以守持正固;或辅助君王的事业,成功不归己有而谨守臣职至终。

《象》曰:"含章可贞",以时发也;"或从王事",知光大也[①]。

【注释】

①知光大:知,即"智"。此言六三不自擅章美,唯尽职"王事",故称"智光大"。

【译文】

《象传》说:"蕴含阳刚的章美,可以守持正固",说明六三应当根据时机发挥作用;"或辅助君王的事业",说明六三智慧光大恢弘。

六四,括囊,无咎无誉[①]。

【注释】

①括囊,无咎无誉:括,犹言"束紧"。此谓六四处位不中,其时不利施用,故以"括囊"喻缄口不言、隐居不出;这样虽不致惹害,但也不获赞誉,故曰"无咎无誉"。

【译文】

六四,束紧囊口,免遭咎害不求赞誉。

《象》曰:"括囊无咎",慎不害也。

【译文】

《象传》说:"束紧囊口,免遭咎害",说明六四必须谨慎小心才能不惹祸患。

六五，黄裳，元吉[①]。

【注释】

①黄裳，元吉：黄，居“五色”之“中”，象征“中道”；裳，古代服装是上衣下裳，故“裳”象征“谦下”；元，大也，犹言“至大”。此谓六五以柔居上卦之中，其德谦下，故获“元吉”。

【译文】

六五，黄色裙裳，至为吉祥。

《象》曰：“黄裳元吉”，文在中也[①]。

【注释】

①文在中：文，谓“温文”，与“威武”相对，亦喻“坤”德。

【译文】

《象传》说：“黄色裙裳，至为吉祥”，说明六五以温文之德守持中道。

上六，龙战于野[①]，其血玄黄[②]。

【注释】

①龙战于野：龙，喻阳刚之气；战，犹言“接”，“龙战”指阴阳交合。此句说明上六阴气至盛，阴极阳来，二气交互和合，故有“龙战”之象。 ②其血玄黄：此句承上句意，谓阴阳二气交合，流出青黄交杂之血。

【译文】

上六，龙在原野上交合，流出青黄相杂的鲜血。

《象》曰：“龙战于野”，其道穷也。

【译文】

《象传》说：“龙在原野上交合”，说明上六的纯阴之道已经发展穷尽。

用六[①]，利永贞[②]。

【注释】

①用六：义与《乾》卦“用九”相对（参阅该卦译注），也是指明《周易》哲学以变为主的一方面特色。但“用六”是就阴爻而言。《易》筮过程中，凡筮得阴爻，其数或“八”、或“六”，“六”可变、“八”不变，而筮法原则是用“六”不用“八”，亦即占“变爻”之意；若筮得六爻均“六”时，即以“用六”辞为占。 ②利永贞：永，永

久,含“健”义;能永久守正,即见阳刚之质。此谓柔极能济之以刚则利。

【译文】

用“六”数,利于永久守持正固。

《象》曰:用六“永贞”,以大终也①。

【注释】

①以大终:阳大阴小,“以大终”犹言“以阳为归宿”。

【译文】

《象传》说:用“六”数“永久守持正固”,说明阴柔以返回刚大为归宿。

《文言》曰:坤至柔而动也刚①,至静而德方②。后得主而有常③,含万物而化光④。坤道其顺乎!承天而时行。

【注释】

①至柔而动也刚:《尚氏学》:“坤柔动刚,义与‘用六’、‘大终’同。言《坤》虽至柔,遇六则变阳矣。” ②至静而德方:方,古人以为“天圆地方”,此处含“流布四方”之意。 ③后得主而有常:《正义》:“阴主卑退,若在事之后,不为物先,即‘得主’也;此阴之恒理,故云‘有常’。” ④含万物而化光:此句与《彖传》“含弘光大,品物咸亨”之义同。

【译文】

《文言》说:大地极为柔顺但变动时却显示出刚强,极为安静但柔美的品德却流布四方。随从人后、有人作主,于是保持福庆久长,包容一切、普载万物于是焕发无限光芒。大地体现的规律多么柔顺啊!它禀承天的意志沿着四时运行得当。

积善之家,必有余庆;积不善之家,必有余殃。臣弑其君,子弑其父,非一朝一夕之故,其所由来者渐矣!由辩之不早辩也①。《易》曰:“履霜,坚冰至”,盖言顺也②。

【注释】

①辩:通“辨”,别。 ②顺:《正义》:“言顺习阴恶之道,积微而不已,乃至此弑害。”

【译文】

修积善行的家族,必然留下许多庆祥;累积恶行的家族,必然留下许多祸殃。臣子弑杀君主,儿子弑杀父亲,并非一朝一夕的缘故,作恶的由来是渐萌渐长!是由于君父不曾早日辨清真相。《周易》说："踩上微霜，将要迎来坚冰"，大概是譬喻阴恶事物的发展往往顺沿一定的趋向。

"直"其正也，"方"其义也①。君子敬以直内，义以方外②。敬义立而德不孤③。"直方大，不习无不利"，则不疑其所行也④。

【注释】

①直其正也，方其义也：义，宜也。这是阐释爻辞"直"、"方"的深意。 ②敬以直内，义以方外：这两句复申"直"、"方"之义，犹言"以敬使内心正直，以义使外形端方"。 ③德不孤：谓美德广布，人所响应。 ④不疑其所行：指美德充沛，所行必畅达无碍，故不须疑虑。

【译文】

"直"说明品性纯正，"方"说明行为适宜。君子恭敬不苟于是促使内心正直，行为适宜于是促使外形端方。做到恭敬不苟、行为适宜，就能使美德广布而不孤立。"正直、端方、宏大，不学习也未必不获利"，说明美德充沛、一切行为都无须疑虑。

阴虽有美，含之以从王事，弗敢成也①。地道也，妻道也，臣道也。地道无成而代有终也②。

【注释】

①弗敢成：即六三爻辞"无成"之义（见该爻注）。 ②代有终：代，谓"代替"。《正义》："地道卑柔，无敢先唱成物；必待阳始先唱，而后代阳有终也。"

【译文】

阴柔在下者纵然有美德，只是含藏不露而用来辅助君王的事业，不敢把成功归属己有。这是地顺天的道理，妻从夫的道理，臣忠君的道理。地顺天的道理表明成功不归己有而要替天效劳、奉事至终。

天地变化，草木蕃；天地闭，贤人隐①。《易》曰："括囊，无咎无誉。"盖言谨也。

【注释】

①天地闭，贤人隐：此以"天地"闭塞喻社会昏暗，故使"贤人"隐遁。

【译文】

天地运转变化，草木繁衍旺盛；天地闭塞昏暗，贤人隐退匿迹。《周易》说：

"束紧囊口,免遭咎害,不求赞誉。"大概是譬喻谨慎处世的道理吧。

君子黄中通理①,正位居体②,美在其中,而畅于四支③,发于事业:美之至也!

【注释】

①黄中通理:黄,中之色,六五柔居上卦中位,故称"黄中"(见爻辞译注);理,文理。 ②正位居体:犹言"体居正位",即正确居处己位。 ③支:通"肢"。

【译文】

君子的美质好比黄色中和、通达文理,他身居正确的位置,才美蕴存在内心,畅流于四肢,发挥于事业:这是最美的美质啊!

阴疑于阳必战①。为其嫌于无阳也,故称"龙"焉②;犹未离其类也,故称"血"焉③。夫玄黄者,天地之杂也:天玄而地黄④。

【注释】

①阴疑于阳必战:疑,通"凝",犹言"凝情"。此谓上六处《坤》之极,阴极返阳,犹"凝情"于阳,故必致交合。 ②为其嫌于无阳也,故称"龙"焉:嫌,疑。此言爻辞取"龙"喻阳,是虑及读者或疑卦中无阳,不明爻义。 ③犹未离其类也,故称"血"焉:类,朋类,指阳性"配偶"。此谓上六既阴极遇阳,阴阳必合,故爻辞称"血"以明交合。 ④"夫玄黄者"三句:杂,《说文》"五采相合",此处指血色相混。这三句说明爻辞"其血玄黄",是譬喻天地交合之血混和。

【译文】

阴气凝情于阳气必然相互交合。作《易》者是怕读者疑惑于《坤》卦没有阳爻,所以在爻辞中称"龙"代表阳;又因为阴不曾离失其配偶阳,所以在爻辞中称"血"代表阴阳交合。至于血的颜色为青黄相杂,这是说明天地阴阳的血交互混和:天为青色、地为黄色啊。

【总论】

《周易》以《坤》卦继《乾》卦之后,寓有"天尊地卑"、"地以承天"的意旨。全卦大义,在于揭示"阴"与"阳"既相对立、又相依存的关系。在这对矛盾中,"阴"处于附从的、次要的地位,依顺于"阳"而存在、发展。就卦象看,《坤》以"地"为象征形象,其义主"顺"。卦辞强调:利于"雌马"之"贞","后得主"以随人,获吉于"安贞",均已明示"柔顺"之义。六爻进一步抒发"阴"在附从"阳"的前提下的发展变化规律:二处下守中,五居尊谦下,三、四或"奉君"或"退处",皆呈"坤,顺"之德,而以二、五最为美善;至于初六"履霜"与上六"龙战",两相对照,又深刻体现了阴气积微必著、盛极返阳的辩证思想。《系辞上传》曰:"一阴一阳之谓道。"《周易》一书发端于《乾》、《坤》两卦,正反映了作者对阴阳辩证关系的具有一定深度的认识;换言之,作者似乎流露出这样一种观点:阴阳两种力量的相互作用,是宇宙间事物运动、变化、发展的源泉。

屯卦第三

䷂ 屯[1]:元亨,利贞[2];勿用有攸往,利建侯[3]。

【注释】

①屯:音 zhūn,卦名,下震(☳)上坎(☵),象征"初生"。　②元亨,利贞:元,至大(见《坤》六五译注),"元亨"犹言"至为亨通";利贞,利于守正。此谓事物初生、正待成长,故其势至为亨通;但初生之物应当正其根本、固其体质,故又利于守正。　③勿用有攸往,利建侯:此谓事物初生,艰难当前,故不可轻动"有往",应当广资辅助,故以"利建侯"为喻。

【译文】

《屯》卦象征初生:至为亨通,利于守持正固;不宜有所前往,利于建立诸侯。

《彖》曰:屯,刚柔始交而难生[1];动乎险中,大亨贞[2]。雷雨之动满盈[3],天造草昧[4];宜建侯而不宁[5]。

【注释】

①刚柔始交而难生:刚柔指阴阳。此句释卦名"屯",说明事物"初生"之际,正是阴阳始交之时,此时必多艰难。　②动乎险中,大亨贞:动,指下震;险,指上坎。此以上下象释卦辞"元亨,利贞",说明物"初生"犹如动于"险"中,故虽"大亨"亦须守"贞"。　③雷雨之动满盈:雷,指下震;雨,指上坎。此句谓上下卦有雷雨将作、雷声乌云充盈之象,譬喻刚柔始交、物将萌生时的"氤氲"情状。④天造草昧:草,草创;昧,冥昧。此句紧承前句之意,又举"天造草昧"的情形,进一层譬喻初生之物将萌的状态。　⑤不宁:谓不可安宁无事。此句合前文"雷雨之动""天造草昧",释卦辞"勿用有攸往,利建侯。"

【译文】

《彖传》说:初生,譬如阳刚阴柔开始相交而危难随着萌生;这是在险境中变动发展,前景尽管大为亨通却要守持正固。每当雷雨将作而乌云雷声充盈宇间,恰似大自然制造万物于草创之际、冥昧之时的情状;这种时候王者应当建立诸侯治理天下而不可安居无事。

《象》曰:云雷,屯①;君子以经纶②。

【注释】

①云雷,屯:释《屯》卦上坎为云、下震为雷之象。 ②君子以经纶:经纶,用如动词,即以治丝喻治国。这是说明"君子"观《屯》象,悟知当局势初创多艰之时,须奋发治理天下。

【译文】

《象传》说:乌云雷声交动,象征"初生";君子因此在时局初创之际努力经略天下大事。

初九,磐桓,利居贞,利建侯①。

【注释】

①磐桓,利居贞,利建侯:磐桓,即盘桓。此言初九处"屯"之始,宜守正谨慎不进,多获资助,故云"利居贞,利建侯"。

【译文】

初九,徘徊流连,利于静居守持正固,利于建立诸侯。

《象》曰:虽磐桓,志行正也;以贵下贱①,大得民也。

【注释】

①以贵下贱:阳贵阴贱,初九阳爻处群阴之下,故有是说。

【译文】

《象传》说:尽管徘徊流连,但心志行为能保持端正;身份尊贵却下居卑位,说明初九可以大得民心。

六二,屯如,邅如①。乘马班如②,匪寇婚媾③;女子贞不字④,十年乃字⑤。

【注释】

①屯如,邅如:如,语气词;邅,音 zhān,《释文》引马融曰:"难行不进之貌。"《玉篇》:"转也"、"移也。"这两句说明六二当"屯难"之时,柔顺中正,能审慎忖度,不急于进,故有"邅如"之象。 ②班如:谓"马多"之状。 ③匪:通

“非”。 ④字：谓女子许嫁。 ⑤十年乃字：十年，言时间之久，又含时极转通之义。以上四句，“乘马”、“匪寇”指九五，“女子”指六二。谓二与五阴阳相应，故五乘马而来，欲求婚媾；但当“屯难”之时，二前有三、四两阴阻格，不宜轻动，故守正待时，至“十年”难消时通“乃字”。爻辞取象兼喻二、五两爻，义主于卦辞所云“利贞，勿用有攸往”。

【译文】

六二，初创之时多么艰难，回复彷徨不前。乘马的人纷拥前来，但他们不是强寇而是来求婚配者；女子守持正固不急于出嫁，久待十年才缔结良缘。

《象》曰：六二之难，乘刚也①；十年乃字，反常也②。

【注释】

①乘刚：指六二乘凌初阳之上。 ②反常：反，即“返”。此言六二“贞不字”，有悖常理；“十年乃字”，则难消而事理复常。

【译文】

《象传》说：六二身罹险难，是由于阴柔乘凌阳刚之上；久待十年才许嫁，说明难极至通、事理又恢复正常。

六三，即鹿无虞，惟入于林中①；君子几，不如舍，往吝②。

【注释】

①即鹿无虞，惟入于林中：即，追逐；虞，虞人，掌山泽之官。这两句说明六三处《屯》下卦之上，失正不中，躁于进取，犹无虞人相助而“逐鹿”，徒入林中，必无所获。 ②往吝：此句承前两句意，说明六二当“屯难”失正之时，应该“知几”退处，舍“鹿”不逐；若执意逐之不已，必徒劳无益而致“吝”。

【译文】

六三，追逐山鹿没有虞人引导，只是空入茫茫林海中；君子应当见机行事，此时不如舍弃不逐，要是一意前往必有憾惜。

《象》曰：“即鹿无虞”，以从禽也①；“君子舍之、往吝”，穷也。

【注释】

①从禽：从，犹言“追捕”；禽，泛指禽兽。

【译文】

《象传》说：“追逐山鹿没有虞人引导”，说明贪于追捕禽兽；“君子舍弃不逐、一意往前必有憾惜”,说明追逐不止将致穷困。

六四,乘马班如,求婚媾[1];往吉,无不利。

【注释】

①乘马班如,求婚媾:此谓六四下应初九,阴阳相合,故乘马往求婚配,必可济“屯”获“吉”。

【译文】

六四,乘马纷拥前去,欲求婚配;此往必获吉祥,无所不利。

《象》曰:求而往[1],明也。

【注释】

①求而往:四阴求初阳,含有上者礼求下贤的喻意。

【译文】

《象传》说:有求于下而前往,说明六四是明智的。

九五,屯其膏[1]。小,贞吉;大,贞凶[2]。

【注释】

①屯其膏:屯,此处有“克服屯难”之意;其,助词,含推测性语气,犹“将”;膏,用如动词,谓“施膏泽”。此句说明九五阳刚中正,居《屯》尊位,为善处“屯难”、努力打通初创局面之象;又能下应六二,犹将克服“屯难”,下施膏泽,故曰“屯其膏”。 ②小,贞吉;大,贞凶:此承前句意,说明九五之时“屯难”正在克服,“膏泽”行将广施,柔小处下者守正待时必获吉祥;但刚大居上者尚须敬慎行事,不可疏忽大意,功败垂成,故特诫其“贞”而防“凶”。

【译文】

九五,克服初创艰难,即将广施膏泽。柔小者,守持正固可获吉祥;刚大者,守持正固以防凶险。

《象》曰:“屯其膏”,施未光也。

【译文】

《象传》说:“克服初创艰难,即将广施膏泽”,说明九五所施德泽尚未及光大。

上六,乘马班如,泣血涟如[1]。

【注释】

①乘马班如，泣血涟如：涟如，形容泪流汪汪之状。此谓上六居《屯》卦之极，初创艰难的局面已经打通，正转向新的发展阶段；但上六质禀阴柔，仍持“屯难”的旧观念，欲效前爻“乘马”求贤，无奈六三同性不应，故“泣血涟如”，徒自伤悲。

【译文】

上六，乘马之人纷拥而往，欲求婚配，（但竟无感应）泣血伤心泪涟涟。

《象》曰：“泣血涟如”，何可长也[①]？

【注释】

①何可长也：指上六虽因不明时变、徒致伤悲，但随着大局进一步亨通，必将恍然自悟、释然无忧。

【译文】

《象传》说：“泣血伤心泪涟涟”，上六又怎会长久如此呢？

【总论】

《屯》卦喻示事物初生之际的情状，义在阐明“初创艰难”。卦辞既言此时可致亨通，又谓利于守正、宜“建侯”广资辅助，表露了作者哲理浓厚的观点：认为创物虽艰难，若能把握正确的规律，前景必将充满光明。卦中六爻，通过不同的物象，揭示处“屯”之道：初“盘桓”，以居正不出为利；二“屯邅”，似女子“守贞待字”则宜；三“即鹿”，当退不当进；四“求婚”，亲下获吉；五“初创”局面将通，但不可疏忽，须守正防凶；上虽“泣血”，但大势已通，必将化忧为喜。综言之，六爻均围绕物之“初生”、时之“草创”，明其吉凶利咎，大旨无不强调居正慎行。从哲学内涵分析，全卦所明“初生”、“艰难”的本旨，是勉励人沿着“草创”之时的发展趋势，不断开拓、进取，以求得“元亨”为最终目的。《大象传》申言“君子以经纶”，即体现“奋发图治”、处“屯”求通的精神。《宋书·谢灵运传》所谓“国屯难而思抚”，正与此义合，可见，《屯》卦的积极意义，是以辩证的哲学观点，指出“初生”事物的发展前景，展示“君子有为之时”开“屯”致“通”的途径。

蒙卦第四

䷃ 蒙①:亨②。匪我求童蒙,童蒙求我③;初筮告,再三渎,渎则不告④。利贞⑤。

【注释】

①蒙:卦名,下坎(☵)上艮(☶),象征“蒙稚”。　②亨:指事物“蒙稚”之时,若合理启发,必致亨通。　③匪我求童蒙,童蒙求我:我,指“启蒙之师”,喻九二;童蒙,喻六五,此处“求童蒙”犹言“求童启蒙”(“童蒙求我”即反此义)。这两句说明启蒙之事,是“学子”有求于“师”,并非“师”求“学子”。卦中六五下应九二,正合“童蒙求我”之象。　④初筮告,再三渎,渎则不告:筮,音 shì,原指以蓍草演卦占问,此处特指“学子”向“蒙师”问疑求决;渎,《释文》“乱也”。这三句说明“治蒙”的规律,“蒙稚”者应当虔心循序求问,不可“再三”滥问、渎乱学务;而“蒙师”也必须教之有方,故初告、渎不告。　⑤利贞:此句总结卦辞,说明“治蒙”之道,利于守正。

【译文】

《蒙》卦象征蒙稚:亨通。并非我要求幼童来启发蒙稚,而是幼童需要启发蒙稚有求于我;初次祈问施以教诲,接二连三地滥问是渎乱学务,渎乱就不予施教。利于守持正固。

《彖》曰:蒙,山下有险,险而止,蒙①。“蒙,亨”,以亨行时中也②。“匪我求童蒙,童蒙求我”,志应也③。“初筮告”,以刚中也④;“再三渎,渎则不告”,渎蒙也⑤。蒙以养正,圣功也⑥。

【注释】

①山下有险,险而止,蒙:山,指上艮;险,指下坎。此以上下卦象释卦名“蒙”。　②以亨行时中也:此谓九二处下卦之中,犹沿亨通之道“治蒙”而能把

握适中的时机,以释卦辞“蒙,亨”之义。 ③志应:指卦中二、五阴阳相应,犹“蒙师”、“学子”志趣投合。此释卦辞“匪我求童蒙,童蒙求我。” ④刚中:指九二阳刚居中,喻“蒙师”刚严有方,“初筮”必“告”。此释卦辞“初筮告”。 ⑤渎蒙:谓渎乱蒙稚的启迪程序,此释卦辞“再三渎,渎则不告”。 ⑥蒙以养正,圣功也:圣功,犹言“致圣之功”。此释卦辞“利贞”。

【译文】

《彖传》说:蒙稚,譬如高山下有险阻,遇险止步、徬徨不前,正像蒙稚的情状。“蒙稚,亨通”,说明可以顺沿亨通之道施行启蒙,并把握适中的时机。“并非我有求于幼童来启发蒙稚,而是幼童需要启蒙有求于我”,这样双方的志趣就能相应。“初次祈问施以教诲”,说明蒙师有阳刚气质、行为适中;“接二连三地滥问是渎乱学务,渎乱就不予施教”,因为渎乱了蒙稚启迪的正常程序。蒙稚的时候应当培养纯正无邪的品质,这是造就圣人的成功之路。

《象》曰:山下出泉,蒙①;君子以果行育德②。

【注释】

①山下出泉,蒙:释《蒙》卦上艮为山、下坎为水之象。泉流出山必渐汇成江河,正如“蒙稚”渐启。 ②果行育德:果,用如动词;“果行”犹言果决其行,含“百折不挠”之意。这是说明“君子”效法《蒙》卦“山下出泉”之象,“果行”不止、“育德”不懈。

【译文】

《象传》说:高山下流出泉水,象征渐启“蒙稚”;君子因此果断决定自己的行动来培育美德。

初六,发蒙,利用刑人,用说桎梏①;以往吝②。

【注释】

①发蒙,利用刑人,用说桎梏:刑,即“型”,用如动词,指以典型、法式教人;说,通“脱”;桎梏,音 zhì gù,木制刑具。这三句说明初六处“蒙”之始,宜受启蒙教育,才能端正品质,免犯罪恶,不至于身罹“桎梏”。 ②以往吝:以,犹“而”。这句说明初六若不专心受教“发蒙”,急于求进,必将“往”而有“吝”。

【译文】

初六,启发蒙稚,利于树立典型教育人,使人免犯罪恶;要是急于前往必有遗憾惋惜。

《象》曰：利用刑人，以正法也[①]。

【注释】

①正法：以法为正。

【译文】

《象传》说：利于树立典型教育人，是为了让人就范于正确的法则。

九二，包蒙，吉[①]。纳妇，吉[②]；子克家[③]。

【注释】

①包蒙，吉：这是譬喻九二阳刚居下卦中位，被初、三、四、五诸阴所"包"，犹如"蒙师"居于众"学子"中，正施教诲，故"吉"。 ②纳妇，吉：此喻九二与六五应合，五居尊，下求于二，则二有"纳妇"之象。妇能配己成德，故再称"吉"。③子克家：此句又喻九二处下而能为六五尊者之师，犹如子辈却能治家。

【译文】

九二，被蒙稚者所环绕，吉祥。像迎娶贤淑美丽的妻室一样，吉祥；又像儿辈能够治家。

《象》曰："子克家"，刚柔接也[①]。

【注释】

①刚柔接：九二阳刚，有"子"能治家，下者为尊者师之象；六五阴柔，有尊者下求贤师、虚心受教之象；二、五应合，故称"刚柔接"。

【译文】

《象传》说："儿辈能治家"，说明九二阳刚和六五阴柔互为应接。

六三，勿用取女，见金夫[①]，不有躬，无攸利[②]。

【注释】

①金夫：美称。 ②不有躬，无攸利：躬，自身。此上四句，"女"喻六三，"金夫"喻上九。说明三与上相应，但三处《蒙》下卦之终，阴柔失正，乘凌九二阳刚，有既处"蒙稚"又急于求进之象，犹如女子见美男亟欲求之，不顾"礼节"；故爻辞戒上九"勿取"此女，取之必"无攸利"。

【译文】

六三，不宜娶这女子，她眼中所见只是美貌郎君，不顾自身体统，娶她无所利益。

《象》曰:"勿用取女",行不顺也[①]。

【注释】

①行不顺:指六三阴居阳位,下乘九二。

【译文】

《象传》说:"不宜娶这女子",说明六三行为不顺合礼节。

六四,困蒙,吝[①]。

【注释】

①困蒙,吝:此谓六四当"蒙"之时,以阴处上下两阴之间,犹如远离"蒙师"、独困蒙稚,故有"吝"。

【译文】

六四,困陷于蒙稚,有所憾惜。

《象》曰:"困蒙之吝",独远实也[①]。

【注释】

①独远实:阳实阴虚,四独远九二,故称。

【译文】

《象传》说:"困陷于蒙稚的憾惜",说明六四独自远离刚健笃实的蒙师。

六五,童蒙,吉[①]。

【注释】

①童蒙,吉:此谓六五阴柔居尊,谦下应二,犹"童蒙"虚心柔顺,承教于师,故"吉"。

【译文】

六五,幼童的蒙稚正受启发,吉祥。

《象》曰:"童蒙之吉",顺以巽也[①]。

【注释】

①顺以巽:以,连词,犹"而";巽,音 xùn,犹言"谦逊"。

【译文】

《象传》说:"幼童的蒙稚正受启发,吉祥",说明六五对蒙师恭顺谦逊。

上九，击蒙[①]；不利为寇，利御寇[②]。

【注释】

①击蒙：击，治，即以猛击治“蒙”。此句说明上九阳居《蒙》终，犹如“蒙师”高居上位，以严厉措施教治蒙稚者，故曰“击蒙”。 ②不利为寇，利御寇：为寇，喻暴烈过甚的方式；御寇，喻适当的严厉。此因上九阳刚极盛，戒其治蒙可严不可暴，故谓严则“利”，暴则“不利”。

【译文】

上九，猛击以启发蒙稚；不利于施用暴烈过甚的方式，宜于采用抵御强寇的方式。

《象》曰：“利用御寇”，上下顺也。

【译文】

《象传》说：“利于采用抵御强寇的方式治蒙”，是说可以使上下的意志顺合和谐。

【总论】

事物发展的初期阶段，必多蒙昧。《尚书·太甲》叙伊尹语曰：“先王昧爽丕显，坐以待旦；旁求俊彦，启迪后人。”《礼记·学记》云：“玉不琢，不成器；人不学，不知道。是故古之王者，建国君民，教学为先。”可见，我国古代对传道授业、启蒙育智是十分重视的。《蒙》卦取名“蒙稚”，其义在于揭示“启发蒙稚”的道理。卦辞称“匪我求童蒙，童蒙求我”，体现“尊师敬学”的思想，与《礼记·曲礼上》所谓“礼闻来学，不闻往教”之义相同；又称“童蒙”初问“告”，再三滥问“不告”，展示了启发引导式的教学原则，与《论语·述而》所谓“举一隅不以三隅反，则不复也”之义略通。六爻大旨，二阳爻喻“师”，四阴爻喻“蒙童”，即程颐云：“二阳为治蒙者，四阴皆处蒙者也。”（《程传》）其中九二阳刚处下，启迪群蒙，为有道“师表”之象；上九刚健居终，以严施教则利，以暴施教则不利：这是从“教”的角度揭明“启蒙”规律。六五居尊谦下，“蒙以养正”，为好学“君子”之象；初六阴弱蒙稚，潜心“发蒙”则可，急于求进必“吝”；六三、六四两爻，或不循学径、盲目躁动，或远离其“师”、困陷蒙昧，均不能去蒙发智：这是从“学”的角度揭明“治蒙”规律。综观全卦，无非紧扣“教”、“学”两端，抒发作《易》者颇具辩证因素的教育思想。蔡清曰：“在蒙者便当求明者，在明者便当发蒙者，而各有其道。”（《易经蒙引》）正是本卦大义的概括。若联系我国古代教育史，进一步考究《蒙》卦的思想内容，似乎又有利于追溯、挖掘先秦时期以孔子为代表的某些教育理论的哲学渊源：这是本卦值得重视的一方面价值。

卷二

需卦第五

䷄ 需①:有孚,光亨,贞吉②,利涉大川③。

【注释】

①需:卦名,下乾(☰)上坎(☵),象征“需待”。　②有孚,光亨,贞吉:《周易》中出现的“孚”字,一般均指“心怀诚信”;光,即光明磊落。这三句说明有所“需待”之时,能诚信、光明、守正,则可获“亨”、“吉”。卦中九五爻阳刚中正,与此象有合。　③利涉大川:大川,即大河流,喻艰难险阻。

【译文】

《需》卦象征需待:心怀诚信,光明亨通,守持正固可获吉祥,利于涉越大河巨流。

《彖》曰:“需”,须也①;险在前也,刚健而不陷,其义不困穷矣②。“需,有孚,光亨,贞吉”,位乎天位,以正中也③。“利涉大川”,往有功也④。

【注释】

①需,须也:需,有“需求”和“期待”二义,本句释“需”为“须”,主于“期待”之义。　②险在前也,刚健而不陷,其义不困穷矣:险,指上卦坎;刚健,指下卦乾;义,犹言“宜”。这三句举上下卦象之义,配合前文并释卦名“需”。　③位乎天位,以正中也:此释卦辞“有孚,光亨,贞吉”,指九五居于“天”位,得正而持中。④往有功也:此句释卦辞“利涉大川”。

【译文】

《彖传》说:“需”,意思是有所期待;譬如艰难险阻正在前方,刚强健实而不陷入厄境,因为期待适宜便不致路困途穷。“需待,心怀诚信,光明亨通,守持正固可获吉祥”,说明九五居于“天”的位置,而且处位正中。“利于涉越大河巨流”,说明一往直前必获成功。

《象》曰:云上于天,需[1];君子以饮食宴乐[2]。

【注释】

①云上于天,需:释《需》卦上坎为云(水)、下乾为天之象。 ②君子以饮食宴乐:这是说明"君子"观《需》卦之象,悟知"饮食宴乐"也应当"需时"之理。

【译文】

《象传》说:云气上集于天(待时降雨),象征"需待";君子因此需待其时饮用食物、举宴作乐。

初九,需于郊,利用恒,无咎[1]。

【注释】

①需于郊,利用恒,无咎:郊,指城邑之外的周围地区。这是说明初九处《需》卦之始,远离坎险,犹如在邑郊"需待"其时;但此时当以恒心久待,不可妄动,故曰"利用恒,无咎"。

【译文】

初九,在郊外需待,利于保持恒心,必无咎害。

《象》曰:"需于郊",不犯难行也;"利用恒无咎",未失常也[1]。

【注释】

①未失常:常,指恒常之理。

【译文】

《象传》说:"在郊外需待",说明初九不朝着险难前行;"利于保持恒心,必无咎害",说明初九未曾离失常理。

九二,需于沙,小有言;终吉[1]。

【注释】

①需于沙,小有言;终吉:沙,沙滩,喻离险不远。这两句说明九二处下卦之中,离上卦坎险不远,犹如在近水的沙滩需待,又如稍受言语中伤;两层比喻都体现九二虽未及"难",却正在向危难靠近。但由于阳刚居中,有静待不躁之象,故获"终吉"。

【译文】

九二,在沙滩需待,略受言语中伤;坚持需待至终必获吉祥。

《象》曰:"需于沙",衍在中也①;虽小有言,以终吉也②。

【注释】

①衍在中:衍,犹言"宽绰",此句说明九二阳刚居中,能宽绰需待。　②以终吉也:阮元《校勘记》以为本句"终"字与前文"中"叶韵,故应从石经、岳本、监、毛本作"以吉终也"。似当据改。

【译文】

《象传》说:"在沙滩需待",说明九二中心宽绰不躁;尽管略受言语中伤,但能坚持需待至终必获吉祥。

九三,需于泥,致寇至①。

【注释】

①需于泥,致寇至:泥,犹言"泥滩",喻濒临于险。寇,喻危害。这两句说明九三处《需》下卦之上,濒临坎险,犹如在"泥滩"需待,将陷水中;又以阳居阳位,有刚亢躁进之象,故将致"寇"害。

【译文】

九三,在泥滩需待,招致强寇到来。

《象》曰:"需于泥",灾在外也①;自我致寇,敬慎不败也②。

【注释】

①灾在外:指"九三"虽"需于泥",但坎险尚在身外。　②敬慎不败:这是《象传》作者的诫语,谓九三须审慎才不致危败。

【译文】

《象传》说:"在泥滩需待",说明九三灾祸尚在身外;自我招致强寇,说明九三要敬谨审慎才能避免危败。

六四,需于血,出自穴①。

【注释】

①需于血,出自穴:血,喻伤之重;穴,喻险之深。此谓六四居上卦坎下,犹如罹险遭伤,而需待于"血泊"之中;但因阴柔得正,在危难时冷静需待,故又能从"深穴"中脱出。爻义主于"需待"有方,则虽险也能化夷。

【译文】

六四,在血泊中需待,从陷穴里脱出。

《象》曰:"需于血",顺以听也[①]。

【注释】

①顺以听:"顺"、"听"义近为互文。

【译文】

《象传》说:"在血泊中需待",是说六四冷静等待而顺从听命于时势。

九五,需于酒食,贞吉[①]。

【注释】

①需于酒食,贞吉:酒食,食物之丰美者,喻"德泽"。此谓九五居《需》卦"君位",阳刚中正,犹如需待丰美的食物以施惠于民,故"贞"而获"吉"。

【译文】

九五,需待于酒醪食肴,守持正固可获吉祥。

《象》曰:"酒食贞吉",以中正也。

【译文】

《象传》说:"需待于酒醪食肴、守持正固可获吉祥",说明九五居中得正。

上六,入于穴[①],有不速之客三人来[②];敬之,终吉[③]。

【注释】

①入于穴:穴,喻险之极。此谓上六以阴居卦终,"需"极转躁,不复需待,故陷入坎穴,未能自脱。　②有不速之客三人来:三人,喻下卦三阳。此句说明上六下应九三,而当"需"极之时,九三能偕同二阳共同越过坎险,犹如"不速之客三人"同来应援上六,则上六的"入穴"之难终将可脱。　③敬之,终吉:敬之,喻上六敬待下三阳。此谓上六当"需"极"入穴"之时,若能以柔顺之道敬待越险而上的"三阳",则可脱险"终吉"。全爻大义主于:"需待"至极,虽有险难,也将有众物相助而获吉。

【译文】

上六,落入陷穴,不召而至的三位客人来访;恭敬相待,终将获得吉祥。

《象》曰:"不速之客来,敬之终吉",虽不当位[①],未大失也。

【注释】

①不当位:王弼以为"上"为"虚位",故曰:"处无位之地,不当位者也。"似

可从。

【译文】

《象传》说："不召而至的客人来访，恭敬相待终将获得吉祥"，说明上六尽管处位不妥当，但未至于遭受重大损失。

【总论】

《需》卦发"需待"之义，阐明事物在发展过程中当耐心待时的道理。卦辞所谓"亨"、"吉"、"利涉大川"，即是守正需待所致。卦中六爻，不论刚柔，各能容忍守静、敬慎待时，故或吉、或无咎、或化险为夷，皆不呈"凶"象。《折中》引吕祖谦曰："《需》初九、九五二爻之吉，固不待言。至于余四爻，如二则'小有言，终吉'，如三之《象》则曰'敬慎不败'，四之《象》则曰'顺以听也'，上则曰'有不速之客三人来，敬之，终吉'。大抵天下之事，若能款曲停待，终是少错。"案《论语·子罕》有一段记载："子贡曰：'有美玉于斯，韫匵而藏诸，求善贾沽诸？'子曰：'沽之哉，沽之哉，我待贾者也。'"刘宝楠《正义》曰："君子于玉比德。时夫子抱道不仕，故子贡借玉以观夫子藏用之意。'善贾'喻贤君也，虽有贤君，亦待聘乃仕，不能枉道以事人也。"孔子所言"待贾"，意谓"藏德待用"；就"待"这一意义看，实与《需》卦"守正待时"之旨相切。

讼卦第六

䷅ 讼[1]:有孚窒惕,中吉[2];终凶,利见大人,不利涉大川[3]。

【注释】

①讼:卦名,下坎(☵)上乾(☰),象征“争讼”。 ②有孚窒惕,中吉:这是说明“争讼”必有诚信被“窒”、心有惕惧而致;但讼不可过甚,应当持“中”才有“吉”。 ③终凶,利见大人,不利涉大川:此谓“争讼”不可终极不止,利于出现“大人”决讼,但不利于“争讼”时涉险。

【译文】

《讼》卦象征争讼:是诚信被窒塞、心有惕惧所致,持中不偏可获吉祥;始终争讼不息则有凶险,利于出现大人,不利于涉越大河巨流。

《彖》曰:讼,上刚下险,险而健[1],讼。“讼:有孚窒惕,中吉”,刚来而得中也[2]。“终凶”,讼不可成也[3]。“利见大人”,尚中正也[4]。“不利涉大川”,入于渊也[5]。

【注释】

①上刚下险,险而健:“刚”、“健”指上卦乾,“险”指下卦坎。这是举上下卦象譬喻临险刚健则能争讼,释卦名“讼”之义。 ②刚来而得中:此举九二阳刚得中之象,释卦辞“讼,有孚窒惕,中吉”。谓九二以刚来居下卦两阴之间。 ③讼不可成:此句以上九“争讼”穷极难成,释卦辞“终凶”。 ④尚中正:此以九五中正决讼而被崇尚,释卦辞“利见大人”。 ⑤入于渊:此句又举上下卦乾刚乘坎险之象,说明恃刚犯难,将有陷于深渊之危,以释卦辞“不利涉大川”。

【译文】

《彖传》说:争讼,譬如阳刚居上、险陷居下,临险而强健,遂能争讼。“争讼是诚信被窒塞、心有惕惧所致,持中不偏可获吉祥”,说明阳刚前来处险而保持适中。“始终争讼不息则有凶险”,说明穷极争讼不能成功。“利于出现大人”,说明决讼崇尚守正持中。“不利于涉越大河巨流”,说明恃刚乘险将陷入深渊。

《象》曰:天与水违行,讼[①];君子以作事谋始[②]。

【注释】

①天与水违行,讼:释《讼》卦上乾为天、下坎为水之象。 ②作事谋始:这是说明“君子”观《讼》卦之象,悟知“作事”之初,当先“谋”其“始”,如宣明章纪、判明职分,以杜绝“争讼”于未萌之前。

【译文】

《象传》说:天西转与水东流相违背而行,象征(不和睦而)“争讼”;君子因此办事先考虑其初(杜绝争讼的本源)。

初六,不永所事[①];小有言,终吉[②]。

【注释】

①不永所事:初六以阴居《讼》之初,有退而不争之象,故能不永于讼事。②小有言,终吉:这是说明初六与九四有应,四阳刚好讼,故以“言语”犯初;但初能退,则终能辨明是非而获“吉”。

【译文】

初六,不久缠于争讼事端;尽管略受言语中伤,终将获得吉祥。

《象》曰:“不永所事”,讼不可长也;虽“小有言”,其辩明也。

【译文】

《象传》说:“不久缠于争讼事端”,说明争讼不可长久不停;尽管“略受言语中伤”,说明初六通过辨析终将分明。

九二,不克讼[①],归而逋[②],其邑人三百户,无眚[③]。

【注释】

①不克讼:克,犹言“胜”。此谓二与五两刚无应致讼,二处下失利,故“不克讼”。 ②逋:音 bū,逃亡。 ③三百户,无眚:三百户,犹言小邑。眚,音 shěng,灾,犹言“祸患”。这句是说明九二阳刚居中,能适宜权衡讼事,于失利时及早逃归三百户小邑,故可免灾。

【译文】

九二,争讼失利,逃窜速归,那是三百户人家的小邑,居此不遭祸患。

《象》曰："不克讼"，归逋窜也；自下讼上[1]，患至掇也[2]。

【注释】

①自下讼上：指九二与九五不相应而争讼。②患至掇也：掇，音duō，中止。此谓九二"患至"而又中止，正释及时躲避之义。

【译文】

《象传》说："争讼失利，便逃窜速归"，是说九二居下与尊上争讼，灾患临头（但及时躲避）而又中止。

六三，食旧德，贞厉，终吉[1]；或从王事，无成[2]。

【注释】

①食旧德，贞厉，终吉：旧德，指旧有俸禄；贞厉，犹言"守正防危"。这三句说明六三以柔居《讼》下卦之上，有不能争讼、唯"食旧德"之象；但三位不正，故又诫以守正防危，可获"终吉"。②或从王事，无成：即《坤》六三"或从王事，无成有终"之义。这里指居"讼"之时，六三当以从刚为本，不主"讼事"；事有成，也不以成功自居。

【译文】

六三，安享旧日的德业，守持正固以防危险，终将获得吉祥；或辅助君王的事业，成功不归己有。

《象》曰：食旧德，从上吉也[1]。

【注释】

①从上：即承乾，指六三以阴柔上承阳刚。

【译文】

《象传》说："安享旧日的德业"，是说六三顺从阳刚尊上可获吉祥。

九四，不克讼[1]；复即命，渝，安贞吉[2]。

【注释】

①不克讼：此句说明九四下应初六，先有相犯而争讼，初能辨明，四则败讼，故"不克"。②复即命，渝，安贞吉：复，回头；即，就也；命，理也，犹言"正理"；渝，变也；安贞吉，安守正固则吉。这三句说明九四阳居阴位，刚则能柔，故于"不克讼"之后，能归就正理，改变初衷，安顺守贞而获吉祥。

【译文】

九四，争讼失利；回心归就正理，改变争讼的念头，安顺守持正固可获吉祥。

《象》曰：复即命，渝，安贞不失也。

【译文】

《象传》说："回心归就正理，改变争讼的念头"，说明九四安顺守持正固必无损失。

九五，讼，元吉①。

【注释】

①讼，元吉：讼，犹言"决讼"。此谓九五阳刚中正，为"君子"听讼、明断曲直之象，故称"元吉"。

【译文】

九五，明决争讼，至为吉祥。

《象》曰："讼，元吉"，以中正也。

【译文】

《象传》说："明决争讼，至为吉祥"，说明九五居中持正。

上九，或锡之鞶带①，终朝三褫之②。

【注释】

①锡：即"赐"。　鞶带：鞶，音 pán，《本义》："命服之饰。"这是以显贵的服饰喻指高官厚禄。　②终朝三褫之：三，喻多次；褫，音 chǐ，夺。以上三句说明上九以阳刚居《讼》之极，强讼不止，或因取胜而受赐厚禄，也将"终朝"之间多次被夺。

【译文】

上九，偶或（凭借胜讼）获赐饰有大带的显贵之服，但在一天之内却多次被剥夺。

《象》曰：以讼受服，亦不足敬也。

【译文】

《象传》说：由于争讼而受赏官禄，这也不值得尊敬。

【总论】

《讼》卦并非教人如何"争讼"，而是诫人止讼免争。卦辞一方面指出：必须在

“信实”被止塞的情状下才能“起讼”；另一方面深诫：讼事应当持“中”，若讼极不止必凶。卦中九五喻“听讼”尊主，以中正、明决获“元吉”；余五爻皆身系讼事，其中初六不与人争而获“终吉”、九二败讼速退而获“无眚”、六三安分不讼亦获“终吉”、九四败讼悔悟而获“安贞吉”，惟上九穷争强讼，自取“夺赐”之辱。可见，全卦大旨是始终申言“讼”不宜穷争、应及早平息的道理。当然，若要杜绝争讼，务须治其本源。《大象传》称“君子作事谋始”，提出“作事”之初先防“讼”于未萌的观点，即是强调凡事先明确章约、判定职分，使讼无从生，争无由起。王弼《周易注》引孔子曰：“听讼，吾犹人也，必也使无讼。”（语见《论语·颜渊》，又见《礼记·大学》）此语正合《大象传》的精蕴：既揭出《讼》卦的象外之旨，又反映了古人追求息讼免争、人人平和的社会理想。

师卦第七

䷆ 师[1]:贞[2],丈人吉,无咎[3]。

【注释】

①师:卦名,下坎(☵)上坤(☷),象征"兵众"。 ②贞:指"兵众"应当以"正"为本。即《彖传》所谓"能以众正,可以王矣。" ③丈人吉,无咎:丈人,犹言"贤明长者",兼具"德"与"长"的素质。这两句说明"兵众"必须以"丈人"为统帅,才能"无咎"。

【译文】

《师》卦象征兵众:守持正固,贤明长者统兵可获吉祥,必无咎害。

《彖》曰:师,众也;贞,正也。能以众正,可以王矣[1]。刚中而应,行险而顺[2],以此毒天下[3],而民从之,吉又何咎矣!

【注释】

①能以众正,可以王矣:以,介词,犹"使"。这两句配合前文"师,众也;贞,正也",并释卦辞"师,贞"之义。 ②刚中而应,行险而顺:刚中,指九二;应,指上应六五;险,指下卦坎;顺,指上卦坤。这两句取二、五爻象及上下卦象,譬喻"行兵"之际,贤臣上应其君,行险而不违顺,必能获吉,正见"丈人吉"之义。 ③毒天下:毒,用如动词,犹言"攻伐"。这句至末,配合上文"刚中而应,行险而顺",释卦辞"丈人吉,无咎",说明具备这些条件的"丈人"统兵,必可获吉而无所咎害。

【译文】

《彖传》说:"师",是部属众多的意思;"贞",是守持正固的意思。能使众多部属坚守正道,就可以作君王了。譬如刚健居中者在下相应于尊者,履行危险之事而顺合正理,凭借这些来攻伐天下,百姓纷纷服从,势必获得吉祥,又哪有咎害呢!

《象》曰：地中有水，师[①]；君子以容民畜众。

【注释】

①地中有水，师：释《师》卦上坤为地、下坎为水之象。

【译文】

《象传》说：地中藏聚着水源，象征“兵众”；君子因此广容百姓、聚养众人。

初六，师出以律，否臧凶[①]。

【注释】

①否臧凶：否，不也；臧，音 zāng，善也。以上两句说明初六处《师》之始，为“兵众”初出之象，故诫其严明军纪，反之必凶。

【译文】

初六，兵众出发要用法律、号令来约束，军纪不良必有凶险。

《象》曰：“师出以律”，失律凶也。

【译文】

《象传》说：“兵众出发要用法律号令来约束”，说明丧失纪律必有凶险。

九二，在师，中吉，无咎[①]；王三锡命[②]。

【注释】

①在师，中吉，无咎：在师，犹言“率师”。这是说明九二阳刚居下卦之中，上应六五之“君”，犹如统帅兵众能持中不偏，故“吉”而“无咎”。　②王三锡命：三，泛指多次；锡，即“赐”，此谓二为五所应，犹如率师有功多次受赏。

【译文】

九二，统率兵众，持中不偏可获吉祥，必无咎害；君王多次给予奖赏、委以重任。

《象》曰：“在师中吉”，承天宠也[①]；“王三锡命”，怀万邦也。

【注释】

①天宠：喻九二与六五有应。

【译文】

《象传》说：“统率兵众持中不偏可获吉祥”，说明九二承受“天子”的宠爱；“君王多次奖赏委任”，说明怀有平定天下万方的志向。

六三，师或舆尸，凶[1]。

【注释】

①师或舆尸，凶：或，有时或然之辞；舆尸，以车载尸，喻兵败，这是说明六三处《师》下卦之上，阴柔失正，上无阳应，下又乘刚，有力微任重、贪功冒进之象，因而取败。

【译文】

六三，兵众时而载运尸体归来，有凶险。

《象》曰："师或舆尸"，大无功也。

【译文】

《象传》说："兵众时而载运尸体归来"，说明六三太不获战功了。

六四，师左次，无咎[1]。

【注释】

①师左次，无咎：左次，犹言"撤退"。此谓六四居《师》上卦之始，虽无下应，但柔顺得正，当不利时能撤退暂处，待时再进，故获"无咎"。

【译文】

六四，兵众撤退暂守，免遭咎害。

《象》曰："左次无咎"，未失常也。

【译文】

《象传》说："撤退暂守免遭咎害"，说明六四用兵不失通常之法。

六五，田有禽，利执言，无咎[1]；长子帅师，弟子舆尸，贞凶[2]。

【注释】

①田有禽，利执言，无咎：禽，泛指禽兽；言，语气助词。这是说明六五居《师》"君"位，但体柔处中，不穷兵黩武，只在被侵犯时予以反击；犹如"田"中有禽兽犯苗，则利于捕取，无所咎害。 ②长子帅师，弟子舆尸，贞凶：长子，犹言刚正长者，指九二，义同卦辞所谓"丈人"。弟子，犹言无德小子，与"长子"义相对；贞凶，即守正防凶。这三句承接上文，说明六五既以柔居尊，则不能自行统兵，必委任于人。若任刚正"长子"可以取胜，若任无德"弟子"将致败绩。故诫其守"正"防"凶"，即申任人须正之义。

【译文】

六五，田中有禽兽，利于捕取，必无咎害；委任刚正长者可以统率兵众，委任无德小子必将载尸败归，守持正固以防凶险。

《象》曰："长子帅师"，以中行也；"弟子舆尸"，使不当也。

【译文】

《象传》说："委任刚正长者可以统率兵众"，说明六五的行为居中不偏；"委任无德小子必将载运尸体大败而归"，这是使用人不得当的结果。

上六，大君有命，开国承家，小人勿用①。

【注释】

①大君有命，开国承家，小人勿用：这三句说明上六处《师》之终，时当班师告捷，故有"开国承家"之赏；但若为小人，则不被重用。

【译文】

上六，天子颁发命令，封赏功臣为诸侯、为大夫，小人不可重用。

《象》曰："大君有命"，以正①功也；"小人勿用"，必乱邦也。

【注释】

①正：作动词，犹言"评定"。

【译文】

《象传》说："天子颁发命令"，是为了定功封赏；"小人不可重用"，说明若用小人必将危乱邦国。

【总论】

《师》卦以"兵众"为名，阐发用兵的规律。卦辞强调两项原则：一、用兵的前提在"正"，即认为"能以众正"的"仁义之师"，可以"毒天下而民从之"（《彖传》）；二、出师胜负的关键，系于择将得当与否，故必用贤明"丈人"才能获"吉"。六爻分别展示用兵的各方面要旨：初六极言严明军纪的必要，九二揭明主帅成功的条件，六三陈述失利败绩的教训，六四指出撤兵退守的情状，六五申言"君主"择将的标准，上六体现论功行赏的法则。胡炳文曰："六爻中，出师驻师、将兵将将、伐罪赏功，靡所不载。其终始节次严矣。"（《周易本义通释》）从卦中所揭示的用兵要旨看，《师》卦堪称为一部古代兵法的总纲；若从全卦所反映的用兵须"正"的原则看,又可视为作《易》者战争思想的提要。荀子曰:“彼兵者,所以禁暴除害也,非争夺也”,“此四帝、二王皆以仁义之兵行于天下也”(《荀子·议兵》)。马振彪论此卦曰:“天下归德谓之王,王者之师有征无战。‘东征西怨,南征北怨’,民望之如云霓,从之如归市,所谓‘能以众正’,乃可王也。”(《周易学说》)此论似已道出《师》卦蕴含的早期军事思想的核心所在。

比卦第八

䷇ 比[1]:吉[2]。原筮,元永贞,无咎[3]。不宁方来,后夫凶[4]。

【注释】

①比:卦名,下坤(☷)上坎(☵)。读 bì,《正义》、《本义》分别释为“相亲比”、“亲辅”。　②吉:物能互相亲密比辅,故获吉祥。　③原筮,元永贞,无咎:原筮,《正义》:“原穷其情,筮决其意”。元,善之长,指所比者有尊长之德;永,久也;贞,正也。这三句说明“比辅”之前,须慎重考虑,在“原情筮意”的基础上决定“亲比”的对象;而所亲比者又必须有尊长之德,永久不变、守持正固,则可获“无咎”。　④不宁方来,后夫凶:宁,安乐;方,犹言“多方”;来,指前来比辅;后,迟也;夫,语气词。这两句是就下者、远者对上者、尊者的“比辅”而言,说明时当“亲比”,四方“不宁”者纷纷来归;来者又以速为宜,迟缓则“比”之难成、必有凶险。

【译文】

《比》卦象征亲密比辅:吉祥。原穷真情、筮决挚意,(相互亲密比辅于)有德君长而永久不渝地守持正固,必无咎害。不获安宁者多方前来比辅,缓缓来迟者有凶险。

《彖》曰:比,吉也;比,辅也,下顺从也[1]。“原筮,元永贞,无咎”,以刚中也[2]。“不宁方来”,上下应也[3];“后夫凶”,其道穷也[4]。

【注释】

①下顺从也:指在下群阴顺从于九五,此句合前文并释卦名及卦辞“比,吉”。②以刚中也:此句以九五刚健居中,成“比”道之至美,释卦辞“原筮,元永贞,无咎”。　③上下应也:上,指九五;下,指初、二、三、四诸爻。此句以九五与下四阴相比应,释卦辞“不宁方来”。　④其道穷也:此句以上六处卦终而“亲比”道穷,释卦辞“后夫凶”。

【译文】

《象传》说：亲密比辅，必有吉祥；"比"，是亲辅的意思，譬如在下者都能顺从亲辅于上。"原穷真情、筮决挚意，（相互亲密比辅于）有德君长而永久不渝地守持正固，必无咎害"，说明有德君长刚健居中。"不得安宁者多方前来比辅"，说明上者与下者相互应合；"缓缓来迟者有凶险"，说明迟缓必使亲密比辅之道穷尽。

《象》曰：地上有水，比①；先王以建万国，亲诸侯②。

【注释】

①地上有水，比：释《比》卦上坎为水、下坤为地之象。　②建万国，亲诸侯：这是说明"先王"效法《比》象，建国封侯以相亲比。

【译文】

《象传》说：地上布满水（水和地相亲无间），象征"亲密比辅"；先代君王因此封建万国，亲近诸侯。

初六，有孚比之，无咎①；有孚盈缶，终来有它，吉②。

【注释】

①有孚比之，无咎：比之，指初比五。此谓初六当"亲比"之时，本有失位之咎，但能以诚信上比九五，故获"无咎"；而初最远五，本在九五所应范围之外，但此时五下比之德广施，故"荒外"亦能"比之"。　②有孚盈缶，终来有它，吉：缶，音 fǒu，大肚小口的瓦器，"盈缶"喻九五信德充盈天下；来，使动用法，犹言"使来归"，指初归五；有它，指五应及他爻。这三句说明九五信德如"盈缶"广施，使"荒远"似初者也终来归附，五也下应亲抚他方，上下亲比，故获吉祥。

【译文】

初六，心怀诚信、亲密比辅于君主，免遭咎害；君主的诚信如美酒充盈酒缸，终于使远者来归而广应亲抚于他方，吉祥。

《象》曰：《比》之初六，有它吉也。

【译文】

《象传》说：《比》卦的初六爻，说明此时九五广应于他方、必获吉祥。

六二，比之自内，贞吉①。

【注释】

①比之自内,贞吉:内,内部。此指六二居内卦,上应外卦的九五,柔顺中正,故获吉祥。

【译文】

六二,从内部亲密比辅于君主,守持正固可获吉祥。

《象》曰:"比之自内",不自失也。

【译文】

《象传》说:从内部亲密比辅于君主,说明六二不曾自失正道。

六三,比之匪人①。

【注释】

①比之匪人:匪,通"非"。六三失位盲动,上无所应,所比者为二、四之阴,未得阳刚之主,故有"比之匪人"之象。

【译文】

六三,亲密比辅于行为不正当的人。

《象》曰:"比之匪人",不亦伤乎?

【译文】

《象传》说:"亲密比辅于行为不正当的人",岂不是可悲的事?

六四,外比之,贞吉①。

【注释】

①外比之,贞吉:指六四居外卦上承九五,柔顺得正,亲比"尊主",故获"贞吉"。

【译文】

六四,在外亲密比辅于君主,守持正固可获吉祥。

《象》曰:外比于贤,以从上也。

【译文】

《象传》说:在外亲密比辅于贤君,说明六四顺从于尊上。

九五，显比[1]；王用三驱，失前禽，邑人不诫，吉[2]。

【注释】

①显比：显，明也，此处含"光明无私"之义。 ②王用三驱，失前禽，邑人不诫，吉：三驱，三方驱围，指田猎；禽，泛称禽兽；邑人，此处犹言九五的"属下"。前两句是用古代天子田猎，三方驱围、仅张一面之网，让愿者入网、不愿者走离，比喻九五与人亲比能顺其自然而无私，再申上文"显比"之义；邑人不诫，则说明九五的"属下"也喻知"失前禽"之义，不相警备，进一步映衬九五"比"道至美，故为吉祥。

【译文】

九五，光明无私而广获亲比；君王田猎时三方驱围、网张一面，听任前方的禽兽走失，属下邑人也不相警备，吉祥。

《象》曰："显比"之吉，位正中也；舍逆取顺，失前禽也；邑人不诫，上使中也。

【译文】

《象传》说："光明无私而广获亲比"的吉祥，说明九五居位刚正适中；舍弃违逆取其顺从，正如"听任前方的禽兽走失"；"属下邑人也不相警备"，这是君上使下属保持中道。

上六，比之无首，凶[1]。

【注释】

①比之无首，凶：无首，即不领先。上六柔居卦终，欲比于人却迟迟后来，"比"道遂穷，故有凶险。此即卦辞"后夫凶"之义。

【译文】

上六，亲密比辅于人却不领先居首，有凶险。

《象》曰："比之无首"，无所终也。

【译文】

《象传》说："亲密比辅于人却不领先居首"，说明上六终将无所归附。

【总论】

《比》卦的要义，主于上下、彼此之间"亲密比辅"的道理。卦辞先总称能"比"

必“吉”，又分叙“比道”的三大要素：一、选择比辅的对象必须慎重，即“原”情“筮”意而后比；二、应当比辅于有德长者，永守正道；三、亲比之时，宜速不宜缓。卦中六爻，九五阳刚居尊，为被人比辅之象；余五爻阴柔分居上下卦，均为比辅于人之象。其中初六、六二、六四不失“比道”，各能获吉；六三亲比不得其人，上六居后无所比附，并失“比道”，或不利、或“凶”。就六爻间的联系看，其大旨在于：不论“比”于人，还是被人“比”，均当正而不邪、顺而不逆、明而不晦。事实上这是涉及人与人关系的一个具有普遍意义的问题，其中尤为重要的是主、从关系的处理。九五所以能为一卦“尊主”，正是基于“大公无私”、以“信”亲下的原因，遂获众人争相比辅。程颐称其“众所亲附，而上亦亲下”（《程传》）：实是体现着“尊卑”关系至为融洽的象征。当然，作《易》者设立《比》卦的思想宗旨，或是偏向于为维护、稳固“上层统治”着想，《象传》所谓“比，辅也，下顺从也”，已揭出这一微旨。荀子云：“六马不和，则造父不能以致远；士民不亲附，则汤、武不能以必胜也。”（《荀子·议兵》）亦与下顺从之义相合。

小畜卦第九

☴ 小畜[1]:亨[2];密云不雨,自我西郊[3]。

【注释】

①小畜:卦名,下乾(☰)上巽(☴),象征"小有畜聚"。　②亨:物能以小畜大,以下济上,则有益于刚大者之行,故可亨通。就卦象看,指六四所畜唯小,又能以柔济刚,故"刚中而志行,乃亨"。　③密云不雨,自我西郊:西,古人以为象征"阴方";我,卦中以阴为主,故称我。这两句说明以阴畜阳,所畜不能盛大;犹如阴气先从阴方升起,聚阳甚微,未足以和阳成雨,故有"密云不雨"象。

【译文】

《小畜》卦象征小有畜聚:亨通;浓云密布却不降雨,云气的升起来自我方西邑郊外。

《彖》曰:"小畜",柔得位而上下应之[1],曰小畜。健而巽,刚中而志行[2],乃亨。"密云不雨",尚往也[3];"自我西郊",施未行也[4]。

【注释】

①柔得位而上下应之:柔指六四;上下,指卦中五阳。此句以六四阴柔得位、有应于上下诸阳,释卦名"小畜"。　②健而巽,刚中而志行:健,指下卦乾;巽,逊顺,指上卦巽;刚中,指九二、九五。这两句举上下卦象及二、五爻象,说明"小畜"之时,上下强健逊顺,阳刚居中、其志能行,故得亨通。此释卦辞"亨"义。③尚往:指阳气犹在上行,犹言阴气畜阳不足,故未成雨。此释卦辞"密云不雨"。④施未行:指阴阳交和之功方施而未畅行,犹言"小畜"不能成大。此释卦辞"自我西郊"。

【译文】

《彖传》说:"小有畜聚",譬如柔顺者得其位而上下阳刚与之相应,所以称"小有畜聚"。又如上下健强而又逊顺,阳刚居中而志向可以施行,因此获得亨通。

“浓云密布却不降雨”，说明阳气畜聚未足犹上行离去；“云气的升起来自我方西邑郊外”，说明阴阳交和之功方施却未畅行。

《象》曰：风行天上，“小畜”①；君子以懿文德②。

【注释】

①风行天上，小畜：释《小畜》卦上巽为风、下乾为天之象；风飘行天上，微畜而未下行，故为“小畜”之象。 ②懿文德：懿，音 yì，指德行美好，此处用如动词，犹言“修美”。这是说明“君子”效法“小畜”之义，以修美文章道德。

【译文】

《象传》说：和风飘行天上（微畜未发），象征“小有畜聚”；君子因此修美文章道德以待时。

初九，复自道，何其咎？吉①。

【注释】

①复自道，何其咎？吉：复自道，犹言“自复其道”。此谓初九以阳居《小畜》之始，上应六四，有“被畜”之象；但初质尚弱，被畜必危，遂知几自复阳道，故无咎获吉。

【译文】

初九，复返自身阳刚之道，哪有什么咎害呢？吉祥。

《象》曰：“复自道”，其义吉也①。

【注释】

①其义吉：义，犹“宜”，即不悖理。

【译文】

《象传》说：“复返自身阳刚之道”，说明初九行为合宜可获吉祥。

九二，牵复，吉①。

【注释】

①牵复，吉：牵，牵连。此言九二以阳居《小畜》下卦之中，本欲上行以畜于六四，因初九所“牵”亦“复”，故与之并“吉”。

【译文】

九二，被牵连复返阳刚之道，吉祥。

《象》曰:牵复在中,亦不自失也[1]。

【注释】

①不自失:指九二不失阳德。

【译文】

《象传》说:被牵连复返阳刚之道、居守中位,说明九二也能不自失阳德。

九三,舆说辐,夫妻反目[1]。

【注释】

①舆说辐,夫妻反目:说,通“脱”;辐,车轮中直木。脱辐,皆谓车不能行。此谓九三居《小畜》下卦之终,刚亢躁动,比近六四,受其所畜,两者遂成“舆辐”、“夫妻”的关系;但四乘三,三受其制,终致冲突而“说辐”、“反目”。

【译文】

九三,车轮辐条散脱解体,结发夫妻反目离异。

《象》曰:夫妻反目,不能正室也[1]。

【注释】

①正室:正,作动词,犹言“规正”;室,妻室。

【译文】

《象传》说:“夫妻反目离异”,说明九三不能规正妻室。

六四,有孚[1];血去惕出,无咎[2]。

【注释】

①有孚:指九五刚健孚信于四,而四为《小畜》卦主,上承五阳,因此小有畜聚。　②血去惕出,无咎:血,《释文》引马融曰:“当作恤,忧也。”这两句紧承前文,说明九五既下施孚信,六四柔正相承,“畜阳”有道,因此脱离忧惧,无所危害。

【译文】

六四,阳刚施予诚信;于是离去忧恤、脱出惕惧,就必无咎害。

《象》曰:“有孚惕出”,上合志也[1]。

【注释】

①上合志:指四上承九五。

【译文】

《象传》说:"阳刚施予诚信、于是脱出惕惧",说明六四与阳刚尊上意志相合。

九五,有孚挛如[①],富以其邻[②]。

【注释】

①有孚挛如:挛,音 luán,牵系、连接,如,语气助词。此句说明九五以诚信之德牵系下三阳共信六四,蔚成"柔得正而上下应之"的"小畜"盛况。　②富以其邻:富,阳称富,此处作动词,犹言"增富";邻,指六四。此句承上句意,说明九五不但牵系诸阳共信于四,且以阳刚增富之,即《象传》所谓"不独富"之义。

【译文】

九五,心怀诚信而牵系群阳共信一阴,用阳刚充实丰富近邻。

《象》曰:"有孚挛如",不独富也。

【译文】

《象传》说:"心怀诚信而牵系群阳共信一阴",说明九五不独享自身的阳刚富实。

上九,既雨既处,尚德载[①];妇贞厉,月几望[②];君子征凶[③]。

【注释】

①既雨既处,尚德载:尚,即"上","尚德"指"阳德";载,积载。这两句说明上九阳居《小畜》之终,"小畜"穷极,化"不雨"为"既雨",上之阳刚尽为六四之阴所畜,故有"已降雨"、"被畜止"、"阳德被积载"诸象。　②妇贞厉,月几望:妇,喻阴;贞厉,犹言"守正防危";几,接近,"几望"即"月将圆"。这两句戒"阴"不可满盛,说明"小畜"之道宜"密云"、不宜"既雨",故取妇人守正防危、当如月将圆不过盈为喻。　③君子征凶:君子,喻阳;征,进也。这句戒"阳"不可沿着"小畜"穷极之道向前发展,若让阴气尽载阳德,必致危亡,故取君子进则遭凶为喻。

【译文】

上九,密云已经降雨、阳刚已被畜止,至高极上的阳德被阴气积载;此时妇人必须守持正固以防危险,要像月亮将圆而不过盈;君子若往前进发必将遭凶。

《象》曰:"既雨既处",德积载也;"君子征凶",有所疑也[①]。

【注释】

①疑:通"凝"。此指"小畜"至极,阴气盛盈,上九若顺此以往,其阳必被阴气所凝聚统化,故"征凶"。

【译文】

《象传》说:"密云已经降雨、阳刚已被畜止",说明此时阳德被阴气积聚满载;"君子若往前进发必将遭凶",说明往前将使阳质被阴气凝聚统化。

【总论】

《小畜》卦旨,揭示事物发展过程中"小畜大"、"阴畜阳"的道理。就畜聚的主体看,是"小"者、"阴"者;就畜聚的程度看,是微小、不过甚。卦辞以"密云不雨"为喻,正是从这两方面指明卦义,强调"阴"只能在适宜的限度内畜聚"阳",以略施济助为己任,形成浓云而不降雨的情状:这是"小有畜聚"的至美之道。换言之,阴聚阳而不制阳,犹如臣畜君而不损君,于是"小畜"可致"亨通"。李士鉁曰:"《孟子》曰:'畜君何尤?畜君者,好君也。'臣能畜君,君能从臣,所以亨也。"(《周易学说》引)卦中五阳爻为被畜的对象,六四阴爻为畜阳的主体。下卦三阳不宜被六四所畜,在于阳质尚弱,被"畜"必被制,故初、二能返复、自畜阳刚获"吉",三躁进被畜遂致"脱辐"、"反目"之灾;上九居"小畜"穷极之际,被"畜"必被损,故以凶设戒;唯九五阳刚中正,与六四如君臣相得,诚信相推,成为"畜"与"被畜"之间最完美的象征。可见,本卦虽以阴为主爻,其大旨还是以"扶阳"为根本归宿,体现了《周易》崇尚阳刚之德的思想。

履卦第十

☱☰ 〔履〕：履虎尾，不咥人，亨①。

【注释】

①履：卦名，下兑（☱）上乾（☰），象征"小心行走"；咥，音 dié，犹言"咬"。这三句是借行走虎尾之后而不被伤，比喻人能"小心行走"，则虽危无害，可致亨通。从卦象看，下兑和悦，上乾刚健，六三以柔行于乾下，正有履危不见害而获亨之象。案，南宋冯椅《厚齐易学》谓《履》、《否》、《同人》诸卦旧脱卦名，此说可取，故在卦辞中增一"履"字为卦名，并加括号以别之。

【译文】

〔《履》卦象征小心行走〕：小心行走在虎尾之后，猛虎不咬人，亨通。

《彖》曰："履"，柔履刚也①，说而应乎乾②，是以"履虎尾，不咥人，亨"。刚中正，履帝位而不疚，光明也③。

【注释】

①柔履刚：柔，指六三；刚，指上乾为刚。这是用六三行于乾刚之后，说明《履》卦之义主于柔者履危，即卦辞所谓"履虎尾"。　②说而应乎乾：说，即"悦"，指下卦兑为悦；乾，健也，指上卦乾为健。这是说明六三居兑体之上，所应者为乾健，有以和悦应合强健之象；乾德刚正，六三应之，又有以和悦应正德之象，因此履虎尾不见咥而亨。　③刚中正，履帝位而不疚，光明也：刚中正，指九五；帝位，亦指九五居"君位"；疚，疵病。这三句举九五中正之象，赞"履"德之美。

【译文】

《彖传》说："小心行走"，犹如阴柔者小心行走在阳刚者之后，以和悦应合强健，所以说"小心行走在虎尾之后，猛虎不咬人，亨通"。又如阳刚居中守正者，小心践行"天子"之位而行为无所疵病，于是显现出道德光明。

《象》曰：上天下泽，"履"[①]；君子以辩上下，定民志[②]。

【注释】

①上天下泽，"履"：释《履》卦上乾为天、下兑为泽之象。 ②辩上下，定民志：辩，通"辨"；定，定正，即规定端正之意。这是说明"君子"效法《履》象，辨定上下尊卑之礼，使人遵循践行。

【译文】

《象传》说：上是天下是泽（尊卑有别），象征（循礼）"小心行走"；君子因此辨别上下名分，端正百姓循礼的意志。

初九，素履，往无咎[①]。

【注释】

①素履，往无咎：素，朴素。此谓初九处《履》之始，安守卑下朴素之礼；以此为"履"，所往必无咎。

【译文】

初九，朴素无华、小心行走，有所前往必无咎害。

《象》曰："素履之往"，独行愿也[①]。

【注释】

①独行愿：独，犹言"专心"。指初九无所杂念，专心循礼。

【译文】

《象传》说："朴素无华、小心行走而有所前往"，说明初九专心奉行循礼的意愿。

九二，履道坦坦，幽人贞吉[①]。

【注释】

①履道坦坦，幽人贞吉：幽人，幽静安恬者。此言九二以刚处《履》下卦之中，犹如小心行走于平坦大道；而平路易于令人忘忽谨慎，故爻辞又诫以"幽人"守正可获吉祥。

【译文】

九二，小心行走在平易坦坦的大道上，幽静安恬的人守持正固可获吉祥。

《象》曰："幽人贞吉"，中不自乱也。

【译文】

《象传》说："幽静安恬的人守持正固可获吉祥"，说明九二不自我淆乱心中的循礼信念。

六三，眇能视，跛能履，履虎尾咥人，凶[1]；武人为于大君[2]。

【注释】

①眇能视，跛能履，履虎尾咥人，凶：眇，《说文》"一目小也"，此处言目盲；能，连词，犹"而"，含转折意。这几句比喻六三阴居阳位，不能"小心行走"却盲动妄为，故为"凶"象。 ②武人为于大君：武人，即勇武之人，喻六三；为，有"效力"之义；大君，犹言"大人君主"，当指上九。此句从正面示诫，言六三倘能履归正道，将刚武之志效用于上九，则上下相应，无凶有吉。

【译文】

六三，眼盲强看，脚跛强行，行走在虎尾之后被猛虎咬啮，有凶险；勇武的人要效力于大人君主。

《象》曰："眇能视"，不足以有明也；"跛能履"，不足以与行也；"咥人之凶"，位不当也；"武人为于大君"，志刚也。

【译文】

《象传》说："眼盲强看"，不足以辨物分明；"脚跛强行"，不足以踏上征程；"猛虎咬人的凶险"，说明六三居位不适当；"勇武的人要效力于大人君主"，说明六三志向刚强。

九四，履虎尾，愬愬，终吉[1]。

【注释】

①履虎尾，愬愬，终吉：愬，音 suǒ，"愬愬"，恐惧貌，文中兼含"谨慎"之义。这是比喻九四居《履》上卦之始，不当位而近君，有"履虎尾"之危；但以阳居阴，又有谦谨之象，故能恐惧获吉。

【译文】

九四，小心行走在虎尾之后，保持恐惧谨慎，终将获得吉祥。

《象》曰："愬愬终吉"，志行也。

【译文】

《象传》说:"保持恐惧谨慎,终将获得吉祥",说明九四奉行小心循礼的志愿。

九五,夬履,贞厉[①]。

【注释】

①夬履,贞厉:夬,音 guài,通"决"。此谓九五阳刚中正,尊居"君位",当"履"之时,有刚断果决、小心行走之象;但以刚居刚,若刚决过甚,必违正道,故爻辞又诫其"守正防危"。

【译文】

九五,刚断果决、小心行走,守持正固以防危险。

《象》曰:"夬履贞厉",位正当也。

【译文】

《象传》说:"刚断果决、小心行走,守持正固以防危险",说明九五居位正当。

上九,视履考祥[①],其旋元吉[②]。

【注释】

①视履考祥:祥,征祥,即吉凶祸福的体现。此句说明上九处《履》卦之终,阳居阴位,能冷静总结"履"道得失之征。 ②其旋元吉:旋,转也,犹言"转身"。此句承前句意,说明上九尊居乾极,能转身下应兑三,为刚能返柔、履能守谨之象,故获吉至大。

【译文】

上九,回顾小心行走的过程、考察祸福得失的征祥,转身下应阴柔至为吉祥。

《象》曰:元吉在上,大有庆也[①]。

【注释】

①大有庆:指上九之时"履道"大成,故上下皆有"福庆"。

【译文】

《象传》说:至为吉祥、高居上位,说明上九大有福庆。

【总论】

《履》卦取名于"小心行走",譬喻处事必须循礼而行的道理。卦辞"履虎尾,不咥人”，即形象地揭示出小心行走、虽危无害的寓意。卦中六爻，根据不同的地位、性质，分别陈述处“履”的情状。初九居下守“素”，九二持中不乱，九四恐惧谨慎，九五循礼果决，上九“履道”大成，这五爻均以阳刚善处其身，行不违礼，故多“无咎”、“吉”、“元吉”；其中九五虽诫“危厉”，能“贞”则无害。唯六三阴柔躁进，有“履虎尾咥人”之“凶”，但也勉其改过归正，以避凶危。纵观全卦，多从正反两方面示警，尤以“危辞”设诫最深。胡炳文曰：“大抵人之涉世，多是危机，不为所伤，乃见所履。《大传》曰：‘《易》之兴也，其当文王与纣之事邪？是故其辞危。’危莫危于‘履虎尾’之辞矣！九卦处忧患，以《履》为首。”（《周易本义通释》）若就《彖传》“刚中正，履帝位而不疚”之语分析，本卦的象征意义，又含有对统治者规劝警诫之旨。《新序·杂事四》载：“孔子谓鲁哀公曰：‘丘闻之：“君者，舟也；人者，水也。水则载舟，水则覆舟。”君以此思危，则危将安，不至矣！夫执国之柄，履民之上，懔乎如以腐索御奔马。《易》曰“履虎尾”，《诗》曰“如履薄冰”：不亦危乎！’”可见，《履》卦所包含的象征旨趣，其意义十分广泛；这一点，事实上也是《周易》六十四卦的共同特征。

泰卦第十一

䷊ 泰①:小往大来,吉,亨②。

【注释】

①泰:卦名,下乾(☰)上坤(☷),象征"通泰"。　②小往大来,吉,亨:小往,指阴爻居外卦;大来,指阳爻居内卦。这是就上下卦内乾外坤而言,谓"通泰"之时阳者盛而来,阴者衰而往,即《象传》"君子道长,小人道消"之义,故"吉,亨"。

【译文】

《泰》卦象征通泰:柔小者往外、刚大者来内,吉祥,亨通。

《彖》曰:"泰,小往大来,吉,亨。"则是天地交而万物通也①,上下交而其志同也②。内阳而外阴,内健而外顺,内君子而外小人③:君子道长,小人道消也④。

【注释】

①天地交而万物通:天,指下乾;地,指上坤。此据上下卦象,说明天地阴阳交和、万物生养畅通之理。　②上下交而其志同:上,喻君;下,喻臣。此句合前句释卦名"泰"。　③内阳而外阴,内健而外顺,内君子而外小人:内、外,指内卦、外卦;阳、健、君子,指三阳爻;阴、顺、小人,指三阴爻。此三句以阴阳爻的居位特点,释卦辞"小往大来"。　④君子道长,小人道消:此总结前三句的喻意,并释卦辞"吉,亨",说明"泰"之时阳息阴消,利于"君子"不利于"小人"。

【译文】

《彖传》说:"通泰,柔小者往外、刚大者来内,吉祥,亨通。"这是表明天地阴阳交合、万物的生养之道畅通,君臣上下交合、人们的思想意识协同。此时阳者居内、阴者居外,刚健者居内、柔弱者居外,君子居内、小人居外:于是君子之道盛昌,小人之道消亡。

《象》曰：天地交，泰[①]；后以财成天地之道[②]，辅相天地之宜[③]，以左右民[④]。

【注释】

①天地交，泰：释《泰》卦下乾为天、上坤为地之象。 ②后以财成天地之道：后，君；财，同裁，犹言裁节调理；天地之道，即天地相交之道。此谓"通泰"之时，必须善为裁节调理，不使滥"通"失节，才能成就"天地相交"之道。 ③辅相天地之宜：相，读 xiàng，"辅相"犹言辅助赞勉，与前句"财成"对文；天地之宜，即天地化生之宜。此谓"通泰"之时，必须多加扶持，不断赞勉促进天地化生之宜。辞意含有不可因"泰"自逸的微旨。 ④以左右民：左右，即"佐佑"，犹言"保佑"。此句合前两句，说明"君主"观《泰》卦之象，悟知处"泰"不可安逸无事，应当调节成就"天地之道"，辅助赞勉"天地之宜"，使上下交通、治国保民，才能长获"通泰"。

【译文】

《象传》说：天地交合，象征"通泰"；君主因此裁节促成天地交通之道，辅助赞勉天地化生之宜，以此保佑天下百姓。

初九，拔茅茹，以其汇；征吉[①]。

【注释】

①拔茅茹，以其汇；征吉：茅，茅草；茹，根相牵引之状；汇，《释文》"类也"，谓同质汇聚。此以拔茅草其根相牵为喻，说明初九当"泰"之时，阳刚处下，与二、三两阳俱有外应而志在上行，故一阳动则三阳并动；以此进取，必能通达，故称"征吉"。

【译文】

初九，拔起茅草、根系相牵，这是同质汇聚所致；往前进发可获吉祥。

《象》曰：拔茅征吉，志在外也[①]。

【注释】

①志在外：谓阳刚志在上进。

【译文】

《象传》说："拔起茅草，往前进发可获吉祥"，说明初九的心志是向外进取。

九二，包荒[①]，用冯河，不遐遗[②]；朋亡[③]，得尚于中行[④]。

【注释】

①包荒：包，犹言"笼括"；荒，本亦作"巟"，大川。此以笼括大川，喻九二阳刚

居中，胸怀广阔而能包容一切。 ②用冯河，不遐遗：冯，音 píng，通“淜”，涉越。不遐遗，“不遗遐”的倒装。此承前句义，说明九二既有“包荒”之德，则可涉越长河，广纳远方贤者。 ③朋亡：朋，朋党；亡，即“无”。此谓九二道德光明，不结党营私。 ④得尚于中行：尚，佑助；中行，指六五居尊、行为持中。此句合前文诸句，说明九二以阳刚处《泰》下卦之中，有“包荒”、“冯河”、“不遐遗”、“朋亡”之象，上应六五柔中，犹如能用广阔无私的胸怀佑助行为持中的“君主”，治世以成“通泰”。

【译文】

九二，有笼括大川似的胸怀，可以涉越长河，远方的贤者也无所遗弃；同时不结党营私，能够佑助行为持中的君主。

《象》曰：“包荒”、“得尚于中行”，以光大也。

【译文】

《象传》说：“有笼括大川似的胸怀”、“能够佑助行为持中的君主”，说明九二的道德光明正大。

九三，无平不陂，无往不复①；艰贞无咎②，勿恤其孚，于食有福③。

【注释】

①无平不陂，无往不复：陂，音 pí，水旁或山旁倾陡之处。这两句以“平”变“陂”，“去”转“复”为喻，说明九三处内卦之终，为上下卦转折点，当防“通泰”转为“否闭”。 ②艰贞无咎：此谓九三不可处泰忘忧，宜多戒惕。 ③勿恤其孚，于食有福：恤，忧；孚，信也，文中含“取信于人”之义；食，谓食享俸禄。这两句承前句之义而发，说明九三当此“通泰”可能转化之时，若知“艰”守“正”，不但“无咎”，而且可以“孚信”于人，长保俸禄。

【译文】

九三，平地无不化险陂，去者无不重回复；能够牢记艰难、守持正固就可免遭咎害，不怕不取信于人，食享俸禄自有福庆。

《象》曰：“无往不复”，天地际也①。

【注释】

①天地际：际，边，畔。言九三处下乾终极，所应上六居上坤终极：两极各为天、地之际，寓有“泰”将转“否”的危险。

【译文】

《象传》说:"去者无不重回复",说明九三处在"天地"交接的边际。

六四,翩翩[①],不富[②],以其邻不戒以孚[③]。

【注释】

①翩翩:此处指相从下降之状。这句说明六四以阴居上卦之初,当"上下交泰"之时,与五、上两阴连翩下降求应于阳。 ②不富:此处喻六四能虚怀下应初阳,即《学易记》所谓"上以谦虚接乎下"之意。 ③以其邻不戒以孚:前一"以"字,训与,后一"以"字为连词,犹"而";邻,指五、上两阴。此句申发前两句之义,说明六四与近邻诸阴未曾诫告而均有下应阳刚的诚信心怀,故能不约而同、连翩并降。

【译文】

六四,连翩下降,虚怀不有富实,与近邻未相告诫都心存诚信。

《象》曰:"翩翩不富",皆失实也[①];"不戒以孚",中心愿也[②]。

【注释】

①失实:即爻辞"不富"之义。 ②中心愿:《折中》引俞琰曰:"愿者,上下交而其志同也。泰之时,上下不相疑忌,盖出自本心,故曰'中心愿'也。"

【译文】

《象传》说:"连翩下降,虚怀不有富实",说明上卦阴爻都损去了殷实;"未相告诫都心存诚信",说明阴爻内心均有应下的意愿。

六五,帝乙归妹[①],以祉元吉[②]。

【注释】

①帝乙归妹:帝乙,商代帝王,《子夏传》、京房、荀爽以为即商汤,虞翻以为商纣王之父;归,女子出嫁之称。此句取古代帝女出嫁的故事为喻,说明六五阴居尊位,下应九二,犹如"帝乙"下嫁贵女以配贤者,正见上下交通之理。 ②以祉元吉:祉,福也,文中用如动词。此句说明五应二为"交泰"至美之象,故称"元吉"。《尚氏学》:"'以祉元吉'者,言二升五,五来二(原注:来二即归),各当其位,永为俪耦,故'元吉'也。"

【译文】

六五,帝乙嫁出少女,以此获得福泽、至为吉祥。

《象》曰："以祉元吉"，中以行愿也。

【译文】

《象传》说："以此获得福泽、至为吉祥"，说明六五居中不偏以施行应下的心愿。

上六，城复于隍[①]；勿用师，自邑告命[②]，贞吝[③]。

【注释】

①城复于隍：复，通"覆"；隍，《集解》引虞翻曰："城下沟，无水称'隍'，有水称'池'。"此句以城墙塌入城沟喻泰极否来。 ②勿用师，自邑告命：邑，通"挹"，犹言"减损"；告命，即"诰命"，指训诰政令，这两句说明上六当"泰"道转坏之时，居位尊高，不可兴师妄动，而要自我精简繁文、改革弊政，以求渡过危难时期。③贞吝：犹言"守正防吝"。此谓上六将临"否闭"之世，实因"时穷"所致，故希冀其自守正固，或可避凶免"吝"；所谓"贞"者，即前文"勿用师，自邑告命"之旨。

【译文】

上六，城墙倾覆到干涸的城沟里；不可出兵征战，自行减损典诰政令，守持正固以防憾惜。

《象》曰：城复于隍，其命乱也[①]。

【注释】

①其命乱：命，命运，犹言"发展趋向"。

【译文】

《象传》说："城墙倾覆到干涸的城沟里"，说明上六的发展趋向已经错乱转化。

【总论】

事物对立面的交合、统一，往往是走向亨通的先决条件。《泰》卦，正是以上下交通、阴阳应合，阐明事物"通泰"之理。卦象天在下、地居上，《象传》谓"上下交而其志同"，已明确喻示其义。曹丕论曰："夫阴阳交，万物成；君臣交，邦国治；士庶交，德行光。同忧乐，共富贵，而友道备矣。《易》曰：'上下交而其志同。'由是观之，'交'乃人伦之本务，王道之大义，非特士友之志也。"（《初学记》引《魏文帝集》）此说将物"交"而"泰"的道理，又作了进一步的推阐。《泰》卦六爻所示，无不见"交通"之旨。刘定之指出："六爻之中，相交之义重：初与四相交，泰之始也，故初言以其汇、如茅之连茹，四言以其邻、如鸟之连翩；二与五相交，泰之中也，故五言人君降其尊贵以任夫臣，二言大臣尽其职以答夫君；三与上交，泰之终也，故三言平变而为陂，上言城复而于隍。”（《折中》引）然而，六爻中诫意最深的，当属三、上两爻所体现“泰极否来”的哲理：九三是转化的苗头，以“无平不陂，无往不复”示警；上六是转化的终极，以“城复于隍”见义。《诗经·小雅·十月之交》曰：“高岸为谷，深谷为陵”，《论语·子路》谓“君子泰而不骄”，似均可借以印证《泰》卦寓涵的“处泰虑否”的鉴戒意义。

否卦第十二

䷋ 〔否〕:否之匪人①,不利,君子贞②;大往小来③。

【注释】

①否:音 pǐ,卦名,下坤(☷)上乾(☰),象征“否闭”;匪人,《正义》:“否闭之世,非是人道交通之时。” ②不利,君子贞:言天下不得其利,君子独能守正不苟合于“否”道。 ③大往小来:即阳往阴来,此处指上乾居外,犹“阳往”;下坤居内,犹“阴来”。

【译文】

〔《否》卦象征否闭〕:否闭之世人道不通,天下无利,君子应当守持正固;此时刚大者往外、柔小者来内。

《彖》曰:“否之匪人,不利,君子贞;大往小来。”则是天地不交而万物不通也①,上下不交而天下无邦也。内阴而外阳,内柔而外刚,内小人而外君子②:小人道长,君子道消也③。

【注释】

①天地不交而万物不通:此据上下卦象言,犹如天在上地在下互不交合,故万物的生养不得畅通。 ②内阴而外阳,内柔而外刚,内小人而外君子:阴、柔、小人,指内卦坤;阳、刚、君子,指外卦乾。这三句说明“否闭”之时,“小人”塞于内,“君子”远于外,义与《泰》相反。 ③小人道长,君子道消也:这两句归结《彖传》大旨,说明卦辞之义主于“小人”之道渐长,“君子”之道渐消。其中又隐含“君子”当戒防“小人”的意思。

【译文】

《彖传》说:“否闭之世人道不通,天下无利,君子应当守持正固;此时刚大者往外、柔小者来内。”道是表明天地阴阳互不交合、万物的生养之道不得畅通,君臣上下互不交合、天下离异而不成邦国。阴者居内、阳者居外,柔顺者居内、刚健者居外,小人居内、君子居外。于是小人之道增长,君子之道消亡。

《象》曰:天地不交,“否”①,君子以俭德辟难,不可荣以禄②。

【注释】

①天地不交,“否”:释《否》卦上乾为天、下坤为地之象。 ②俭德辟难,不可荣以禄:俭德,犹言“以俭为德”;辟,通“避”。这是用“君子”如何处身于“否”时,来抒发本卦的象征意义。

【译文】

《象传》说:天地不相交合,象征“否闭”;君子因此以节俭为德、避开危难,不可追求荣华、谋取禄位。

初六,拔茅茹,以其汇①;贞吉,亨。

【注释】

①拔茅茹,以其汇:这两句取象与《泰》初九相同。但两爻喻义大殊:前者处“泰”之始,三阳在下同质相连并动,与上卦之阴应合,故称“征吉”;此爻处“否”之初,三阴在下同质相连而退,与上卦之阳本应而不应,故下文诫以“贞吉,亨”,即守持正固然后有吉、可亨。简言之,《泰》初之“汇”动在上进,《否》初之“汇”动在退处。

【译文】

初六,拔起茅草、根系相牵,由于同质汇聚所致;守持正固可获吉祥,亨通。

《象》曰:“拔茅贞吉”,志在君也。

【译文】

《象传》说:“拔起茅草根系相牵,守持正固可获吉祥”,说明初六守正不进的意志是为君主着想。

六二,包承,小人吉①;大人否,亨②。

【注释】

①包承,小人吉:包,包容,指二包容于五;承,顺承,指二承五。这是说明六二居《否》下卦之中,犹如以柔顺之道包容于九五,而奉承之,故有“小人吉”之象。②大人否,亨:大人,喻九五;否,犹言“否定”。这两句是从正面告诫“大人”,说明应当否定小人之道,不与相包承,则可致亨。

【译文】

六二,被包容并顺承尊者,小人获得吉祥;大人否定此道,可获亨通。

《象》曰:"大人否,亨",不乱群也[1]。

【注释】

①不乱群:群,犹言"群小"。指九五不可应二,否则入小人之群,必致正邪淆乱。

【译文】

《象传》说:"大人否定小人之道,可获亨通",说明不能被小人的群党所乱。

六三,包羞[1]。

【注释】

①包羞:包,指三包容于上九;羞,羞辱。此言六三处《否》下卦之终,不中不正,但恃上所包容,怀谄奉承,妄作非为,终致羞辱。

【译文】

六三,被包容为非、终致羞辱。

《象》曰:"包羞",位不当也。

【译文】

《象传》说:"被包容为非,终致羞辱",说明六三居位不正当。

九四,有命无咎[1],畴离祉[2]。

【注释】

①有命无咎:命,此处指扭转否道的"天命",又兼含九五"君命"之意。此言九四处下卦进入上卦之初,"否"道将有扭转,奉"命"济"否",故获"无咎"。②畴离祉:畴,音 chóu,通"俦",犹言"众类",此处指下卦诸阴;离,附依;祉,福也。此句承前句之义,说明"否"道将转之时,群阴亦依附于"济否君子"而获福。

【译文】

九四,奉行扭转否道的天命,无所咎害,众类相依附均获福祉。

《象》曰:有命无咎,志行也。

【译文】

《象传》说:"奉行扭转否道的天命,无所咎害",说明九四济否的志向正在施行。

九五，休否，大人吉①；其亡其亡，系于苞桑②。

【注释】

①休否，大人吉：休，作动词，犹言"休止"。此谓九五居尊为"君"，阳刚中正，当否世转泰之时，以休止天下否闭为己任，故称"大人吉"。 ②其亡其亡，系于苞桑：苞，音 bāo，此处指"草木丛生"。此句诫九五之"君"要"心存将危乃得固"。

【译文】

九五，休止否闭局面，大人可获吉祥；（心中时时自警：）将要灭亡、将要灭亡，就可以像系结于丛生的桑树一样（安然无恙）。

《象》曰："大人之吉"，位正当也。

【译文】

《象传》说："大人的吉祥"，说明九五居位中正得当。

上九，倾否①；先否后喜②。

【注释】

①倾否：此谓上九居"否"道穷极之时，刚健勇猛，故能一举倾覆否闭局势。②先否后喜：此谓"倾否"之际，虽仍有"否"，但最后彻底倾覆，天下通泰，故"先否后喜"。

【译文】

上九，倾覆否闭局势；起先犹存否闭、最后通泰欣喜。

《象》曰：否终则倾，何可长也！

【译文】

《象传》说：否闭终极必致倾覆，怎能保持久长呢！

【总论】

物有"泰"，必有"否"，《杂卦传》曰："《否》、《泰》反其类"，即表明两卦之义相互反对。《否》卦所明"否闭"之理，体现于事物对立面之间不相应和，即上下不交，阴阳不合。卦象天在上、地在下，《彖传》谓"上下不交而天下无邦"，已明确揭示其义。卦中六爻,下三爻就阴柔者“处否”而言,初六知时能退获“贞吉”,六二被包容顺承一时得“吉”、但为“大人”所不取,六三被包容为非、徒获羞辱,此主于警戒群阴守正勿进;上三爻就阳刚者“济否”而言,九四奉命扭转否道“无咎”,九五休止否道获“吉”,上六倾覆否道有“喜”,此主于嘉勉群阳用力行志。可见,“否”时虽万物闭塞不通,但“否极泰来”是事物发展的必然规律。因此,本卦的核心思想是教人当“否”之时,要有转“否”成“泰”的毅力与信念,并给人带来在“否闭”中走向“通泰”的期望。《周书·萧詧传》载后梁宣帝萧詧《愍时赋》曰:“望否极而云泰,何杳杳而无津”,正表露了处“否”求“泰”的焦虑心情。至于九五爻辞“其亡其亡,系于苞桑”所蕴含的“惧危能安”的哲理,又对后人产生过颇为深刻的影响。《潜夫论·思贤篇》曾就此发出一番议论:“老子曰:‘夫唯病病,是以不病。’《易》称:‘其亡其亡,系于苞桑。’是故养寿之士,先病服药;养世之君,先乱任贤。是以身常安而国脉永也。”

卷三

同人卦第十三

䷌〔同人〕:同人于野,亨①,利涉大川,利君子贞②。

【注释】

①〔同人〕:同人于野,亨:同人,卦名,下离(☲)上乾(☰),象征"和同于人";野,原野。此谓与人和同必须处于广阔无私、光明磊落的境界,故特取"原野"喻"同人"之所;以此"同人",前景必能畅通,故曰"亨"。 ②利涉大川,利君子贞:这是进一步表明,能广泛和同于人,可以涉越险难;但"同人"不得为邪,故又强调利于"君子"守正。

【译文】

〔《同人》卦象征和同于人〕:在宽阔的原野和同于人,亨通,利于涉越大河巨流,利于君子守持正固。

《彖》曰:"同人",柔得位得中而应乎乾①,曰同人。同人,曰"同人于野,亨,利涉大川",乾行也②。文明以健,中正而应,君子正也③。唯君子为能通天下之志④。

【注释】

①柔得位得中而应乎乾:柔,指六二;乾,健也,指九五。此句以六二得位居中、与九五志同相应,释卦名"同人"之义。 ②乾行:此释卦辞"同人于野,亨,利涉大川。"指六二固能以柔上应刚健,但刚健能下应阴柔则是"同人"的关键所在,故特称"乾行"。 ③文明以健,中正而应,君子正也:文明,指下离为火,如文德光明;健,指上乾;中正,指二、五位正居中。这三句以上下卦象及二、五爻象说明卦辞"利君子贞"的涵义。 ④唯君子为能通天下之志:此句归结全《彖》,进一步赞明卦辞"利君子贞"之义。

【译文】

《彖传》说:和同于人,譬如柔顺者处得正位、守持中道又能上应刚健者,所以能够和同于人。和同于人，强调在宽阔的原野与人和同，可获亨通，利于涉越大河巨流，这是表明刚健者的求同心志在施行。禀性文明而又强健，行为中正而又互相应和，这是君子和同于人的纯正美德。只有君子才能会通统一天下民众的意志。

《象》曰：天与火，同人①；君子以类族辨物②。

【注释】

①天与火，同人：与，作动词，犹"亲"。这两句以天体在上、火性亦炎上，两相亲和，释《同人》上乾为天、下离为火之象。 ②类族辨物：类，用如动词，犹言"类析"，与"辨"字义近互文；族，聚，意指人类"群体"。这是说明"君子"观《同人》天、火虽异，其性有同之象，悟知通过辨析人类、众物的异同特征，可以存其异求"和同"。

【译文】

《象传》说：天、火相互亲和，象征"和同于人"；君子因此分析人类群体、辨别各种事物以审异求同。

初九，同人于门，无咎①。

【注释】

①同人于门，无咎：指初九以阳居初，处"同人"之始，不系应于上，有出门便广泛与人和同之象，故获"无咎"。

【译文】

初九，刚出门口就能和同于人，必无咎害。

《象》曰：出门同人，又谁咎也！

【译文】

《象传》说：刚出门口就能和同于人，又有谁会施加咎害呢！

六二，同人于宗，吝①。

【注释】

①同人于宗，吝：宗，犹言"宗族"。此谓六二与九五相应，犹如仅与亲近者和同，有"同人"褊狭之象，未免憾惜，故称"吝"。

【译文】

六二，在宗族内部和同于人，有所憾惜。

《象》曰:"同人于宗",吝道也。

【译文】

《象传》说:"在宗族内部和同于人",这是导致"憾惜"之道。

九三,伏戎于莽[①],升其高陵,三岁不兴[②]。

【注释】

①伏戎于莽:戎,兵戎;莽,密生的草,犹言"草莽"。此句指九三以阳刚居下卦高位,比二不应于五,有据二强"同"、与九五相争之象,故"伏戎于莽",俟机而作。　②升其高陵,三岁不兴:这两句紧承前文,说明九三虽频频窥视九五,却因力弱终不敢交争。

【译文】

九三,潜伏兵戎在草莽间,登上高陵频频察看,三年也不敢兴兵交战。

《象》曰:"伏戎于莽",敌刚也;"三岁不兴",安行也[①]?

【注释】

①安行:安,疑问语气词;安行,犹言"安可行"。

【译文】

《象传》说:"潜伏兵戎在草莽间",说明九三前敌刚强;"三年也不敢兴兵交战",怎敢冒然行进呢?

九四,乘其墉,弗克攻,吉[①]。

【注释】

①乘其墉,弗克攻,吉:墉,音 yōng,城墙;克,能也。此谓九四失位无应,本欲与九三争"同"于六二;但阳居阴位有能退之象,故以"不克攻"获"吉"。

【译文】

九四,高据城墙之上,又自退不能进攻,吉祥。

《象》曰:"乘其墉",义弗克也;其"吉",则困而反则也。

【译文】

《象传》说:"高据城墙之上",说明六三在"和同于人"的意义上是不能发动进攻的;获得吉祥,是由于困陷不通时能够回头遵循正确的法则。

九五，同人，先号咷，而后笑，大师克相遇[①]。

【注释】

①先号咷，而后笑，大师克相遇：号咷，音 háo táo，叠韵联绵词，形容大声痛哭，又作"号啕"、"嚎啕"、"嚎咷"等；大师，大军；克，战胜。这三句说明九五阳刚中正、尊居"君位"，与六二同心相应，但因三、四为敌欲争，开初不能会合而"号咷"悲痛，直至克敌制胜之后才与六二"相遇"而"笑"。

【译文】

九五，和同于人，起先痛哭号咷，后来欣喜欢笑，大军出战告捷、志同者相遇会合。

《象》曰：同人之先[①]，以中直也；大师相遇，言相克也。

【注释】

①同人之先：先，是"先号咷"的省略。

【译文】

《象传》说：和同于人，起先痛哭号咷，说明九五中正诚直；大军出战才与志同者相遇会合，说明九五与敌对者交战获胜。

上九，同人于郊，无悔[①]。

【注释】

①同人于郊，无悔：此谓上九居卦终极，"同人"道穷，遂有处于荒外、难觅同志之象；但远避内争，超然自乐，也不觉悔恨。

【译文】

上九，在荒远的郊外和同于人，未获同志也不觉悔恨。

《象》曰："同人于郊"，志未得也。

【译文】

《象传》说："在荒远的郊外和同于人"，说明上九与人和同的志向未能实现。

【总论】

《礼记·礼运》曰："大道之行也，天下为公"，"故人不独亲其亲，不独子其子"，"是谓大同"。这显然是古人的一种美好理想。《同人》卦所发"和同于人"的意义，与这一理想的旨趣颇可相通。卦辞"同人于野"，就显露着"光明无私"的

“同人”之道。然而，要实现“同人”愿望，却不是轻而易举的。卦中六爻展示了“同人”之时的各种曲折情状：初九刚出门即与人和同，仅获“无咎”；六二“同人”于宗族，所同褊狭，未免憾惜；九三、九四争相强“同”于人，违“中”失“正”，故前者徒劳无益，后者改过则吉；九五先遭危厄，后以刚正执中得遂“同人”之志；上九孤身远遁荒外，“同人”道穷。可见，《周易》作者毕竟正视现实，没有停留在抽象的理想境界，而是在“同”与“争”的尖锐矛盾中极力揭示出“同人”艰难的本质规律。尤其是三、四、五爻，以“兵戎”、“攻战”设喻，更见“同人”过程中矛盾激化的程度。王弼于此卦叹曰：“凡处‘同人’而不泰焉，则必用师矣”（《王注》）；换言之，今日“和同”，往往是在昔日“争战”的“废墟”上建立起来的。不过，从正面的宗旨分析，本卦所追求的广泛“和同于人”的理想，在我国古代思想史上无疑具有一定的进步意义。

大有卦第十四

䷍　大有[1]:元亨[2]。

【注释】

①大有:卦名,下乾(☰)上离(☲),象征“大获所有”。　②元亨:物获“大有”,必然至为亨通,故称“元亨”。

【译文】

《大有》卦象征大获所有:至为亨通。

《彖》曰:“大有”,柔得尊位大中,而上下应之[1],曰大有。其德刚健而文明,应乎天而时行[2],是以元亨。

【注释】

①柔得尊位大中,而上下应之:柔,指六五;上下,指上下五阳爻。此以卦中一阴获五阳之应,释卦名“大有”之义。　②其德刚健而文明,应乎天而时行:刚健,指下乾为健;文明,指上离为火。此以上下卦象释卦辞“元亨”之义。

【译文】

《彖传》说:“大获所有”,譬如阴柔者得居尊位、高大而能保持中道,上下阳刚纷纷相应,所以称“大获所有”。此时能够秉持刚健而又文明的美德,顺应天的规律、万事按时施行,这样前景必然至为亨通。

《象》曰:火在天上,“大有”[1];君子以遏恶扬善,顺天休命[2]。

【注释】

①火在天上,“大有”:释《大有》卦上离为火、下乾为天之象。　②遏恶扬善,顺天休命:休,用如动词,犹言“休美”。这是说明“君子”观《大有》之象,悟知在所获众多之时,应当不忘止恶扬善,顺从“天意”、休美“物命”。

【译文】

《象传》说：火焰高悬天上（无处不照），象征"大获所有"；君子因此在所获众多时遏止邪恶、倡扬善行，顺从"天"的意志、休美万物性命。

初九，无交害，匪咎[1]；艰则无咎[2]。

【注释】

①无交害，匪咎：交，犹言"交往"、"交接"。此谓初九处"大有"之始，以阳居下，与四无应，有与人不相交往之象，因此不惹祸患、不致咎害。 ②艰则无咎：义与《泰》九三"艰贞无咎"略同（见该爻译注）。此处指初九当"大有"之时，虽"无交害，匪咎"，但还须牢记艰难，才能长保"无咎"。

【译文】

初九，不交往不惹祸，自然不致咎害；但必须牢记艰难才能免遭咎害。

《象》曰：《大有》初九，无交害也。

【译文】

《象传》说：《大有》卦的初九爻，说明初九不交往也就不惹祸害。

九二，大车以载，有攸往，无咎[1]。

【注释】

①大车以载，有攸往，无咎：这是比喻九二以阳刚处"大有"居中应五，有见信于"君"、任重道远之象，故所往必无咎。

【译文】

九二，用大车运载财富，有所前往，必无咎害。

《象》曰："大车以载"，积中不败也。

【译文】

《象传》说："用大车运载财富"，说明要装积在正中不偏之处才不致危败。

九三，公用亨于天子[1]，小人弗克[2]。

【注释】

①公用亨于天子：公，王公，喻九三；亨，通"享"，《左传》僖公二十五年引作"享"，犹言"朝献"，指古代诸侯向天子献礼致敬的仪式；天子，喻六五。此句说明

九三处下卦之上,刚健居正,犹如"大有"之世的"王公",故以"亨于天子"设喻。②小人弗克:此句从反面设戒,言"小人"不能当此大任;意指九三必须修德守正,不可稍懈。

【译文】

九三,王公向天子献礼致敬,小人不能担当大任。

《象》曰:公用亨于天子,小人害也。

【译文】

《象传》说:王公向天子献礼致敬,要是小人当此大任必致祸害。

九四,匪其彭,无咎[①]。

【注释】

①匪其彭,无咎:彭,盛多之状。此谓九四以阳刚居上卦,"大有"渐盛;且阳处阴位,有不为过盛、谦恭顺承六五之象,故获"无咎"。

【译文】

九四,富有不过盛,则无咎害。

《象》曰:"匪其彭无咎",明辩晢[①]也。

【注释】

①明辩晢:辩,通"辨";晢,音 zhé,明智。此句释九四"无咎"的原因。

【译文】

《象传》说:"富有不过盛、则无咎害",说明九四具有明辨事理、权衡自身处境的智慧。

六五,厥孚交如[①],威如,吉[②]。

【注释】

①厥孚交如:厥,其也;如,语气助词(下句"如"同)。此谓六五柔居"君位",以信交接上下众阳,为大获人心、富有至盛之象。 ②威如,吉:此承前句之义,指六五以"诚"待物,其"威"自显,故获吉祥。

【译文】

六五,用诚信交接上下,威严自显,吉祥。

《象》曰："厥孚交如"，信以发志也；"威如之吉"，易而无备也。

【译文】

《象传》说："用诚信交接上下"，说明六五以己信启发他人的忠信之志；"威严自显的吉祥"，说明六五行为简易、无所防备（而人自敬畏）。

上九，自天祐之，吉无不利①。

【注释】

①自天祐之，吉无不利：此谓上九以阳刚之德居《大有》卦终，超然安处于"无位"之地，犹如获"天祐"长保富有，故"吉无不利"。

【译文】

上九，从上天降下祐助，吉祥而无所不利。

《象》曰：《大有》上吉，自天祐也。

【译文】

《象传》说：《大有》上九爻的吉祥，是从上天降下的祐助。

【总论】

传说上古的舜帝曾造《南风》歌，发出"南风之时兮，可以阜吾民之财兮"的赞语（《孔子家语·辩乐解》引）；又撰《祠田》辞："荷此长耜，耕彼南亩，四海俱有"（《文心雕龙·祝盟》引）；战国时"道旁禳田者"也有"五谷蕃熟，穰穰满家"（《史记·滑稽列传》引）的祝词。可见，天下昌盛富有，是古人的一种普遍心愿。《大有》卦辞称"大有，元亨"，正含盛赞"富有"之义。六爻所示，则是当"大获所有"之时，如何善处"大有"的道理。视诸爻情状：初，"富庶"之始，不滥交则"无咎"；二有"车载斗量"之富，慎行中道也获"无咎"；三富若"王公"，恭敬献享于"天子"则有利；四虽富而能自抑，不为过盛必"无咎"；五居"大有"之尊，诚信遍施上下获"吉"；上谦顺安处，得"天祐"长保富有。显然，各爻情状虽不一致，但均主于妥善安保"富庶"。当然，卦旨并非仅仅示人居处"大有"之道。从上下象取"火在天上"及卦中六五喻"明君"、群阳喻"贤臣"的蕴义看，似又表露着"大有"之世的出现，与"政治昌明"的必然联系。杨万里指出："六爻亨一、吉二、无咎三。明主在上，群贤毕集：无一败治之小人，无一害治之匪德。"（《诚斋易传》）此说正把"大有"视为"盛世明治"的直接体现：这一点，实为本卦象征大义的一个重要侧面。

谦卦第十五

䷎ 谦[1]：亨[2]，君子有终。

【注释】

①谦：卦名，下艮(☶)上坤(☷)，象征“谦虚”。　②亨：指谦虚待物，必致亨通。

【译文】

《谦》卦象征谦虚：亨通，君子能够保持谦德至终。

《彖》曰：谦，亨。天道下济而光明[1]，地道卑而上行[2]。天道亏盈而益谦[3]，地道变盈而流谦[4]，鬼神害盈而福谦[5]，人道恶盈而好谦[6]。谦尊而光，卑而不可逾[7]：君子之终也[8]。

【注释】

①天道下济而光明：《正义》：“下济者，谓降下济生万物；光明者，谓三光垂耀而显明也。”　②地道卑而上行：此句合前句，以“天”、“地”之道均谦下而致“光明”、“上行”，释卦辞“谦，亨”之义。　③天道亏盈而益谦：《集解》引崔憬曰：“若日中则昃，月满则亏，损有余以补不足，天之道也。”　④地道变盈而流谦：流，流布，即流散盈满以广布于虚处，含“充实”之义。　⑤鬼神害盈而福谦：此谓骄盈者为鬼神所害，谦恭者为鬼神所祐。　⑥人道恶盈而好谦：《集解》引崔憬曰：“满招损，谦受益，人之道也。”以上四句，泛举“天道”、“地道”、“鬼神”、“人道”为例，说明宇宙间的事理无不抑盈扬谦，进一步申明卦辞“谦，亨”之义。⑦谦尊而光，卑而不可逾：此谓谦虚者无论地位高低，均可受益。　⑧君子之终：此句归结前两句之义，说明只有“君子”才能处尊、卑均不改其谦，并释卦辞“君子有终”。

【译文】

《彖传》说：谦虚，亨通。譬如天的规律是下降济物而天体愈显光明，地的规律是低处卑微而地气源源上升。天的规律是亏损盈满、补益谦虚,地的规律是变易盈满、充实谦虚,鬼神的规律是危害盈满、施福谦虚,人类的规律是憎恶盈满、爱好谦虚。谦虚的人高居尊位、道德更加光明,下处卑位、人们也难以超越:只有君子能够保持谦德至终啊。

《象》曰:地中有山,谦①;君子以裒多益寡,称物平施②。

【注释】

①地中有山,谦:释《谦》卦上坤为地、下艮为山之象。 ②裒多益寡,称物平施:裒,音 póu,取;称,读 chèng,犹言“权衡”。这是说明“君子”观《谦》卦之象,悟知事物不可盈满,故取多益寡、均平施物。

【译文】

《象传》说:高山低藏在地中,象征“谦虚”;君子因此引取过多、补充不足,权衡各种事物、公平地施予。

初六,谦谦君子,用涉大川,吉①。

【注释】

①谦谦君子,用涉大川,吉:谦谦,犹言“谦而又谦”。此谓初六阴柔谦逊,低处下卦之下,有“谦谦”之象;以此涉难,所往必“吉”。

【译文】

初六,谦而又谦的君子,可以涉越大河巨流,吉祥。

《象》曰:“谦谦君子”,卑以自牧也①。

【注释】

①卑以自牧:“牧”,犹今语“制约”。

【译文】

《象传》说:“谦而又谦的君子”,说明初六用谦卑来制约自己。

六二,鸣谦,贞吉①。

【注释】

①鸣谦,贞吉:鸣,指名声外闻。此谓六二柔顺居中,谦声外闻,以守正获吉。

【译文】

六二,谦虚名声外闻,守持正固可获吉祥。

《象》曰:“鸣谦贞吉”,中心得也[①]。

【注释】

①中心得:《周易口义》:“言君子所作所为,皆得诸心,然后发之于外,则无不中于道也。故此谦谦皆由中心得之,以至于声闻流传于人,而获自正之吉也。”

【译文】

《象传》说:“谦虚名声外闻、守持正固可获吉祥”,说明六二靠中心纯正赢得名声。

九三,劳谦,君子有终,吉[①]。

【注释】

①劳谦,君子有终,吉:此谓九三为卦中唯一的阳爻,居下卦之终,以刚健承应于上,犹勤劳而又谦虚,故以“有终”获“吉”。

【译文】

九三,勤劳谦虚,君子保持谦德至终,吉祥。

《象》曰:劳谦君子,万民服也[①]。

【注释】

①万民服:指九三居下卦高位,以“劳谦”服众。此即爻辞“有终,吉”之义。

【译文】

《象传》说,勤劳谦虚的君子,广大百姓都服从他。

六四,无不利,㧑谦[①]。

【注释】

①无不利,㧑谦:㧑,音 huī,裂,引申为发挥。这两句说明六四处三之上、五之下,柔顺得正,无论对上对下,均能发挥“谦”德,故“无不利”。

【译文】

六四,无所不利,发挥扩散谦虚的美德。

《象》曰:“无不利㧑谦”,不违则也。

【译文】

《象传》说:“无所不利、发挥扩散谦虚的美德”,说明六四不违背谦虚的法则。

六五,不富[1],以其邻利用侵伐,无不利[2]。

【注释】

①不富:谓六五阴虚失实(参阅《泰》六四注),此处喻"虚怀谦逊"之义。②以其邻利用侵伐,无不利:以,犹"与";邻,指四、上两爻。这两句说明六五柔中居尊,既能广泛施谦于下,又能协同居上者共伐骄逆,使"天下"尽归"谦"道;故爻辞先言"不富",再称"以其邻利用侵伐",如此则"无不利"。

【译文】

六五,虚怀不有富实,与近邻一起都利于出征讨伐,无所不利。

《象》曰:"利用侵伐",征不服也。

【译文】

《象传》说:"利于出征讨伐",说明六五是征伐骄横不顺者。

上六,鸣谦,利用行师、征邑国[1]。

【注释】

①鸣谦,利用行师、征邑国:邑,《说文》"国也";"邑国"《正义》释为"外旁国邑",指较近之处。这两句说明上六居《谦》卦极位,有谦极而名声远闻之象(案,二、上均言"鸣谦",上居高"鸣"于下,二处内"鸣"于外,两者特点不同);以此"行师"讨逆,所征仅限于"邑国",故所行必"利"。

【译文】

上六,谦虚名声远闻,利于带兵作战、征讨相邻四方小国都邑。

《象》曰:"鸣谦",志未得也[1];"可用行师",征邑国也。

【注释】

①志未得:上六位高谦极,足以感化众人;但毕竟还有骄逆不顺者,故其安定"天下"之志尚未完全实现。

【译文】

《象传》说:上六"谦虚名声远闻",是说其心志尚未完全实现;"可以带兵作战",是说只征讨四旁都邑。

【总论】

《尚书·大禹谟》称"满招损,谦受益",自古以来被人奉为至理名言。《谦》卦大义，即主于赞扬“谦虚”美德。卦辞指出“谦，亨，君子有终”，正表明“谦”道美善可行。周公旦曾经借此告诫伯禽曰：“《易》有一道，大足以守天下，中足以守其国家，小足以守其身：谦之谓也。”（《韩诗外传》卷三引）全卦六爻，一一揭示行谦必益的道理：初六卑下“谦谦”，无往不吉；六二谦德广闻，中正获吉；九三勤劳谦虚，“有终”致吉；六四发挥其谦，无所不利；六五居尊行谦，亦“无不利”；上六谦极有闻，利于“行师”。胡一桂曰：“《谦》一卦六爻，下三爻皆吉而无凶，上三爻皆利而无害。《易》中吉利，罕有若是纯全者：谦之效故如此也。”（《周易本义附录纂疏》）然而，“谦”与“骄”又是相对立而并存的现象，欲使“天下归谦”，必当平“骄”去“逆”。五、上两爻有“侵伐”、“行师”之象，正见此义；《大象传》谓“裒多益寡，称物平施”，亦寓此旨。马振彪云：“君子以德服人，然有时亦不得不用兵”，“周公东征，四国是皇”；“其用行师，志虽未得，所以济谦德而妙其用，平天下之不平者一归于平，故五、上两爻言‘征伐’也”（《周易学说》）。可见，《周易》作者在强调“谦”的思想的同时，还注意到排除“骄逆”的一面：这又是本卦辩证观念的体现。

豫卦第十六

䷏ 豫[①]:利建侯行师[②]。

【注释】

①豫:卦名,下坤(☷)上震(☳),象征"欢乐"。　②利建侯行师:此谓众物欢乐之时,宜于"建侯"广施治理、"行师"讨逆安民。

【译文】

《豫》卦象征欢乐:利于建立诸侯、出师征战。

《彖》曰:豫,刚应而志行[①],顺以动[②],豫。豫,顺以动,故天地如之[③],而况建侯行师乎?天地以顺动,故日月不过,而四时不忒[④];圣人以顺动,则刑罚清而民服。豫之时义大矣哉[⑤]。

【注释】

①刚应而志行:指卦中九四阳刚,与群阴相应而志行。　②顺以动:顺,指下坤;动,指上震。此谓上下卦象含"顺动"致"豫"之义。本句合前句并释卦名"豫"。　③天地如之:此句以下,广举"天地之动"、"圣人之动"为例,说明万事万物均须"顺而动"才能成"豫",进一步阐释卦名"豫"及卦辞"利建侯行师"之义。　④忒:音 tè,犹言"差错"。　⑤豫之时义大矣哉:这是《彖传》作者对本卦含义深广的叹美之辞。

【译文】

《彖传》说:欢乐,譬如阳刚者与阴柔相应而心志畅行,又能顺沿物性而动,就能导致欢乐。欢乐,既然是顺沿物性而动,那么,连天地的运行都像这样,何况建立诸侯、出师征战这些事呢?天地顺沿物性而动,所以日月周转不致过失,四季更替不出差错;圣人顺沿民情而动,于是运用刑罚清明、百姓纷纷服从。"欢乐"之时包涵的意义多么宏大啊!

《象》曰：雷出地奋，豫[1]；先王以作乐崇德，殷荐之上帝，以配祖考[2]。

【注释】

①雷出地奋，豫：释《豫》卦上震为雷，下坤为地之象。　②先王以作乐崇德，殷荐之上帝，以配祖考：崇，推崇、褒扬；殷，盛也；荐，献也；之，介词，犹“之于”；上帝，犹言“天帝”，古人视为主宰万物的至高无上之神；配，古代祭祀中的“配飨”礼，此谓以祖先配飨上帝；祖考，即祖先。这三句说明“先王”观《豫》卦之象，悟知通过音乐的鼓动，来歌功颂德、献祀“上帝”、“祖考”。

【译文】

《象传》说：雷声发出，大地振奋，象征“欢乐”；先代君王因此制作音乐、用来赞美功德，通过隆盛的典礼奉献给天帝，并让祖先的神灵配合共享。

初六，鸣豫，凶[1]。

【注释】

①鸣豫，凶：指初六阴居阳位，以失正之体上应九四，有沉溺于欢乐、自鸣得意之象，故“凶”。

【译文】

初六，沉溺于欢乐自鸣得意，有凶险。

《象》曰：初六“鸣豫”，志穷凶也。

【译文】

《象传》说：初六“欢乐过甚自鸣得意”，是说欢乐之志穷极导致凶险。

六二，介于石，不终日，贞吉[1]。

【注释】

①介于石，不终日，贞吉：介，耿介正直之状；于，介词，犹“如”。这两句比喻六二柔顺中正、耿介如石，当“豫”之时，能不苟且求豫，“不终日”即“知几”速悟“豫”理；如此守正必吉，故称“贞吉”。

【译文】

六二，耿介如石，不等候一天终竟（就悟知欢乐必须适中的道理），守持正固可获吉祥。

《象》曰:"不终日贞吉",以中正也。

【译文】

《象传》说:六二爻辞"不等候一天终竟(就悟知欢乐必须适中的道理),守持正固可吉祥",是因为居中持正。

六三,盱豫悔①;迟有悔②。

【注释】

①盱豫悔:盱,音 xū,《说文》谓"张目",《王注》释为"睢盱",《集解》引向秀曰:"睢盱,小人喜悦佞媚之貌也。"此句说明六三阴柔失正,上承九四,有媚上求乐之象,故将致"悔"。 ②迟有悔:此句承前句义,谓六三若悔悟太迟必生新"悔"。

【译文】

六三,媚眼悦上寻求欢乐,必致悔恨;要是悔悟太迟必将又生悔恨。

《象》曰:"盱豫有悔",位不当也。

【译文】

《象传》说:"媚眼悦上寻求欢乐,必致悔恨",说明六三居位不正当。

九四,由豫,大有得①;勿疑,朋盍簪②。

【注释】

①由豫,大有得:由,自、从也,"由豫"犹言"由之以豫",构词法与《颐》上九"由颐"同。此谓卦中群阴由九四之阳刚而获"豫",故称"大有得",即《象传》"刚应而志行"之义。 ②勿疑,朋盍簪:朋,友朋,指卦中诸阴;盍,通"合";簪,音 zān,古代用以括束头发的首饰。这两句说明九四刚直不疑,与群阴相应;并借用"盍簪"比喻阴阳友朋合聚,进一步申说前句"大有得"的涵义。

【译文】

九四,人们依赖他获到欢乐,大有所得;刚直不疑,友朋像头发括束于簪子一样聚合相从。

《象》曰:"由豫大有得",志大行也。

【译文】

《象传》说:"人们依赖他获到欢乐,大有所得",说明九四的阳刚志向大为施行。

六五,贞疾,恒不死[①]。

【注释】

①贞疾,恒不死:贞疾,犹言“守正防疾”。此喻六五处“欢乐”之世,柔居“君位”,下恃九四“强臣”,有沉乐忘忧之危,故诫其守正防疾,才能“恒不死”。

【译文】

六五,守持正固防备疾病,必将长久康健不致灭亡。

《象》曰:六五“贞疾”,乘刚也;“恒不死”,中未亡也。

【译文】

《象传》说:六五“(必须)守持正固防备疾病”,说明阴柔乘凌阳刚难免危患;“必将长久康健不致灭亡”,说明居中不偏就未必败亡。

上六,冥豫成,有渝无咎[①]。

【注释】

①冥豫成,有渝无咎:冥豫,犹言“昏冥纵乐”;渝,变也。此谓上六阴处《豫》极,为“冥豫”已“成”之象,故须速“渝”方可“无咎”。

【译文】

上六,已形成昏冥纵乐的恶果,及早改正则无危害。

《象》曰:“冥豫”在上,何可长也?

【译文】

《象传》说:“昏冥纵乐”居上位,这种欢乐怎能保持长久呢?

【总论】

《豫》卦揭示“欢乐”所寓含的意义,强调处“乐”的两个要点:一、应当顺性而乐、适可而止,即《彖传》“顺以动”之义;二、必须与物同乐、广乐天下,即《彖传》“刚应而志行”之义。卦辞取“利建侯行师”为喻,其旨在于:顺天下之势而动,使天下同归安乐。《左传》襄公二十七年叙赵文子语曰:“乐而不荒,乐以安民”,正与《豫》卦大义有合。卦中六爻,九四一阳主于施乐,故全卦的“欢乐”由之而得;五阴主于处乐,故吉凶得失不同:初过乐自鸣得意致“凶”,三谄媚寻求欢乐“有悔”，五居尊不可沉乐忘忧，须守正防“疾”，上昏冥纵乐，不改必有“咎”，唯六二“中正”不苟豫获“吉”。可见，《豫》卦虽以“欢乐”为义，但处处戒人不得穷欢极乐。《礼记·曲礼上》谓“志不可满，乐不可极”；《孟子·告子下》称“生于忧患，死于安乐”；汉武帝《秋风辞》曰“欢乐极兮哀情多”（《乐府诗集》引《汉武帝故事》）：均含同类诫意。若进一层从事物矛盾的规律分析，“忧”、“乐”两端又是互为依存的；九四以广施欢乐为己任而“大有得”，实属作《易》者所表露的使万物去“忧”存“乐”的一种良好愿望。范仲淹抒发“先天下之忧而忧，后天下之乐而乐”（《岳阳楼记》）的情怀，近似于九四爻义，但反映的思想境界显然已远远高出前者。

随卦第十七

䷐ 随[①]:元亨,利贞,无咎[②]。

【注释】

①随:卦名,下震(☳)上兑(☱)。“随”字,《说文》:“从也”;此卦下震上兑,含有内动外悦,人愿随从之义。　②元亨,利贞,无咎:此谓物相随从之时,必至为亨通、利于守正,故无所咎害。

【译文】

《随》卦象征随从:至为亨通,利于守持正固,这样必无咎害。

《彖》曰:随,刚来而下柔,动而说[①]。随,大亨,贞无咎,而天下随时[②]。随时之义大矣哉!

【注释】

①刚来而下柔,动而说:刚、动,指下震;柔、说,指上兑。此以上下卦象释卦名“随”之义。　②天下随时:此句举天下万物随从于合宜的时机之例,释卦辞“元亨,利贞,无咎”,并引起下文“随时之义大”的叹美。

【译文】

《彖传》说:随从,譬如阳刚者前来谦居于阴柔之下,有所行动必然使人欣悦而物相随从。随从,大为亨通,守持正固必无咎害,于是天下万物都相互随从于适宜的时机。随从于适宜时机的意义多么宏大啊!

《象》曰:泽中有雷,随[①];君子以嚮晦入宴息[②]。

【注释】

①泽中有雷,随:释《随》卦上兑为泽、下震为雷之象。　②嚮晦入宴息:嚮,通“向”,“嚮晦”犹言“向晚”;宴,安也,“宴息”即“休息”之意。这是说明“君

子”观《随》卦之象，悟知凡事“随时”的道理，故早出晚入、于向晚按时休息。

【译文】

《象传》说：大泽中响着雷声（泽随雷动），象征“随从”；君子因此随着作息规律在向晚时入室休息。

初九，官有渝，贞吉；出门交有功[①]。

【注释】

①官有渝，贞吉；出门交有功：官，犹今言“思想观念”；渝，变也，此处有改善之义。这三句说明初九当“随”之时，刚居柔下，无所系应，为能变渝其心、随时从正之象，故“贞”而获“吉”，出门交有功。

【译文】

初九，思想观念随时改善，守持正固可获吉祥；出门与人交往必能成功。

《象》曰：“官有渝”，从正吉也；“出门交有功”，不失也。

【译文】

《象传》说：“思想观念随时改善”，说明初九随从正道可获吉祥；“出门与人交往必能成功”，说明行为不致过失。

六二，系小子，失丈夫[①]。

【注释】

①系小子，失丈夫：系，系属，犹言“倾心附从”；小子，喻初九；丈夫，喻九五。此谓六二柔居下卦，本与九五相应，却就近附从初九，故有从正不专、“系”小“失”大之象。

【译文】

六二，倾心附从小子，失去阳刚丈夫。

《象》曰：“系小子”，弗兼与也。

【译文】

《象传》说：“倾心附从小子”，说明六二不能同时多方获取亲好。

六三，系丈夫，失小子[①]；随有求得，利居贞[②]。

【注释】

①系丈夫，失小子：丈夫，喻九四；小子，喻初九。此谓六三近承九四，因往随从，故失去初九。　②随有求得，利居贞：此承前文义，说明三、四两爻均无正应，互比相亲，故三随四、有求必得；但又告诫六三不可妄求，宜于安居守正。

【译文】

六三，倾心附从阳刚丈夫，失去在下小子；随从于人有求必得，利于安居、守持正固。

《象》曰："系丈夫"，志舍下也。

【译文】

《象传》说："倾心附从阳刚丈夫"，说明六三的意志是舍弃在下小子。

九四，随有获[①]，贞凶[②]；有孚在道，以明，何咎[③]！

【注释】

①随有获：指九四被六三随从而"有获"。　②贞凶：犹言"守正防凶"。此谓九四阳居阴位，近"君"而擅为人从，有"违正"之象，应当趋正常守，谨防凶险，故戒以"贞凶"。　③有孚在道，以明，何咎：明，用如动词，犹言"显明美德"。这三句从正面勉励九四以诚信体现正道，显明美德，必将无所咎害。

【译文】

九四，被人随从、多有所获，守持正固以防凶险；只要心怀诚信、合乎正道，立身光明磊落，又有什么咎害呢！

《象》曰："随有获"，其义凶也；"有孚在道"，明功也。

【译文】

《象传》说："被人随从、多有所获"，从九四所处地位这一意义看是有凶险；"心怀诚信、合乎正道"，这是九四光明磊落品德的功效。

九五，孚于嘉，吉[①]。

【注释】

①孚于嘉，吉：嘉，美善。此谓九五阳刚居尊，中正诚信，有从善如流之象，故能孚信善者而获"吉"。

【译文】

九五,广施诚信给美善者,吉祥。

《象》曰:"孚于嘉吉",位正中也。

【译文】

《象传》说:"广施诚信给美善者,吉祥",说明九五的位置正中不偏。

上六,拘系之,乃从,维之①;王用亨于西山②。

【注释】

①拘系之,乃从,维之:拘,拘禁;系,义与二、三爻"系小子"、"系丈夫"之"系"同,此处谓强迫使之"附从";维,以绳捆绑。这是说明上六以阴居"随"之极,极则反,有不愿随从、被九五拘禁乃从之象。 ②王用亨于西山:王,喻九五;亨,通"享",指古代出师设祭之礼;西山,王弼以为"西"为上兑之方、"山"喻险阻。此句承前文之义,取"王者"设祭西山、兴师讨逆为象,比喻九五强令上六顺服、随从。

【译文】

上六,拘禁强令附从,这才顺服相随,再用绳索拴紧;君王兴师讨逆、在西山设祭。

《象》曰:"拘系之",上穷也。

【译文】

《象传》说:"拘禁强令附从",说明上六居位极上、随从之道穷尽。

【总论】

孔子说:"三人行,必有我师焉;择其善者而从之,其不善者而改之。"(《论语·述而》)充分反映这位古代伟大思想家、教育家虚心向善的美德。《随》卦所发"随从"之义,正是集中体现"从善"的宗旨。卦辞"元亨,利贞",高度赞美"随从"之道;"无咎",又强调以"正"相随则无害的观点。六爻喻义,以初、五最为美好:初九处下守正,迁善不已;九五居尊中正,竭诚向善——因此这两爻展示了本卦以"善"为"随"的象征主体,均获吉祥。至于二、三、四、上诸爻,或有失有得,或守正可以化"凶"为"无咎",或受强制才能从正:各见不同的处"随"情状,但所发诚意,皆不离"正"字。可见,《随》卦义理中蕴含着一项鲜明而含义广泛的"相随"原则:不论是人与人关系中的上随下、下随上,己随人、人随己,还是日常生活中的朝作晚息、遇事随时，均当不违正道，诚心从善。此中明显表露《周易》作者处世、修身的哲学观念。《孟子·公孙丑下》盛赞“七十子之服孔子”，正与本卦大旨相合，成为古人极力肯定的“从善”典范。

蛊卦第十八

䷑　蛊①:元亨,利涉大川②;先甲三日,后甲三日③。

【注释】

①蛊:音gǔ,卦名,下巽(☴)上艮(☶),象征"拯弊治乱"。　②元亨,利涉大川:此谓事物弊乱之时,能努力合理拯治必致"元亨",故利于涉险济难。③先甲三日,后甲三日:甲,"天干"数之首,其序为甲、乙、丙、丁、戊、己、庚、辛、壬、癸;在此十数中,"甲"寓有"终而复始"的涵义,故取"甲日"作为"转化"弊乱、重为治理的象征,即《彖传》"终则有始"之旨。这两句言先后"甲"三日,语多省略,大意指预先深虑"治蛊"前的事状,详为辨析,引为鉴戒;再推求"治蛊"后必将出现的事态,制定措施,谨慎治理:这样,才能根治蛊乱,获得"元亨"的前景。

【译文】

《蛊》卦象征拯弊治乱:至为亨通,利于涉越大河巨流;应当预先思虑象征"终始转化"的"甲"日前三天的事状,然后推求"甲"日后三天的治理措施。

《彖》曰:蛊,刚上而柔下,巽而止蛊①。蛊,元亨而天下治也②。"利涉大川",往有事也③。"先甲三日,后甲三日",终则有始,天行也④。

【注释】

①刚上而柔下,巽而止蛊:刚、止,指上艮阳卦、义为止;柔、巽,指下巽阴卦、义为驯顺;蛊,蛊害,犹言"弊乱"。此举上下象释卦名"蛊",谓刚柔兼济、巽入止邪,则可以治"蛊"。　②天下治:此释卦辞"元亨"之义。　③往有事:此释卦辞"利涉大川"。　④终则有始,天行也:天,犹言"大自然"。此以自然界事物的发展,体现终始往复的规律,释卦辞"先甲三日,后甲三日",谓拯治弊乱当鉴前戒后。

【译文】

《彖传》说:拯弊治乱,譬如阳刚居上而阴柔处下,当物情驯顺之时就能抑止弊乱。拯弊治乱，至为亨通，于是复见天下大治。“利于涉越大河巨流”，说明努力往前可以大有作为。“预先思虑（象征“终始转化”的）‘甲’日前三天的事状，然后推求‘甲’日后三天的治理措施”，说明事物总是终结前事之后又开始新的发展，这是大自然的运行规律。

《象》曰：山下有风，蛊[1]；君子以振民育德[2]。

【注释】

①山下有风，蛊：释《蛊》卦上艮为山、下巽为风之象。 ②振民育德：振，《说文》“举救之也”，《释文》“济也”。这是说明“君子”观《蛊》卦之象，悟知当“蛊”之时，必须济民育德，努力救弊。

【译文】

《象传》说：山下吹来大风（物坏待治），象征“拯弊治乱”；君子因此振济百姓、培育道德。

初六，干父之蛊[1]，有子考[2]，无咎，厉终吉[3]。

【注释】

①干父之蛊：干，犹言“匡正”；蛊，蛊害，指“弊乱”。此句说明初六当治“蛊”有事之时，柔处卑位，上承二、三之阳，有子正父弊之象。 ②有子考：考，《广韵》“成也”，用如动词，犹言“成就”。 ③无咎，厉终吉：此总结前文意，谓初以卑下匡正尊上之弊，意在成就先辈德业，故“无咎”，虽“厉”亦获“终吉”。

【译文】

初六，匡正父辈的弊乱，儿子能够成就先业，必无咎害，即使危险但最终必获吉祥。

《象》曰：“干父之蛊”，意承考也[1]。

【注释】

①意承考：考，与爻辞“考”之义同，此处作名词用。

【译文】

《象传》说：“匡正父辈的弊乱”，说明初六的意愿在于继承前辈的成就。

九二，干母之蛊，不可贞[1]。

【注释】

①不可贞：犹言“时不可则守正以待”，此语组构与《否》卦辞“不利，君子贞”

相似。此谓九二阳处阴位,有刚而能柔之象;犹如匡正“母”弊,当其性阴辟不从之时,不能强行“干蛊”,而应守正待时。此即《象传》“得中道”之义。

【译文】

九二,匡正母辈的弊乱,情势难行时不可强行而要守持正固以待时。

《象》曰:“干母之蛊”,得中道也。

【译文】

《象传》说:“匡正母辈的弊乱”,说明九二应当掌握刚柔适中的方法。

九三,干父之蛊,小有悔,无大咎①。

【注释】

①小有悔,无大咎:此谓九三当“蛊”之时,匡正父弊而无上应,故“小有悔”;但阳刚居正,直道遽行,故“无大咎”。

【译文】

九三,匡正父辈的弊乱,稍有悔恨,但没有重大咎害。

《象》曰:“干父之蛊”,终无咎也。

【译文】

《象传》说:“匡正父辈的弊乱”,说明九三最终不会有咎害。

六四,裕父之蛊,往见吝①。

【注释】

①裕父之蛊,往见吝:裕,宽裕,指“治蛊”宽缓不急。此谓六四阴柔懦弱,又居阴位,对“父”弊不能速治,宽延顺容,故长此以往必“见吝”。

【译文】

六四,宽裕不急地缓治父辈的弊乱,这样往前发展必然出现憾惜。

《象》曰:“裕父之蛊”,往未得也。

【译文】

《象传》说:“宽裕不急地缓治父辈的弊乱”,是说六四这样往前发展难以获得治弊之道。

六五，干父之蛊，用誉[1]。

【注释】

①用誉：誉，受人称誉。此谓六五柔居尊位，应二承上，犹如匡正"父"弊有道，故获称誉。

【译文】

六五，匡正父辈的弊乱，备受称誉。

《象》曰："干父用誉"，承以德也[1]。

【注释】

①承以德：即"以德承"的倒装。

【译文】

《象传》说："匡正父辈的弊乱而受称誉"，说明六五用美德来继承先业。

上九，不事王侯，高尚其事[1]。

【注释】

①不事王侯，高尚其事：前一"事"为动词，犹言"从事"；后一"事"为名词，犹言"行为"。此谓上九居《蛊》卦之终，"治蛊"道穷，故不累于"王侯"之事，超然物外，以高洁自守。

【译文】

上九，不从事王侯的事业，把自己逍遥物外的行为看得至高无上。

《象》曰："不事王侯"，志可则也。

【译文】

《象传》说："不从事王侯的事业"，说明上九的高洁志向值得效法。

【总论】

《蛊》卦的大义，主于除弊治乱。卦辞既指明此时利于涉难、至为亨通的前景，又用"先甲"、"后甲"喻示鉴前戒后、谨始慎终的"治蛊"之道。卦中六爻，初、三、四、五诸爻均以匡正父弊设喻：初六志承"先业"、虽危"终吉"，九三刚直遽行、终"无大咎"，六四柔弱不争、久必"见吝"，六五柔中寓刚、备受称誉；唯九二以匡正母弊为喻，戒其因势利导、慎守"中道"；而上九独居"治蛊"穷厄之时，则以远避在外、"不事王侯"为宜。若细加探寻诸爻取象于"子正父蛊"的蕴义，似又可看出作者意识到“弊乱”往往是积久而成的,甚或延续一代、两代人,终至酿成大患。苏轼曾经就这一问题分析说:“器久不用而蛊生之,谓之‘蛊’;人久宴溺而疾生之,谓之‘蛊’;天下久安无为而弊生之,谓之‘蛊’。”“蛊之灾非一日之故也,必世而后见,故爻皆以‘父子’言之。”(《东坡易传》)当然,各爻所示,均是提出在特定条件下治蛊的可行之道;至于拯治弊乱的根本措施,《大象传》从“救世”的角度阐发“振民育德”之义,似属古人汲取历史和现实的教训而总结出的一条“政治理论”。

临卦第十九

䷒ 临[1]:元亨,利贞[2];至于八月有凶[3]。

【注释】

①临:卦名,下兑(☱)上坤(☷),象征“监视临察”。 ②元亨,利贞:此谓以德临人必然至为亨通,利于守正。 ③至于八月有凶:此句以时令为喻,说明“监临”盛极必有衰落的危险。《礼记·月令》仲秋之月云:“是月也,杀气浸盛,阳气日衰。”故谓“八月有凶”。

【译文】

《临》卦象征监临:至为亨通,利于守持正固;但是到了(阳气日衰的)八月将有凶险。

《彖》曰:“临”,刚浸而长,说而顺,刚中而应[1]。大亨以正,天之道也[2];“至于八月有凶”,消不久也[3]。

【注释】

①刚浸而长,说而顺,刚中而应:前一“刚”指初、二两爻,后句“刚中”指九二;浸,渐也;说,即“悦”,指下兑;顺,指上坤;应,谓二应五。此举初、二爻象及上下卦象释卦名“临”之义,说明以“德”临人之时的盛美情状。 ②大亨以正,天之道也:此释卦辞“元亨,利贞”,谓“监临”之时至通而又长守正固,则可不违“天道”。③消不久也:此释卦辞“至于八月有凶”,谓“临”道盛极必穷,即明“阴阳消长”的必然规律。

【译文】

《彖传》说:“监临”,说明此时阳刚正气日渐增长,临人者和悦温顺,刚健者居中而上下相应。获得至大亨通又要守持正固,这才顺合大自然的规律;“到了(阳气日衰的)八月将有凶险”,那是因为接近消亡、好景不能长久。

《象》曰:泽上有地,临[1];君子以教思无穷,容保民无疆[2]。

【注释】

①泽上有地,临:释《临》卦下兑为泽、上坤为地之象。 ②教思无穷,容保民无疆:教、思,均作动词,犹言“施行教导”、“费尽思虑”。这是说明“君子”观《临》卦之象,悟知临民之时,应当花费无穷之思教导百姓,并以无疆之德容民保民。

【译文】

《象传》说:水泽上有大地,象征“监临”;君子因此花费无穷的思虑教导百姓,发扬无边的美德容纳养育民众。

初九,咸临,贞吉[1]。

【注释】

①咸临,贞吉:咸,通“感”,犹言“感应”。此谓初九当“临”之始,阳刚处下,上应六四,犹如下者感应于尊者而施监临,故以守正获吉。

【译文】

初九,感应于尊者而施行监临,守持正固可获吉祥。

《象》曰:“咸临贞吉”,志行正也。

【译文】

《象传》说:“感应于尊者而施行监临、守持正固可获吉祥”,说明初九的心志行为端正不阿。

九二,咸临,吉无不利[1]。

【注释】

①咸临,吉无不利:此谓九二处《临》下卦之中,上应六五,也具“咸临”之象;因其又含“中”德,较初九之阳更见盛美,故“吉无不利”。

【译文】

九二,感应于尊者而施行监临,吉祥无所不利。

《象》曰:“咸临吉无不利”,未顺命也[1]。

【注释】

①未顺命:未,似含“并非由于”之意。此谓二与六五相感以临人,并非由于顺承君命。

【译文】

《象传》说："感应于尊者而施行监临、吉祥无所不利"，说明九二并非由于顺从君命。

六三，甘临，无攸利[①]；既忧之，无咎[②]。

【注释】

①甘临，无攸利：甘，指甜美巧佞的言辞。此谓六三居《临》下兑之上，阴柔失正，犹以言辞巧佞临人，故"无攸利"。 ②既忧之，无咎：此从正面设诫，谓六三若能自知不正，心有忧惧而改过，则可"无咎"。

【译文】

六三，靠巧言佞语监临于众，无所利益；要是已经忧惧自己的过失而改正，就不致咎害。

《象》曰："甘临"，位不当也；"既忧之"，咎不长也。

【译文】

《象传》说："靠巧言佞语监临于众"，说明六三居位不正当；"已经忧惧自己的过失而改正"，说明咎害不会久长。

六四，至临，无咎[①]。

【注释】

①至临，无咎：至，极也，文中犹言"十分亲近"。此言六四居上卦之始，柔正应初，切近下体，犹亲近于所临之众，故获"无咎"。

【译文】

六四，极为亲近地监临众人，必无咎害。

《象》曰："至临无咎"，位当也。

【译文】

《象传》说："极为亲近地监临众人，必无咎害"，说明六四居位正当。

六五，知临，大君之宜，吉[①]。

【注释】

①知临，大君之宜，吉：知，即"智"。此谓六五居《临》尊位，以柔处中，下应九

二，犹如任用刚健大臣、辅己“君临”天下，正见明智，故称“大君之宜，吉”。

【译文】

六五，聪慧明智地监临众人，大人君主应当这样，吉祥。

《象》曰：大君之宜，行中之谓也。

【译文】

《象传》说：“大人君主应当这样”，说明六五必须奉行中道。

上六，敦临，吉，无咎①。

【注释】

①敦临，吉，无咎：敦，敦厚。此谓上六居《临》之极，以阴处“无位”之地，不为刚猛，犹如以敦厚仁惠之德临人，故获“吉，无咎”。

【译文】

上六，温柔敦厚地监临众人，吉祥，必无咎害。

《象》曰：“敦临之吉”，志在内也①。

【注释】

①志在内：犹言“志在邦国”，谓上六非高处“虚位”，不理“内事”者。

【译文】

《象传》说：“温柔敦厚地监临于众而可获吉祥”，说明上六的心志系于邦国天下。

【总论】

“临”字的特定意义，可视为“统治”的代名词。《临》卦所谓“监临”，正是侧重揭示上统治下、尊统治卑、君主统治臣民的道理。卦辞以“至为亨通，利于守正”赞美“监临”之道；又以“至于八月有凶”为喻，发盛极必衰之诫，以期“临人”者预防盈满，长久临众。六爻之中，两阳处下而刚健之德浸长，能“感应”于尊者以施监临，故或“贞吉”，或“吉，无不利”；四阴皆居上临下，情状各异：三以巧佞临人“无攸利”，四以亲近临人“无咎”，五以“大君”之“明智”临人获“吉”，上以温柔敦厚临人获“吉，无咎”。综观诸爻义理，可以看出本卦的两方面旨趣：其一，“临人”除了必须根据不同的地位、条件采取不同的方式外，还要求在下者当以刚美感应于上，居上者当以柔美施惠于下，此与《尚书·洪范》“沈潜刚克，高明柔克”之义略可相通。其二，凡处“临人”之时，只要善居其位，必将多吉，故诸爻均不言“凶”；其中六三虽“无攸利”，但若能自惧改过，也获“无咎”。可见，本卦的核心思想是为“临人”、“治人”者着想。至于《大象传》所发“教思无穷，容保民无疆”的意义，似又流露出统治者在“治人”的同时重视“教育”的作用；从历史的角度考察，这一点实可借以印证古代教育与政治的密切联系。

观卦第二十

䷓ 观①:盥而不荐②,有孚颙若③。

【注释】

①观:卦名,下坤(☷)上巽(☴),象征“观仰”。　②盥而不荐:盥,音guàn,古代祭祀宗庙时用香酒浇灌地面以降神之礼;荐,献也,祭祀中向神献飨之礼。此句“盥”、“荐”之前均省略一“观”字,意即“观盥不观荐”。文辞取祭祀典礼为喻,说明“观仰”之旨应取最庄严可观者;故当祭祀宗庙之时,须观初始盛美的降神礼,其后的献飨礼则可略而不观。　③有孚颙若:颙,音yóng,敬也;若,语气助词。此句承前句之义,说明观仰“盥”礼,可以使人产生诚信、肃敬之心;即言观仰过程中的感化作用。

【译文】

《观》卦象征观仰:当你观仰了祭祀开始时倾酒灌地的降神仪式,就可以不观后面的献飨细节,因为心中已经充满了诚敬肃穆的情绪。

《彖》曰:大观在上,顺而巽,中正以观天下①。“观,盥而不荐,有孚颙若”,下观而化也②。观天之神道③,而四时不忒;圣人以神道设教,而天下服矣。

【注释】

①大观在上,顺而巽,中正以观天下:大观、中正,指九五阳刚居中得正;顺,指下坤;巽,指上巽。这是举九五爻象及上下卦象释卦名“观”之义,说明美盛的道德足以让“天下”观仰。　②下观而化:此句释卦辞“观,盥而不荐,有孚颙若”,说明“观仰”的目的是为了使“天下”顺从美好的教化。　③观天之神道:神道,犹言“神妙的自然规律”。此下四句又举大自然神妙规律之可观,及“圣人”效法自然规律设教之可观,极言“观仰”之道的深刻意义。

【译文】

《彖传》说：宏大壮观的气象总是呈现在崇高之处，譬如具备温顺和巽的美德，又具中和刚正之质就可以让天下人观仰。卦辞说"当你观仰了祭祀开始时倾酒灌地的降神仪式，就可以不观后面的献飨细节，心中已经充满了诚敬肃穆的情绪"，是说在下者通过观仰能够领受美好的教化。观仰大自然运行的神妙规律，就能理解四季交转毫不差错的道理；圣人效法大自然的神妙规律设教于天下，天下万民于是纷纷顺服。

《象》曰：风行地上，观①；先王以省方观民设教②。

【注释】

①风行地上，观：释《观》卦上巽为风、下坤为地之象。　②省方观民设教：这是说明"先王"效法《观》卦"风行地上"之象，省视万方，示民以教，使百姓有所"观仰"而顺从教化。

【译文】

《象传》说：和风吹行地上（万物广受感化），象征"观仰"；先代君王因此省巡万方、观察民风、设布教化。

初六，童观，小人无咎，君子吝①。

【注释】

①童观，小人无咎，君子吝：此以"幼童"浅见为喻，说明初六处"观"之始，阴柔在下，远离九五刚正之"君"，所观甚浅；故于不负重任的"小人"为"无咎"，于有所作为的"君子"则难免"憾惜"。

【译文】

初六，像幼童一样观仰景物，小人无所危害，君子必有憾惜。

《象》曰：初六"童观"，小人道也。

【译文】

《象传》说：初六"像幼童一样观仰景物"，这是小人的浅见之道。

六二，闚观，利女贞①。

【注释】

①闚观，利女贞：闚，音 kuī，通"窥"，指暗中窃看。此谓六二虽得正上应九五，但阴

柔处下守中，不能尽见大观之美，犹如身居户内、暗中“阚观”门外景物，故仅利于女子守正。爻辞的言外之意，谓男子如此则不利。

【译文】

六二，暗中偷偷地观仰美盛景物，利于女子守持正固。

《象》曰：“闚观女贞”，亦可丑也。

【译文】

《象传》说：“暗中偷偷地观仰美盛景物、女子可以守持正固”，对男子来说是可羞丑的。

六三，观我生，进退[1]。

【注释】

①观我生，进退：观，此处含有既观仰于外又自观于内之意；我生，犹言“自我行为”；进退，指相时慎择进退。这两句说明六三处“观”之时，虽与上九有应，渐近九五之“君”，但阴柔失正，其位“多惧”，故当观于外而修于内，相机审时，慎其进退。

【译文】

六三，观仰阳刚美德并对照省察自己的行为，谨慎抉择进退。

《象》曰：“观我生进退”，未失道也。

【译文】

《象传》说：“观仰阳刚美德并对照省察自己的行为、谨慎抉择进退”，说明六三没有丧失正确的观仰之道。

六四，观国之光，利用宾于王[1]。

【注释】

①观国之光，利用宾于王：光，指国家大治而呈现的光辉景象；宾，用如动词，犹言“作宾”。此谓六四柔顺得正，亲比九五，犹如贤者观光于盛治之国，故称利于成为君王的座上宾，即言可以效用于贤君，其吉可知。

【译文】

六四，观仰王朝的光辉盛治，利于成为君王的贵宾。

《象》曰："观国之光"，尚宾也。

【译文】

《象传》说："观仰王朝的光辉盛治"，说明此时其国正礼尚宾贤。

九五，观我生，君子无咎[①]。

【注释】

①观我生，君子无咎：观我生，指既受人观仰又自观其道，义与六三有别。这两句说明九五阳刚中正，为《观》卦之主，犹如"贤君"以盛德为天下人所观仰，同时又能常常自我省察，不断美善其行，故称"君子无咎"。

【译文】

九五，受人观仰并自我省察自己的行为，君子必无咎害。

《象》曰："观我生"，观民也。

【译文】

《象传》说："受人观仰并自我省察自己的行为"，说明九五应当通过观察民风来自我审察。

上九，观其生，君子无咎[①]。

【注释】

①观其生，君子无咎：此谓上九阳刚居《观》之终，虽属虚高之位，但下者均在观仰其施为，故须有"君子"之德才能"无咎"，其诫与九五同。

【译文】

上九，人们都观仰他的行为，君子必无咎害。

《象》曰："观其生"，志未平也[①]。

【注释】

①志未平：平，犹言"安宁无为"。此言上九虽居不任事的"虚位"，也得时时修美德行，不可安逸其志。

【译文】

《象传》说："人们都观仰他的行为"，说明上九修美道德的心志未可安逸松懈。

【总论】

春秋时吴国季札观乐于鲁,欣赏到《韶箾》舞蹈,深受感染,认为这是周朝"盛德"的高度体现,于是极力赞叹说:"观止矣!若有他乐,吾不敢请已!"(《左传》襄公二十九年)《观》卦大义,正是阐发"观仰"美盛事物可以感化人心的道理。卦辞取观仰祭祀为喻,说明观毕初始的盛礼,即使不观其后的细节,心中的"信敬"之情已经油然萌生。此中的喻义,实与季札"观止"之叹至相切合。卦中六爻,四阴主于自下观上:初、二离九五阳刚最远,或如幼童浅见,或如隔户窃观,均不能尽获"大观"之美;六三接近上卦,能观仰美德以自省察,未失其道;六四亲比九五,犹如亲临观光于"王朝"的盛治,获"作宾于王"之利,为尽见"大观"的象征。而五、上两阳,主于自上观下,既具阳刚美德让人观仰,又须自观其道、修美德行,故两者均发"君子无咎"的意旨。可见,本卦阴阳上下所寓涵的意义颇有区别。朱熹的学生曾经问道:"《观》六爻,一爻胜似一爻,岂所据之位愈高,则所见愈大耶?"朱子答云:"上二爻意自别,下四爻是所据之位愈近,则所见愈亲切的意思。"(《朱子语类》)当然,《观》卦揭示的"观仰"作用,除了强调"上"者以美德感化于"下"之外,还体现了观"民风"可以正"君道"的思想,这从五、上两爻"观民"自省、其志"未平"的义理中不难看出。《毛诗大序》说道:"上以风化下,下以风刺上,主文而谲谏,言之者无罪,闻之者足以戒,故曰'风'。"此论虽是针对《诗经·国风》而发,但与《观》卦的象征意义甚有相通之处。

噬嗑卦第二十一

䷔ 噬嗑[①]：亨，利用狱[②]。

【注释】

①噬嗑：音 shìhé，卦名，下震（☳）上离（☲），象征"啮合"。此二字以口中啮（音 niè）物使合为喻，说明施用刑法之义。　②亨，利用狱：狱，犹言"刑法"。此谓事物当相间相隔之时，若能"啮合"则可亨通；犹如"刑法"可以除去间隔之物，故曰"利用狱"。

【译文】

《噬嗑》卦象征啮合：亨通，利于施用刑法。

《彖》曰：颐中有物[①]，曰噬嗑。噬嗑而亨，刚柔分，动而明，雷电合而章[②]。柔得中而上行，虽不当位，利用狱也[③]。

【注释】

①颐中有物：颐，上下颚之间的总称，犹言"口腔"。此以口中有物，正可啮合，释卦名"噬嗑"之义。　②刚柔分，动而明，雷电合而章：刚、动、雷，均指下震；柔、明、电，均指上离。此举上下卦象，说明刚柔上下分处、交动而"噬嗑"之义明，雷电相随兴作、交合而"噬嗑"之理彰。文旨释卦辞"噬嗑，亨"，亦明"利用狱"之义。　③柔得中而上行，虽不当位，利用狱也：柔，指六五。此谓六五柔中居尊，虽不当纯柔正位，却能刚柔相济，以释卦辞"利用狱"。

【译文】

《彖传》说：口腔中有食物，可以啮合。啮合然后亨通，譬如刚柔上下先各分开，然后交相运动而啮合之义显明，就像震雷闪电交击互合而啮合之理昭彰。此时柔和者处得中道并能向上奋行，尽管不当纯柔之位（但正好刚柔兼济），所以利于施用刑法。

《象》曰:雷电,噬嗑[①];先王以明罚敕法[②]。

【注释】

①雷电,噬嗑:释《噬嗑》卦下震为雷、上离为电之象,义与《彖传》"雷电合而章"同。 ②明罚敕法:明,用如动词;敕,音 chì,通"勅",犹言"正"。这是说明"先王"效法《噬嗑》之象,明其刑罚、正其法令,使天下合一。

【译文】

《象传》说:雷电交击,象征"啮合";先代君王因此严明刑罚、肃正法令。

初九,屦校灭趾,无咎[①]。

【注释】

①屦校灭趾,无咎:屦,音 jù,用如动词,犹言"足着";校,木制刑具,此处指"脚桎"之类的木械;灭,《正义》释为"灭没",犹言"伤灭"。此谓初九处"噬嗑"之始,犹如初触刑法,其过尚微,故仅受着足械、伤脚趾的小惩;因其质本阳刚,有受"小惩"而能"大诫"之象,不致重犯大过,故"无咎"。

【译文】

初九,足着刑具而伤灭脚趾,不致咎害。

《象》曰:"屦校灭趾",不行也。

【译文】

《象传》说:"足着刑具而伤灭脚趾",说明初九不至于再前行重犯过失。

六二,噬肤[①],灭鼻,无咎[②]。

【注释】

①噬肤:噬,喻施用刑法;肤,柔脆之物,喻用刑顺利无碍。此言六二柔顺中正,当"噬嗑"之时,有施刑于人、顺当无阻之象。 ②灭鼻,无咎:此谓六二以柔乘刚,用刑稍过,犹如对服罪者施用"灭鼻"的严刑;但所刑中其要害,故"无咎"。

【译文】

六二,像咬啮柔脆的皮肤一样施刑顺利,即使伤灭犯人的鼻梁,也不致咎害。

《象》曰:"噬肤灭鼻",乘刚也。

【译文】

《象传》说:"像咬啮柔脆的皮肤一样施刑顺利、伤灭犯人的鼻梁",说明六二乘凌于刚强者之上(必须用严刑服众)。

六三,噬腊肉,遇毒[1];小吝,无咎[2]。

【注释】

①噬腊肉,遇毒:腊肉,干肉,喻施刑于不服者;毒,原指害草,此处如《正义》所云"苦恶之物",以腊肉含有毒物,喻受刑者生怨。此谓六三居《噬嗑》下卦之上,为施刑于人之象,但阴柔失位,受刑者不服生怨,犹如咬啮腊肉而遇毒物。②小吝,无咎:指六三顺承九四之阳,下不乘刚,其刑不施于正顺者;故虽失位"遇毒",唯小有憾惜而已,不致咎害。

【译文】

六三,像咬啮坚硬的腊肉,肉中又遇到毒物一样施刑不顺利;但这不过稍有憾惜,却不致咎害。

《象》曰:"遇毒",位不当也。

【译文】

《象传》说:"(咬啮腊肉时又)遇到毒物",说明六三居位不妥当(以致受刑者生怨)。

九四,噬干胏[1],得金矢;利艰贞,吉[2]。

【注释】

①噬干胏:胏,音 zǐ,带骨的肉脯。此谓九四阳刚失正不中,当"噬嗑"之时以此施刑于人亦难获顺利,故有咬啮"干胏"、触之遇骨之象。 ②得金矢,利艰贞,吉:金矢,喻刚直。此言九四虽"噬干胏"而施刑不顺,但其禀性阳刚纯直,故利于在艰难中守正,则可获吉祥。

【译文】

九四,像咬啮干硬带骨的肉一样施刑不顺利,但具备金质箭矢似的刚直气魄;利于在艰难中守持正固,吉祥。

《象》曰:"利艰贞吉",未光也。

【译文】

《象传》说:"利于在艰难中守持正固,可获吉祥",说明九四的治狱之道尚未发扬光大。

六五，噬干肉[①]，得黄金；贞厉，无咎[②]。

【注释】

①噬干肉：干肉，干硬的肉脯，亦喻施刑于不服者。此谓六五处《噬嗑》尊位，但以阴居阳，施刑于人亦未能尽顺，故有"噬干肉"之象。 ②得黄金；贞厉，无咎：黄，为中色；金，喻刚坚；贞厉，犹言"守正防危"。此言六五虽失正，但既居阳刚尊高之位，又处中和不偏之所，则其已具"刚中"气质，故以"得黄金"为喻；以此趋正长守，谨防危厉，必得"用狱"之道，故"无咎"。

【译文】

六五，像咬啮干硬的肉脯一样施刑不甚顺利，但具备黄金似的刚坚中和的气魄；守持正固以防危险，可免咎害。

《象》曰："贞厉无咎"，得当也[①]。

【注释】

①得当：当，犹"正"。谓得"用狱"之正。

【译文】

《象传》说："守持正固以防危险，可免遭咎害"，是说行为符合正当的治狱之道。

上九，何校灭耳，凶[①]。

【注释】

①何校灭耳，凶：何，通"荷"；校，此处指"木枷"之类的项械。此言上九以穷亢之阳居《噬嗑》之极，犹积恶不改，触犯刑法，被套上枷锁、伤灭耳朵，其凶至甚。

【译文】

上九，肩荷刑具，遭受伤灭耳朵的重罚，有凶险。

《象》曰："何校灭耳"，聪不明也。

【译文】

《象传》说："肩荷刑具，遭受伤灭耳朵的重罚"，说明上九积恶不改太不聪明了。

【总论】

《噬嗑》卦以口中“啮合”食物为喻，阐发“施用刑法”之义。卦辞谓“亨，利用狱”，已经明示顺从正确的规律“治狱”可致亨通的卦旨。六爻之象，以初、上两阳喻触刑受罚，前者初犯能改获“无咎”，后者积罪深重致“凶”，均含深戒；二至五四爻，喻施刑于人，其中六二以柔乘刚，六三、六五阴处阳位，九四阳处阴位，均流露着刚柔相济的“治狱”之道。《折中》引李过曰：“五，君位也，为治狱之主；四，大臣位也，为治狱之卿；三、二，又其下也，为治狱之吏。”然而，四爻之位虽有高低之别，其“治狱”过程却普遍存在着“咎”、“吝”、“艰”、“厉”的情状，此中似乎表明《周易》作者深知“治狱”之艰难。朱熹指出：“大抵才是治人，彼必为敌，不是易事”，“须以艰难正固处之。”（《朱子语类》）至于最能体现全卦大义的，当属柔中居尊的六五：其“德”本于“文明”，犹如用刑期于无刑；其用立于刚严，犹如雷震奋发声威。《大象传》“明罚敕法”的义理，正见于此。马振彪认为：“圣世彰善瘅恶，明威并用，道在雷厉风行。水懦弱，民狎而玩之，故多死焉；火猛烈，民望而畏之，故鲜死焉。制刑之法，取火雷为象，盖有道矣。然以柔中为主，仍不失辟以止辟，刑期无刑之意。老子善用柔，经言‘民不畏死，奈何以死惧之？’盖得柔中之道矣。”（《周易学说》）此论深推“柔中”的寓意，颇能发显本卦哲理。

贲卦第二十二

䷕　贲①:亨②,小利有攸往③。

【注释】

①贲:音 bì,卦名,下离(☲)上艮(☶),象征"文饰"。　②亨:此谓事物加以必要的文饰,可致亨通。　③小利有攸往:小,阴称小,谓"柔小"。此言"文饰"之时,柔小者尤须加饰,可显其美,故"利有攸往"。卦中六五以上九为贲,则利于发展,正见此象。

【译文】

《贲》卦象征文饰:亨通,柔小者利于有所前往。

《彖》曰:贲,亨,柔来而文刚①,故亨;分刚上而文柔②,故小利有攸往。天文也③;文明以止,人文也④。观乎天文,以察时变⑤;观乎人文,以化成天下⑥。

【注释】

①柔来而文刚:柔,指六二;刚,指九三。此释卦辞"亨"之义,谓六二来居下卦之中,以文饰九三,阴阳交贲故获亨通。　②分刚上而文柔:刚,指上九;柔,指六五。此释卦辞"小利有攸往"之义,谓上九高居卦终,六五因之获饰,故利有所往。　③天文也:天文,天的文采,指日月星辰、阴阳变化等。　④文明以止,人文也:文明,指下离为火,为日;止,指上艮为止;人文,人的文采,指"文章""礼义"等。此举上下卦象,说明人类的文饰表现在"文明"而能止于礼义。义与前句"天文"相对。　⑤观乎天文,以察时变:此谓观察大自然的文饰情状,可知四季变迁规律。　⑥观乎人文,以化成天下:此谓观察人类的文饰情状,可以教化天下、促成大治。

【译文】

《彖传》说:文饰,亨通,譬如阴柔前来文饰阳刚,阴阳交饰于是亨通;

又分出阳刚居上文饰阴柔，所以柔小者利于有所前往。（刚美和柔美交相错杂，）这是天的文采；文章灿明止于礼义，这是人类的文采。观察天的文采，可以知晓四季转变的规律；观察人类的文采，可以推行教化促成天下昌明。

《象》曰：山下有火，贲①；君子以明庶政，无敢折狱②。

【注释】

①山下有火，贲：释《贲》卦上艮为山、下离为火之象。 ②明庶政，无敢折狱：这是说明"君子"观《贲》卦之象，悟知当以"文明"理政，但不可以"文饰"断狱。

【译文】

《象传》说：山下燃耀着火焰（山形焕彩），象征"文饰"；君子因此修美显明众多的政务，但不敢靠文饰处理讼狱。

初九，贲其趾，舍车而徒①。

【注释】

①贲其趾，舍车而徒：徒，徒步行走。此言初九当"贲"之始，位卑处下，不敢贪求华饰，故自贲其趾，喻饰所当饰；而舍车安步，则喻弃所不当饰。此即"贲不失礼"之义。

【译文】

初九，文饰自身的足趾，舍弃大车而甘于徒步行走。

《象》曰："舍车而徒"，义弗乘也。

【译文】

《象传》说："舍弃大车而甘于徒步行走"，说明初九就所处地位这一意义来说是不应该乘坐大车。

六二，贲其须①。

【注释】

①贲其须：须，面上的须毛，喻六二所上承的九三。此谓六二处下卦之中，与九三均得位无应而两相亲比，故二专意承三，犹文饰三之美须，于是阴阳互贲、相得益彰。此即"贲得其所"之义。

【译文】

六二,文饰尊者的美须。

《象》曰:“贲其须”,与上兴也[①]。

【注释】

①与上兴:上,指九三;兴,起也。

【译文】

《象传》说:“文饰尊者的美须”,说明六二与九三同心而兴起互为文饰。

九三,贲如,濡如,永贞吉[①]。

【注释】

①贲如,濡如,永贞吉:如,语气词;濡,润泽,用如动词,喻三与二互施润泽、相亲相贲。此谓九三下比六二,两者既相贲饰,又相施润,故有“贲如,濡如”之象;但此时不可因贲忘忧,故又诫其“永贞”则吉。

【译文】

九三,文饰得那样俊美,与人频频相施惠泽,永久守持正固可获吉祥。

《象》曰:“永贞之吉”,终莫之陵也。

【译文】

《象传》说:“永久守持正固可获吉祥”,说明九三能做到这样就始终不会受人凌侮。

六四,贲如,皤如,白马翰如[①];匪寇,婚媾[②]。

【注释】

①贲如,皤如,白马翰如:皤,音 pó,《集解》:“亦白,素之貌也”;翰,《释文》引郑玄曰:“白也。”此谓六四居上卦之初,“贲”道已变,其饰尚素,故取“皤”、“白”、“翰”为喻;而柔正得位,下应初九,宜于速往相应互贲,故有“白马”奔驰之象。②匪寇,婚媾:指初九虽体阳刚,却非强寇,实为六四相应之配偶。“匪寇”之辞,正因四处“多惧”之位而发,意在勉其勿疑,速往应初。

【译文】

六四,文饰得那样淡美,全身是那样素白,坐下白马又是那样纯洁无杂;前方并非强寇,而是聘求婚配的佳偶。

《象》曰:六四当位,疑也[1];"匪寇婚媾",终无尤也。

【注释】

①六四当位,疑也:谓六四虽当位得正,但心仍疑惧,不敢速往应初,故特以"匪寇婚媾"勉之。

【译文】

《象传》说:六四当位得正,但心中仍怀疑惧;"前方并非强寇而是聘求婚配的佳偶",说明六四尽管前往终将无所怨尤。

六五,贲于丘园,束帛戋戋[1];吝,终吉[2]。

【注释】

①贲于丘园,束帛戋戋:丘园,山丘园圃,喻朴素自然,指上九远处卦极;束帛,一束丝帛,喻微薄无华之物。此谓六五居《贲》尊位,柔中无华,饰尚朴素,虽无下应却能亲比于远处卦终的阳刚,故有贲饰于"丘园"之象,犹如持微薄的"束帛"礼聘"贤士",共相辅治,以成"贲"道之至美。 ②吝,终吉:这是指六五"贲"道虽美,下无应与,故不免含"吝";但能持中行事,上与"白贲"之阳相互合志,终获吉祥。

【译文】

六五,以浑朴的山丘园圃为饰,持一束微薄的丝帛(礼聘贤士);尽管下者无应而有憾惜,但上者相应终将吉祥。

《象》曰:六五之吉,有喜也[1]。

【注释】

①有喜:《尚氏学》:"五承阳,故有喜。"

【译文】

《象传》说:六五的吉祥,说明必有喜庆。

上九,白贲,无咎[1]。

【注释】

①白贲,无咎:白,素也。此言上九居《贲》之极,"贲"道反归于素;事物以"白"为饰,则见其自然真趣,为纯美至极的象征,故"无咎"。

【译文】

上九,素白无华的文饰,无所咎害。

《象》曰:“白贲无咎”,上得志也[①]。

【注释】

①上得志:指上九与六五亲比,大得“白贲”之志。

【译文】

《象传》说:“素白无华的文饰、必无咎害”,说明上九大遂文饰之道尚质的心志。

【总论】

《左传》襄公二十五年引孔子曰:“《志》有之:‘言以足志,文以足言。’不言,谁知其志? 言之无文,行而不远。”《礼记·礼器》曰:“先王之立礼也,有本有文。忠信,礼之本也;义理,礼之文也。无本不立,无文不行。”这两则记载表明,古人在言“志”、立“本”的前提下,对“文饰”的功用颇为重视。《贲》卦,即是集中阐发“文饰”的意义。卦辞称事物获饰,可致亨通;并特别指出,柔小者一经适当的文饰,必有利于增显其美。卦中六爻,在阴阳交错相杂中呈现互贲之象,其中初与四相应相贲;二与三,五与上,则相比相贲。《折中》引邱富国曰:“阴阳二物,有应者以应而相贲,无应者以比而相贲。”正道出本卦刚爻柔爻之间的交饰特点。然而,诸爻实非无条件地泛言文饰,而是主张恰如其分的贲饰,并崇尚朴素自然的至美境界。试观爻义,初九“舍车”不尚华饰,六四“白马”向往淡美,两者分处上下卦之始,已见“贲”道端倪;六二“贲须”志在承阳,九三“濡如”永守正固,两者并在内卦,以顺合“礼义”为美;六五饰于“丘园”但求简朴,上九饰终返“白”归趣本真,两者并居外卦,以质素自然为美。可见,《贲》卦大旨略见于两事:一是刚柔相杂成文,二是文饰不尚华艳。《系辞下传》谓“物相杂故曰‘文’”,《杂卦传》云“《贲》,无色也”,正可印证这两方面的义旨。就美学意义而论,本卦的象征哲理,与先秦美学理论中“物一无文”(《国语》)、“大巧若拙”(《老子》四十五章)之类的观点,实可互相比较;这在研究古代美学史中,是值得注意的资料。

卷四

剥卦第二十三

䷖ 剥[①]:不利有攸往[②]。

【注释】

①剥:卦名,下坤(☷)上艮(☶),象征“剥落”。　②不利有攸往:“剥落”之时,正如卦象所示,阳刚被削剥殆尽,阴气盛长,故卦辞诫“君子”不宜有所往。

【译文】

《剥》卦象征剥落:不利于有所前往。

《彖》曰:“剥”,剥也,柔变刚也[①]。不利有攸往,小人长也[②]。顺而止之,观象也[③];君子尚消息盈虚[④],天行也。

【注释】

①柔变刚:此以卦中五阴已浸蚀并改变阳刚的本质,释卦名“剥”。　②小人长:小人,指卦中阴爻;长,盛长。此释卦辞“不利有攸往”。　③顺而止之,观象也:顺,下坤为顺;止,上艮为止;观象,谓观此上下卦象,知此时当顺止小人之道。　④君子尚消息盈虚:消息,消亡与生息;盈虚,盈满与亏虚。此举“天道”盛衰互转的哲理,说明阴“剥”阳之势也未能终久,与上文“顺而止”义相承,揭示“君子”顺势治“剥”之道。

【译文】

《彖传》说:“剥”,就是剥落的意思,譬如阴柔者浸蚀改变了阳刚的本质。“不利于有所前往”,说明小人的势力盛长。此时应当顺势抑止小人之道,这从观察卦象可以获知;君子崇尚消亡生息、盈盛亏虚的转化哲理,这是大自然的运行规律啊!

《象》曰:山附于地,剥[①];上以厚下安宅[②]。

【注释】

①山附于地，剥：释《剥》卦上艮为山，下坤为地之象。　②上以厚下安宅：上，居上者；厚、安，均用如动词，“加厚”、“安固”；下，下处，犹言“基础”。这句说明“上”者观《剥》卦之象，悟知“厚下安宅”、以防“剥落”的道理。

【译文】

《象传》说：高山颓落委附在地面，象征“剥落”；居上者因此丰厚基础、安固宅屋。

初六，剥床以足，蔑[①]；贞凶[②]。

【注释】

①剥床以足，蔑：以，介词，相当于“及”；蔑，通“灭”，谓“蚀灭”，《释文》“削也，楚俗有‘削灭’之言”，又引荀爽本作“灭”。这两句说明初六以阴处《剥》下，居坤之始，犹如大床剥落灭坏，先始于足。　②贞凶：犹言“守正防凶”。此谓初六处位最卑，无应失正，故特诫以趋“正”自守，以防剥落之“凶”。

【译文】

初六，剥落大床先剥及床足，床足必致蚀灭；守持正固以防凶险。

《象》曰：“剥床以足”，以灭下也。

【译文】

《象传》说：“剥落大床先剥及床足”，说明最初先蚀灭下部基础。

六二，剥床以辨，蔑[①]；贞凶[②]。

【注释】

①剥床以辨，蔑：辨，犹言“床头”。此谓六二阴居下坤之中，犹如“床头”处“床足”、“床架”之间；初“足”已剥，故又剥及“床头”，并将灭坏。　②贞凶：义同前爻；此处说明六二居中得正，但“剥”及“床头”，又与六五无应，故亦戒其守“正”防“凶”。

【译文】

六二，剥落大床已经剥至床头，床头必致蚀灭；守持正固以防凶险。

《象》曰：“剥床以辨”，未有与也[①]。

【注释】

①未有与：指二、五不相应和，故有“凶”宜“贞”。

【译文】

《象传》说：“剥落大床已经剥至床头”，说明六二未获互应者相助。

六三，剥，无咎①。

【注释】

①剥，无咎：此谓六三虽处“剥落”之时，其体已消剥成阴；但居阳位，应合上九阳刚，故其表似已消剥，其里却仍存阳质，有“含阳待复”之义，故获“无咎”。

【译文】

六三，虽处剥落之时，却无咎害。

《象》曰：“剥之无咎”，失上下也①。

【注释】

①失上下：指三不与六四、六二为伍，独应上九，潜含阳质，故处“剥”而“无咎”。

【译文】

《象传》说：“虽处剥落之时而必无咎害”，说明六三离开上下群阴（独应阳刚）。

六四，剥床以肤，凶①。

【注释】

①剥床以肤，凶：肤，原意是“皮肤”，句中喻指“床面”。此谓六四阴处上卦之初，犹大床“剥落”至于床面，此床将坏，故“凶”。

【译文】

六四，剥落大床已剥至床面，有凶险。

《象》曰：“剥床以肤”，切近灾也。

【译文】

《象传》说：“剥落大床已剥至床面”，说明六四迫近灾祸了。

六五，贯鱼以宫人宠，无不利①。

【注释】

①贯鱼以宫人宠，无不利：贯鱼，贯串一排鱼，喻后文“宫人”；宫人，喻六五以下群阴；宠，指“宫人”获宠于君王，句中省略的宾语“君王”当喻上九。这两句说明六五阴居尊位，当“剥”极将“复”之时，虽自身与四阴一样已“剥”成阴，但其志承阳，有“贯串”诸阴承应上九、欲转“剥”道之象，正如妃后引领一列宫女承宠君王，故虽处“剥”而“无不利”。

【译文】

六五，像贯串一排鱼一样引领众宫女承宠于君王，无所不利。

《象》曰：“以宫人宠”，终无尤也。

【译文】

《象传》说：“引领众宫女承宠于君王”，说明六五终究无所过失。

上九，硕果不食①，君子得舆，小人剥庐②。

【注释】

①硕果不食：硕，大也；不食，犹言“不曾摘食”。此句说明上九居《剥》之终，其德刚直，当诸爻俱“剥”成阴之时，独存阳实，故有“硕果”未被摘食之象。②君子得舆，小人剥庐：君子、小人，喻阳刚、阴柔；得舆，得乘大车，喻济世获“吉”；剥庐，剥落屋宇，喻害民致“凶”。这两句紧承前句，又从正反两面设喻，说明上九若以“君子”获此“硕果”则“吉”，若为“小人”窃此“硕果”则“凶”。

【译文】

上九，硕大的果实未被摘食，君子摘取将能驱车济世，小人摘取必致剥落万家。

《象》曰：“君子得舆”，民所载也；“小人剥庐”，终不可用也。

【译文】

《象传》说：“君子摘取硕果将能驱车济世”，说明百姓因此有所仰庇；“小人摘食硕果必致剥落万家”，说明小人终究不可任用。

【总论】

《剥》卦喻示事物发展过程中“阳”被“阴”剥落的情状；犹如描绘了一幅秋气萧瑟、万物零落的图景。全卦义旨，阐发善处“剥落”之道，揭明“剥”极必“复”、顺势止“剥”的哲理。卦辞谓“不利有攸往”,诫人此时必须谨慎居守,把握转“剥”复阳之机。六爻五阴居下、一阳处上,通过不同的喻象,指出事物被逐渐消剥的过程,以及处“剥”、转“剥”的规律。其中三阴爻以床体被浸蚀剥落设喻:初六剥及床足,六二剥及床头,尚未致危,均戒以守正防凶;六四剥至床面,此“床”行将败坏,故有凶险。余两阴爻虽也置身于“剥”,却皆能“舍阳”、“承刚”,孕育着复阳的期望,因此六三获“无咎”、六五“无不利”。至于上九,是极处卦终的唯一阳爻,代表事物“剥”而不尽、终将回复,其“硕果”独存、阳刚不灭的形象寓意深刻:一方面生动地表明自然界以及人类社会“生生不止”的客观规律;另一方面显示了只有象征“君子”的“阳刚”,才能使“硕果”萌发生机、转“剥”为“复”。《折中》引乔中和曰:“‘硕果不食’,核也,仁也,生生之根也。自古无不朽之株,有相传之果,此‘剥’之所以‘复’也。”

复卦第二十四

䷗ 复[①]：亨。出入无疾[②]，朋来无咎[③]；反复其道，七日来复[④]。利有攸往[⑤]。

【注释】

①复：卦名，下震（☳）上坤（☷），象征“回复”。 ②出入无疾：出，指阳气外长；入，指阳气内生；无疾，无害。 ③朋来无咎：朋，指阳。卦中一阳初动上复，群阴引以为朋，故曰“朋来”；阴阳交合，“复”道畅通，故“无咎”。 ④反复其道，七日来复：反复，指阳刚返转回复；道，规律；七日，借取日序周期“七”象征转机迅速，犹言过不了七日。这两句承“出入无疾，朋来无咎”之义，从“阳复”规律的角度，进一步申说阳刚“来复”之快。 ⑤利有攸往：此重申前文“复，亨”之旨，说明“回复”之时，阳刚气势发展顺畅无碍，故利有所往。

【译文】

《复》卦象征回复：亨通。阳气内生外长无所疾患，刚健友朋前来无所危害；返转回复沿着一定的规律，过不了七日必将转至回复之时。利于有所前往。

《彖》曰：“复，亨”，刚反[①]；动而以顺行[②]，是以“出入无疾，朋来无咎”。“反复其道，七日来复”，天行也[③]。“利有攸往”，刚长也[④]。复，其见天地之心乎[⑤]？

【注释】

①刚反：犹言“阳复”，指卦下一阳回复上升。 ②动而以顺行：动，谓下震；顺，谓上坤。此取上下象，说明时当“回复”，阳动而能顺行。这句与前句“刚反”，并释卦辞“亨”、“无疾”、“无咎”之义。 ③天行：此句释卦辞：“反复其道，七日来复”之义。 ④刚长：指卦中阳刚日益盛长，释卦辞“利有攸往”之义。 ⑤其见天地之心乎：天地之心，犹言“天地生物之心”。此句是针对《复》

卦大义发出的叹语。

【译文】

《彖传》说："回复，亨通"，说明阳刚更甦返回；阳动上复而能顺畅通行，所以"阳气内生外长无所疾患，刚健友朋前来必无害"。"返转回复沿着一定的规律，过不了七日必将转至回复之时"，这是大自然的运行法则。"利于有所前往"，说明阳刚日益盛长。回复的道理，大概体现着"天地"生育万物的用心吧？

《象》曰：雷在地中，复①；先王以至日闭关②，商旅不行，后不省方③。

【注释】

①雷在地中，复：释《复》卦下震为雷、上坤为地之象。　②至日闭关：至日，冬至；闭关，掩闭关阙。这是说明"先王"效法《复》象，于冬至阳气复生之际，休息静养，以利进一步发展。　③商旅不行，后不省方：后，泛指"君主"，与上文"王"同意；省方，即省视四方。这两句承上句义，再申天下静养以助微阳回复之理。

【译文】

《象传》说：震雷在地中微动，象征阳气"回复"；先代帝王因此在微阳初动的冬至闭关静养，商贾旅客不外出远行，君主也不省巡四方。

初九，不远复①，无祇悔，元吉②。

【注释】

①不远复：指初九以一阳居群阴之下，为"复"之始，最得"复"道，故有"不远"即"复"之象。　②无祇悔，元吉：祇，当为"祗"（音 zhǐ）之误，此处意为"灾患"。这两句极言初九"不远复"的好处；既可无灾无悔，又获至大吉祥。

【译文】

初九，起步不远就回复正道，必无灾患、悔恨，至为吉祥。

《象》曰："不远之复"，以修身也。

【译文】

《象传》说："起步不远就回复正道"，说明初九善于修美自身。

六二，休复，吉①。

【注释】

①休复,吉:休,美也。此谓六二当阳复之时,柔中居正,下比初阳,犹亲仁下贤,故以回复休美而获吉。

【译文】

六二,美好的回复,吉祥。

《象》曰:"休复之吉",以下仁也。

【译文】

《象传》说:"美好的回复,吉祥",说明六二能够俯就亲近仁人。

六三,频复①,厉无咎②。

【注释】

①频复:频,犹言"颦蹙",皱眉之状。 ②厉无咎:犹言"虽危无咎",与《乾》九三义略同(见该爻译注);此诫六三处位多危厉,但能审慎力行"复"道,则无咎害。

【译文】

六三,愁眉苦脸而勉强回复,虽有危险却无咎害。

《象》曰:"频复之厉",义无咎也①。

【注释】

①义无咎:义,犹言"复善之义"。

【译文】

《象传》说:"愁眉苦脸勉强回复的危险",从六三努力复善的意义看是无咎害的。

六四,中行独复①。

【注释】

①中行独复:中行,指六四处五阴之中,其位得正,犹"居中行正";独,犹言"专",指群阴唯六四应初,其情弥专,故有"独复"之象。

【译文】

六四,居中行正,专心回复。

《象》曰:"中行独复",以从道也。

【译文】

《象传》说:"居中行正,专心回复",说明六四遵从正道。

六五,敦复,无悔①。

【注释】

①敦复,无悔:敦,敦厚。此谓六五柔居尊位,持中不偏,有敦厚自察、笃诚向善之象;故虽失位无应,也能"敦复"免"悔"。

【译文】

六五,敦厚笃诚地回复,无所悔恨。

《象》曰:"敦复无悔",中以自考也①。

【注释】

①自考:犹言自我反省考察、成就复善之道。

【译文】

《象传》说:"敦厚笃诚地回复,无所悔恨",说明六五居中不偏并能自察成就复善之道。

上六,迷复,凶,有灾眚①。用行师,终有大败;以其国,君凶②:至于十年不克征③。

【注释】

①迷复,凶,有灾眚:迷复,犹言"迷而不复";灾眚,《释文》引郑玄曰:"异自内生曰'眚',自外曰'祥',害物曰'灾'",《程传》承此曰:"灾,天灾,自外来:眚,己过,由自作"。这三句说明上六阴居卦极,不应初阳,上无所承,为迷不知复之象,故谓"凶,有灾眚"。 ②用行师,终有大败;以其国,君凶:用,谓"施用";以,与"用"同义互文,《王注》训"用"。这四句承前文义,说明上六既迷不知复,若用为行师、治国,必将败绩、害君。 ③至于十年不克征:十年,犹言"终久";征,前行,含"振兴发展"之义。此句总结前文,极言若任用上六必带来深重危害。

【译文】

上六,迷入歧途不知回复,有凶险,有灾殃祸患。要是用于带兵作战,终将惨遭败绩;用于治国理政,必致国乱君凶:直到十年之久也不能振兴发展。

《象》曰："迷复之凶"，反君道也①。

【注释】

①反君道：反，违背。阴为臣，阳为君；上六迷失，不知复阳，故曰"反君道"。

【译文】

《象传》说："迷入歧途不知回复，有凶险"，是由于上六与君主阳刚之道背道而驰。

【总论】

《复》卦喻示事物正气回复、生机更发的情状；犹如描绘了一幅大地微阳初动，春天即将到来的图景。全卦意旨主于：生命剥落不尽，一阳终将来复，揭示"正道"复兴是不可抗拒的自然规律。卦辞极力称述阳刚"回复"之际顺畅无碍，疾速利物，表明"复"必致"亨"的道理。卦中六爻，初九为全卦"回复"的根本，是"仁"与"善"的喻象；《彖传》所谓"天地"生育万物之"心"，即系此一阳。因此，五阴凡与初阳相得者均获"复善"之吉：六二比初，有"下仁"的美称；六四应初，有"从道"的佳誉。余三阴与初九未曾相得，但六三处阳位，能勉力"复善"获"无咎"；六五居尊位，能敦厚"复善"获"无悔"；唯上六与初阳背道而驰，迷不知复，终致灾凶。可见，《复》卦是借阳刚喻"美善"，其象征意义以"复善趋仁"为归。陈梦雷指出："天地之一阳初动，犹人善念之萌，圣人所最重。"（《周易浅述》）即属此意。孔子称颜回"有不善未尝不知，知之未尝复行"（《系辞下传》引）；屈原曰"回朕车以复路兮，及行迷之未远"（《离骚》）：显然都是本卦所盛赞的"复善"美德的具体体现。

无妄卦第二十五

䷘ 无妄①:元亨,利贞②;其匪正有眚,不利有攸往③。

【注释】

①无妄:卦名,下震(☳)上乾(☰),象征"不妄为"。 ②元亨,利贞:此谓物皆"不妄为"之时,至为亨通、利于守正。 ③其匪正有眚,不利有攸往:匪,通"非";眚,祸患。这两句从反面设诫,说明当"无妄"之时,不行正道者必有祸患,不利有所往。

【译文】

《无妄》卦象征不妄为:至为亨通,利于守持正固;背离正道的人必有祸患,不利于有所前往。

《彖》曰:无妄,刚自外来而为主于内,动而健①,刚中而应②;大亨以正,天之命也③。其匪正有眚,不利有攸往;无妄之往,何之矣?天命不祐,行矣哉④!

【注释】

①刚自外来而为主于内,动而健:外、健,指乾居外卦;内、动,指震居内卦。这两句举上下卦象,说明阳刚自外来内为主,内外二体既能震动、又秉刚健,故物皆不敢妄为。 ②刚中而应:指九五阳刚居中而下应六二。此句又以二、五爻象释"无妄"之义。 ③大亨以正,天之命也:命,犹言"教命"。这两句承前文之义,释卦辞"元亨,利贞";说明"无妄"之时可致亨通,必须守正,是"天"之"命",不可违抗。 ④天命不祐,行矣哉:行矣哉,犹言"竟敢如此妄行",含谴责之意。这两句合前文"无妄之往,何之矣",释卦辞"其匪正有眚,不利有攸往";说明远背正道者不得妄行。

【译文】

《彖传》说:不妄为,譬如阳刚者从外部前来而成为内部的主宰,威势震动而又禀性健强，刚正居中而又应合于下；此时大为亨通、万物守持正固，这是“天”的教命所致。背离正道的人必有祸患，不利于有所前往；在万物不妄为的时候背离正道而前往，哪里有路可走呢？“天”的教命不给予祐助，怎敢这样妄行啊！

《象》曰：天下雷行，物与无妄①；先王以茂对时育万物②。

【注释】

①天下雷行，物与无妄：与，语气词，此处含有“皆”之意。这两句释《无妄》上乾为天、下震为雷之象；说明雷威奋动，万物不敢妄为。　②先王以茂对时育万物：茂，盛也，此处指“天雷震奋”似的“强盛威势”；对，配合，“对时”。此句说明“先王”效法《无妄》卦象“天下雷行”的强盛威势用以配合天时、养育万物，使之各不妄为。

【译文】

《象传》说：天下雷声震行，象征万物敬畏都“不妄为”；先代君王因此用天雷般的强盛威势来配合天时、养育万物。

初九，无妄，往吉①。

【注释】

①往吉：指初九以阳居“无妄”之初，处阴柔之下，有谦恭不妄为之象，故“往”必获“吉”。

【译文】

初九，不妄为，前往必获吉祥。

《象》曰：“无妄之往”，得志也。

【译文】

《象传》说：“不妄为而前往”，是说必然得遂进取的意愿。

六二，不耕获，不菑畬①，则利有攸往。

【注释】

①不耕获，不菑畬：菑，音 zī，指初垦的瘠田，此处用如动词，犹言“开垦”，与前句“耕”互文；畬，音 yú，指耕作多年的良田。这两句“不耕”、“不菑”均为诫辞，意犹“不妄耕”“不妄菑”，说明六二当“无妄”之时，柔正居中，上应九五，不敢妄为而安守“臣道”，故以不妄耕求“获”、不妄垦求“畬”为喻，谓如此“则利有攸往”。

【译文】

六二，不事耕耘、不图收获，不务开垦、不谋良田，这样就利于有所前往。

《象》曰："不耕获"，未富也。

【译文】

《象传》说："不事耕耘、不图收获"，说明六二未曾谋求富贵。

六三，无妄之灾①：或系之牛，行人之得，邑人之灾。

【注释】

①无妄之灾：此谓六三阴居下卦之终，失正躁动，虽不妄为，也可能引来无故灾殃。下文三句正是以路人顺手牵牛，邑人横遭飞祸为譬喻，说明"无妄之灾"的情状。

【译文】

六三，不妄为却也招致灾殃：譬如有人系拴着一只耕牛，路人牵走攫为己有，邑中人家将遭受诘捕的飞灾。

《象》曰：行人得牛，邑人灾也。

【译文】

《象传》说：路人顺手牵走获得耕牛，说明邑中人家自然将遭受到被诘捕的飞灾。

九四，可贞，无咎①。

【注释】

①可贞，无咎：此谓九四居"近君"危地，下无应与，本有咎害；但阳处阴位，比近九五，犹能谦己奉"君"，守正"不妄"，遂获"无咎"。

【译文】

九四，能够守持正固，于是必无咎害。

《象》曰：可贞无咎，固有之也。

【译文】

《象传》说：能够守持正固于是必无咎害，说明九四要牢固守正才能长保无害。

九五,无妄之疾,勿药有喜[①]。

【注释】

①无妄之疾,勿药有喜:这是借小病不治自愈作譬喻,说明九五当“无妄”之时,阳刚中正,居尊善治,其下均不敢妄为;纵使偶遇小灾亦非生于“妄”,故可不治以听其自消。

【译文】

九五,不妄为却偶染微疾,无须用药而将有自愈的欢欣。

《象》曰:“无妄之药”,不可试也[①]。

【注释】

①不可试:即不可以药试。

【译文】

《象传》说:九五“不妄为而染疾却不须服用药物”,是因为不能胡乱试用。

上九,无妄,行有眚,无攸利[①]。

【注释】

①行有眚,无攸利:此谓上九处“无妄”之极,时穷难行,动则遭灾;故爻辞深戒曰:虽不妄为,也不可“行”,行必“有眚”、“无攸利”。

【译文】

上九,虽然不妄为,但时穷而行必遭祸患,无所利益。

《象》曰:无妄之行,穷之灾也。

【译文】

《象传》说:上九“虽不妄为,但若有所行”,将由于时穷难通而要遭灾殃。

【总论】

《无妄》卦大义,主于处事“不妄为”。卦辞从正反面揭示其旨:先称万物“无妄”之时必然至为亨通,利于守正;再戒违背正道者此时将遭祸患,动辄失利。六爻情状,皆呈“不妄为”之象,但吉凶利咎却各不相同:初九起步不妄,往无不吉;六二不贪不妄,安顺获利;六三无所妄为,却飞来横灾;九四以刚守谦,不妄则无害;九五无妄得疾,不治自愈;上九不妄自守,欲行却有祸。人们要问:既然六爻未尝有一爻“妄为”,为何利弊如此悬殊呢?胡炳文曰:“善学《易》者在识‘时’。初曰‘吉’，二曰‘利’，时也；三曰‘灾’，五曰‘疾’，上曰‘眚’，非有妄以致之也，亦时也。初与二皆可往，时当动而动；四‘可贞’，五‘勿药’，上‘行有眚’，时当静而静。”（《周易本义通释》）可见，本卦认为：若欲长保“无妄”，避害就利，凡事动静行止，不能不审时度势。当然，“识时”必须建立在“守正”的基础上；一旦“失正”，则无利可言：此卦辞所明“匪正有眚”之义。朱熹指出：“《无妄》一卦，虽云祸福之来也无常，然自家所守者，不可不利于‘正’。”（《朱子语类》）至于“正”的概念，就古代伦理思想的范畴领会，莫过于遵循“礼”教。孔子曰：“非礼勿视，非礼勿听，非礼勿言，非礼勿动。”（《论语·颜渊》）实与《无妄》卦旨颇可相通。

大畜卦第二十六

☶ 大畜[①]:利贞[②];不家食吉[③];利涉大川[④]。

【注释】

①大畜:卦名,下乾(☰)上艮(☶),象征"大为畜聚"。 ②利贞:谓"大畜"之时,利于以"正"畜物,所畜者亦当"正",故曰"利贞"。 ③不家食吉:家,用如状语;"不家食"谓不使贤人在家自食,即广聚于朝廷。此句取养贤为喻,说明"大"者必须"畜"贤,再发前文"大畜,利贞"之义。 ④利涉大川:此谓"大畜"之时若能守正畜贤,必利于涉难。

【译文】

《大畜》卦象征大为畜聚:利于守持正固;不(使贤人)在家中自食可获吉祥;利于涉越大河巨流。

《彖》曰:大畜,刚健笃实,辉光日新其德[①];刚上而尚贤[②],能止健,大正也[③]。"不家食吉",养贤也[④]。"利涉大川",应乎天也[⑤]。

【注释】

①刚健笃实,辉光日新其德:刚健,指下乾刚劲健强;笃实,指上艮静止充实。此举上下卦象,说明"大畜"之时,畜物者"刚健笃实",所畜者"光辉美德":极称卦义之佳。 ②刚上而尚贤:刚,指上九,喻在上能礼贤于下;尚,崇尚。此以上九爻象,说明《大畜》卦有"畜贤"之义。 ③能止健,大正也:止,抑止,谓上艮为"止",此处有"规正"意;健,指下乾;大正,犹言至大的正道。这两句又取上下卦象,说明"大畜"之时能规正健强者,体现着"至大正道"。其义承前三句,并释卦名"大畜"及卦辞"利贞"。 ④养贤:此释卦辞"不家食吉"。 ⑤应乎天:此释卦辞"利涉大川"。

【译文】

《彖传》说:大为畜聚,犹如刚健笃实者畜聚不已,乃至光辉焕发、日日增新他的美德；又如阳刚者居上而崇尚贤人，能够规正健强者，这是极大的正道。“不（使贤人）在家中自食可获吉祥”，说明要畜养贤人。“利于涉越大河巨流”，说明行动应合“天”的规律。

《象》曰：天在山中，大畜[1]；君子以多识前言往行，以畜其德[2]。

【注释】

①天在山中，大畜：释《大畜》卦下乾为天、上艮为山之象。 ②多识前言往行，以畜其德：识，音 zhì，即“记”；前言往行，指前代圣贤的言行。这两句说明“君子”效法《大畜》卦象，多记“前言往行”以畜美德。

【译文】

《象传》说：天包含在山中，象征“大为畜聚”；君子因此多方记取前贤的言论、往圣的事迹，用来畜聚美好品德。

初九，有厉，利已[1]。

【注释】

①有厉，利已：厉，危也；已，停止。此谓初九处“大畜”之时，阳德卑微，为六四所“畜止”、规正；此时若急于求进则“危”，若暂停不进、自畜己德则“利”。

【译文】

初九，有危险，利于暂停不进。

《象》曰：“有厉利已”，不犯灾也。

【译文】

《象传》说：“有危险，利于暂停不进”，是说不可冒着灾患前行。

九二，舆说輹[1]。

【注释】

①舆说輹：说，通“脱”，此处犹言“脱卸”；輹，音 fù，指车箱下钩住大车轮轴的木制器件，亦称“伏兔”。

【译文】

九二，大车脱卸轮輹不前行。

《象》曰：“舆说輹”，中无尤也。

【译文】

《象传》说："大车脱卸轮輹不前行"，说明九二居中不躁进所以不会犯过错。

九三，良马逐，利艰贞[①]；曰闲舆卫，利有攸往[②]。

【注释】

①良马逐，利艰贞：此以"良马奔逐"比喻九三"畜德"既充、强健至盛，又与上九阳刚"合志"，故可施展才用；但因三位"多惧"，恐其刚亢过甚、冒进有失，故又诫以"利艰贞"。　②曰闲舆卫，利有攸往：曰，语气词；闲，犹言"熟练"，此处用如动词；舆卫，指车马防卫之技，这两句紧承前文之义，说明九三不可自恃其刚、忘乎艰难，应当不断练习"舆卫"之技，自"畜"不已，则"利有攸往"。

【译文】

九三，良马在奔逐，利于牢记艰难、守持正固；不断熟练车马防卫的技能，利于有所前往。

《象》曰：利有攸往，上合志也。

【译文】

《象传》说："利于有所前往"，说明九三与上九意志相合。

六四，童牛之牿，元吉[①]。

【注释】

①童牛之牿，元吉：童牛，《释文》"无角牛也"，犹言"小牛"，喻初九；牿，音gù，即"木牿"，喻六四。这两句设喻为譬：在无角"童牛"头上加"牿"，犹如六四在初六过恶未萌之初先施"畜止"，妥为"规正"；此即《象传》"能止健"之义，故获"元吉"。

【译文】

六四，束缚在无角小牛头上的木牿，至为吉祥。

《象》曰：六四"元吉"，有喜也。

【译文】

《象传》说：六四"至为吉祥"，说明"止健"有方，值得欣喜。

六五，豶豕之牙，吉[①]。

【注释】

①豮豕之牙，吉：豮，音 fén，《释文》引刘表曰："豕去势曰豮"；豕，音 shǐ，即猪。这两句也是譬喻：猪被阉割，凶性已除，其"牙"则未足惧；犹如九二脱卸"车輹"，停止不前。故"豮豕之牙"即喻九二；六五居尊"畜"二，自能使其接受"规正"，遂获"吉"。此亦《彖传》"能止健"之义。

【译文】

六五，制约阉割过的猪的尖牙，吉祥。

《象》曰：六五之吉，有庆也。

【译文】

《象传》说：六五的"吉祥"，说明"止健"得法，值得庆贺。

上九，何天之衢，亨①。

【注释】

①何天之衢，亨：何，此当为感叹辞，含"何其通达"之意；衢，音 qú，即四面畅通的大路。这两句说明上九阳处《大畜》上艮之终，为"止健"至极、"畜德"至盛之象，犹《大象传》所谓"多识前言往行"的"君子"；故其时大通，如置身于四面畅达的"天衢"，所向必"亨"。

【译文】

上九，何等畅达的天上大路，亨通。

《象》曰："何天之衢"，道大行也。

【译文】

《象传》说："何等畅达的天上大路"，说明上九"畜德"之道大为通行。

【总论】

《大畜》卦所谓"大为畜聚"，表明事物发展过程中，必须竭力畜聚刚健正气的道理。用经传中拟取的"人事"为喻，犹如"君子"广畜"美德"，"君王"遍聚"贤者"。于是卦辞强调"守正"、"养贤"，指出"畜聚阳刚正德"是"大畜"的关键所在。全卦六爻可分三层辨析：初、二为阳刚被"畜"之象，必须先能"自畜其德"，不宜躁进，故初知危不前则"利"，二"大车"不行"无尤"；四、五为尊者"畜"下之象，必须规正制约"健"者，使所畜尽善尽美，故四束缚初之"童牛"获"元吉"，五制约二之“豕牙”得吉祥；至于上下卦终极两爻，并为“畜德”至盛之象，不存“畜”与“被畜”的关系，故三如“良马”奔逐、利有所往，上如置身“天衢”、畅达亨通。可见，本卦爻义，初、二、四、五爻揭示善处“大畜”之道，三、上两爻展现“大畜”的美盛结果。胡炳文曰：“他卦取阴阳相应，此取相畜。内卦受畜，以‘自止’为义；外卦能畜，以‘止之’为义。独三与上居内外卦之极，畜极而通，不取止义。”(《周易本义通释》)然而，三虽“畜极”，尚须不忘“艰贞”才能长保美德；上九则是“大畜”最为完美的象征，其深意既包含“自身道德盛美”，更体现“天下贤路大开”，即游酢所谓“‘畜’道之成，贤路自我而四达矣”(《折中》引)。显然，此爻的象征本质，已经把“畜德”的功用，充分反映在“畜贤”、“养贤”的意义上，与《彖传》“刚上而尚贤”正相吻合。这一点，似乎又流露着《周易》作者“授贤与能”的思想。韩愈《元和圣德诗》谓“天锡皇帝，为天下主，并包畜养，无异细巨”，实道出对统治阶级“畜养贤者”的期望，与《大畜》喻旨亦应有合。

颐卦第二十七

䷚ 颐[①]:贞吉[②];观颐,自求口实[③]。

【注释】

①颐:卦名,下震(☳)上艮(☶),象征"颐养"。 ②贞吉:谓"颐养"之道,守正则吉。此即《彖传》所释"养正则吉"之义。 ③观颐,自求口实:口实,谓口腹所需的食物。这两句再申前文"贞吉"辞义,说明观物颐养之象,当知以正道自求口中食物。

【译文】

《颐》卦象征颐养:守持正固可获吉祥;观察事物的颐养现象,应当明白用正道自求口中食物。

《彖》曰:颐,贞吉,养正则吉也[①]。观颐,观其所养也[②];自求口实,观其自养也。天地养万物,圣人养贤以及万民:颐之时大矣哉[③]!

【注释】

①养正则吉也:此释卦名及卦辞"颐,贞吉"。 ②观其所养也:此句与下文"观其自养也",并释卦辞"观颐,自求口实";说明"观颐"即观察事物获养的客观条件,"自求口实"是观察领会事物自养的主观方法。 ③颐之时大矣哉:此句上承前两句,援举"天地"、"圣人"养育万物、贤者、百姓为例,盛赞"颐养"之时的宏大功效。

【译文】

《彖传》说:颐养,守持正固可获吉祥,说明用正道养身才能导致吉祥。观察事物的颐养现象,是观察获得养育的客观条件;应当明白用正道自求口中食物,是观察领会自我养育的正确方法。天地养育万物,圣人养育贤者并养及万民:"颐养"之时的功效多么宏大啊!

《象》曰:山下有雷,颐[1];君子以慎言语,节饮食[2]。

【注释】

①山下有雷,颐:释《颐》卦上艮为山,下震为雷之象。　②慎言语,节饮食:这是说明“君子”效法《颐》卦“养正”之道,“慎言”养德、“节食”养身。

【译文】

《象传》说:山下响动着震雷(下动上止、如口嚼食),象征“颐养”;君子因此慎发言语以养德,节制饮食以养身。

初九,舍尔灵龟,观我朵颐,凶[1]。

【注释】

①舍尔灵龟,观我朵颐,凶:尔,指初九;灵龟,喻阳刚美质;我,指六四;朵;颐,口腮。这三句说明当“颐养”之时,初九上应六四,犹如以阳刚之实求养于阴虚,养身不得其道;故爻辞借六四的口吻责之曰:岂能舍弃你的灵龟,而观我垂腮食物?贪欲如是,必致凶险。

【译文】

初九,舍弃你灵龟般的美质,而观看我垂腮进食,有凶险。

《象》曰:“观我朵颐”,亦不足贵也。

【译文】

《象传》说:“观看我垂腮进食”,说明初九的求养行为不值得尊重。

六二,颠颐[1];拂经,于丘颐,征凶[2]。

【注释】

①颠颐:颠,倒也。此谓二无应于五,反向下求养于初,有失“颐”道,故为“颠颐”之象。　②拂经,于丘颐,征凶:拂,违也;经,犹言“常理”;丘,喻上九。这三句承前句义,谓六二不能以柔顺中正自养,既“颠颐”求初,又违背“奉上”的常理,向上九索取颐养;以此往前必凶。

【译文】

六二,既颠倒向下求获颐养,又违背常理,向高丘上的尊者索取颐养,往前进发必有凶险。

《象》曰:六二“征凶”,行失类也[1]。

【注释】

①行失类：指六二若上行，所遇均阴，同性非“类”，故有“凶”。

【译文】

《象传》说：六二“往前进发必有凶险”，说明前行得不到朋类。

六三，拂颐[①]；贞凶，十年勿用，无攸利[②]。

【注释】

①拂颐：此谓六三当“颐”之时，阴居阳位，违中失正，恃其有应于上九而求养不已，故为大悖“颐”道之象。　②贞凶，十年勿用，无攸利：贞凶，犹言“守正防凶”。此承前文意，说明六三既“颐养”失正，当疾速改邪趋正，谨守防凶；并谓“十年”之久不可施用，若施用，必无所利。爻旨含警戒规劝之义。

【译文】

六三，违背“颐养”常理；守持正固以防凶险，十年之久不可施展才用，要是施用必将无所利益。

《象》曰：“十年勿用”，道大悖也。

【译文】

《象传》说：“十年之久不可施展才用”，说明六三与“颐养”正道大相违逆。

六四，颠颐，吉[①]；虎视眈眈，其欲逐逐，无咎[②]。

【注释】

①颠颐，吉：此谓六四阴居上卦，得正应初，犹如上者向下求养，再用以养下，故虽“颠颐”却能获“吉”。　②虎视眈眈，其欲逐逐，无咎：眈眈，专一注视之状；逐逐，犹言“连接不绝”。这三句以“虎视眈眈”喻四求初专诚不二；以“其欲逐逐”喻所需求连继不绝；又以“无咎”说明“养正”之时，求之有道必无害。

【译文】

六四，颠倒向下求获颐养（再用来养人），吉祥；就像老虎眈眈注视，迫切求物接连不绝，必无咎害。

《象》曰：颠颐之吉，上施光也。

【译文】

《象传》说：“颠倒向下求获颐养（再用来养人），吉祥”，说明六四居上而能下施光明美德。

六五，拂经①；居贞吉，不可涉大川②。

【注释】

①拂经：此谓六五处《颐》“君位”，失正无应，阴柔无实，唯承上九阳刚，犹如不能养人、反赖上者养己以兼养天下，有背君主“养贤以及万民”的常理，故曰“拂经”。　②居贞吉，不可涉大川：此承前句义，说明六五既失正不刚，宜趋正以居，从阳补阴，不可率意犯难涉险。

【译文】

六五（譬如“君主”依赖上者养己以养天下），违背常理；静居守持正固可获吉祥，不可涉越大河巨流。

《象》曰：“居贞之吉”，顺以从上也。

【译文】

《象传》说：“静居守持正固可获吉祥”，说明六五应当顺从依赖上九阳刚贤者。

上九，由颐；厉吉，利涉大川①。

【注释】

①由颐；厉吉，利涉大川：由颐，由之以颐，其构词法与《豫》九四“由豫”同，此处犹言“天下赖以获养”。这三句说明上九最处《颐》极，阳刚充沛，有臣贤于君、君赖之以养天下之象；担此重任，知危能慎则吉，排难涉险必利。

【译文】

上九，天下依赖他获得颐养；知危能慎可获吉祥，利于涉越大河巨流。

《象》曰：“由颐厉吉”，大有庆也。

【译文】

《象传》说：“天下依赖他获得颐养，知危能慎可获吉祥”，说明上九大有福庆。

【总论】

《汉书·食货志下》有这样一段话：“酒者，天之美禄，帝王所以颐养天下，享祀祈福，扶衰养疾。”诚然，佳酿美酒可以颐养人体，但若狂饮无度，必成为伤身损德的媒介。同理,《颐》卦虽发“颐养”之义,卦辞开句便诫:守正则吉。卦中所揭明的“养正”意义,基本宗旨体现在两端:“自养”之道,当本于德,不可弃德求欲;“养人”之道,当出于公,必须养德及物。六爻的喻旨,下三爻皆“自养”不得其道,因此初“凶”、二“征凶”、三“无攸利”;上三爻皆努力“养人”,故四“吉”、五“居贞吉”、上“吉”且“利”。《折中》引吴曰慎曰:“初九、六二、六三,皆自养口体,私而小者也;六四、六五、上九,皆养其德以养人,公而大者也。公而大者吉,得‘颐’之正也;私而小者凶,失‘颐’之贞也。可不‘观颐’而自求其正耶?”可见,六爻大义是集中赞美“养人”、“养贤”、“养天下”的“颐养”盛德。若回头就卦辞“自求口实”看,则卦中尽管强调“养德”,其立足点仍未尝偏离物质基础。据此辨析《颐》卦“养天下”的义理,似与《孟子》提倡的“民本”思想以及《管子》所发“王者以民为天,民以食为天”的言论略可勾联;此中自然也看出《周易》作者的进步观念。

大过卦第二十八

䷛ 大过[1]：栋桡[2]；利有攸往，亨[3]。

【注释】

①大过：卦名，下巽（☴）上兑（☱），象征“大为过甚”。 ②栋桡：栋，梁，屋脊的主要部分；桡，音 náo，通“挠”。此以栋梁两端柔弱不胜重压，以至曲折弯挠，喻示事物刚大者片面过甚、柔小者不胜其势的反常状态；卦中四阳过强、二阴虚弱，正呈此象。 ③利有攸往，亨：此谓“大过”之时，物既反常，则亟待整治；卦中二、五爻阳刚得中，上下卦又有驯顺、和悦以治“大过”之象，故利往、得亨。

【译文】

《大过》卦象征大为过甚：栋梁曲折弯挠；利于有所前往，亨通。

《彖》曰：“大过”，大者过也[1]；“栋桡”，本末弱也[2]。刚过而中，巽而说行[3]，利有攸往，乃亨。“大过”之时大矣哉[4]！

【注释】

①大者过：此释卦名“大过”，谓卦中阳爻超过阴爻，喻事物刚大因素过盛。 ②本末弱：本末，首尾两端，指卦中初、上两爻。此句承前文“大者过也”之义，释卦辞“栋桡”；谓“栋”之所以“桡”，是由于两端柔弱、不如中体刚强，故难胜重压、导致下挠曲折。卦中初、上阴爻，正是“本末弱”之象。 ③刚过而中，巽而说行：刚、中，指二、五两爻阳刚居中；巽，下卦巽含“驯顺”义；说，即“悦”，上卦兑为“悦”。这两句举二、五爻象及上下卦象释卦辞“利有攸往，亨”；说明阳刚能居中调济，沿顺、悦之道而行，则利于整治“大过”，往必有亨。 ④“大过”之时大矣哉：此谓“大过”之时事物反常，亟待整治，“君子”正可施用，故称“时大”。

【译文】

《彖传》说：“大为过甚”，指刚大者过甚；“栋梁曲折弯挠”，说明首尾两端柔弱。阳刚过甚时能够适中调济，驯顺、和悦地施行整治，因此利于有所前往，可获亨通。"大过"之时的功效多么宏大啊!

《象》曰:泽灭木,大过[1];君子以独立不惧,遁世无闷[2]。

【注释】

①泽灭木,大过:释《大过》卦上兑为泽、下巽为木之象。 ②独立不惧,遁世无闷:此谓"君子"观卦象,悟知当以"大过人"之举处"大过"之时,故能"独立不惧,遁世无闷"。

【译文】

《象传》说:大泽淹没树木,象征"大为过甚";君子因此(处身"大过"之时)能够独自屹立,毫不畏惧;毅然逃世,无所苦闷。

初六,藉用白茅,无咎[1]。

【注释】

①藉用白茅,无咎:藉,音 jiè,衬垫,《释文》引马融曰:"在下曰藉",即用物垫于下以承物;白茅,洁白的茅草。这两句说明初六当"大过"之时,一阴在下,应当极为敬慎承事上之阳刚,才能免"咎";故爻辞拟白茅衬地承物以奉上为喻。

【译文】

初六,用洁白的茅草衬垫承放(奉献尊者的物品),免遭咎害。

《象》曰:藉用白茅,柔在下也。

【译文】

《象传》说:"用洁白的茅草衬垫承放(奉献尊者的物品)",说明初六柔顺居下、行为敬慎。

九二,枯杨生稊,老夫得其女妻[1];无不利。

【注释】

①枯杨生稊,老夫得其女妻:稊,音 tí,通"荑",树木新生的芽、枝。本爻拟象十分生动:以枯杨生出新枝、老汉娶得幼妻,比喻九二以"过甚"之阳得处中位,下比初六柔弱之阴,遂能刚柔相济,各自获益;以此处"大过",则无所不利。

【译文】

九二,枯槁的杨树生出嫩芽新枝,龙钟老汉娶了个年少娇妻;无所不利。

《象》曰:"老夫女妻",过以相与也。

【译文】

《象传》说:"龙钟老汉娶了个年少幼妻",说明九二阳刚过甚,但能和初六阴柔相互亲与。

九三,栋桡,凶[1]。

【注释】

①栋桡,凶:此谓九三当"大过"之时,阳居下卦之极,刚亢过甚;又应于上六,刚势益烈:正如栋之中体愈刚、本末愈弱,故有"栋桡"之象。爻义与卦辞合,言如此处"大过","栋"必挠曲、凶险将至。

【译文】

九三,栋梁曲折弯挠,有凶险。

《象》曰:"栋桡之凶",不可以有辅也[1]。

【注释】

①不可以有辅也:辅,助也。此句说明九三不可应上;若得应于上六,刚势获助益烈,则"栋桡"益甚。

【译文】

《象传》说:"栋梁曲折弯挠而有凶险",说明九三的刚势不能再加以辅助。

九四,栋隆,吉[1];有它,吝[2]。

【注释】

①栋隆,吉:隆,隆起,即下"挠"之势平复。此谓九四处《大过》上卦之始,阳居阴位,犹自损过刚之质,以救"本末"之"挠",使"栋"体隆起平复,故获吉祥。②有它,吝:有它,有应于它方,此处指应初。这两句因九四与初有应,特设诫辞,谓四既已损刚使"栋隆",若再趋下应初、则将过柔,反不能救"挠",而致有"吝"。

【译文】

九四,栋梁隆起平复,吉祥;要是有应于下方,必生憾惜。

《象》曰:"栋隆之吉",不桡乎下也。

【译文】

《象传》说:"栋梁隆起平复,吉祥",说明九四使栋梁不再往下曲折弯挠。

九五,枯杨生华,老妇得其士夫[①];无咎无誉[②]。

【注释】

①枯杨生华,老妇得其士夫:这两句拟象与九二相对,也十分生动;以枯杨生出新花,老妇配得壮夫,比喻九五刚健之阳(犹"士夫")亲比上六衰极之阴(犹"老妇"),两者勉力调济、阴阳和合,故有"生华"之象。 ②无咎无誉:此谓九五勉力拯救"本末弱"的反常局面,虽"老妇"也与相配,以期刚柔调济,不失"大过人"之举,故"无咎";但极强配极弱,终难善成其功,且有对偶不适之憾,故"无誉"。

【译文】

九五,枯槁的杨树开出新花,龙钟老太配了个强壮丈夫;不遭咎害、也无所佳誉。

《象》曰:"枯杨生华",何可久也?"老妇士夫",亦可丑也。

【译文】

《象传》说:"枯槁的杨树开出新花",生机怎能长久呢?"龙钟老太配了个强壮丈夫",这样的情状也太可羞丑。

上六,过涉灭顶,凶,无咎[①]。

【注释】

①过涉灭顶,凶,无咎:这是以涉水淹溺、遭灭顶之灾,喻上六极阴处《大过》之终,虽下比九五阳刚,竭力取阳济阴,但因才力过弱,终究难免"亡身";然视其"独立不惧"的救时毅力,结局虽"凶",而"杀身成仁"之义则"无咎"。

【译文】

上六,涉水过深以至淹没头顶;有凶险,但无所咎害。

《象》曰:"过涉之凶",不可咎也。

【译文】

《象传》说:"涉水过深以至淹没头顶有凶险",说明上六救时亡身、不可视为有咎害。

【总论】

自然界及人类社会中,事物的发展有时将导致阳刚过甚、阴柔极弱,或主体因素过甚、附属因素极弱等情形;于是"生态"失调,物象反常。这就是《大过》卦所揭示的“大为过甚”的事状。卦辞先取“栋梁”曲折下挠为喻，表明“阳刚”者“大过”、“阴柔”者不胜其势的景况；再指出此时亟待“大过人”之举奋力拯治，则可以调济阴阳，走向“亨通”。卦中六爻分别说明善处“大过”的道理，其义主于：上下两阴须取刚济柔，中间四阳须取柔济刚；如此互济，才能救“大过”之弊，成调和之功。但诸爻处时各异，遂致吉凶有别：初、二相比，善于互调刚柔，故初“无咎”、二“无不利”；五、上也相比，但阴阳悬殊太甚，虽竭力调济，终难完满成功，故五“无咎无誉”、上“凶，无咎”；唯三、四两阳最远两阴，必当自损阳刚、静居顺调，而三违逆此道致“凶”，四遵循此道获“吉”。可见，拯治“大过”的根本原则是“刚柔相济”、力求平衡。当然，拯治过程中，“大过人”的举动又是至为关键的；卦中所取“枯杨”生芽、开花，“老夫”、“老妇”得配“女妻”、“壮夫”等象，即含“非同寻常”之义。最使后人警醒的，莫过于上六涉水“灭顶”所寓含的“杀身成仁”以救“大过”之旨。《大象传》称“独立不惧”，《论语·季氏》曰“危而不持，颠而不扶，将焉用彼相矣”，并可启发此爻的意蕴。

坎卦第二十九

䷜ 习坎①:有孚,维心亨②;行有尚③。

【注释】

①习坎:习,重叠,《集解》引陆绩曰:"重也";坎,卦名,下卦上卦均坎(☵),象征"险陷"。　②有孚,维心亨:孚,信也;维,语气助词。此谓处险之时,常存孚信,其心亨通,则可以排险涉难;卦中二、五两爻阳刚居中,正含此象。　③行有尚:此句承前两句义,说明此时"有孚"、"心亨",则行险可以有功,必获嘉尚。

【译文】

《坎》卦象征重重险陷:只要胸怀信实,就能使内心亨通,努力前行必被崇尚。

《彖》曰:"习坎",重险也,水流而不盈①。行险而不失其信②,维心亨,乃以刚中也③;"行有尚",往有功也④。天险不可升也,地险山川丘陵也,王公设险以守其国:险之时用大矣哉⑤!

【注释】

①重险也,水流而不盈:此谓上下坎两"险"相重,若水流陷穴、不能盈满,以释"习坎"之义。　②行险而不失其信:指二、五阳刚居中,为行险不失信之象。③刚中:亦指九二、九五阳刚居上下坎之中,此与前文"行险而不失其信"并释卦辞"有孚,维心亨"。　④往有功:此释卦辞"行有尚"。　⑤险之时用大矣哉:此句总结前三句所举"天险"、"地险"、"王公设险"之例,从"用险"的角度叹美"坎险"之时的宏大功用。

【译文】

《彖传》说:"习坎",意思是重重险陷,就像水流进陷穴不见盈满。行走在险境而不丧失信实,就能使内心亨通,这是由于阳刚居中不偏;"努力前行必被崇尚",说明往前进取可建功勋。天险高远无法升越,地险山川丘陵(也难以逾越),国君王侯于是设险守护国境:"险陷"之时的功用是多么宏大啊!

《象》曰：水洊至，习坎[①]；君子以常德行，习教事[②]。

【注释】

①水洊至，习坎：洊，音 jiàn，犹言“叠连”。此释《坎》卦上下坎均为水之象。②常德行，习教事：常，用如动词，指恒久保持；习，动词，犹言“熟习”；教事，《正义》：“政教之事”。这是说明“君子”观《坎》之象，悟知守德行当如水之长流不息，行教事当如两坎相受、时时熟习。

【译文】

《象传》说：水叠连流至，象征“重重险陷”；君子因此恒久保持令德美行，反复熟习政教事务。

初六，习坎，入于坎窞，凶[①]。

【注释】

①入于坎窞，凶：窞，音 dàn，犹言深坑。此谓初六以阴处重坎之下，柔弱失正，难以出险，故有深陷“坎窞”而致“凶”之象。

【译文】

初六，面临重重险陷，落入陷穴深处，有凶险。

《象》曰：“习坎入坎”，失道凶也。

【译文】

《象传》说：“面临重重险陷又落入陷穴深处”，说明初六违失履险之道必有凶险。

九二，坎有险，求小得[①]。

【注释】

①坎有险，求小得：小，指阴柔，又喻“小事”、“小处”等。此谓九二处下坎之中，失正罹险；但能以刚居中，孚比上下二阴，故为求“小”有“得”、渐谋脱险之象。

【译文】

九二，在陷穴中困罹险难，从小处谋求脱险必有所得。

《象》曰：“求小得”，未出中也。

【译文】

《象传》说：“从小处谋求脱险必有所得”，说明九二此时尚未脱出险中。

六三，来之坎坎[①]，险且枕，入于坎窞，勿用[②]。

【注释】

①来之坎坎：来之，犹言“来去”。此谓六三阴居阳位，意欲行险，又处上下坎之间，故有“来之坎坎”、动辄罹险之象。　②险且枕，入于坎窞，勿用：枕，枕枝而不安，即形容罹险难安的样子。这三句承上文之义，说明六三前后皆险，动处均无凭依；当此陷入“坎窞”之时，必不可强行施用。

【译文】

六三，来去都处在险陷之间，往前有险，退居难安，落入陷穴深处，不可施展才用。

《象》曰：“来之坎坎”，终无功也。

【译文】

《象传》说：“来去都处在险陷之间”，说明六三终究难成行险之功。

六四，樽酒，簋贰，用缶，纳约自牖，终无咎[①]。

【注释】

①樽酒，簋贰，用缶，纳约自牖，终无咎：簋，音 guǐ，《说文》：“黍稷方器也，从竹、皿、皀”，“簋贰”犹言“两簋食”；缶，瓦器，“用缶”谓以瓦缶盛物；牖，音 yǒu，窗户。这几句取各种物象为喻，说明六四处“险”之时，居上坎之下，前后亦均为“陷穴”，但柔顺得正，上承九五，能以虔诚之心与之结交，犹如奉薄酒一樽、淡食两簋，盛物于瓦缶，虽简朴亦可呈献于尊者；五与四均无它应，遂开诚布公地相交，恰似“纳约”于明窗，于是六四得阳刚相助、不陷入坎险，故“终无咎”。

【译文】

六四，一樽薄酒，两簋淡食，用质朴的瓦缶盛物（虔诚地奉献给尊者），通过明窗结纳信约，终将免遭咎害。

《象》曰：“樽酒簋贰”，刚柔际也。

【译文】

《象传》说：“一樽薄酒、两簋淡食（奉献尊者）”，说明九五阳刚和六四阴柔相互交接。

九五，坎不盈，祇既平，无咎[①]。

【注释】

①坎不盈,祇既平,无咎:祇,当作"祗"(音 zhǐ),与"坻"通,小丘也。这三句说明九五处"险"之时,阳刚中正,下比六四,为居尊而履险有方之象,故险陷的深穴虽未满盈,穴旁的小丘已被铲平;长此以往,必能渐填陷穴,开通前路,脱出险境,故"无咎"。

【译文】

九五,险陷尚不满盈,小丘已被铲平,必无咎害。

《象》曰:"坎不盈",中未大也。

【译文】

《象传》说:"险陷尚不满盈",说明九五虽居中但平险之功尚未光大。

上六,系用徽纆,寘于丛棘,三岁不得,凶[①]。

【注释】

①系用徽纆,寘于丛棘,三岁不得,凶:纆,音 mò,徽、纆,均为绳索之名;寘,音zhì,通"置";丛棘,《集解》引虞翻曰:"狱外种九棘,故称'丛棘'。"这几句说明上六以柔居险之极,所陷至深,犹如被捆缚囚置于"丛棘"中的牢狱,三年不得解脱,故"凶"。

【译文】

上六,被绳索捆缚,囚置在荆棘丛中,三年不得解脱,有凶险。

《象》曰:上六失道,凶三岁也。

【译文】

《象传》说:上六违失履险正道,凶险将延续三年之久。

【总论】

韩愈《复志赋》曰"昔余之既有知兮,诚坎坷而艰难"(《昌黎先生集》);文天祥《过平原作》云"崎岖坎坷不得志,出入四朝老忠节"(《文山集》)。两人均在诗赋中发出世途艰险难行的慨叹。《坎》卦大旨,正是喻示谨慎行险的道理。卦辞主于勉励,说明面临重重险陷之际,只要不失诚信,内心亨通就能排险涉难、前行可获嘉尚。卦中六爻皆不言"吉",主于从正反两方面设诫。其中四阴爻除六四柔正承阳、慎处险境获"无咨"外,余三爻多呈凶象:初六柔弱处重坎之下,深落陷穴致“凶”；六三阴柔失正，来去均不能出险，终难施用；上六阴处险极，被捆缚幽囚，“凶”延“三岁”。至于二、五两阳，刚健居中，是本卦平险排难的希望所在：尽管两爻并未能彻底脱出险陷，但九二在“慎求小得”中不懈努力，九五于“铲平小丘”后继续奋发——卦辞“行有尚”，《大象传》“常德行，习教事”的意旨，似在这两爻，尤其在九五中，得到较深刻的体现。可见，《坎》卦“行险”的义理，是偏重建立在阳刚信实的基础上，强调谨慎守恒之德，如此则险陷可履、艰难可除。《史记·夏本纪》载夏禹治水的事迹，称其“劳心焦思，居外十三年，过家门不敢入”，终于平定洪水滔天之患；《列子·汤问》叙愚公移山的寓言，谓其立志以“子子孙孙无穷匮”的恒久力量，誓要排除太行、王屋之险：这两例，似并可借以参证本卦“行险而不失其信”、“乃以刚中”、“往有功”(《彖传》)的象征内涵。

离卦第三十

䷝ 离[①]:利贞,亨[②];畜牝牛吉[③]。

【注释】

①离:卦名,下卦上卦皆离(☲),象征“附丽”。　②利贞,亨:此谓事物有所附丽之时,利于守正,而后可致亨通;本卦以阴柔为主,故辞意又含“以柔为正”之旨。　③畜牝牛吉:此句专明“附丽”当取柔顺,才能获“吉”,故以“畜牝牛”为喻。

【译文】

《离》卦象征附丽:利于守持正固,亨通;畜养母牛可获吉祥。

《彖》曰:离,丽也[①];日月丽乎天,百谷草木丽乎土。重明以丽乎正,乃化成天下[②];柔丽乎中正[③],故亨,是以畜牝牛吉也。

【注释】

①离,丽也:此与下两句“日月丽乎天,百谷草木丽乎土”,并释卦名“离”之义。　②重明以丽乎正,乃化成天下:重明,指上下卦均离,犹两明相重。此谓上下象含有“重明”附离于正道可以“化成天下”之义。　③柔丽乎中正:柔,指二、五两爻。此以六二、六五柔顺居中处正,合前两句并释卦辞“利贞,亨,畜牝牛吉”。

【译文】

《彖传》说:“离”,意思是附丽;譬如太阳月亮附丽在天上,百谷草木附丽在地上。光明重叠而又附丽于正道,就能推行教化,促成天下昌盛;柔顺者附丽在适中方正之处,于是前景亨通,所以畜养母牛可获吉祥。

《象》曰:明两作,离[①];大人以继明照于四方[②]。

【注释】

①明两作，离：两，犹言“接连”；作，起也。此释《离》卦上下“离”均为“明”之象。 ②以继明照于四方：这是说明“大人”效法《离》卦光明连继之象，绵延不断地用“明德”照临天下。

【译文】

《象传》说：光明接连升起（悬附高空），象征“附丽”；大人因此连续不断地用光明照临天下四方。

初九，履错然，敬之，无咎①。

【注释】

①履错然，敬之，无咎：错然，错落有致。此谓初九阳刚处下，于行将“附丽”之时，行事能郑重不苟、恭敬谨慎，故获“无咎”。

【译文】

初九，践行事务郑重不苟，保持恭敬谨慎，就必无害。

《象》曰：“履错之敬”，以辟咎也①。

【注释】

①辟：通“避”。

【译文】

《象传》说：“践行事务郑重不苟，保持恭敬谨慎”，说明初九这样才能避免咎害。

六二，黄离，元吉①。

【注释】

①黄离，元吉：黄，中之色。这是用“黄”色喻六二居中，能以柔顺中正之道附丽于物，故获“元吉”。此即《彖传》“柔丽乎中正，故亨”之义。

【译文】

六二，保持中正的黄色附丽于物，至为吉祥。

《象》曰：“黄离元吉”，得中道也。

【译文】

《象传》说：“保持中正的黄色附丽于物，至为吉祥”，说明六二有得于适中不偏之道。

九三，日昃之离，不鼓缶而歌，则大耋之嗟，凶[①]。

【注释】

①日昃之离，不鼓缶而歌，则大耋之嗟，凶：缶，瓦器，可用为节乐；耋，音 dié，《说文》"年八十曰'耋'"，"大耋"极言年老。这几句取太阳偏西为喻，说明九三处下离之终，阳极将衰，未能长久"附丽"于物；此时若不及时"鼓缶"作歌行乐，而要勉强进取，将致"大耋之嗟"，必有凶险。

【译文】

九三，太阳将落，垂垂附丽在西天，此时要是不敲起缶器、怡然作歌自乐，必将导致老暮穷衰的嗟叹，有凶险。

《象》曰："日昃之离"，何可久也！

【译文】

《象传》说："太阳将落，垂垂附丽在西天"，这种情状怎能保持长久呢！

九四，突如其来如，焚如，死如，弃如[①]。

【注释】

①突如其来如，焚如，死如，弃如：这是取日出之际的霞光为喻，说明九四处上下两离之间，急欲上进附丽于六五，但阳刚失正，欲速不达，犹如清晓东方的暾霞突喷而起，有烈焰"焚如"之势；但霞光终究不能上附高天，瞬息间即消散不存，落得"死如，弃如"的结局。

【译文】

九四，突然升起火红的暾霞，像烈焰在焚烧，但顷刻间又消散灭亡，被弃除净尽。

《象》曰："突如其来如"，无所容也。

【译文】

《象传》说："突然升起火红的暾霞"，说明九四的虚势必将无处附丽容纳。

六五，出涕沱若，戚嗟若，吉[①]。

【注释】

①出涕沱若，戚嗟若，吉：沱，泪流滂沱之状；若，语气助词；戚，即"慽"，忧伤。此谓六五阴居阳位，为九四之势所迫，遂致忧伤、哀泣；但丽着于尊位，终获众助，

故先伤泣然后有"吉"。

【译文】

六五，流出泪水滂沱不绝，忧戚嗟伤悲切，（居尊获助，终将）吉祥。

《象》曰：六五之吉，离王公也。

【译文】

《象传》说：六五的吉祥，说明是丽着于王公的尊位。

上九，王用出征①，有嘉折首，获匪其丑，无咎②。

【注释】

①王用出征：此谓上九以阳居《离》之极，"附丽"之道大成，众皆亲附；但有不亲附者，则可征伐讨罪。 ②有嘉折首，获匪其丑，无咎：嘉，嘉美之功；首，指敌方首级；匪其丑，即"非其类"，指不愿附从的"异己"。此三句承前文之义，说明上九"出征"取胜，所俘获均异己，则可"无咎"。

【译文】

上九，君王出师征伐，建树丰功、斩折敌方首级，俘获不愿亲附的异己，无所咎害。

《象》曰："王用出征"，以正邦也。

【译文】

《象传》说："君王出师征伐"，说明上九是为了端正邦国治理天下。

【总论】

《左传》僖公十四年载虢射曰："皮之不存，毛将安傅？"说明事物往往需要附着于一定的环境。就自然物象而言，太阳依附于天空广照大地，火焰依附于燃料发出光热，是最为显明的事例。《离》卦所示"附丽"之义，正是以火、日为基本喻象。卦辞称"畜养牝牛"可获吉祥，则是强调"附丽"之时必须柔顺守正才能亨通畅达。从六爻的情状分析，二、五获吉在于阴柔居中，守持正道以成"附丽"之美；三、四皆凶，则是阳刚不中不正，或面临穷衰，或虚势"无所容"，均不能遂"附丽"之志；至于初、上两阳，初九处下敬慎、渐能附丽于物，上九"离"道已成、物皆亲附，故两爻并获"无咎"。若以《坎》、《离》两卦互为比较，又可进一步看出，"行险"当以"刚中"为主，"附丽"则以"柔中"为宜：这是两卦适为相反的核心意义。

当然,《离》卦的象征喻旨也是十分广泛的,取“人事”为说,不论人的地位尊卑如何,均须附丽于所处的时代、社会;而人与人之间的不同层次,又存在附丽与被附丽的复杂关系:人类的社会结构,于是不可避免地反映出一种特定的组合。《彖传》极称:“重明以丽乎正,乃化成天下。”程颐曰:“天地之中,无无丽之物,在人当审其所丽,丽得其正则能亨也。”“君臣上下,皆有明德,而处中正,可以化成天下,成文明之俗。”(《程传》)这事实上是把《离》卦的哲学意义纳入古代政治思想的范畴中去了。

卷五　下经

咸卦第三十一

䷞　咸[1]:亨,利贞;取女吉[2]。

【注释】

①咸:卦名,下艮(☶)上兑(☱),象征"交感"。　②亨,利贞;取女吉:取,即"娶"。这三句说明"交感"可致亨通,其利在于守正;并以人事为喻,谓男女"交感",以"正道"结为婚姻必"吉"。

【译文】

《咸》卦象征交感:亨通,利于守持正固;娶妻可获吉祥。

《象》曰:咸,感也;柔上而刚下,二气感应以相与[1]。止而说[2],男下女[3],是以亨,利贞,取女吉也。天地感而万物化生,圣人感人心而天下和平:观其所感,而天地万物之情可见矣[4]!

【注释】

①柔上而刚下,二气感应以相与:柔,指上兑阴卦;刚,指下艮阳卦;与,《释文》引郑玄曰:"犹亲也"。这两句以上下象有刚柔交感之义,释卦名"咸"。②止而说:止,谓下艮;说,悦也,谓上兑。此明上下象有"静止、欣悦"之义,犹"交感"以正,不陷邪欲。　③男下女:男,谓艮为少男;女,谓兑为少女。此句以上下卦含少男"礼下"少女之象,与前文"止而说"并释卦辞"亨,利贞,取女吉。"④天地万物之情可见矣:此句合前三句,广举天地、圣人、万物相感之例,深阐《咸》卦大义。

【译文】

《象传》说:"咸",意思是交感;譬如阴柔往上而阳刚来下,二气交感互应、两相亲和。交感之时稳重自制又能欢快欣悦,就像男子以礼下求女子,所以亨通,利于守持正固,娶妻可获吉祥。天地交感带来万物化育生长,圣人感化人心带来天下和平昌顺:观察"交感"现象,天地万物的性情就可以明白了!

《象》曰：山上有泽，咸[①]；君子以虚受人[②]。

【注释】

①山上有泽，咸：释《咸》卦下艮为山、上兑为泽之象。 ②以虚受人：受，犹言容纳。此句说明君子效法《咸》象，虚怀接物，以成"感应"之道。

【译文】

《象传》说：山上有大泽，（山泽相通）象征"交感"；君子因此虚怀若谷，广泛容纳感化众人。

初六，咸其拇[①]。

【注释】

①咸其拇：拇，足大指也。此句说明初六以阴处"咸"之始，上应九四，所感尚浅，未动于心，故以感于"拇"为喻；言其欲动而未动。

【译文】

初六，交感相应在脚拇指。

《象》曰："咸其拇"，志在外也。

【译文】

《象传》说："交感相应在脚拇指"，说明初六的感应志向是往外发展。

六二，咸其腓，凶；居吉[①]。

【注释】

①咸其腓，凶；居吉：腓，音 féi，小腿肚。此谓六二处《咸》下卦之中，柔正应五，犹交感至于"腓"；"腓"为动象，躁动必凶，故爻辞先戒以凶险，再勉其静居守正则吉。

【译文】

六二，交感相应在小腿肚，有凶险；安居守静可获吉祥。

《象》曰：虽凶居吉，顺不害也。

【译文】

《象传》说：六二尽管有凶险但安居守静可获吉祥，说明顺从"交感"正道可以免遭祸害。

九三，咸其股，执其随，往吝①。

【注释】

①咸其股，执其随，往吝：股，大腿；执，犹言“执意”；随，此处含“盲从泛随”、心无专主之义。这三句说明九三处《咸》下卦之终，阳盛刚亢，应于上六，交感至“股”；“股”动随足而行，故喻相感不专，执意泛随，“往”必有“吝”。

【译文】

九三，交感相应在大腿，执意盲从泛随于人，如此前往必有憾惜。

《象》曰：“咸其股”，亦不处也；“志在随人”，所执下也。

【译文】

《象传》说：“交感相应在大腿”，说明九三不能安静退处；“心志在于盲从泛随于人”，说明所执守之意是卑下的。

九四，贞吉，悔亡①；憧憧往来，朋从尔思②。

【注释】

①贞吉，悔亡：此谓九四当“咸”之时，本有“失正”之悔；但阳居阴位有谦退之象，犹能趋正自守，与所应之初六以诚相须、静俟心志通同之日，故获“吉”而“悔亡”。 ②憧憧往来，朋从尔思：憧，音 chōng，“憧憧”形容心意不定而频频往来之状；朋，指初六；尔，指九四；思，思念。这两句承前文意，说明九四从有“悔”到“悔亡”，乃至友朋意志通感，倾心相从的过程。

【译文】

九四，守持正固可获吉祥，悔恨必将消亡；心意不定地频频往来，友朋终究顺从你的思念。

《象》曰：“贞吉悔亡”，未感害也；“憧憧往来”，未光大也。

【译文】

《象传》说：“守持正固可获吉祥，悔恨必将全消”，说明九四未曾因“交感”不正而遭害；“心意不定地频频往来”，说明此时“交感”之道尚未光大。

九五，咸其脢，无悔①。

【注释】

①咸其脢，无悔：脢，音 méi，即“背脊肉”，位于“心之上，口之下”。这两句说

明九五当“感”之时，阳刚居尊，虽与六二有应，却不能“大感”；犹如感应在“脢”上，其心难通，故仅获“无悔”。

【译文】

九五，交感相应在背脊肉上，不致悔恨。

《象》曰：“咸其脢”，志末也。

【译文】

《象传》说：“交感相应在背脊肉上”，说明九五的交感志向过于浅末。

上六，咸其辅颊舌①。

【注释】

①咸其辅颊舌：辅，在脸颊之上，指上牙床；辅、颊、舌三者合称，犹今言“口头言语”。此句说明上六以阴居《咸》卦之终，“感”极而反，其应徒在口头言语而已。

【译文】

上六，交感相应在口头上。

《象》曰：“咸其辅颊舌”，滕口说也①。

【注释】

①滕：音 téng，通“腾”，腾扬。

【译文】

《象传》说：“交感相应在口头上”，说明上六不过腾扬空言而已。

【总论】

《礼记·乐记》认为：“人生而静，天之性也；感于物而动，性之欲也。”《序卦传》曰：“有天地然后有万物，有万物然后有男女，有男女然后有夫妇。”并谓“夫妇之道，不可以不久也。”显然，《咸》卦的主旨，从广义看是普遍阐明事物“感应”之道，从狭义看却是侧重揭示男女“交感”之理。卦辞称“交感”能“正”必致亨通，又言男子“取女”可获吉祥，已经明确表露上述意义。六爻以人体感应设喻，分别展示“交感”的不同情状及是非得失：初六感于“足指”，吉凶未见；六二感于“腿肚”，安居则吉；九三感于“大腿”，泛随有吝；九四感于“心神”，守正致吉；九五感于“背脊”，未能广应，仅得“无悔”；上六感于“口头”，感应转微，吉凶难测。诸爻由下体感应到上体，取象简明贴切。其中九四所感，最具“贞吉”美德；爻辞赞扬“朋从尔思"的境界,无非强调"感"止于"正"必吉,悦以能静为宜,恰似"窈窕淑女,君子好逑"(《诗·关雎》)之义在《易》理中的体现。就这一点分析,《咸》卦的"咸"以"利贞"论,又可与《国风》"好色而不淫"的"诗教",一并纳入封建社会早期关于男女、夫妇礼教的道德范畴之中,为研究古代社会礼法制度尤其是婚娶制度提供了一方面资料。至于卦中蕴含的超出男女"交感"之外的"天地感而万物化生,圣人感人心而天下和平"的思想,则更是值得重视的《周易》哲学体系中"变化"、"发展"理论之一端。

恒卦第三十二

䷟ 恒[1]:亨,无咎,利贞,利有攸往[2]。

【注释】

①恒:卦名,下巽(☴)上震(☳),象征“恒久”。　②亨,无咎,利贞,利有攸往:这几句极力赞美“恒久”之道,认为守“恒”者不但可致“亨通”,并且“无害”、“利正”、“利有所往”。

【译文】

《恒》卦象征恒久:亨通,必无咎害,利于守持正固,利于有所前往。

《彖》曰:恒,久也。刚上而柔下[1],雷风相与[2],巽而动[3],刚柔皆应,恒[4]。“恒:亨,无咎,利贞”,久于其道也[5]。天地之道,恒久而不已也[6];“利有攸往”,终则有始也。日月得天而能久照,四时变化而能久成,圣人久于其道而天下化成:观其所恒,而天地万物之情可见矣[7]!

【注释】

①刚上而柔下:刚,指上卦震;柔,指下卦巽。此句以上下卦位,说明尊卑序次是恒常不变之事。　②雷风相与:雷,指上震;风,指下巽;与,犹言“助”。此句以上下卦象,说明雷风相须相助,亦属恒常不变的现象。　③巽而动:巽,逊顺,谓下卦;动,上卦震为动。此句以上下卦义,说明逊顺而后能动,亦恒常不变之事理。　④刚柔皆应,恒:谓卦中六爻阴阳皆能相应,亦恒常不变之理;此句合前三句,分别以卦象、爻象解释本卦命名“恒久”之义,故最后以“恒”字作结。⑤久于其道也:道,谓道德。此句释卦辞,“恒,亨,无咎,利贞”。　⑥天地之道,恒久而不已也:这两句合下文“终则复始”,举“天地”恒久运行不已为例,释卦辞“利有攸往”。　⑦天地万物之情可见矣:此句合前四句,广举日月、四时、圣人守“恒”之例,深阐《恒》卦大义。

【译文】

《彖传》说：恒，意思是恒久。譬如阳刚居上阴柔处下，雷震风行常相交助，先要逊顺然后可动，阳刚阴柔均相应合：这些都是恒久可行的事状。"恒久，亨通，必无咎害，利于守持正固"，说明要永久保持美好的道德。天地的运行规律，是恒久不停止；"利于有所前往"，说明事物的发展终而复始。日月顺行"天"道而能永久照耀天下，四季往复变化而能永久生成万物，圣人永久保持美好的道德、天下就能遵从教化形成美俗：观察"恒久"现象，天地万物的性情就可以明白了！

《象》曰：雷风，恒①；君子以立不易方②。

【注释】

①雷风，恒：释《恒》卦上震为雷、下巽为风之象。　②立不易方：方，道也，此处犹言"正确的思想"。这是说明"君子"效法《恒》象，立身于恒久不变之道。

【译文】

《象传》说：雷发风行（常相交助），象征"恒久"；君子因此树立恒久不变的正确思想。

初六，浚恒①，贞凶，无攸利②。

【注释】

①浚恒：浚，音jùn，深也。此句说明初六处《恒》之始，阴柔浅下，上应九四；犹急于深求"恒"道，却欲速不达，故有"浚恒"之象。　②贞凶，无攸利：贞凶，守正防凶。此处承前文"浚恒"之义，谓初六阴居阳位，其行失正，但求"恒"心切亦不可全非，故勉其趋正自守，以期避免凶险；不然，若执意"浚恒"，必无所利。

【译文】

初六，深求恒久之道，守持正固以防凶险，否则无所利益。

《象》曰："浚恒"之"凶"，始求深也。

【译文】

《象传》说："深求恒久之道"的"凶险"，说明初六刚开始就求之过深。

九二，悔亡①。

【注释】

①悔亡：此谓九二阳居阴位，本有失正之"悔"；但能恒久守中不偏，遂获"悔

亡”。

【译文】

九二，悔恨消亡。

《象》曰：九二“悔亡”，能久中也。

【译文】

《象传》说：九二“悔恨消亡”，说明能恒久守中不偏。

九三，不恒其德，或承之羞①；贞吝②。

【注释】

①不恒其德，或承之羞：承，《说文》“奉也”，谓奉进，此处犹言“施加”；羞，羞辱。这两句说明九三以阳刚居下卦之终，应于上六，躁动盲进，有守德不恒之象，故人或加之以羞。　②贞吝：犹言“守正防吝”。此谓九三虽“不恒其德”，但其位尚正，故勉其守正归“恒”，庶可免“吝”。爻义含劝邪反正的微旨。

【译文】

九三，不能恒久保持美德，时或有人施加羞辱；要守持正固以防憾惜。

《象》曰：“不恒其德”，无所容也。

【译文】

《象传》说：“不能恒久保持美德”，说明九三所往将无处容身。

九四，田无禽①。

【注释】

①田无禽：这是用田猎无获譬喻九四阳刚失正，恒居不当之位，徒劳无益。

【译文】

九四，田猎没有获取禽兽。

《象》曰：久非其位，安得禽也？

【译文】

《象传》说：九四久居不当之位，田猎哪能获得禽兽呢？

六五，恒其德，贞①；妇人吉，夫子凶。

【注释】

①恒其德,贞:德,此处特指"柔德",谓五能恒于"妇道"。这两句说明六五以阴居上卦之中,虽不当位,但下应九二刚中,有妇人恒久其德、守贞从夫之象,故下文谓"妇人吉,夫子凶"。

【译文】

六五,恒久保持柔美品德,应当守持正固;妇人可获吉祥,男子必有凶险。

《象》曰:妇人贞吉,从一而终也[①];夫子制义,从妇凶也[②]。

【注释】

①从一而终:从一,犹言"从夫"。此句反映古代礼制对妇女的制约,即《礼记·郊特牲》所谓:"壹与之齐,终身不改,故夫死不嫁。" ②夫子制义,从妇凶也:制义,裁制事宜;从妇,指遵循妇人的"顺从"之道。

【译文】

《象传》说:"妇人守持正固可获吉祥",说明要顺从一个丈夫终身不改;男人则必须裁制事宜,若像妇人那样柔顺必有凶险。

上六,振恒,凶[①]。

【注释】

①振恒,凶:振,《释文》引马融曰:"动也"。此谓上六居《恒》上震之终,性动不能持恒,有"恒"极致反、振动无常之象,故"凶"。

【译文】

上六,振动不安于恒久之道,有凶险。

《象》曰:振恒在上,大无功也。

【译文】

《象传》说:振动不安于恒久之道而又高居在上,说明上六处事必然大为无功。

【总论】

《恒》卦阐发事物"恒久"之理,就人事而言,即教人立身处世要有"持之以恒"的精神。卦辞以"亨通,无所咎害,利于守正,利有所往",极力赞美"恒"道可行。然而,卦中六爻无一爻全吉:初六急于深求"恒"道,欲速不达,诫以守正防凶;九二失位,因能恒守刚中,遂得消"悔";九三守德不恒,或致"羞"、"吝";九四久居不当之位,徒劳无益;六五恒守柔德,于妇人有吉,男子则凶;上六好动不能守恒,面临凶险。显然,诸爻虽得失不同,但均不能尽"恒"之义,乃至邱富国有"恒之道岂易言哉"(《折中》引)的慨叹。试究"恒"这一概念本身的寓意,似非一时、一事所能即刻尽赅,谚云"路遥知马力,日久识人心",正属此理;那么,一爻之中难获"完吉",则是卦旨所限,不能不如此。至于六五称"妇人吉,夫子凶",虽是象喻,却深刻反映了古代的"妇德"、"男权"思想。纵观全卦大义,无论各爻的占语是否理想,作者所喻示的道理却无不在于勉人守"正"处"恒"。就此而言,"人贵有恒"的思想,实为本卦象征要义的核心。《荀子·劝学》曰:"锲而舍之,朽木不折;锲而不舍,金石可镂。"又曰:"真积力久则入,学至乎没而后止也。"此说固为论"学",亦与《恒》卦旨趣无异。

遯卦第三十三

䷠ 遯[1]：亨[2]，小利贞[3]。

【注释】

①遯：音 dùn，卦名，下艮（☶）上乾（☰），象征"退避"。　②亨：指"遯"之时，阴渐长而阳渐衰，"君子"退而后能"亨"。　③小利贞：小，喻柔小者，并指卦中两阴爻。这句说明当"遯"之世，柔小者利于守持正固，不宜妄动以害阳刚者。

【译文】

《遯》卦象征退避：亨通，柔小者利于守持正固。

《彖》曰："遯，亨"，遯而亨也；刚当位而应[1]，与时行也[2]。"小利贞"，浸而长也[3]。遯之时义大矣哉[4]！

【注释】

①刚当位而应：刚指九五；应，指下应六二。此以九五居尊应下，说明阳刚将退之时的情状。　②与时行：与时，犹言"随顺时势"，这里特指顺时退避。此句合前文并释卦辞"遯，亨"，谓阳刚虽当位有应，于"小人"势长之时须毅然遯退，才能导致"亨通"。　③浸而长：浸，渐也。此释卦辞"小利贞"，谓卦下二阴渐长，利于守正，不宜妄动害阳。　④遯之时义大矣哉：这是对《遯》卦"时"、"义"的叹美之辞。

【译文】

《彖传》说："退避，亨通"，说明必须先作退避然后可致亨通；譬如阳刚者正居尊位而能应合下者，随顺时势施行退避。"柔小者利于守持正固"，说明阴气浸润而渐渐盛长（但不得妄动害阳）。"退避"顺应时势的意义多么宏大啊！

《象》曰：天下有山，遯[1]；君子以远小人，不恶而严[2]。

【注释】

①天下有山，遯：释《遯》卦上乾为天，下艮为山之象。 ②远小人，不恶而严：恶，音 wù，憎恶；严，犹言“威严”，有凛然不可侵犯之意。这两句说明“君子”效法《遯》象，远避小人，虽不显憎恶之情，但始终能矜严自守，不与苟同。

【译文】

《象传》说：高天之下立着大山（犹如天远避山），象征“退避”；君子因此远避小人，不显露憎恶情态而能俨然矜庄、不与混同。

初六，遯尾[①]；厉，勿用有攸往。

【注释】

①遯尾：尾，末尾。此谓初六卑居卦下，当“遯”之时，未及退避而落于末尾，情状甚危；故下文谓有“厉”，并戒其“勿用有攸往”。

【译文】

初六，退避不及而落在末尾；有危险，不宜有所前往。

《象》曰：“遯尾”之厉，不往何灾也？

【译文】

《象传》说：“退避不及而落在末尾”的危险，表明此时若不往前进取则又有什么灾祸呢？

六二，执之用黄牛之革，莫之胜说[①]。

【注释】

①执之用黄牛之革，莫之胜说：执，束缚；说，通“脱”。这两句说明六二柔顺中正，体处艮止，上应九五之“尊”，犹身有所系，势不能“遯”，须守正自持，故有束以牛革、难以解脱之象。

【译文】

六二，被黄牛皮制的革带绑缚，没有人能够解脱。

《象》曰：执用黄牛，固志也。

【译文】

《象传》说：“被黄牛皮制的革带绑缚住”，说明六二有固守辅时不退的意志。

九三,系遯,有疾厉[①];畜臣妾,吉[②]。

【注释】

①系遯,有疾厉:系,指心有“系恋”。这两句说明九三处下卦之终,无应而亲比于六二,心为所系,未能遯退,故诫以“有疾厉”。 ②畜臣妾,吉:臣,臣仆;妾,侍妾。此以畜养臣妾喻九三亲近六二,谓其仅利于操理小事,不可施于治国大事。

【译文】

九三,心怀系恋、不能退避,将有疾患、危险;若是畜养臣仆侍妾,可获吉祥。

《象》曰:“系遯”之“厉”,有疾惫也[①];“畜臣妾吉”,不可大事也。

【注释】

①惫:音 bèi,病困羸弱之状。

【译文】

《象传》说:“心怀系恋、不能退避以至有危险”,说明九三将遭疾患而羸困不堪;“畜养臣妾可获吉祥”,说明九三不可施行治国大事。

九四,好遯,君子吉,小人否[①]。

【注释】

①好遯,君子吉,小人否:这三句说明九四下应初六,心情喜好,而身已退避,已有“遯”象;“君子”毅然割爱,故“吉”,“小人”牵恋不舍,故“否”。

【译文】

九四,心怀恋情而身已退避,君子可获吉祥,小人不能办到。

《象》曰:君子好遯,小人否也。

【译文】

《象传》说:君子心怀恋情而身已退避,小人却不能办到。

九五,嘉遯,贞吉[①]。

【注释】

①嘉遯,贞吉:嘉,嘉美。此谓九五高居尊位,刚中得正,下应六二柔中,虽可不遯,却能知几远虑,及时退避,故有“嘉遯”之象;此时守正而行,必获吉祥。

【译文】

九五,嘉美及时的退避,守持正固可获吉祥。

《象》曰:“嘉遯贞吉”,以正志也。

【译文】

《象传》说:“嘉美及时的退避,守持正固可获吉祥”,说明九五能够端正退避的心志。

上九,肥遯,无不利①。

【注释】

①肥遯,无不利:肥,通“蜚”,即“飞”。此以“飞遯”喻上九居《遯》之极,有高飞远引、遨然退避之象;遯退畅飞无阻,故无所不利。

【译文】

上九,高飞远退,无所不利。

《象》曰:“肥遯无不利”,无所疑也①。

【注释】

①无所疑:疑,含有疑虑、留恋两层意思。

【译文】

《象传》说:“高飞远退,无所不利”,说明上九无所疑虑留恋。

【总论】

《遯》卦所言“退避”,并非宣扬无原则的消极“逃世”;而是说明事物的发展受阻碍时,必须暂行退避,以俟来日振兴复盛。用“人事”比喻,犹如“君子”当衰坏之世,“身退而道亨”。欧阳修曰“遯者,见之先也”(《易童子问》),程颐云“君子退藏以伸其道”(《程传》)。两说分别表明处“遯”贵在“见几”,行“遯”主于“伸道”。卦辞先称“遯,亨”,已经揭示“遯”而求“亨”之理;又称“柔小”者利在守正,则强调此时应当抑制阻碍力的增长,辅助“刚大”者顺利行“遯”。卦中六爻,下三爻因各种环境条件所限,或不及遯、或不愿遯、或不能遯,以贞定自守、不图“大事”为宜;上三爻阳刚在外,均能识时遯退,以不恋私好、毅然远去为美。项安世指出:“下三爻艮也,艮主于止,故为‘不往’、为‘固志’、为‘系遯’;上三爻乾也,乾主施行,故为‘好遯’、为‘嘉遯’、为‘肥遯’。”(《周易玩辞》)显然,全卦行“遯”之事重在上卦;而上卦又以上九“高飞远退”的喻象最为典型。张衡《思玄赋》曰:“利飞遁以保名”,《归田赋》曰:“苟纵心于物外,安知荣辱之所如”,均流露了作者不满现实、欲退隐伸志的思想情绪,可视为以诗赋语言道出了《遯》卦的一方面义理。

大壮卦第三十四

䷡ 大壮[1]：利贞[2]。

【注释】

①大壮：卦名，下乾（☰）上震（☳），象征“大为强盛”。　②利贞：此谓“大为强盛”之时，利于守正。

【译文】

《大壮》卦象征大为强盛：利于守持正固。

《彖》曰：“大壮”，大者壮也[1]；刚以动，故壮[2]。“大壮，利贞”，大者正也[3]。正大而天地之情可见矣[4]！

【注释】

①大者壮：阳大阴小，卦中四阳爻盛长，故称大者强盛。　②刚以动，故壮：刚，指下乾；动，指上震。此以上下象含“刚”、“动”之义，配合前句“大者壮也”并释卦名“大壮”。《集解》引荀爽曰：“乾刚震动，阳从下升，阳气大动，故壮也。”③大者正也：此释卦辞“大壮，利贞”之义，谓此时利于刚大者守正。《正义》：“大者获正，故得‘利贞’。”　④正大而天地之情可见矣：古人以为“天地”既大且正，生生万物而不偏，故谓“正大”即可见“天地之情”。此句承前文，阐发《大壮》卦所含“大者正”之义。《王注》：“天地之情，正大而已矣。弘正极大，则天地之情可见矣。”

【译文】

《彖传》说：“大为强盛”，指刚大者强盛；气质刚健又能奋动，所以称“强盛”。“大为强盛，利于守持正固”，说明刚大者必须端正不阿。保持正直刚大而天地的性情也就可以明白了！

《象》曰：雷在天上，大壮[1]；君子以非礼弗履[2]。

【注释】

①雷在天上,大壮:释《大壮》上震为雷、下乾为天之象。 ②非礼弗履:履,践行。这是说明"君子"观察《大壮》卦象,悟知于强盛之时必须守正履礼,善葆其"壮"。

【译文】

《象传》说:震雷响彻天上(刚强威盛),象征"大为强盛";君子因此(善葆壮盛)不施行非礼的事情。

初九,壮于趾,征凶;有孚①。

【注释】

①壮于趾,征凶;有孚:初九阳刚处"大壮"之始,无应欲进,有壮于足趾之象,躁动必伤,故戒以"征凶";但阳刚诚信,处位端正,故又勉其以"孚"自守,庶可不进避凶。

【译文】

初九,足趾强盛,往前进发必有凶险;应当以诚信自守。

《象》曰:"壮于趾",其孚穷也①。

【注释】

①孚穷:犹言"孚于穷",即诚信自守以处穷困。

【译文】

《象传》说:"强盛在足趾",说明初九应当以诚信自守而善处穷困。

九二,贞吉①。

【注释】

①贞吉:九二失正,本有咎害;但处"大壮"之时,阳居阴位,刚中守谦,故为趋正自养而获"吉"之象。

【译文】

九二,守持正固可获吉祥。

《象》曰:九二"贞吉",以中也。

【译文】

《象传》说:九二"守持正固可获吉祥",是由于阳刚居中的缘故。

九三，小人用壮，君子用罔[1]；贞厉[2]，羝羊触藩，羸其角[3]。

【注释】

①小人用壮，君子用罔：罔，即“无”；“用罔”犹言“不用壮”。这两句取正反面喻象，说明九三居下乾之终，当位应上，刚亢强盛，此时若为“小人”，必恃强妄动，凶险立至；若为“君子”，必不妄用强，守正养德。辞中褒贬之意甚明。 ②贞厉：犹言“守正防厉”。此谓九三位正，但阳刚过盛，又处“多惧”之地，故诫以守正防危；否则，必致下文“触藩”、“羸角”之险。 ③羝羊触藩，羸其角：羝，音 dī，牡羊，此处泛指“大羊”；藩，藩篱；羸，音 léi，拘累缠绕之意。这两句拟大羊触藩被缠其角之象，说明九三若不守正，妄动“用壮”，凶危必将临身。

【译文】

九三，小人妄用强盛，君子虽强不用；守持正固以防危险，若像大羊强触藩篱，羊角必被拘累缠绕。

《象》曰：小人用壮，君子罔也。

【译文】

《象传》说：小人妄用强盛，君子虽强不用。

九四，贞吉，悔亡[1]；藩决不羸，壮于大舆之輹[2]。

【注释】

①贞吉，悔亡：此谓九四居上卦之下，失位无应而有“悔”；但处四阳最盛之时，阳居阴位，为行谦持正之象，故获“吉”而“悔亡”。 ②藩决不羸，壮于大舆之輹：决，开也，谓藩篱被触开决口；輹，车下轮輹，指车箱下钩住轮轴的木制器件。这两句承前文之义，说明九四既获“贞吉，悔亡”，则所行无阻，前路阴爻遇之必通，犹如羊触“藩篱”豁然决开，其角不“羸”，又如车下轮輹“强壮”适用，车行快速。爻义主于九四强盛适当，利于施用。

【译文】

九四，守持正固可获吉祥，悔恨必将消亡；犹如藩篱触开了决口而羊角不被拘累缠绕，又似大车的轮輹强盛适用。

《象》曰：“藩决不羸”，尚往也。

【译文】

《象传》说：“藩篱触开了决口而羊角不被拘累缠绕”，说明九四利于往前进取。

六五,丧羊于易,无悔①。

【注释】

①丧羊于易,无悔:易,通“埸”(音 yì),即田畔。这两句说明六五处“壮”已过之时,犹刚壮之羊丧失于田畔;但能以柔处上卦之中,不用刚壮,故“无悔”。

【译文】

六五,在田畔丧失了羊,无所悔恨。

《象》曰:“丧羊于易”,位不当也。

【译文】

《象传》说:“在田畔丧失了羊”,说明六五居位不适当。

上六,羝羊触藩,不能退,不能遂,无攸利①;艰则吉②。

【注释】

①羝羊触藩,不能退,不能遂,无攸利:遂,与“退”相对,犹言“进”。这几句比喻上六居《大壮》之终,处震动之极,求进心切,但无奈体柔质弱,犹如羊触藩篱、进退两难,故“无攸利”。　②艰则吉:艰,犹言“艰贞自守”。此谓上六虽处进退两难之境,但阴柔不刚,下应九三,若艰贞自守以待,终有阴阳相合并进之时。

【译文】

上六,大羊抵触藩篱,不能退却,不能前进,无所利益;以艰贞自守则可获吉祥。

《象》曰:“不能退,不能遂”,不详也①;“艰则吉”,咎不长也。

【注释】

①详:《释文》“详审也”,犹言“周详审慎”。

【译文】

《象传》说:“不能退却,不能前进”,说明上六处事不够周详审慎;“以艰贞自守则可获吉祥”,说明上六所遭咎害不至于久长。

【总论】

“大为强盛”,是事物发展的美好阶段;此时如何善葆“盛壮”,是至为关键的问题。《大壮》卦辞以“贞吉”二字，揭示了守“正”处“壮”、必获吉祥之理。卦中诸爻，具体说明“大壮”之时不可恃强“用壮”，而要谦退持中。于是二、四两刚以谦柔获吉，初、三两阳若妄动必凶；五、上两阴，刚壮已过，更宜柔和自守。刘沅指出：“不用壮而弥壮，此《大壮》之义也。”(《周易学说》引)马振彪就此进一步推论曰：“匹夫之勇，不得谓‘大壮’；自反而缩，理直气壮，乃所以为正也。天地有正气，可贯古今；君子有正气，可配道义。董子言‘与其不由道而胜，不如由道而败。’不由道而胜，是小人之‘用壮’，‘亢龙有悔’也；由道而败，是君子之‘用罔’，‘潜龙勿用’也。《易》义多扶阳抑阴，而《乾》与《大壮》则戒人用阳太过，推‘用罔’之义，殆‘知进退存亡而不失其正’者乎！”(《周易学说》)此论所明《大壮》推重“不用壮”的义理，实属全卦大旨的核心。许慎《说文》谓“止戈为武”，《周易》称“大壮贞吉”：两者论事发端诚然有异，但关于“刚武”、“强盛”必须建立在“正”的基础上，不得滥用妄施的观点，则是颇可相通。《彖传》极言“正大而天地之情可见”，也是强调这一宗旨。

晋卦第三十五

䷢ 晋[①]:康侯用锡马蕃庶,昼日三接[②]。

【注释】

①晋:卦名,下坤(☷)上离(☲),象征"晋长"。　②康侯用锡马蕃庶,昼日三接:康,《释文》"美之名也",犹言"尊贵";锡,通"赐";马,此处兼言"车马";蕃庶,谓众多;三接,即多次接见。这两句拟公侯获天子赏赐、宠信之象,喻示事物"晋长"时的情状。

【译文】

《晋》卦象征进长:尊贵的公侯蒙受天子赏赐众多车马,一天之内荣获三次接见。

《彖》曰:"晋",进也,明出地上[①]。顺而丽乎大明[②],柔进而上行[③],是以"康侯用锡马蕃庶,昼日三接"也。

【注释】

①明出地上:明,指上离为火、为日;地,指下坤为地。此以上下卦有"光明出现地面"之象,合前文并释卦名"晋"之义。　②顺而丽乎大明:顺指下坤为"顺";丽乎大明,指上离既有"附丽"之义,又具"大明"之象。此句以上下卦象喻"臣"顺从、附丽于"明君",必得"晋长"。　③柔进而上行:柔,指六五。此句以卦中六五上进而居尊位,合前文"顺而丽乎大明"并释卦辞"康侯用锡马蕃庶,昼日三接"。

【译文】

《彖传》说:"晋",意思是进长,就像光明出现在地面。譬如下者顺从而又附丽于上者的宏大光明,以柔顺之道进长乃至向上直行,所以就能"像尊贵的公侯一样蒙受天子赏赐众多车马,一天之内荣获三次接见"。

《象》曰：明出地上，晋[1]；君子以自昭明德[2]。

【注释】

①明出地上，晋：释《晋》卦上离为明、下坤为地之象，与《彖传》释卦名之义同。　②自昭明德：昭，明也，作动词，犹言"昭著"；明德，即"光辉的道德"。这是说明"君子"效法《晋》象，不断自我修养，昭著美德。

【译文】

《象传》说：光明出现在地面，象征"进长"；君子因此自我昭著光辉的美德。

初六，晋如摧如，贞吉[1]；罔孚，裕无咎[2]。

【注释】

①晋如摧如，贞吉：如，语气助词；摧，摧折抑退。此谓初六处"晋"之始，阴柔在下，前临重阴为"敌"，有将进即受摧折之象；此时当以"正"自守，静俟九四之应则有"吉祥"。　②罔孚，裕无咎：罔孚，犹言"不见信于人"；裕，宽裕缓进。这两句再申前文之义，说明初六既遇前阴阻隔，始"晋"受"摧"，则一时难以孚信于众，故当宽裕待时，终必消难应四而获"无咎"。

【译文】

初六，进长之初就受摧折抑退，守持正固可获吉祥；不能见信于人，暂且宽裕待时则无咎害。

《象》曰："晋如摧如"，独行正也；"裕无咎"，未受命也。

【译文】

《象传》说："进长之初就受摧折抑退"，说明初六应当独自践行正道；"暂且宽裕待时则无咎害"，说明初六目前尚未受到任命。

六二，晋如愁如，贞吉[1]；受兹介福，于其王母[2]。

【注释】

①晋如愁如，贞吉：愁，即忧愁。此谓六二处《晋》下卦之中，居两阴之间，上无应援，"晋"途坎坷，故有"愁如"之象；但柔顺中正，不躁于进故获"贞吉"。②受兹介福，于其王母：介，大也；于其，犹言"由其"；王母，即祖母，喻六五。这两句发前文"贞吉"之义，说明六二与六五虽非阴阳正应，但五高居尊位，与二同质而俱有"中德"，犹二之"王母"，故终降"介福"于二。

【译文】

六二，进长之际满面愁容，守持正固可获吉祥；将要承受宏大的福泽，是来自尊贵的王母。

《象》曰："受兹介福"，以中正也。

【译文】

《象传》说："将要承受宏大的福泽"，是由于六二居中守正。

六三，众允，悔亡①。

【注释】

①众允，悔亡：允，信也。此谓六三阴居下卦之上，失位有"悔"；但与下二阴均有上进之志，为其所信而并进，故得"悔亡"。

【译文】

六三，获得众人信允，悔恨消亡。

《象》曰："众允"之志，上行也。

【译文】

《象传》说：六三"获得众人信允"的志向，是向上行进。

九四，晋如鼫鼠①，贞厉②。

【注释】

①晋如鼫鼠：鼫（音 shí）鼠，即"梧鼠"，亦称"五技鼠"。此句用"鼫鼠"比喻九四处《晋》上卦之下，失正不中，为身无专技、贪而畏人之象；以此"晋长"，其道必危。 ②贞厉：此句承前文而发，谓九四虽失正以"晋"有危，但能比五应初，阳刚谦处阴位，故又诫勉其趋"正"自守、以防危厉。

【译文】

九四，进长之时象身无专技的鼫鼠，守持正固以防危险。

《象》曰："鼫鼠贞厉"，位不当也。

【译文】

《象传》说："象身无专技的鼫鼠，守持正固以防危险"，说明九四居位不适当。

六五,悔亡,失得勿恤;往吉,无不利①。

【注释】

①悔亡,失得勿恤;往吉,无不利:恤,忧虑。此谓六五虽以阴居阳、不当位有"悔",但居处尊高,禀受"离明"之德,委任得人,下者顺从,其"悔"遂"亡";且诸事得失责之于人,已可"勿恤",故"往"必获"吉",无所不利。

【译文】

六五,悔恨消亡,无须忧虑得失;前往必获吉祥,无所不利。

《象》曰:"失得勿恤",往有庆也。

【译文】

《象传》说:"处事不须忧虑得失",说明六五前往必有福庆。

上九,晋其角,维用伐邑,厉吉,无咎①;贞吝②。

【注释】

①晋其角,维用伐邑,厉吉,无咎:角,兽角,喻上九进长至极;维,语气词;用,助词,犹"宜"。此谓上九处《晋》之终,犹如进长至角,有"晋"极则反、光明将损之虞;故不可端居无为,宜于"伐邑"立功,以尽其职,则虽"厉"可"吉",并获"无咎"。 ②贞吝:此句又言上九以"伐邑"免"咎",毕竟有用"武"之憾,未能"全吉",故再诫其趋正自守,以防"憾惜"。

【译文】

上九,进长至极,宛如高居兽角尖端,宜于征伐邑国以建功,虽有危险但可获吉祥,而不致咎害;要守持正固预防憾惜。

《象》曰:"维用伐邑",道未光也。

【译文】

《象传》说:"宜于征伐邑国以建功",是说明上九的"晋长"之道未曾光大。

【总论】

《晋》卦揭示事物"进长"的途径。从"人事"角度分析,就是郭雍所说的:"以人臣之进,独备一卦之义。"(《郭氏传家易说》)卦辞取"康侯"受赐为喻,已经表露此旨。《象传》进一步指出"顺而丽乎大明,柔进而上行":以"柔"、"顺"两字,点明"进长"的要旨。视卦中诸爻,四阴爻为处"晋"有道之象,初虽受挫折、宽裕待进，二虽有愁绪、守正获福，三见信于众“悔亡”，五不忧得失有“吉”：此均由于柔顺使“晋”途畅通，尤以六五居尊、最为佳美，与卦辞“康侯”的喻象相应。两阳爻则为处“晋”不当之象，九四失正不中，“晋”必有危；上九“晋”极刚亢，难免致“吝”：此皆因有失柔顺使“晋”途阻碍。诚然，《晋》卦极力肯定的“柔顺”，又必须以“光明道德”为重要前提，即下者要附着于“明”求进，上者更须向“明”施治。卦象下顺上明，六五尊居“离明”之中：是这一要点的明显体现。因此，“柔顺”是求“晋”的手段，“光明”是获“晋”的方向：两者结合，则是《晋》卦大义所在。《大象传》称“君子以自昭明德”，正是强调充实、丰富“光明”的素质。否则，离开这一条件独言“柔顺”，必将导致“君昏臣佞”、天下“明夷”的境况。

明夷卦第三十六

䷣ 明夷①：利艰贞②。

【注释】

①明夷：卦名，下离(☲)上坤(☷)，象征"光明殒伤"。　②利艰贞：此谓天下"明夷"之时，"君子"利于自"艰"守"正"，不可忘忽艰难，轻易用事。

【译文】

《明夷》卦象征光明殒伤：利于牢记艰难，守持正固。

《彖》曰：明入地中①，"明夷"；内文明而外柔顺，以蒙大难，文王以之②。"利艰贞"，晦其明也③；内难而能正其志，箕子以之④。

【注释】

①明入地中：明，指下离为日、为火，故称"明"；地，指上坤为地。此句以上下卦象释卦名"明夷"。　②内文明而外柔顺，以蒙大难，文王以之：文明，指下离为"明"；柔顺，指上坤为顺；以之，用之。此又举上下象，及周文王被纣幽囚羑里蒙难事殷之例，配合前文"明入地中"并释卦名"明夷"之义。　③晦其明：此释卦辞"利艰贞"，谓"明夷"之世当晦藏明智不用，以"艰"守"正"。　④内难而能正其志，箕子以之：箕子，殷纣王的诸父，被囚以佯狂守志。此引箕子处内难晦明守正之例，配合前文"晦其明也"再释卦辞"利艰贞"之义。

【译文】

《彖传》说：光明隐入地中，象征"光明殒伤"；譬如内含文明美德、外呈柔顺情态，以此蒙受巨大的患难，周文王就是用这种方法渡过危难。"利于牢记艰难，守持正固"，说明要自我隐晦光明；尽管身陷内难也能秉正坚守精诚的意志，殷朝箕子就是用这种方法晦明守正。

《象》曰:明入地中,“明夷”[1];君子以莅众,用晦而明[2]。

【注释】

①明入地中,“明夷”:释《明夷》下离为明、上坤为地之象,与《彖传》首两句释卦名之义同。 ②君子以莅众,用晦而明:莅,音 lì,临也,“莅众”犹言“治众”。这是说明君子观《明夷》之象,悟知治理众人应当用“晦明”之道,则其“明”益显。

【译文】

《象传》说:光明隐入地中,象征“光明殒伤”;君子因此慎于治理众人,能够自我晦藏明智而更加显出道德光明。

初九,明夷于飞,垂其翼;君子于行,三日不食[1]。有攸往,主人有言[2]。

【注释】

①明夷于飞,垂其翼;君子于行,三日不食:这四句以鸟在“明夷”昏暗中垂翼低飞,喻“君子”自晦其明、远遯匿形之时仓皇疾行、饥不遑食的情状。爻义主于阳刚处“明夷”之初,能及早潜隐避难,自晦不用。 ②有攸往,主人有言:言,指责怪之言。此谓初九阳刚处下,识时过早,未必为人所理解;故此时自晦“有往”,“主事之人”必疑怪责让。辞义含有诫初九“用晦”审慎的意思。

【译文】

初九,光明殒伤时向外飞翔,低垂掩抑着翅膀;君子仓皇远走遯行,三日不顾充填饥肠。此时有所前往,主事的人将疑怪责让。

《象》曰:“君子于行”,义不食也[1]。

【注释】

①义不食:即爻辞“三日不食”之义;此处“食”又兼喻“禄食”。

【译文】

《象传》说:“君子仓皇远走遯行”,说明初九“自晦”的意义是不求禄食。

六二,明夷;夷于左股,用拯马壮,吉[1]。

【注释】

①夷于左股,用拯马壮,吉:拯,犹言“拯济”。此谓六二柔顺中正,当“明夷”之时,其志难行,故使“左股”伤损,自晦明智以守正;然后再借助良马拯济,缓图

复壮而行,遂获吉祥。

【译文】

六二,光明殒伤;使左边大腿遭伤损,然后(乘用)良马(借助它的)拯济将渐渐复壮,可获吉祥。

《象》曰:六二之吉,顺以则也。

【译文】

《象传》说:六二的吉祥说明既柔顺又能坚守法则。

九三,明夷于南狩,得其大首①;不可疾,贞②。

【注释】

①明夷于南狩,得其大首:南,《正义》"文明之所",指九三处离之上,"离"于方位象征属南;狩,《正义》:"征伐之类";大首,《正义》:"谓暗君",犹今言"元凶首恶",喻上六。此谓九三处下卦离明之上,阳刚得正,于"明夷"之世,志在诛灭上六"暗君",以著明正德,故有"南狩"、"得大首"之象。 ②不可疾,贞:疾,急也。此承前文义,说明天下"明夷"已久,除暗复明之事宜渐不宜急,故须持"正"俟时。其旨与卦辞"利艰贞"同。

【译文】

九三,光明殒伤时在南方巡狩而施行征伐,诛灭元凶首恶;此时不可操之过急,应当守持正固。

《象》曰:南狩之志,乃大得也。

【译文】

《象传》说:九三"在南方巡狩而施行征伐"的志向,说明必将大有所得。

六四,入于左腹,获明夷之心,于出门庭①。

【注释】

①入于左腹,获明夷之心,于出门庭:左,含"退"、"顺"之义,喻六四柔顺处事,《正义》:"凡右为用事也,从其左不从其右,是卑顺不逆也";腹,《正义》:"事情之地",喻六四居腹要之位;心,心意,犹言"内情",此指天下"明夷"的缘故。这三句说明六四居上卦坤体之始,犹当"明夷"之时,身在暗地,以柔顺退处"腹要"之位,故能获知"明夷"时的内情,遂及时抉择去从,毅然出门远遯。

【译文】

六四,退处于左方腹部地位,深刻了解光明殒伤时的内中情状,于是毅然跨出门庭远去。

《象》曰:"入于左腹",获心意也。

【译文】

《象传》说:"退处于左方腹部地位",是说能够深刻了解光明殒伤时的内中情状。

六五,箕子之明夷,利贞①。

【注释】

①箕子之明夷,利贞:这是拟取殷箕子被纣囚、佯狂自晦以守志之象,喻六五最近"暗君",身罹内难,利于守正不移,不为昏暗所没。此即《象传》所云"晦其明"、"内难而能正其志,箕子以之"之义。

【译文】

六五,殷朝箕子的光明殒伤,利于守持正固。

《象》曰:箕子之贞,明不可息也①。

【注释】

①明不可息:息,通"熄"。

【译文】

《象传》说:殷朝箕子的守持正固,说明六五的内心光明不可熄灭。

上六,不明晦;初登于天,后入于地①。

【注释】

①不明晦;初登于天,后入于地:不明晦,犹言"不明反晦"。此以太阳初升天上、后没地中,乃至不发光明、反生黑暗,喻上六以阴处"明夷"之极,为"暗君"之象。

【译文】

上六,不发出光明却带来昏暗;起初登临天上,最终坠入地下。

《象》曰:"初登于天",照四国也;"后入于地",失则也。

【译文】

《象传》说:"起初登临天上",可以照耀四方诸国;"最终坠入地下",是说明上六违背了正确的法则。

【总论】

事物的盛衰,社会的治乱,自有不可抗拒的发展规律。《明夷》卦以"明入地中"为喻,展示了政治昏暗、光明泯灭之世的情状以及"君子"自晦其明、守正不移的品质。卦辞"利艰贞"之义,强调在艰难中维护正道,在"自晦"中期待着转衰为盛、重见光明的一天。当然,就具体环境而言,"事"有可济、不可济之别,"时"有可居、不可居之分;于是卦中除上六为"暗君"之象外,余五爻分别从不同角度揭出"君子"处"明夷"的特点。苏轼指出:"夫君子有责于斯世,力能救则救之,六二之'用拯'是也;力能正则正之,九三之'南狩'是也;既不能救,又不能正,则君子不敢辞其辱以私便其身,六五之'箕子'是也。君子居明夷之世,有责必有以塞之,无责必有以全身而不失其正。初九、六四无责于斯世,故近者则'入腹、获心、于出门庭',而远者则'行不及食'也。"(《东坡易传》)这是对诸爻意义的较正确归纳。借此可以看出,初、四两爻是以消极反抗的态度处"明夷",二、三、五三爻是以积极救治的精神处"明夷";而积极救治又有"汤、武"式的毅烈行动,与"箕子"式的忍辱守持之分。要言之,处"明夷"的特点虽有不同,立足于"艰贞守正"的卦旨却全然一致。此旨在六五一爻言之尤切,即极称时世虽暗而道不可没,立身纯正则危不足忧:《象传》所谓"明不可息"是也。

家人卦第三十七

䷤　家人[1]：利女贞[2]。

【注释】

①家人：卦名，下离(☲)上巽(☴)，象征"一家人"。　②利女贞：此谓家内之事，女子为主要因素，故言利女子守正。

【译文】

《家人》卦象征一家人：利于女子守持正固。

《彖》曰：家人，女正位乎内，男正位乎外[1]；男女正，天地之大义也[2]。家人有严君焉，父母之谓也。父父，子子，兄兄，弟弟，夫夫，妇妇，而家道正；正家而天下定矣[3]。

【注释】

①女正位乎内，男正位乎外：女，指六二；男，指九五。此以二、五两爻得正于内外卦之象，说明女主家内事，男主家外事，并合下文"男女正，天地之大义也"共释卦名及卦辞"家人，利女贞"。　②天地之大义：此谓"家人"男女之"正"，合乎天地、阴阳、尊卑之理。　③正家而天下定矣：此承上文"家人有严君焉"至"家道正"诸句之义，推阐出"正家"与"定天下"的逻辑关系。

【译文】

《彖传》说：一家人，女子在家内居正当之位，男子在家外居正当之位；男女居位都正当得体，这是天地阴阳的大道理。一家人有严正的君长，指的是父母。父亲尽父亲的责任，儿子尽儿子的责任，长兄尽长兄的责任，小弟尽小弟的责任，丈夫尽丈夫的责任，妻子尽妻子的责任，这样家道就能端正；端正了家道而天下就能安定。

《象》曰:风自火出,家人[1];君子以言有物而行有恒[2]。

【注释】

①风自火出,家人:释《家人》上巽为风,下离为火之象。此卦内火外风,犹如家事自内影响到外,故《王注》曰:"由内以相成炽也。" ②言有物而行有恒:这是说明君子观《家人》卦象,悟知日常居家小事亦关"风化"之理,故能自修小节,言行扎实不妄。

【译文】

《象传》说:风从火的燃烧生出(自内延外),象征"一家人"(事关社会风化);君子因此日常言语必切合实物,居家行事必守恒不变。

初九,闲有家,悔亡[1]。

【注释】

①闲有家,悔亡:闲,防也,指防止邪恶(见《乾》卦《文言传》"闲邪存其诚"译注)。此谓初九处"家人"之始,家道初立,宜于严防邪辟,才能保有其家而"悔亡"。

【译文】

初九,防止邪恶然后保有其家,悔恨消亡。

《象》曰:"闲有家",志未变也。

【译文】

《象传》说:"防止邪恶然后保有其家",是说明初九在意志尚未转化的时候预先防范。

六二,无攸遂,在中馈,贞吉[1]。

【注释】

①无攸遂,在中馈,贞吉:遂,成也,"无攸遂"言不专主其事、无所成就;馈,音kuì,《周礼·天官·膳夫》"王之馈食",郑玄注"进物于尊者曰馈","中馈",犹言"家中饮食事宜"。此谓六二居《家人》下卦之中,柔顺中正,上应九五阳刚,有"妇人顺夫"之象,故无所专主、无所成就,唯掌"中馈"、守正获吉。

【译文】

六二,无所成就,主管家中饮食事宜,守持正固可获吉祥。

《象》曰:六二之吉,顺以巽也。

【译文】

《象传》说：六二的吉祥，是由于柔顺温逊所致。

九三，家人嗃嗃，悔厉，吉；妇子嘻嘻，终吝[1]。

【注释】

①家人嗃嗃，悔厉，吉；妇子嘻嘻，终吝：嗃，音 hè，嗃嗃犹言“嗷嗷”，为众口愁怨声，与下文“嘻嘻”相对，均象声词；嘻嘻，欢乐笑闹声。此谓九三处下卦之上，阳刚亢盛，有治家过严、家人“嗃嗃”愁怨之象，此时虽多“悔”有“危”，但以不失正道仍获吉祥；若反严为宽，放纵妇子“嘻嘻”笑闹，则失家道，终将憾惜。

【译文】

九三，一家人愁怨嗷嗷，尽管有悔恨、有危险，但可获吉祥；要是妇人孩童笑闹嘻嘻，终致憾惜。

《象》曰：“家人嗃嗃”，未失也[1]；“妇子嘻嘻”，失家节也。

【注释】

①未失：失，通“佚”，即放逸纵乐之意。

【译文】

《象传》说：“一家人愁怨嗷嗷”，说明此时未敢放逸纵乐；“妇人孩童笑闹嘻嘻”，说明有失家中礼节。

六四，富家，大吉[1]。

【注释】

①富家，大吉：富，用如动词，即“增富”之意。此言六四处上卦之下，阴虚本不富；但柔顺得正，下应初九，上承九五，大得阳刚之富实，故有“富家，大吉”之象。

【译文】

六四，增富其家，大为吉祥。

《象》曰：“富家大吉”，顺在位也[1]。

【注释】

①顺在位：指六四顺承九五。

【译文】

《象传》说：“增富其家，大为吉祥”，是由于六四顺承居在尊位的阳刚者。

九五,王假有家[①],勿恤,吉。

【注释】

①王假有家:假,旧音读如“格”(gé),此处犹言“感格”。格,至也。这三句说明九五阳刚中正,尊居“君”位,下应六二柔正,有以美德感格家人以保有其家之象,故“勿恤”而“吉”。爻旨并含“正家而天下定”之义。

【译文】

九五,君王用美德感格众人然后保有其家,无须忧虑,吉祥。

《象》曰:“王假有家”,交相爱也[①]。

【注释】

①交相爱:指九五与六二交应,犹家人亲和;并含家道正而天下安定之义。

【译文】

《象传》说:“君王用美德感格众人然后保有其家”,说明此时人人交相亲爱和睦。

上九,有孚,威如,终吉[①]。

【注释】

①有孚,威如,终吉:此言上九以阳刚处《家人》之终,居一家之上,既能心存诚信,又能威严治家,故获“终吉”。

【译文】

上九,心存诚信,威严治家,终获吉祥。

《象》曰:威如之吉,反身之谓也[①]。

【注释】

①反身:即反求自身。

【译文】

《象传》说:威严治家而获吉祥,说明上九先要反身自省,严格要求自己。

【总论】

《家人》卦,阐发“治家”之道。卦辞主于“利在女子守正”,六爻却并发男女如何“正家”的意义。《折中》引吴曰慎曰:“‘家人’之道,男以刚严为正,女以柔顺为正。初曰‘闲’,三曰‘厉’,上曰‘威’,男子之道也;二、四《象传》皆曰‘顺’,妇人之道也。五刚而中，非不严也，严而泰也。”深究作《易》者的意旨，卦辞之所以强调“利女贞”，乃责求女子之“正”须绝对“柔顺”、无所专遂：“妇德”缘此能立，“家道”于是不失。那么，真正的治家主权自然非“男”莫属了，上九“威如”之喻便成为“男权”的绝好象征。《彖传》所谓“男女正，天地之大义”，也是本于男严女顺、阳唱阴随的观念。诚然，人伦尊卑是人类社会发展过程中产生的客观现象，自有一定的规律；但由此引发出“男尊女卑”的思想，根深蒂固地影响了中国两千多年的封建社会，今天实当深加批判。至于《家人》卦蕴含的超乎“家人”之外的意义，从《彖传》“正家而天下定”一语，以及《大象传》“君子”居家不忘修言行、美风化的阐述中，可以看出贯穿在“身”、“家”、“天下”之间的一条具有浓厚政治色彩的线索。就这一角度分析，《家人》的大旨又与《礼记·大学》宣扬“修身，齐家，治国，平天下”的政治思想密合无间。

睽卦第三十八

䷥　睽[1]:小事吉[2]。

【注释】

①睽:音 kuí,卦名,下兑(☱)上离(☲),象征“乖背睽违”。　②小事吉:小,阴柔之称,此处含“小心”之义。凡物相睽,必须以柔顺的方法,小心寻求其中可合之处,才能转“乖睽”为“谐和”;若刚断强合,必难“济睽”。故称“小事吉”。卦中六五以柔处中应刚,正合此象。

【译文】

《睽》卦象征乖背睽违:小心处事可获吉祥。

《彖》曰:睽,火动而上,泽动而下[1];二女同居,其志不同行[2]。说而丽乎明[3],柔进而上行,得中而应乎刚[4],是以小事吉。天地睽而其事同也,男女睽而其志通也,万物睽而其事类也:睽之时用大矣哉[5]!

【注释】

①火动而上,泽动而下:火,指上离;泽,指下兑。此谓上下象含“乖睽”之义。②二女同居,其志不同行:二女,指下兑为少女,上离为中女。此谓上下象犹“二女”共处,长成必各有不同的归适之志。文意是配合前两句并释卦名“睽”。③说而丽乎明:说,即“悦”,指下兑为“悦”;丽乎明,指上离为明,为“附丽”。此谓上下象含有以和悦附丽于光明之义。　④柔进而上行,得中而应乎刚:柔、中,指六五柔顺中正;刚,指九二。此谓五以柔中下应二刚。文意承前句,言当以和悦、柔顺之道小心处“睽”,以释卦辞“小事吉”之旨。　⑤睽之时用大矣哉:此句承前三句所举天地、男女、万物之例,说明事物虽“睽”却有可同之理,沿顺其理以求必能“合睽”,故叹美当“睽”之时可以广施合睽之用。

【译文】

《彖传》说:乖背睽违,譬如火焰燃动炎上,泽水流动润下;又如两个女子同居一室,志向不同而行为乖背。此时应当和悦附丽于光明,用柔顺之道求进才能向上直行,还要处事适中而应合于阳刚者,这就是小心处事可获吉祥的道理。天地上下乖睽但化育万物的事理却相同,男女阴阳乖睽但交感求合的心志却相通,天下万物尽管乖背睽违但禀受天地阴阳气质的情状却相类似:"乖睽"之时有待施用的范围是多么广大啊!

《象》曰:上火下泽,睽①;君子以同而异②。

【注释】

①上火下泽,睽:释《睽》卦上离为火、下兑为泽之象。　②同而异:犹言求同存异。这是说明"君子"观《睽》象而悟"合睽"之理,谋求事物之"大同",并存不可同之"小异"。

【译文】

《象传》说:上为火下为泽,象征"乖背睽违";君子因此谋求大同并存小异。

初九,悔亡①;丧马,勿逐自复;见恶人,无咎②。

【注释】

①悔亡:初九处《睽》之始,犹初与人"乖睽",位卑无应,不立异自显而广和于人,则其"悔"自消。　②丧马,勿逐自复;见恶人,无咎:见,谓逊接之。此以两层相似的喻象,说明初九的处睽之道:"丧马"喻乖睽,"勿逐"静俟"自复"则"睽"消;"恶人"亦喻与己乖睽,和颜相接,待其自改从善则"睽"亦消。喻旨均明初九必须退、顺勿动,居易俟命,"乖睽"自得消失。

【译文】

初九,悔恨消亡;马匹走失,不用追逐,静候其自行归来;逊接与己对立的恶人,不致咎害。

《象》曰:"见恶人",以辟咎也①。

【注释】

①辟:通"避"。

【译文】

《象传》说:"逊接与己对立的恶人",是为了避免乖睽激化的咎害。

九二,遇主于巷,无咎①。

【注释】

①遇主于巷,无咎:主,指六五,因居尊应二故称。此言九二当"睽"之时,失位不安,本有咎害;但阳居阴位,守谦顺时,又处中道,终能于不期然间与所应之六五遇于巷道,"睽违"遂合,故获"无咎"。

【译文】

九二,在巷道中不期然遇合主人,必无咎害。

《象》曰:"遇主于巷",未失道也。

【译文】

《象传》说:"在巷道中不期然遇合主人",说明九二未曾违失处睽之道。

六三,见舆曳,其牛掣;其人天且劓①。无初有终②。

【注释】

①见舆曳,其牛掣;其人天且劓:曳,音 yè,拖曳;掣,音 chè,牵制;天,当作"而",古代"髡发"之刑,即剃削罪人的鬓发;劓,音 yì,古代割鼻之刑。这三句取三种喻象,说明六三处《睽》下卦之终,与上九正应却睽违难合情状:三阴柔失位,上下两阳近比,造成心理威胁,犹如二"曳舆"于后、四"掣牛"于前;又因上九远在外卦之极,恐其对己猜疑乃至施加惩罚,故恍如己身受"天"、"劓"酷刑。辞义主于表明六三居内睽违至极,处境艰难,并由此产生恐惧、疑虑。 ②无初有终:犹言"初睽,终合"。此谓六三虽睽违不堪,但笃情专恋上九,二、四非正应难以牵制,终致上九疑消而欢合。

【译文】

六三,似乎看见大车被拖曳难行,驾车的牛受牵制不进;又恍如自己身遭削发截鼻的酷刑。起初乖睽,终将欢合。

《象》曰:"见舆曳",位不当也;"无初有终",遇刚也①。

【注释】

①遇刚:指三与上九应合。

【译文】

《象传》说:"似乎见到大车被拖曳难行",这是六三居位不妥当所致;"起初乖睽,终将欢合",说明六三终必与相应的阳刚遇合。

九四，睽孤[1]；遇元夫，交孚，厉无咎[2]。

【注释】

①睽孤：九四处“睽”之时，孤立无应，三、五两阴虽上下比近，但各有专主，故独显“睽孤”之象。 ②遇元夫，交孚，厉无咎：元夫，指初九，阳大称“元”，犹言“大丈夫”。

【译文】

九四，乖背睽违，孑然孤立；遇合阳刚大丈夫，交相诚信，虽有危险却能免遭咎害。

《象》曰：“交孚”无咎，志行也。

【译文】

《象传》说：“交相诚信”而能免遭咎害，说明其志向在践行济睽。

六五，悔亡，厥宗噬肤，往何咎[1]？

【注释】

①悔亡，厥宗噬肤，往何咎：宗，宗族内部，此处指九二应五，犹如“宗亲”；噬肤，咬噬柔脆的皮肤，此处喻柔顺平易的“济睽”途径。这三句说明六五不当位，本有悔；但居尊柔顺，下应九二，二正以和顺适中的“噬肤”之道期待遇合，往应必无咎，故获“悔亡”。

【译文】

六五，悔恨消亡，它相应的宗亲者（像）咬噬柔脆皮肤（一样地以和顺之道期待遇合），前往有何咎害？

《象》曰：“厥宗噬肤”，往有庆也。

【译文】

《象传》说：“它相应的宗亲者正（像）咬噬柔脆皮肤（一样地以和顺之道期待遇合）”，说明六五此时前往必有喜庆。

上九，睽孤，见豕负涂，载鬼一车，先张之弧，后说之弧[1]；匪寇，婚媾；往遇雨则吉[2]。

【注释】

①睽孤，见豕负涂，载鬼一车，先张之弧，后说之弧：豕、鬼，均喻上九猜疑六三

已变态化为丑形;说,通“脱”。这几句说明上九以阳处《睽》之极,与六三违离至久,孤独烦躁,妄生猜疑,遂酿成种种幻觉:或见其变猪负涂,或见鬼车奔驰,当举弧欲射之际,又猛然发现非鬼而罢。辞义与六三相应,表明上九睽极所产生的心理变异。　②匪寇,婚媾;往遇雨则吉:婚媾,喻上、三两爻的正应关系;雨,古人认为是阴阳二气交和之物,此处喻上、三“睽”极终至相合。这三句承前文之义,说明上九猜疑既消,知三非“寇”,实为良配;故前往必“遇雨”获“吉”。

【译文】

上九,睽违至极,孤独狐疑,恍如看见丑猪背负污泥,又见一辆大车满载鬼怪在奔驰,先是张弓欲射,后又放下弓矢;原来并非强寇,而是与己婚配的佳丽;此时前往,遇到阴阳和合的甘雨就能获得吉祥。

《象》曰:“遇雨之吉”,群疑亡也。

【译文】

《象传》说:“遇到阴阳和合的甘雨就获得吉祥”,说明上九的种种猜疑都已经消失。

【总论】

人情物理,总是好合不好离,喜聚不喜散。《古诗十九首》“行行重行行,与君生别离;相去万余里,各在天一涯”(《文选》卷二十九)几句,是较有代表性的嗟伤睽违离别的诗歌艺术反映。《睽》卦取名“乖背睽违”,卦旨却在于揭示如何化“睽”为“合”的道理。卦辞谓:“小心处事可获吉祥”,即表明事物虽“睽”,必有可同、可合之处,用柔和细致的方法顺势利导,乖背能消、睽违终合。卦中六爻虽均在“睽”时,但未尝一爻久睽不合。《折中》引冯当可曰:“内卦皆睽而有所待,外卦皆反而有所应:初‘丧马勿逐’,至四‘遇元夫’,而初、四合矣;二委曲以求遇,至五‘往何咎’,而二、五合矣;三‘舆曳’、‘牛掣’,至上‘遇雨’,而三、上合矣。天下之理,固未有终睽也。”可见,诸爻均以“小心”、“委婉”之道,并收“济睽”、“合睽”之功,所谓“委曲巽入则易通也”(《折中》)。从各爻的义理中,可以明显看出《周易》作者对于事物“同”“异”、“睽”“合”辩证关系的认识;《彖传》称“天地睽而其事同也,男女睽而其志通也,万物睽而其事类也”,正阐发这一意义。至于《大象传》所明“求大同存小异”的旨趣,则是对“小心处睽”这一抽象概念的具体发挥,从而使《睽》卦蕴含的“对立统一”的哲学因素进一步显露出应有的色彩。

卷六

蹇卦第三十九

䷦ 蹇[①]:利西南,不利东北[②];利见大人,贞吉[③]。

【注释】

①蹇:音 jiǎn,卦名,下艮(☶)上坎(☵),象征"行走艰难"。 ②利西南,不利东北:西南,象征平地;东北,象征山麓。此承卦名"蹇"而言,说明当"蹇难"之时,所行宜于避险就夷,故"利西南,不利东北"。 ③利见大人,贞吉:此谓处"蹇"之时,利于"大人"奋起济难,并须守持正固,则可获吉祥。本卦九五刚中居尊,诸爻处位得正,即合此象。

【译文】

《蹇》卦象征行走艰难:利于走向西南平地,不利于走向东北山麓;利于出现大人,守持正固可获吉祥。

《彖》曰:"蹇",难也,险在前也;见险而能止,知矣哉[①]!"蹇,利西南",往得中也[②];"不利东北",其道穷也[③]。"利见大人",往有功也[④];当位"贞吉",以正邦也[⑤]。蹇之时用大矣哉[⑥]!

【注释】

①险在前也;见险而能止,知矣哉:险,指上坎;止,指下艮;知,即"智"。此以上下卦象,合前文并释卦名"蹇"之义。 ②往得中:中,犹言适中、合宜。此释卦辞"利西南",谓蹇之时行于西南平地是合宜之道。 ③其道穷:释卦辞"不利东北"之义。 ④往有功:释卦辞"利见大人"之义。 ⑤当位"贞吉",以正邦也:当位,指六二以上诸爻居位均正,初爻虽以阴居阳,但最处卑位,其义亦正:故全卦六爻皆含守正济"蹇"之义。此以爻象释卦辞"贞吉"。 ⑥蹇之时用大矣哉:此句总结全《彖》,叹美济蹇之时,其用至大。

【译文】

《彖传》说:"蹇",意思是行走艰难,譬如险境就在前面,行走必难;出现险境而能停止不前，可以称为明智啊！“行走艰难之时，利于走向西南平地”，这样前往就能合宜适中；“不利于走向东北山麓”，往东北必将路困途穷。“利于出现大人”，说明前往济蹇必能建功；居位适当“守持正固可获吉祥”，说明可以摆脱蹇难端正邦国。处于蹇难之时济蹇的功用是多么宏大啊！

《象》曰：山上有水，蹇[①]；君子以反身修德[②]。

【注释】

①山上有水，蹇：释《蹇》卦下艮为山，上坎为水之象。 ②反身修德：反身，即“反求自身”。这是说明“君子”观《蹇》卦之象，悟知处“蹇”之时，先须“反身修德”然后才能济蹇涉难。

【译文】

《象传》说：高山上有积水，象征“行走艰难”；君子因此当行走艰难之时反求于自身、努力修美道德。

初六，往蹇，来誉[①]。

【注释】

①往蹇，来誉：往，犹言“进”；来，犹言“退”。此谓初六处“蹇”之始，阴柔卑下，上无应与，故犯难冒进必“蹇”，识时退处则有“誉”。

【译文】

初六，往前行走艰难，归来必获美誉。

《象》曰：“往蹇来誉”，宜待也。

【译文】

《象传》说：“往前行走艰难，归来必获美誉”，是说应当等待时机。

六二，王臣蹇蹇，匪躬之故[①]。

【注释】

①王臣蹇蹇，匪躬之故：臣，犹言“臣仆”，《帛书周易》作“仆”字；蹇蹇，形容努力济蹇的情状，《尚氏学》“言劬劳也”；躬，自身；故，《广雅·释诂三》“事也”。这两句说明六二当蹇难之时，柔顺居中，上应九五，志在济蹇，犹如“王臣”尽职劬劳不为己身。

【译文】

六二，君王的臣仆努力奔走济难，不是为了自身私事。

《象》曰:“王臣蹇蹇”,终无尤也。

【译文】

《象传》说:“君王的臣仆努力奔走济难”,说明六二终将无所过尤。

九三,往蹇,来反[①]。

【注释】

①往蹇,来反:此言九三以阳处下艮之上,前临坎险,下据二阴,故往则遇“蹇”,反则得所。

【译文】

九三,往前行走艰难,归来退居其所。

《象》曰:“往蹇来反”,内喜之也[①]。

【注释】

①内喜之:内,指内卦二阴,阴喜阳归;之,指九三“来反”之事。

【译文】

《象传》说:“往前行走艰难,归来退居其所”,说明内部阴柔者都欣喜九三归返。

六四,往蹇,来连[①]。

【注释】

①往蹇,来连:连,犹言“接连蹇难”。此谓六四当蹇之时,虽柔顺得正,但以柔乘凌九三之刚,下与初六无应,自身又处坎险,故有往来皆遇蹇难之象。爻义主于“时位”如此,其难不可避免。

【译文】

六四,往前行走艰难,归来又逢艰难。

《象》曰:“往蹇来连”,当位实也[①]。

【注释】

①当位实:指位当其实,难非自招。

【译文】

《象传》说:“往前将遇蹇难,归来又逢艰难”,说明六四正当本实之位(蹇难并非妄招)。

九五,大蹇,朋来[①]。

【注释】

①大蹇,朋来:此谓九五阳居坎中,当“大蹇”之时,以阳刚中正之德下应六二,故友朋纷来,共济蹇难。

【译文】

九五,行走十分艰难,友朋纷纷来归相助。

《象》曰:“大蹇朋来”,以中节也[①]。

【注释】

①中节:《正义》:“得位居中,不易其节。”

【译文】

《象传》说:“行走十分艰难,友朋纷纷来归相助”,说明九五保持阳刚中正的气节。

上六,往蹇,来硕;吉,利见大人[①]。

【注释】

①往蹇,来硕;吉,利见大人:此谓上六以阴居《蹇》之终,蹇极将通,若往前则不但无益而将更生蹇难,来归本位附从九五之尊则有大功,故“吉”,并“利见”九五“大人”。

【译文】

上六,往前行走艰难,归来可建大功;吉祥,利于出现大人。

《象》曰:“往蹇来硕”,志在内也[①];“利见大人”,以从贵也[②]。

【注释】

①志在内:指上六既归从九五,九五应六二,上六应九三:二、三均处内卦,则上、五之志并在合内以济“蹇”,故曰“志在内”。　②从贵:贵,指九五贵居“君位”。

【译文】

《象传》说:“往前行走艰难,归来可建大功”,说明上六的志向在于联合内部共同济艰;“利于出现大人”,说明上六应当附从于尊贵的阳刚君主。

【总论】

《蹇》卦取名为“蹇”,其旨在于喻示济涉蹇难的道理。卦辞所发之义约有三事：一、济蹇必须进退合宜。所谓利于"西南"平地，不利于"东北"山麓，即表明此时可进则进，不可进则退。二、"大人"是济蹇的主导因素。所谓"利见大人"，事实上是揭示"蹇难"之时，期待着聚合各方力量、统一上下意志的"权威"性因素，有此"权威"为"主导"，则险厄可济，蹇难可解。三、济蹇又必须守持正固。所谓"贞吉"，即言行为不违正道，上下同舟共济，必能济蹇获吉。卦中六爻，便围绕这三方面意义，展示了处在不同环境、地位中的济蹇情状。初六位卑无应，犯难冒进则遇蹇，退处待时则有誉；六二柔中应刚，当如"王臣"不计私利、尽心济难；九三刚正而险难当前，须暂退"安内"，然后求进；六四柔正而前后均险，不可进而须自守正固；九五阳刚中正，为"大人"济蹇之象，虽时"大蹇"，却有"友朋"来归，共济危难；上六蹇难将解，附从"贵君"以建"硕大"之功，终获吉祥。综观六爻大义，各爻均示人善处蹇时，勉力济蹇；但全卦到了上爻才言"吉"，则隐含着匡济蹇难必须经历长期、艰苦的过程，才能见其功效。《孟子·告子下》曰："必先苦其心志，劳其筋骨，饿其体肤"，似与这一道理略可谐合。

解卦第四十

䷧ 解[1]:利西南[2];无所往,其来复吉[3];有攸往,夙吉[4]。

【注释】

①解:卦名,下坎(☵)上震(☳),象征"舒解"险难。　②利西南:西南,象征"众庶"之地。此言舒解险难,利在施于众庶,使群情共获舒缓,故曰"利西南"。③无所往,其来复吉:这两句说明无危难之时无所前往,以"来复"安居、修治其内为吉。　④有攸往,夙吉:夙,早也,此处与"速"义通。这两句与前文"无所往,其来复吉"对举,说明出现危难之时,应有所前往,并以及早前去、迅速舒解为吉。

【译文】

《解》卦象征舒解险难:利于西南众庶之地;没有危难就无须前往舒解,返回安居其所可获吉祥;出现危难要有所前往,及早前去可获吉祥。

《彖》曰:解,险以动,动而免乎险[1],解。"解,利西南",往得众也[2];"其来复吉",乃得中也[3];"有攸往,夙吉",往有功也[4]。天地解而雷雨作,雷雨作而百果草木皆甲坼[5]:解之时大矣哉[6]!

【注释】

①险以动,动而免乎险:险,指下卦坎为险;动,指上卦震为动。此以上下象释卦名"解"之义。　②往得众:此句释卦辞"利西南"之义;西南既为"众地",则前往解难必得众人拥护,故"利"。　③得中:得适中之道,与《蹇》卦《彖传》"往得中"义同。此句释卦辞"无所往,其来复吉"。　④往有功:此句释卦辞"有攸往,夙吉"。　⑤天地解而雷雨作,雷雨作而百果草木皆甲坼:雷,指上卦震;雨,指下卦坎;甲,此处指植物种子的皮壳;坼,音 chè,破裂,《说文》"裂也"。这两句又以上下卦有"雷雨"之象,广举"天地"、"草木"于春季"舒解"的情状,阐发《解》卦大义。　⑥解之时大矣哉:这是归结上文两句,叹美"舒解"之时的宏大功效。

【译文】

《彖传》说：舒解险难，譬如置身险境而能奋动，奋动解脱就避免落入险陷，这就是舒解险难。“舒解险难之时，利于西南众庶之地”，说明前往解难，必将获得众人拥护；“没有危难就无须前往舒解，返回安居其所可获吉祥”，这样就能合宜适中；“出现危难要有所前往，及早前去可获吉祥”，说明前往解难必能建功。天地舒解于是雷雨兴起，雷雨兴起于是百果草木的种子都舒展萌芽，绽开外皮：“舒解”之时的功效是多么宏大啊！

《象》曰：雷雨作，解①；君子以赦过宥罪②。

【注释】

①雷雨作，解：释《解》卦上震为雷，下坎为雨之象。此即《彖传》“天地解而雷雨作”之义，言万物当春，因雷雨而纷纷舒发生机，为“舒解”之象。 ②赦过宥罪：宥，音 yòu，宽宥。这是说明“君子”效法《解》象，以“赦过宥罪”体现开释、舒缓的“仁政”。

【译文】

《象传》说：雷雨兴起（草木萌芽），象征“舒解”；君子因此赦免过失而宽宥罪恶。

初六，无咎①。

【注释】

①无咎：指初六当危难初解之时，以柔处下，上应九四，故“无咎”。

【译文】

初六，（险难初解）无所咎害。

《象》曰：刚柔之际，义无咎也①。

【注释】

①刚柔之际，义无咎也：刚，指九四；柔，指初六；际，交际，即相应；义，犹“理”。此释初六“无咎”的原因。

【译文】

《象传》说：初六与九四刚柔互为交际相应，就舒解险难的道理看必然无所咎害。

九二，田获三狐，得黄矢；贞吉[1]。

【注释】

①田获三狐，得黄矢；贞吉：狐，喻隐伏之患；黄矢，喻居中刚直。此谓九二当危难初解之后，上应六五之君，犹如担负清除隐患的重任，故以"田获三狐"为喻；又禀阳刚之质而居中，刚柔相济，故有"黄矢"似的美德；以此趋正长守，必能不负舒解险难、清除隐患的使命，故曰"贞吉"。

【译文】

九二，田猎时捕获好几只隐伏的狐狸，并获得黄色的箭矢（它象征刚直中和的美德）；守持正固可获吉祥。

《象》曰：九二贞吉，得中道也。

【译文】

《象传》说：九二守持正固可获吉祥，说明有得于居中不偏之道。

六三，负且乘，致寇至；贞吝[1]。

【注释】

①负且乘，致寇至；贞吝：此谓六三处"解"之时，阴柔失正，乘凌九二阳刚之上而攀附于九四，犹如"小人"窃据高位，故以负重而乘车，招致强寇来夺为喻，明其居于非份之位，不能长久；但爻辞又发规劝"小人"改邪向善之意，故特诫其趋正自守、以防憾惜。

【译文】

六三，背负重物而身乘大车，必招致强寇前来夺取；守持正固以防憾惜。

《象》曰："负且乘"，亦可丑也；自我致戎，又谁咎也？

【译文】

《象传》说：六三"背负重物而身乘大车"，是说其行为也太可丑恶了；由于自身无德窃位而招致兵戎之难，又该归咎于谁呢？

九四，解而拇，朋至斯孚[1]。

【注释】

①解而拇，朋至斯孚：而，《正义》"汝也"，指九四；拇，《释文》引陆绩曰"足大趾也"；朋，指初六；斯，介词，《经传释词》"犹'乃'"。这两句说明九四阳居阴位，

下比六三，为之所附，犹如足趾生患，妨碍其与初六相应；故须“解”其“拇”，然后可致初六“朋”来，阴阳相“孚”之德乃见。

【译文】

九四，像舒解你大脚中拇趾的隐患一样摆脱小人的纠附，然后友朋就能前来以诚信之心相应。

《象》曰：“解而拇”，未当位也。

【译文】

《象传》说：“像舒解你大脚拇趾的隐患一样摆脱小人的纠附”，说明九四居位尚未妥当。

六五，君子维有解，吉①，有孚于小人②。

【注释】

①君子维有解，吉：维，语气助词。此言六五柔中居尊，下应九二，为能舒解危难的“君子”形象，故获吉祥。　②有孚于小人：此句申发前文之义，说明六五不但能解难，又能以孚信之德感化“小人”，使之诚服无怨。

【译文】

六五，君子能够舒解险难，吉祥，甚至能用诚信之德感化小人。

《象》曰：君子有解，小人退也。

【译文】

《象传》说：君子能够舒解险难，小人必将畏服退缩。

上六，公用射隼于高墉之上，获之，无不利①。

【注释】

①公用射隼于高墉之上，获之，无不利：隼，音 sǔn，恶鸟，此处喻六三；墉，《释文》引马融曰：“城也。”这三句说明上六处《解》之终，居震动之极，为舒解危难的“王公”之象；而六三“小人窃位”，犹如恶隼盘踞“高墉之上”，上六能“射”而“获之”，排除患害，故“无不利”。

【译文】

上六，王公发箭射击据于高城之上的恶隼，一举射获，无所不利。

《象》曰:“公用射隼”,以解悖也[①]。

【注释】

①悖:犹言“悖逆者”,指六三。

【译文】

《象传》说:“王公发箭射击据于高城之上的恶隼”,说明上六是在舒解悖逆者造成的险难。

【总论】

《解》卦说明“舒解”险难的道理。卦辞先言解难利在施于“西南”众庶之地,强调其目的是使群情共获舒缓。然后分两层揭示解难的基本原则:无难,以“来复”安居为吉;有难,以早去速解为吉。朱熹指出:“若无所往,则宜来复其所而安静;若尚有所往,宜早往早复,不可久烦扰也。”(《本义》)可见,《解》卦的宗旨是要通过排患解难,追求一种安宁平和的环境。六爻的喻义,侧重于展示“解难”过程的具体情状,反复申言清除“小人”、排解“内患”的重要意义。陈梦雷认为:“六爻之义,主于去小人。六三一阴为小人非据、以致天下之兵者,诸爻皆欲去之:二之获狐,获三也;四之解拇,解三也;上之射隼,射三也;五之有孚,亦退三也。唯初六才柔位卑,不任解难而在解时,无咎而已。”(《周易浅述》)显然,全卦之“难”集于六三,以致群起而“解”之。视三以阴居内卦坎险之上,实喻“内部隐患”。那么,本卦所示“舒解”之时的主要矛盾,亦即危害安宁环境的重要因素,无疑是在“内”、在“隐”了。

损卦第四十一

☶☱ 损[1]:有孚,元吉,无咎,可贞,利有攸往[2]。曷之用?二簋可用享[3]。

【注释】

①损:卦名,下兑(☱)上艮(☶),象征"减损"。案,"损"谓"减损",其义主于"损下益上"。　②有孚,元吉,无咎,可贞,利有攸往:这几句极力说明"减损"之道的吉祥、无害、可正、可行,其中强调以"孚信"为前提。　③曷之用?二簋可用享:曷,疑问代词,犹"何"。"曷之用"即"何所为用"的意思。二簋,喻微薄之物,与《坎》六四"簋贰"之义同;享,奉献,泛指贡物给尊者或献祭于神灵之事。这两句以设问的形式,说明"损"之道惟在心诚,不必损其过甚而务以丰物益上;故拟"二簋用享"为喻,言当损之时,只要心存孚信,虽微薄之物亦足以奉献于上。

【译文】

《损》卦象征减损:心存诚信,至为吉祥,必无咎害,可以守持正固,利于有所前往。减损之道用什么来体现?两簋淡食就足以奉献给尊者、神灵。

《彖》曰:"损",损下益上,其道上行[1]。损而有孚[2],元吉、无咎、可贞、利有攸往。曷之用?二簋可用享[3]。二簋应有时,损刚益柔有时[4]:损益盈虚,与时偕行[5]。

【注释】

①损下益上,其道上行:上行,犹言"向上奉献",即下者自行减损以奉于上。这两句以上下卦象释卦名"损"之义,谓上艮为阳能止于上,下兑为阴能悦而顺之,故有"损下益上"之象。　②损而有孚:而,连词,兼含"能"之义。此句在卦辞"损,有孚"之间加一"而"字,以释其下"元亨、无咎、可贞、利有攸往",谓此"四善"均因"有孚"而得。　③曷之用?二簋可用享:这两句径用卦辞自为解释,

即以后句“自答”释前句“设问”。 ④二簋应有时，损刚益柔有时：这两句进一步阐发前文“二簋可用享”之义，说明行“损”必须适时；即不论以“二簋”奉上，还是损下之刚以益上之柔。均当顺应其“时”，不可滥为。 ⑤损益盈虚，与时偕行：这是归结前两句意旨，总说事物的“损益”之道重在适“时”。

【译文】

《彖传》说：“减损”，意思是减损于下，增益于上，其道理是下者有所奉献于尊上。减损之时能够心存诚信，于是就至为吉祥，必无咎害，可以守持正固，利于有所前往。减损之道用什么来体现？两簋淡食就足以奉献给尊者、神灵。奉献两簋淡食必须应合其时，减损下之阳刚以增益上之阴柔也要适时：事物的减损增益、盈满亏虚，都是配合其时而自然进行的。

《象》曰：山下有泽，损①；君子以惩忿窒欲②。

【注释】

①山下有泽，损：释《损》卦上艮为山、下兑为泽之象。 ②惩忿窒欲：惩，止也；窒，音 zhì，堵塞。这是说明“君子”观《损》象而知止忿堵欲，自损不善。

【译文】

《象传》说：山下有深泽（犹如泽自损以增山高），象征“减损”；君子因此抑止忿怒、堵塞邪欲以自损不善。

初九，已事遄往，无咎①；酌损之②。

【注释】

①已事遄往，无咎：已，竟也，犹言“告成”；事，句中当指“修养”之事；遄，音 chuán，迅速。此谓初九当“损”之始，阳刚处下，上应六四，故于“自修”之事初成，宜速往应四，以为辅助；即明“益上”之义。 ②酌损之：初应六四，犹损刚益柔，此时不可盲目过损其刚，故以“酌损”为宜。

【译文】

初九，完成了自我修养之事就迅速前往辅助尊者，必无咎害；应当斟酌减损自己的刚质。

《象》曰：“已事遄往”，尚合志也①。

【注释】

①尚合志：尚，通“上”。谓初与上卦之四合志。

【译文】

《象传》说："完成了自我修养之事就迅速前往辅助尊者"，说明初九与尊上心志合一。

九二，利贞，征凶；弗损益之[①]。

【注释】

①利贞，征凶；弗损益之：弗损，指九二不自损；益之，指有益于六五。此言"减损"之道是损有余以益不足，九二阳居阴位，刚柔适中，非"有余"者；六五阴居阳位，亦刚柔适中，非"不足"者：两者虽为正应，但九二不可"遄往"，惟不自损而长守其正，即可"益上"，故曰"利贞，征凶"。

【译文】

九二，利于守持正固，急于求进将有凶险；不用自我减损就可以施益于上。

《象》曰：九二利贞，中以为志也。

【译文】

《象传》说：九二利于守持正固，说明应当以坚守中道作为自己的志向。

六三，三人行，则损一人；一人行，则得其友[①]。

【注释】

①三人行，则损一人；一人行，则得其友：三人，泛称多人，文中特指阴性；一人，前指上九，后指六三。这四句说明六三居下兑之极，应于上九，悦而求之，但若群阴并行以求，必损上九一阳；若己一人独往，则阴阳专情和合，故得其友朋。

【译文】

六三，三人同行欲求一阳，必将损彼阳刚一人；一人独行专心求合，就能得其强健友朋。

《象》曰：一人行，三则疑也。

【译文】

《象传》说：一人独行可以专心求合，三人同行将使对方疑惑无主。

六四，损其疾，使遄有喜，无咎[①]。

【注释】

①损其疾,使遄有喜,无咎:疾,指六四思恋初九所致"相思之疾"。此谓六四柔正得位,处艮之始,与初相应,能自损其疾,速纳阳刚,故"有喜"而"无咎"。

【译文】

六四,自我减损思恋的疾患,能够迅速接纳阳刚必有喜庆,不致咎害。

《象》曰:"损其疾",亦可喜也。

【译文】

《象传》说:"自我减损思恋的疾患",说明六四接纳阳刚至为可喜。

六五,或益之十朋之龟,弗克违,元吉[1]。

【注释】

①或益之十朋之龟,弗克违,元吉:十朋,古代货币单位谓双贝为"朋","十朋"即"二十贝",犹言价值昂贵。这三句说明六五柔中居尊,为"虚中"自损而不自益之象,故天下纷纷"益之",乃至受益"十朋之龟",未能辞谢,即言尊居"君位",遂获"元吉"。

【译文】

六五,有人进献价值"十朋"的大宝龟,无法辞谢,至为吉祥。

《象》曰:六五元吉,自上祐也[1]。

【注释】

①上:《正义》:"谓天也。"

【译文】

《象传》说:六五至为吉祥,这是从上天施予祐助。

上九,弗损益之[1];无咎,贞吉,利有攸往,得臣无家[2]。

【注释】

①弗损益之:此言上九以阳刚居《损》之终,"损下益上"必将转化为"损上益下";但上九受下之益已极,毋须"自损"便有以施惠其下,故有"弗损益之"之象。

②无咎,贞吉,利有攸往,得臣无家:无家,《正义》:"光宅天下,无适一家也。""无适一家"犹今言"不限一家"。这四句紧承前文,说明上九能"弗损"而"益"下,即可"无咎";但宜守"正"然后得"吉",以此有往必将大得"臣民",不限一"家"。此

极言“益下”之德宏大，从而也获“得臣无家”之吉。

【译文】

上九，不用自我减损即可施益于人；必无咎害，守持正固可获吉祥，利于有所前往，必将得到广大臣民的拥戴而不限于一家。

《象》曰：“弗损益之”，大得志也。

【译文】

《象传》说：“不用自我减损即可施益于人”，说明上九大得施惠天下的心志。

【总论】

《损》卦的意义，重在“损下益上”。卦辞指出，“减损”之道应当以“诚信”为本，就能“元吉、无咎、可贞、利有攸往”；并认为，只要心存孚信，虽微薄之物如“二簋淡食”者，亦足以奉献“益上”。《彖传》进一步阐明此义，极言：“损益盈虚，与时偕行”。这是把“诚信”与“合时”联系起来分析，表明“损下”不可滥损，“益上”不可滥益。这一义理，可以用“垒土筑墙”为喻：损取墙下土石增益墙上之高，若取之不正、用非其时，则墙必危坠（略本《程传》）。卦中六爻，分上下体抒发“损益”之义：下三爻在下自损，与上三爻居上受益两两相对。其中初九“酌损”己刚“遄往”应四，与六四“有喜”为对；九二不自滥损、“守正”益上，与六五受益“十朋之龟”为对；六三当以“专一”之诚益上，与上九“得臣无家”为对。可见，《易》爻阴阳对应的情状，在本卦中体现为上下适时损益的关系。再从爻辞与爻象考察诸爻大旨，下卦有“酌损”、“弗损”及“三人行则损一人”之诫，可知其义主于“损所当损”；上卦四、五两爻以阴居上，有虚己谦下而受益之象，并见“损中有益”；至于上九居卦之极，因所受之益广益于下，表露了“损”、“益”互为转化的哲理，说明“自损”者损极必获益，“受益”者益极当益人。约言之，本卦以颇具辩证色彩的观点，喻示了这样一种道理：事物的发展，或有损下益上、损小益大、损有余益不足的过程，但损益之间必须孚诚守正，损益之际必须适合其时。当然，《损》卦的象征意义是十分广泛的。《大象传》谓“抑止忿怒、堵塞邪欲”，即是从“修身”的角度推阐“自损不善”的旨趣。马振彪认为：“‘损’之为道，重在损下益上。推此义言之，在为学则自损其私欲以益公理，在处世则自损其身家以益天下，是皆损道得其正而合于时中者。”（《周易学说》）此论可与《大象传》的寓意相互发明。

益卦第四十二

䷩ 益[①]:利有攸往,利涉大川[②]。

【注释】

①益:卦名,下震(☳)上巽(☴),象征"增益"。　②利有攸往,利涉大川:这两句说明既行"损上益下"之道,则有往必利,无险不可涉。

【译文】

《益》卦象征增益:利于有所前往,利于涉越大河巨流。

《彖》曰:"益",损上益下,民说无疆;自上下下,其道大光[①]。"利有攸往",中正有庆[②];"利涉大川",木道乃行[③]。益动而巽,日进无疆;天施地生,其益无方[④]。凡益之道,与时偕行[⑤]。

【注释】

①损上益下,民说无疆;自上下下,其道大光:下下,前"下"为动词,后"下"为方位名词。这四句以上下卦象释卦名"益",谓巽阴居上,震阳居下,巽顺不违震,故有"损上益下"之象;能"损上益下"、"自上下下",自然民众欣悦、道义生光。　②中正有庆:中正指九五。此句以九五刚中居正而能益下之象,释卦辞"利有攸往"。③木道乃行:木,指上巽为木。此句取上卦之象,譬喻以"益"涉难,征途畅通,释卦辞"利涉大川"。　④益动而巽,日进无疆;天施地生,其益无方:动,指下震;巽,逊顺,指上巽;天施,指"天"所施惠;地生,指"地"所化生;方,所也,"无方"犹言遍及万方。这四句又取上下象及天地生物为例,广明"益"道之大。　⑤凡益之道,与时偕行:这两句归结前文,说明"增益"之道须适时,不可滥增泛益。

【译文】

《彖传》说:"增益",意思是减损于上、增益于下,这样民众就欣悦不可限量;从上方施利予下,这种道义必能大放光芒。"施行增益利于有所前往",说明尊者刚中纯正必将大呈庆祥;"利于涉越大河巨流",正如木舟渡水征途通畅。增益之时下者兴动而上者逊顺，其益就能日日增进广大无疆；譬如上天施降利惠、大地受益化生，自然界的施化之益于是遍及万方。事物当增益之时所体现的道理，都说明要配合其时施行得当。

《象》曰：风雷，益①；君子以见善则迁，有过则改②。

【注释】

①风雷，益：释《益》卦上巽为风、下震为雷之象。　②见善则迁，有过则改：迁，就也，犹言"向往"。这是说明"君子"观《益》象，能迁善改过，以此交相增益己德。

【译文】

《象传》说：风雷交助，象征"增益"；君子因此看见善行就倾心向往，有了过错就迅速改正。

初九，利用为大作，元吉，无咎①。

【注释】

①利用为大作，元吉，无咎：大作，《正义》："兴作大事。"此谓初九以阳刚居"益"之始，上应六四，为处下获益之象，宜于大有作为，故获"元吉"；唯其"元吉"，故虽居卑位而任大事也无所咎害。

【译文】

初九，利于大有作为，至为吉祥，必无咎害。

《象》曰："元吉无咎"，下不厚事也①。

【注释】

①不厚事：厚事，《正义》："犹'大事'"。此言初九位卑，本难胜任大事；但以阳刚之德受益于上，故可"大作"，即释"元吉，无咎"之义。

【译文】

《象传》说："至为吉祥而无所咎害"，说明初九处位低下本来不能胜任大事（但此时获益则可以大有作为）。

六二，或益之十朋之龟，弗克违，永贞吉①；王用享于帝，吉②。

【注释】

①或益之十朋之龟，弗克违，永贞吉：十朋之龟，词义与《损》六五同，此处喻

六二荣居"臣位"。这三句说明六二当"益下"之时，以柔中之德获应于九五之"君"，受命荣居要职，犹如被赐"十朋之龟"，无法辞谢，故当永守正固而后有"吉"。 ②王用享于帝，吉：帝，犹言"天帝"。

【译文】

六二，有人赐下价值"十朋"的大宝龟，无法辞谢，永久守持正固可获吉祥；此时君王正在献祭天帝祈求降福，吉祥。

《象》曰："或益之"，自外来也[①]。

【注释】

①自外来：指六二所受之益从外自，非己招取，此与《损》六五《象传》谓"自上祐也"之义略为接近。

【译文】

《象传》说："有人赐下(价值十朋的大宝龟)"，说明六二所受增益是从外部不招自来。

六三，益之用凶事，无咎[①]；有孚中行，告公用圭[②]。

【注释】

①益之用凶事，无咎：之，助词；凶事，指救凶平险之事。此谓六三当"益下"之时，以阴居下卦之上，为受益至甚、"位势"弥壮之象；此时必须因所受之益广益于人，努力投身于拯救衰危的"凶事"之中，则为善处其时，遂获"无咎"。 ②有孚中行，告公用圭：告，犹言"晋见"、"致意"；圭，音 guī，玉器名，古代天子诸侯祭祀、朝聘时，卿大夫等执此以表示"信"，《礼记·郊特牲》："大夫执圭而使，所以申信也。"这两句紧承前文，再申诫意：说明六三不当位而受益至多，不可因"益"忘忧，纵欲妄为，而应当守"信"持"中"，时时像执圭"告公"一样诚敬不苟；以此处事；才能长保"无咎"。

【译文】

六三，受益至多应该努力施用于救凶平险的事务，必无咎害；必须心存诚信、持中慎行，时时像手执玉圭致意于王公一样虔心恭敬。

《象》曰：益用凶事，固有之也。

【译文】

《象传》说：受益至多应该努力施用于救凶平险的事务，这样才能牢固保有所获之益。

六四，中行告公从，利用为依迁国[①]。

【注释】

①中行告公从，利用为依迁国：迁国，上古常有迁徙其国都、避害就利之举，如《尚书·盘庚》载“迁殷”事即是。这两句说明六四当“损上益下”之时，禀柔正之德居上卦之始，近承九五阳刚，有依附“君主”施益“下民”之象，故谓其当以“中行”之德“告公”益下，“公”必听从；又言“利”于依附君主，播迁其国，以惠庶民。爻义主于阴柔者得位，承上以益下。

【译文】

六四，持中慎行致意于王公必能言听计从，利于依附君上迁都益民。

《象》曰：“告公从”，以益志也。

【译文】

《象传》说：“致意于王公必能言听计从”，说明六四以增益天下的心志去劝谏王公。

九五，有孚惠心，勿问元吉[①]：有孚惠我德[②]。

【注释】

①有孚惠心，勿问元吉：惠心，指施惠“天下”之心；勿问，犹言“毫无疑问”。这两句说明九五以阳刚中正之德尊居“君位”，下应六二，犹如怀有诚信惠下之心，以损己益物为念，故不待问必有“元吉”。 ②有孚惠我德：我，指九五，“惠我德”犹言“天下感惠我的恩德”。此句申发前文“元吉”之旨，谓九五之“吉”不但在于“天下”广受利益，还体现于“天下”也以诚信感惠于上：于是上下交信，心志相通，故其吉至大。

【译文】

九五，怀抱真诚信实地施惠天下的心愿，毫无疑问是至为吉祥的：天下人也必将真诚信实地感惠报答我的恩德。

《象》曰：“有孚惠心”，勿问之矣；惠我德，大得志也。

【译文】

《象传》说：“怀抱真诚信实地施惠天下的心愿”，说明至为吉祥是不用问的；

“天下人也必将感惠报答我的恩德”,说明九五大得“损上益下”的心志。

上九,莫益之,或击之①;立心勿恒,凶②。

【注释】

①莫益之,或击之:此言上九居《益》卦之极,阳刚亢盛,贪求不已;变“损上益下”为“损下益上”,故天下莫之或益,并群起而攻之。　②立心勿恒,凶:立心,即“居心”;恒,犹“安”。这两句指明前文“莫益”、“或击”的原因,言上九居心不能常安其位,惟贪得无厌求益不已,故有“凶”。

【译文】

上九,没有人增益他,有人攻击他;居心不常安(而贪求无厌),有凶险。

《象》曰:“莫益之”,偏辞也①;“或击之”,自外来也②。

【注释】

①偏辞:片面“求益”之辞。指上九反“自损”之道而行,私心求益,故无人响应;即释“莫益之”之义。　②自外来:《正义》:“怨者非一,不待召也,故曰‘自外来’也。”

【译文】

《象传》说:“没有人增益他”,说明上九片面发出“求益”的言辞;“有人攻击他”,这是从外部不招自来的凶险。

【总论】

《益》卦的意义,主于“减损于上,增益于下”。用“垒土筑墙”作比喻:犹如损取墙上多余的土石,增益墙下基础,则墙基坚实、墙体安固(略本《程传》)。范仲淹谓“损上则益下,益下则固其本”(《范文正公集·易义》)是也。因此,卦辞谓“益”之时“利有攸往,利涉大川”,即盛称“益”道美善可行。就六爻大义分析:下卦三爻主“受益”,上卦三爻主“自损”。其中初九阳刚处卑位而获益,利在“大有作为”,遂致“元吉,无咎”;六二柔中得正被赐“十朋之龟”,当长守中正美德,以“永贞”为吉;六三不当位而受益至甚,须不辞辛劳,努力施用于“救凶平险”之事则“无咎”。这三爻以居下获益,均当有所施为,不可安逸无事。至于六四柔正而居上卦之始,利于依附尊者行“益下”之道;九五刚中而居尊位,能够真诚施惠“天下”遂获“元吉”。这两爻体现损己益人的意旨,并表明凡施惠于人者,终将也获人之益。惟上九一爻极处高位而不能自损,反有损人利己、求益无厌的居心,故被“击”致“凶”。若将《损》、《益》两卦相比较,还可以看出,两者的立义是相通互补的:损下足以益上,上者受益又当施惠于下;损上足以益下,下者受惠亦可转益于上。显然,“损”、“益”的转化之理,一方面流露了《周易》作者对阶级社会中上层与下层之间作用与反作用的深刻认识;另一方面,在广义的象征哲理中,则着重揭示作者所理解的事物发展过程时常体现的利弊、祸福的交互变化规律。旧籍记载,孔子读《易》至《损》、《益》两卦时,曾经发出“自损者益,自益者缺”的慨叹(《说苑·敬慎篇》),乃至抒发其论曰:“《益》、《损》者,其王者之事与!或欲以利之,适足以害之;或欲害之,乃反以利之。利害之反,祸福之门户,不可不察也。”(《淮南子·人间训》)

夬卦第四十三

☱☰ 夬[1]：扬于王庭[2]，孚号有厉[3]；告自邑，不利即戎[4]；利有攸往[5]。

【注释】

①夬：卦名，下乾（☰）上兑（☱），象征"决断"。　②扬于王庭：扬，犹言宣布；王庭，《正义》："百官所在之处"，指君王的法庭。此谓"君子"制裁"小人"应当光明正大地宣扬于"王庭"，以喻"刚决柔"之际"公正无私"的情状。　③孚号有厉：号，号令。此承前句义，说明"君子"决"小人"之时，又须号令众人戒备危险。　④告自邑，不利即戎：告自邑，犹言"颁告政令于邑"；即戎，谓兴兵出师。这两句进一步说明"刚决柔"是以"德"制裁，并非以武力取胜。　⑤利有攸往：此句总结上文，指出处"夬"之时，利于"刚"不利于"柔"，故阳刚者若能循上述之道而行，必然利有所往。

【译文】

《夬》卦象征决断：可以在君王法庭上公布小人的罪恶予以制裁，并心怀诚信地号令众人戒备危险；此时应当颁告政令于城邑上下，不利于兴兵出师用武力强行制裁；这样就利于有所前往。

《彖》曰："夬"，决也，刚决柔也[1]；健而说，决而和[2]。"扬于王庭"，柔乘五刚也[3]；"孚号有厉"，其危乃光也[4]；"告自邑，不利即戎"，所尚乃穷也[5]；"利有攸往"，刚长乃终也[6]。

【注释】

①刚决柔：刚，指卦中五阳爻；柔，指上六一阴爻。此以六爻之象，说明"夬"之谓"决"，意指阳刚决阴柔，即"君子"决"小人"。　②健而说，决而和：健，指下乾；说，即"悦"，指上兑。这两句举上下象为说，谓"夬"之时，以刚健能决而令

人悦服，并导致众物协和。此与前文“夬，决也，刚决柔也”并释卦名“夬”之义。 ③柔乘五刚也：柔，指上六；五刚，即卦中五阳。此句释卦辞“扬于王庭”，谓六爻有一阴乘凌五阳之象，犹如“小人”作恶，故须果决制裁于“王庭”。 ④其危乃光也：此释卦辞“孚号有厉”，谓此时当使人们长存危惧戒备之心，则君子处“夬”之道必能光大。 ⑤所尚乃穷也：此句释卦辞“告自邑，不利即戎”，谓若“即戎”，则是以“尚武”处“夬”，不是以德取胜，其道必穷。 ⑥刚长乃终也：此释卦辞“利有攸往”，指“夬”道成于刚德盛长，必以阳刚制胜阴柔告终。

【译文】

《彖传》说：“夬”，意思是决断，犹如阳刚君子果决制裁阴柔小人；于是能用刚健令人心悦诚服，通过果决气势导致众物协和。“可以在君王法庭上公布小人的罪恶予以制裁”，说明本卦一柔爻肆意乘凌于五刚爻之上；“心怀诚信地号令众人戒备危险”，说明让人们时时危惧戒备就能光大处“夬”之道；“此时应当颁告政令于城邑上下，不利于兴兵出师用武力强行制裁”，说明若滥用武力将使处“夬”之道困穷；“利于有所前往”，说明阳刚盛长最终必能制胜阴柔。

《象》曰：泽上于天，夬[1]；君子以施禄及下，居德则忌[2]。

【注释】

①泽上于天，夬：释《夬》卦上兑为泽，下乾为天之象。 ②施禄及下，居德则忌：禄，谓恩泽；居，积也，“居德”与“施禄”前后对文；忌，憎恶也。这是说明“君子”观《夬》“泽上于天”之象，悟知应当果决施降恩泽于下，不可积居不施，以至民怨。

【译文】

《象传》说：泽水化气升腾于天（决然降雨），象征“决断”；君子因此要果决施降恩泽于下民，若是居积德惠不施必被憎恶。

初九，壮于前趾，往不胜为咎[1]。

【注释】

①壮于前趾，往不胜为咎：此谓初九当“夬”之时，阳刚处下。犹如“壮于前趾”，为果决有余、审慎不足之象；以此躁进而往，又无上应，故必难取胜而终致咎患。

【译文】

初九，强盛在足趾前端，冒进前往必不能取胜反而导致咎害。

《象》曰:不胜而往,咎也。

【译文】

《象传》说:不能取胜而急于前往,是招致咎害之道。

九二,惕号,莫夜有戎,勿恤[①]。

【注释】

①惕号,莫夜有戎,勿恤:号,呼号,发出警备之语;莫,音 mù,即"暮"字。此言九二以刚中之德处"夬",既果决刚断又小心谨慎,故能时刻"惕号",虽深夜"有戎"也有备无患,遂称"勿恤"。

【译文】

九二,时刻戒惕呼号,尽管深夜出现战事也能对付,不必忧虑。

《象》曰:"有戎勿恤",得中道也。

【译文】

《象传》说:"出现战事也不必忧虑",说明九二有得于居中慎行之道。

九三,壮于頄,有凶[①];君子夬夬独行,遇雨若濡,有愠,无咎[②]。

【注释】

①壮于頄,有凶:頄,音 qiú,颧骨,《释文》:"颧也",又引翟玄曰:"面颧,颊间骨也。"这两句说明九三处《夬》下卦之极,以刚居刚,与上六为应,果决过度而急于除之,故以"壮于頄"喻其"决小人"怒形于色;如此处"夬",必失美善之道,遂深戒以"有凶"。　②君子夬夬独行,遇雨若濡,有愠,无咎:夬夬,决而又决,犹言"刚毅果断";独行,指三独往应上;遇雨,喻三、上阴阳相遇;若,语气词;濡,沾湿。这几句与前文相对,从正面说明"君子"处九三之时,并非怒形于色,而是刚毅果决地"独行"往应上六,犹如暂与"小人"周旋、待时决除;这样尽管有"遇雨若濡"之嫌,乃至被人愠怒,但最终必能制裁"小人"故"无咎"。

【译文】

九三,强盛在脸部颧骨上,怒形于色必有凶险;君子应当刚毅果断独自前行(与小人周旋、待时决除),尽管遇到阴阳和合的雨并被沾湿身体,甚至受人嫌疑被人愠怒,但终究能制裁小人而不遭咎害。

《象》曰:"君子夬夬",终无咎也。

【译文】

《象传》说："君子刚毅果断"，是说终究能裁制小人而无所咎害。

九四，臀无肤，其行次且[①]；牵羊悔亡，闻言不信[②]。

【注释】

①臀无肤，其行次且：次且，音 zī jū，古为双声连绵词，亦作"趑趄"，行止困难之状。此谓九四以阳居阴，刚决不足，故当"夬"之时，犹如臀部"无肤"；又下凌三阳，以此而进，必多艰难，故曰"其行次且"。 ②牵羊悔亡，闻言不信：牵，牵系附连；羊，强健刚劲之物，喻九五。这两句申发前文之义，说明九四虽刚决不足，但若上承九五之阳，犹如与强健的"羊"紧相系连，则可补其不足而"悔亡"；然而四以失正之刚，或至"闻言不信"、一意孤行，必致凶咎。

【译文】

九四，臀部失去皮肤，行动趑趄难进；要是紧紧地牵系着羊（一样强健的阳刚尊者），悔恨必将消亡，无奈听了此言不能信从。

《象》曰："其行次且"，位不当也；"闻言不信"，聪不明也[①]。

【注释】

①聪不明：聪，犹言"听"；明，犹言"审明其理"。

【译文】

《象传》说："行动趑趄难进"，说明九四居位不妥当；"听了此言不能信从"，说明九四尽管听到却不能审明事理。

九五，苋陆夬夬，中行无咎[①]。

【注释】

①苋陆夬夬，中行无咎：苋，音 xiàn，苋陆，草名，爻辞中借喻阴物，指上六。此言九五处"夬"之时，阳刚中正以居尊位，比近上六一阴，能像斩除"苋陆"一样轻易决除之；但五贵居"君位"，却须亲自制裁最为贴近的"小人"，足见其德未能光大，故当慎行中道，庶可"无咎"。

【译文】

九五，像斩除柔脆的苋陆草一样刚毅果断地清除小人，居中行正则必无咎害。

《象》曰："中行无咎"，中未光也。

【译文】

《象传》说:"居中行正必无咎害",说明九五的中正之道尚未光大。

上六,无号,终有凶①。

【注释】

①无号,终有凶:号,号咷,放声痛哭。此谓上六以阴极居《夬》卦之终,为"小人"凌高作恶之象,被下五阳所共同决除,故无须号咷,终必有凶。

【译文】

上六,不必痛哭号咷,凶险终究难逃。

《象》曰:"无号之凶",终不可长也。

【译文】

《象传》说:"不必痛哭号咷,凶险难逃",说明上六高居在上的情势终究不能久长。

【总论】

《红楼梦》第八十二回叙林黛玉语:"但凡家庭之事,不是东风压了西风,就是西风压了东风。"这虽是一句家常谚语,却包含着事物对立面的矛盾斗争在关键时刻或存或亡、不可调和的哲理。《夬》卦立义于"果决",正是从阴阳矛盾激化的角度,强调阳刚必须以"决断"性的气魄制裁阴柔,换言之,即"君子"应当清除"小人","正气"应当压倒"邪气"。卦辞的基本意义,是喻示君子"决"小人的三方面要领:一是公正无私,宜于在"王庭"上公开宣判"小人"的罪恶;二是谕人戒惕,即以孚诚之心号令众人戒备"小人"造成的危害;三是以德取胜,说明此时不利于滥用武力,而要通过颁告政令来宣扬美德、使人诚服。准此三端,则处"夬"必能"利有攸往"。就六爻之象分析,本卦一阴高居五阳之上,恰如"小人"得势、凌驾于"君子",必被决除。显然,卦中阴阳爻的"力量"对比是悬殊的:以五阳之刚健盛长,制裁一阴之孤立困穷,足见阳胜阴败、正存邪亡是必然的结局。《彖传》指出:"刚长乃终",即明此理。然而,阳刚虽处优势,却不可掉以轻心,故爻辞时时发出处"夬"艰难的诫意:初诫"不胜"而往必有"咎",二诫时刻"惕号",三诫刚壮过甚有"凶",四诫刚决不足则"次且"难进,五诫居中慎行才能"无咎"。可见,尽管以"五阳"的强盛要彻底清除"一阴",也非轻而易举;那么,当"阴"盛之时若欲对之制裁,其艰难程度更是可想而知了。此中作《易》者所流露的"君子"戒防"小人"的用心,实甚深切。《折中》引徐幾曰:"以盛进之五刚,决衰退之一柔,其势若甚易。然而圣人不敢以'易'而忽之。故于《夬》之一卦，丁宁深切，所以周防戒备者无所不至。”

姤卦第四十四

䷫ 姤[①]:女壮,勿用取女[②]。

【注释】

①姤:音 gòu,卦名,下巽(☴)上乾(☰),象征“相遇”。　②女壮,勿用取女:用,犹“宜”;取,通“娶”。此言卦中六爻有“一女遇五男”之象,故称“女壮”过甚,并戒人不宜娶此女子。辞义譬喻“相遇”之道当正,不可违“礼”致乱。

【译文】

《姤》卦象征相遇:要是女子过分强盛(遇男过多),则不宜娶作妻室。

《彖》曰:姤,遇也,柔遇刚也[①]。“勿用取女”,不可与长也[②]。天地相遇,品物咸章也[③];刚遇中正,天下大行也[④]。姤之时义大矣哉[⑤]!

【注释】

①柔遇刚:柔,指初六;刚,指二至上五阳。此以六爻之象释卦名“姤”,并配合下文以释卦辞“勿用取女”。　②不可与长:犹言不可与此“不正之女”长久相处,释卦辞“勿用取女”之义。　③天地相遇,品物咸章也:品物,犹言各类事物;章,通“彰”。这两句从正面发挥“遇”义,说明“一女遇五男”虽不可取,但天地阴阳的正当相遇则是万物昌盛发展的要素,不可或废。　④刚遇中正,天下大行也:这两句承前文之义,说明阳刚若遇“中正”之阴柔,则天下“化育”之道必将“大行”。　⑤姤之时义大矣哉:此句总结全《彖》,说明以“正”相遇,则“姤”道可美。

【译文】

《彖传》说:“姤”,意思是相遇,譬如阴柔遇到阳刚就能相合。“不宜娶这女子作妻室”,说明不可与行为不正的女子长久相处。天地阴阳相互遇合,各类事物的发展都能显明昭彰;刚者应当遇合居中守正的柔者,天下的人伦教化就大为通畅。“相遇”之时的意义是多么宏大啊!

《象》曰：天下有风，姤[1]；后以施命诰四方[2]。

【注释】

①天下有风，姤：释《姤》卦上乾为天、下巽为风之象。　②后以施命诰四方：后，君王；诰，动词，犹言"传告"、"晓谕"。这是说明"君王"效法《姤》卦"天下有风"之象，施令传告四方，以求上下遇合。

【译文】

《象传》说：天下吹行着和风（无物不遇），象征"相遇"；君王因此施发命令、传告四方。

初六，系于金柅，贞吉[1]；有攸往，见凶，羸豕孚蹢躅[2]。

【注释】

①系于金柅，贞吉：柅，音 nǐ，即刹车器。这两句以"金"喻"刚"，"金柅"指九四；谓初六一阴在下，当"遇"之时，处下卦巽风浮躁之体，有"自纵"无归的情状，故须专一系应于九四，长守正固，可获吉祥。　②有攸往，见凶，羸豕孚蹢躅：羸豕，羸弱之豕，此处犹言"牝猪"，喻初六；孚，通"浮"，谓"轻浮躁动"；蹢躅，音 zhí zhú，同"踯躅"，不安静而徘徊之状。这三句紧承前文，又从反面设戒，说明初六若是急于有所前往，像"牝猪"躁动而"蹢躅"不静，心不专一，必有凶险。此亦前文所谓守"贞"应四之义。

【译文】

初六，紧紧系结在刚坚灵敏的"刹车器"上，守持正固可获吉祥；要是急于有所前往，必然出现凶险，像羸弱的牝猪一样轻浮躁动不能安静。

《象》曰："系于金柅"，柔道牵也。

【译文】

《象传》说："紧紧系结在刚坚灵敏的'刹车器'上"，说明初六必须守持柔顺之道，接受阳刚者的牵制。

九二，包有鱼，无咎；不利宾[1]。

【注释】

①包有鱼，无咎；不利宾：包，通"庖"，厨房；鱼，阴物，喻初六。此言九二阳刚居中，初六以阴在下而近承，犹如"庖"中"有鱼"，不期而至，于二为"无咎"；但此"鱼"上应九四，实非己物，故不宜擅自动用、以享宾客。

【译文】

九二,厨房里发现一条鱼,无所咎害;但不利于擅自用来宴享宾客。

《象》曰:"包有鱼",义不及宾也。

【译文】

《象传》说:"厨房里发现一条鱼",从九二与初六不相应的意义看是不能擅自用来宴享宾客的。

九三,臀无肤,其行次且[1];厉,无大咎[2]。

【注释】

①臀无肤,其行次且:辞义与《夬》九四同。此谓九三过刚不中,上无其应、下无所遇,犹如"臀无肤",欲行而趑趄难进。 ②厉,无大咎:此又申发前文之义,说明九三虽过刚无应,未获所遇,行止艰难而有危厉;但居位得正,免遭邪伤,故无大咎。

【译文】

九三,臀部失去皮肤,行动趑趄难进;有危险,但没有重大咎害。

《象》曰:"其行次且",行未牵也[1]。

【注释】

①行未牵:此言九三行动"次且",未获所遇;但也因此不牵制外物,不遭邪伤,以见"无大咎"之义。

【译文】

《象传》说:"行动趑趄难进",说明九三的行为未曾牵制外物(因此虽无所遇也免遭邪伤)。

九四,包无鱼,起凶[1]。

【注释】

①包无鱼,起凶:鱼,喻初六;起,作也,此处犹言争执。这两句说明九四阳刚失正,所应之初背己承二,犹如己"鱼"亡失,入于九二之"庖";阴为民,"失鱼"恰似"失民";因"失民"而争,将更为孤立,故有凶险。

【译文】

九四,厨房中失去一条鱼,兴起争执必有凶险。

《象》曰：无鱼之凶，远民也。

【译文】

《象传》说：失去一条鱼而有凶险，说明九四居上卦犹如远离下民、失去民心。

九五，以杞包瓜[①]；含章，有陨自天[②]。

【注释】

①以杞包瓜：杞，高大之木，喻九五；包，裹也，犹言"蔽护"；瓜，甜美处下，喻"贤者"。此句说明九五阳刚中正以居尊位；当"遇"之时，有屈己谦下以求遇贤者之德，犹如高大的杞树以绿叶蔽护树下的甜瓜。　②含章，有陨自天：含，含藏；章，章美；陨，降也。这两句又言九五刚中居正，内含章美，以此求遇，必有贤者"自天而降"与之应合。爻义极称九五大得"相遇"之道。

【译文】

九五，用杞树枝叶蔽护树下的甜瓜；内心含藏章美，必然有理想的遇合从天而降。

《象》曰：九五含章，中正也；有陨自天，志不舍命也[①]。

【注释】

①不舍命：舍，违背；命，犹言"天命"。

【译文】

《象传》说：九五内心含藏章美，是由于居中守正；必然有理想的遇合从天而降，说明九五的心志不违背天命。

上九，姤其角；吝，无咎[①]。

【注释】

①姤其角；吝，无咎：角，角落。此言上九居《姤》之终，穷高极上，犹如遇见荒远空荡的"角落"；虽然所遇无人而生"吝"，但恬然不争，未遭阴邪之伤，故亦"无咎"。

【译文】

上九，遇见空荡的角落；心有憾惜，但不遭咎害。

《象》曰："姤其角"，上穷吝也。

【译文】

《象传》说："遇见空荡的角落"，说明上九居位穷高极上而导致相遇无人的憾惜。

【总论】

《姤》卦阐明事物“相遇”之理。但卦辞的“说理”方式却是“反证”:先用“女壮”譬喻卦中初阴与上五阳的关系是“一女遇五男”,进而戒人勿娶此“女”。可见,作者主张“相遇”之道必须合“礼”守“正”,而对不正当的遇合深恶痛绝。司马迁云:“谚曰‘力田不如逢年,善仕不如遇合’,固无虚言。非独女以色媚,而士宦亦有之。”(《史记·佞幸列传序》)这是用憎嫉的笔调鞭笞以巧言佞色求遇者流,与本卦的象征主旨略可相通。再视六爻大义,初六一阴是全卦设诫的主要因素,就其自身而论,必须专一系应于九四,守“贞”则“吉”;若轻浮自纵、邪媚求遇必“凶”。五阳爻的处“遇”情状,则主于严守正道、避防“阴”邪:二刚中不擅有阴物,获“无咎”;三过刚而进止艰难,无所遇亦“无大咎”;四失遇于阴物,不可强争,争执必有凶险;五阳刚中正暂未有遇,宜含藏章美以待贤者;上居穷极,所遇无人,但未遭阴邪之伤故“无咎”。显然,诸阳虽当“阴遇阳”、“柔遇刚”之时,却不可盲目遇合不正之阴。这一点,与卦辞“勿用取女”的喻意正相呼应。若从正面意义分析,此卦实又深寓着《周易》作者对理想、美好的“上下遇合”的寻求;九五爻辞所谓“有陨自天”,正是“尊者”修德求贤的典型象征,流露出“君臣际遇”将从天而降的期望。这无疑是本卦义理中所蕴存的一定程度的政治思想。杨万里从这一角度,援史证曰:“舜遇尧为天人之合,‘有陨自天’之象,何忧驩兜?何畏孔壬?”(《诚斋易传》)

萃卦第四十五

䷬　萃[1]：亨[2]，王假有庙[3]；利见大人，亨利贞[4]；用大牲吉，利有攸往[5]。

【注释】

①萃：卦名，下坤（☷），上兑（☱），象征“会聚”。　②亨：此字似属衍文。③王假有庙：假，犹言“感格”。此句说明当“萃”之时，“君王”用美德感格神灵，会聚祖考的“精神”，以保有“庙祭”，意即保持“社稷”永久长存。　④利见大人，亨利贞：此言“天下会聚”之时，利于出现“大人”，则可导致亨通，并利于守正。本卦九五正具“大人”之象。　⑤用大牲吉，利有攸往：大牲，指祭祀所用的重大“牺牲”品。这两句说明大“聚”之时，用“大牲”祭祀则“吉”，且利于有所前往。辞义主于要配合此时，大有作为。

【译文】

《萃》卦象征会聚：亨通，此时君王用美德感格神灵以保有庙祭；利于出现大人，前景亨通而利于守持正固；用大牲祭祀可获吉祥，利于有所前往。

《彖》曰：“萃”，聚也；顺以说，刚中而应，故聚也[1]。“王假有庙”，致孝享也[2]；“利见大人亨”，聚以正也[3]；“用大牲吉，利有攸往”，顺天命也[4]。观其所聚，而天地万物之情可见矣[5]！

【注释】

①顺以说，刚中而应，故聚也：顺，指下坤；说，即“悦”，指上兑；刚中，指九五阳刚居中。此以上下卦象及九五爻象释卦名“萃”之义，谓此时物情和顺欣悦，阳刚者守持中道并应合于下，遂能广聚众人。　②致孝享也：致，犹言“表答”；享，奉献，指奉献“至诚”之心。此句释卦辞“王假有庙”，说明“君王”当“萃”之时虔心表答对祖考的“孝”、“享”之诚，以此感格神灵，保有庙祭。　③聚以正也：

此释卦辞“利见大人,亨利贞”。 ④顺天命也:此释卦辞“用大牲吉,利有攸往”。 ⑤天地万物之情可见矣:这是归结叹美《萃》卦大义,说明事物会聚之时,必然反映出性情、气质的相互投合。

【译文】

《彖传》说:“萃”,意思是会聚;譬如物情和顺欣悦之时,阳刚居上者能够守持中道并应合于下,就能广聚众庶。“此时君王用美德感格神灵以保有庙祭”,这是表答对祖考的孝意、奉献至诚之心;“利于出现大人,前景亨通”,说明大人主持会聚必能遵循正道;“用大牲祭祀可获吉祥,利于有所前往”,说明会聚之时必须顺从“天”的规律。观察“会聚”现象,天地万物的性情就可以明白了!

《象》曰:泽上于地,萃①;君子以除戎器,戒不虞②。

【注释】

①泽上于地,萃:释《萃》卦上兑为泽、下坤为地之象。 ②除戎器,戒不虞:除,修治;戎,《说文》:“兵也”,指兵器;不虞,不测。这是说明“君子”观《萃》之象,悟知事物久“聚”必生变乱,人情久“聚”或萌异心,故修治兵器,以防不测。

【译文】

《象传》说:泽居地上(水潦归汇),象征“会聚”;君子因此修治兵器,戒备群聚所生的不测变乱。

初六,有孚不终,乃乱乃萃①;若号,一握为笑:勿恤,往无咎②。

【注释】

①有孚不终,乃乱乃萃:乃,语气词。此谓初六以阴处“萃”之始,上应九四,但前有二阴相阻,三又承四,因此对九四疑虑重重,诚信之心不能保持至终,遂至行为紊乱而妄聚。 ②若号,一握为笑:勿恤,往无咎:号,呼号;一握为笑,一握之间成欢笑。这几句从正面告诫初六,谓其若能呼号九四,四必来应,两者将握手言欢,故勉以“勿恤,往无咎”。

【译文】

初六,心中诚信不能保持至终,必致行动紊乱并与人妄聚;如果专情向上呼号,就能与阳刚友朋一握手间重见欢笑:不须忧虑,往前必无咎害。

《象》曰:“乃乱乃萃”,其志乱也。

【译文】

《象传》说："行动紊乱并与人妄聚"，说明初六的心志有所迷乱。

六二，引吉，无咎①；孚乃利用禴②。

【注释】

①引吉，无咎：引，牵引。此言六二柔中居正，上应九五，必得其牵引相聚，故获"吉"而"无咎"。　②孚乃利用禴：禴，音 yuè，古代四时祭祀之一，殷称"春祭"为"禴"，属较微薄之祭。此句取"祭祀"喻，说明六二当"萃"之时，只要心存诚信，即使微薄的"禴祭"亦可献于神灵，获其赐福。

【译文】

六二，受人牵引相聚可获吉祥，不致咎害；只要心存诚信即使微薄的"禴祭"也利于献享神灵。

《象》曰："引吉无咎"，中未变也。

【译文】

《象传》说："受人牵引相聚可获吉祥，不致咎害"，说明六二居中守正的心志未曾改变。

六三，萃如嗟如，无攸利①；往无咎，小吝②。

【注释】

①萃如嗟如，无攸利：萃如，形容求"聚"不得之状。此言六三处下卦之终，失位无应，求聚心切却不得其类，故徒自"嗟叹"而"无攸利"。　②往无咎，小吝：此谓六三虽无上应，却与四比，往而相聚则获"无咎"；但三、四均失位，两者非属阴阳正应，故又有"小吝"。

【译文】

六三，相聚无人以至嗟叹声声，无所利益；往前将无咎害，但小有憾惜。

《象》曰："往无咎"，上巽也①。

【注释】

①上巽：指向上顺从于阳刚。

【译文】

《象传》说："往前将无咎害"，说明六三能够向上顺从于阳刚。

九四,大吉,无咎①。

【注释】

①大吉,无咎:此言九四当"聚"之时,下乘三阴,至获所据,故"大吉";但其位不正,本有"咎",唯"大吉"而建树伟功,然后得免其咎。

【译文】

九四,大为吉祥,必无咎害。

《象》曰:大吉无咎,位不当也。

【译文】

《象传》说:"大为吉祥,必无咎害",说明九四居位尚不妥当。

九五,萃有位,无咎,匪孚①;元永贞,悔亡②。

【注释】

①萃有位,无咎,匪孚:此言九五当天下"大聚"之时,高居尊位;但其时九四已擅聚三阴,己德未能广孚于众,故只能自守刚正以免咎。 ②元永贞,悔亡:元,善之长;永,久也;贞,正也,"元永贞"犹言"有德君长永久守正"。这两句承前文意,说明九五既禀阳刚尊长之德,则永久守持正固,必能免"匪孚"之咎而"悔亡"。

【译文】

九五,会聚之时高居尊位,不致咎害,但还未能广泛取信于众;作为有德君长应当永久不渝地守持正固,则悔恨必将消亡。

《象》曰:"萃有位",志未光也。

【译文】

《象传》说:"会聚之时,高居尊位",说明九五会聚天下的心志尚未光大。

上六,赍咨涕洟,无咎①。

【注释】

①赍咨涕洟,无咎:赍,音 jī,"赍咨",叠韵连绵词,谓悲叹声;涕洟,犹言"痛哭流涕"。此言上六处《萃》之终,穷极无应,又以阴乘凌九五阳刚尊长,求聚不得,故悲叹"赍咨",痛哭"涕洟";唯其悲泣知惧,故亦得免害而"无咎"。

【译文】

上六,咨嗟哀叹而又痛哭流涕,可免咎害。

《象》曰:“赍咨涕洟”,未安上也。

【译文】

《象传》说:“咨嗟哀叹而又痛哭流涕”,说明上六求聚不得,未能安居于穷上之位。

【总论】

“方以类聚,物以群分”,自然界万物是在“群居”的形式中发展、进化。《公羊传》庄公四年曰:“古者诸侯,必有会聚之事。”《白虎通义·宗族篇》云:“生相亲爱,死相哀痛,有会聚之道,故谓之族。”可见,人类的“会聚”,既有纯属“生态”领域的内容,又有充满政治色彩的内容。《萃》卦,即揭示事物“会聚”之理;全卦大义,以人与人在政治关系中的相聚为喻。卦辞拟象于祭祀,说明“君王”、“大人”必须用美德、正道聚合“人”、“神”,会通上下,就能亨通畅达、利有所往。其旨适如《彖传》所概括的“聚以正”则利,“顺天命”必吉。卦中四阴爻主于求聚于人,其中初六位卑不可安聚,当专一孚诚求应;六二柔顺中正,利于受尊者牵引得聚;六三失正无应,能近比阳刚亦可往聚;惟上六穷居“萃”极,欲聚无门。至于四、五两阳并主于获人来聚,但四不当位而获三阴之聚,须“大吉”然后“无咎”;五虽居尊而尚未取信于众,当修“元永贞”之德然后“悔亡”。综观六爻喻义,未有一爻呈现“凶”象,即使上六求聚不得,亦以忧惧知危而免害;但也未有一爻顺畅、完美地得遂聚合之愿,虽九五阳刚中正也多见诫意。于是,六爻一例系以“无咎”之辞。《系辞上传》曰:“无咎者,善补过也”,尚先生云:“‘无咎’非全美之辞”(《尚氏学》)。由此似可看出,《周易》作者认为“会聚”之时稍一失正即生变乱,故极力强调要长存戒防咎患之心。《大象传》申发“修治兵器,以备不虞”的意义,正是这一方面旨趣的集中体现。

升卦第四十六

䷭ 升[1]：元亨，用见大人，勿恤[2]，南征吉[3]。

【注释】

①升：卦名，下巽（☴）上坤（☷），象征"上升"。　②元亨，用见大人，勿恤：用，犹"宜"。此言本卦下巽上坤，犹如和逊柔顺以上升，故获"元亨"；但卦中阳爻不当尊位，有所忧恤，故须出现"大人"才能长保"刚中"美德而"勿恤"。　③南征吉：南，象征"光明"，《说卦传》谓"离"为"南方之卦"，并云"圣人南面而听天下，向明而治"，即取"南"为"明"之义。此句说明事物当"和逊柔顺"上升之时，既获益于"大人"之德，又朝着光明方向前进，必畅通无阻，故称"吉"。

【译文】

《升》卦象征上升：至为亨通，宜于出现大人，不须忧虑，向光明的南方进发必获吉祥。

《彖》曰：柔以时升，巽而顺，刚中而应，是以大亨[1]。"用见大人，勿恤"，有庆也[2]；"南征吉"，志行也[3]。

【注释】

①柔以时升，巽而顺，刚中而应，是以大亨：柔，指上下卦均为阴卦；巽，指下巽有"和逊"之义；顺，指上坤有"柔顺"之义；刚中，指九二阳刚居中。此以上下卦象和九二爻象释卦辞"升，元亨"之义，说明此时沿"柔"道上升，物情"巽顺"，阳刚者居中而能上应尊者，故获"元亨"。　②有庆也：释卦辞"用见大人，勿恤"。③志行也：释卦辞"南征吉"。

【译文】

《彖传》说：沿着"柔"道适时上升，和逊而又柔顺，阳刚居中而能向上应合于尊者，所以大为吉祥。"宜于出现大人，不须忧虑"，说明此时上升必有福庆；"向光明的南方进发可获吉祥"，说明上升的心志如愿畅行。

《象》曰：地中生木，升[1]；君子以顺德，积小以高大[2]。

【注释】

①地中生木，升：释《升》卦上坤为地、下巽为木之象。 ②君子以顺德，积小以高大：这是说明“君子”效法此卦“地中生木”之象，顺行其美德，积“小善”以成就高大的名望、事业。

【译文】

《象传》说：地中生出树木，象征“上升”；君子因此顺行美德，积累小善以成就崇高弘大的事业。

初六，允升，大吉[1]。

【注释】

①允升，大吉：允，当也，犹言“宜”。此谓初六处“升”之始，柔顺在下，虽与六四无应，但上承二阳，与之合志而宜于上升，故“大吉”。

【译文】

初六，宜于上升，大为吉祥。

《象》曰：“允升大吉”，上合志也。

【译文】

《象传》说：“宜于上升、大为吉祥”，说明初六上承顺合二阳的心志而俱升。

九二，孚乃利用禴，无咎[1]。

【注释】

①孚乃利用禴，无咎：前句辞义与《萃》六二局。此言九二当“升”之时，禀刚中之德上应六五，犹如心存诚信、受任于尊者，故有虽薄祭亦可荐神获福之象；以此而“升”，必能遂愿，故“无咎”。

【译文】

九二，只要心存诚信即使“禴祭”微薄，也利于荐享神灵，不致咎害。

《象》曰：九二之孚，有喜也。

【译文】

《象传》说：九二的诚信美德，必将带来喜庆。

九三，升虚邑[1]。

【注释】

①升虚邑：虚，《释文》“空也”。此言九三居下卦之终，阳刚得位，应于上六，将升至上卦之坤；坤阴为虚，故以“升虚邑”为喻，犹云上升之时，畅通无阻。

【译文】

九三，上升顺畅犹如长驱直入空虚的城邑。

《象》曰：“升虚邑”，无所疑也。

【译文】

《象传》说：“上升顺畅犹如直入空虚的城邑”，说明九三此时上升可以无所疑虑。

六四，王用亨于岐山，吉，无咎[1]。

【注释】

①王用亨于岐山，吉，无咎：王，当指殷王；亨，通“享”，祭祀。这三句似举殷王来到岐山设祭，周人顺从服事的典故为喻，说明六四处《升》上卦之下，柔顺得正，宜守臣位，则可获吉而“无咎”。

【译文】

六四，君王来到岐山祭祀神灵，吉祥，必无咎害。

《象》曰：“王用亨于岐山”，顺事也[1]。

【注释】

①顺事：《正义》：“顺物之情而立功立事。”

【译文】

《象传》说：“君王来到岐山祭祀神灵”，说明六四要顺从君上、立功立事。

六五，贞吉，升阶[1]。

【注释】

①贞吉，升阶：升阶，犹言“沿阶上升”。此言六五当“升”之时，柔中居尊，下应九二，犹如任用下贤不自专权，故有守正获吉，沿“阶”升至尊位之象。

【译文】

六五，守持正固可获吉祥，就像沿着阶级步步上升。

《象》曰："贞吉升阶"，大得志也。

【译文】

《象传》说："守持正固可获吉祥，就像沿着阶级步步上升"，说明六五大遂上升的心志。

上六，冥升，利于不息之贞[1]。

【注释】

①冥升，利于不息之贞：此言上六以阴处《升》之终，居坤阴之极，有昏昧至甚却仍上升不已之象；故当守"贞"不息，未可轻举妄动、或擅为物主。

【译文】

昏昧至甚却仍然上升，利于不停息地守持正固。

《象》曰：冥升在上，消不富也。

【译文】

《象传》说：昏昧至甚却仍然上升，高居极位，说明上六的发展趋势必将消弱不能富盛。

【总论】

《升》卦阐明事物顺势上升、积小成大的道理。卦辞称扬"上升"之时至为亨通，强调宜于出现具备"刚中"美德的"大人"，则可以顺畅无忧地上升，并可趋赴光明、获得吉祥。卦中六爻集中反映顺势求升之道：初六柔顺上承二阳，阴阳合志宜升；九二以刚中顺应柔中，心存诚信必升；九三阳刚和逊，顺升无碍如入无人之邑；六四柔正顺从尊者，必将获升得吉；六五柔中应下，其升如历阶直上；惟上六昏昧犹升、其势将消，当以守正不妄动为戒。可见，本卦大义主于"顺性"上升，侧重表明要遵循"自然规律"；这与《晋》卦主于"顺明"求晋，侧重揭示要附丽光明"积极进取"的意义颇有区别。柳宗元的一篇著名寓言《种树郭橐驼传》，用植树规讽"为官"、处事之道，文中极称橐驼所自叙的"植树"要诀："顺木之天，以致其性。"(《柳河东集》)试观本卦《大象传》所云"地中生木"为升，"君子以顺德，积小以高大"，述旨与柳文的寓意颇相吻合。马振彪谓郭橐驼之语"盖得《易》义"(《周易学说》)，所论甚是。

卷七

困卦第四十七

䷮　困[1]：亨[2]；贞，大人吉，无咎[3]；有言不信[4]。

【注释】

①困：卦名，下坎（☵）上兑（☱），象征“困穷”。　②亨：此言“君子”处困而能自济，必致亨通。　③贞，大人吉，无咎：此承前文“亨”而发，说明当“困”之时，只有守正之“大人”才能获吉免咎。卦中九二、九五阳刚处中，正具“大人”之象。　④有言不信：此句又谓“困穷”之时，有所言必难取信于人。故此时当多修己德，少说为佳。

【译文】

《困》卦象征困穷：努力自济必能亨通；应当守持正固，大人可获吉祥，不致咎害；此时有所言未必见信于人。

《彖》曰：困，刚揜也[1]。险以说，困而不失其所亨，其唯君子乎[2]！“贞，大人吉”，以刚中也[3]；“有言不信”，尚口乃穷也[4]。

【注释】

①刚揜也：揜，音 yǎn，即“掩”。此释卦名“困”，说明“困穷”是由于阳刚被掩而不能伸。卦中下坎为阳，上兑为阴，阳在阴下，正为“刚揜”之象。　②险以说，困而不失其所亨，其唯君子乎：险，指下坎；说，即“悦”，指上兑。此以上下卦象释卦辞“亨”之义，谓“君子”处困，虽险犹悦，故能自济以致“亨”。　③以刚中也：此以二、五阳刚居中之象，释卦释“贞，大人吉，无咎”。　④尚口乃穷也：此释辞卦“有言不信”。

【译文】

《彖传》说：困穷，表明阳刚被掩蔽不能伸展。面临险难而心中愉悦，这样虽处困穷也不失亨通的前景，大概只有君子才能如此吧！“守持正固，大人可获吉祥”，说明济困求亨应当具备阳刚中和的美德；“此时有所言未必见信于人”，说明崇尚言辞不但无益反而更致穷厄。

《象》曰:泽无水,困[1];君子以致命遂志[2]。

【注释】

①泽无水,困:释《困》卦上兑为泽、下坎为水之象。 ②致命遂志:致命,含有"舍弃生命"之义;遂,成也,犹言"实现"。这是说明"君子"观《困》卦之象,悟知当"困穷"之时,宁可舍弃生命也要实现崇高志向。

【译文】

《象传》说:泽上无水,象征"困穷";君子因此当困穷之时宁可舍弃生命也要实现崇高的志向。

初六,臀困于株木[1],入于幽谷,三岁不觌[2]。

【注释】

①臀困于株木:株,树干;株木。此言初六处困之始,柔弱卑下,虽与九四相应,但四失位亦困,已又前临坎险,故穷厄不能自拔,犹如臀部困在"株木"下、居处难安。 ②入于幽谷,三岁不觌:三岁,犹言"多年";觌,音 dí,见也。这两句承前文之义而发,说明初六往前既无援应,静处又难安居,只得退入"幽谷",多年不露面目,以待困情解缓。

【译文】

初六,臀部困在株木下不能安处,只得退入幽深的山谷,三年不见露出面目。

《象》曰:"入于幽谷",幽不明也[1]。

【注释】

①幽不明:《王注》:"入于不明,以自藏也。"

【译文】

《象传》说:"只得退入幽深的山谷",说明初六苟且藏身于幽暗不明的处所。

九二,困于酒食,朱绂方来,利用享祀[1];征凶,无咎[2]。

【注释】

①困于酒食,朱绂方来,利用享祀:绂,音 fú,古代祭服的饰带,"朱绂"借喻"荣禄"。这三句说明九二当困之时,虽"酒食"贫乏、艰难坎坷,但能刚中自守、安贫乐道,故终能荣禄临身,乃至被提拔担任主持祭祀大礼的要职。 ②征凶,无

咎:此谓九二安于贫穷,在“困”中求进,固多凶险;但以“刚中”美德努力济困,不顾安危、舍身“遂志”,故终获“无咎”。

【译文】

九二,酒食贫乏困穷,荣禄即将到来,利于主持宗庙祭祀的大礼;此时进取虽多凶险,但无所咎害。

《象》曰:“困于酒食”,中有庆也。

【译文】

《象传》说:“酒食贫乏困穷”,说明九二只要保持中道就有福庆。

六三,困于石,据于蒺藜;入于其宫,不见其妻,凶①。

【注释】

①困于石,据于蒺藜;入于其宫,不见其妻,凶:石,喻九四;蒺藜,音jí·lí,一年生草本植物,果实有刺,喻九二;宫,居室;见其妻,此处犹言配人为妻。此谓六三阴柔失正,以阴居阳,有“刚武”之志,因无应而比近九四,欲求为配偶,但四已应初,则三如困于石下、石坚难入;又乘凌九二,亦欲求配,但二刚强不可据,则三如错足蒺藜、棘刺难践;当此穷厄至甚之时,三虽退居其室,以失应不正之身,也只能茕茕独处、难以配人为妻,故曰“不见其妻”。爻义主于处困失道,必有凶险。

【译文】

六三,困在巨石下(石坚难入),凭据在蒺藜上(棘刺难践);即使退回自家居室,也见不到配人为妻的一天,有凶险。

《象》曰:“据于蒺藜”,乘刚也;“入于其宫,不见其妻”,不祥也。

【译文】

《象传》说:“凭据在蒺藜上(棘刺难践)”,说明六三以阴柔乘凌刚强之上;“即使退入自家居室,也见不到配人为妻的一天”,这是不吉祥的现象。

九四,来徐徐,困于金车,吝,有终①。

【注释】

①来徐徐,困于金车,吝,有终:来,指四来应初;徐徐,迟疑缓行之状;金车,喻九二。此言九四以阳刚居上卦之始,欲来下应初六,但自身失正,前路为二所阻,犹如“困于金车”,故迟疑缓行;又因初、四正应,四虽有受困不能速来之憾,但谦

谨而行终有应合之时,故虽“吝”而“有终”。

【译文】

九四,迟疑缓缓地前来,被一辆金车困阻,有所憾惜,但终究能如愿应合配偶。

《象》曰:“来徐徐”,志在下也;虽不当位,有与也①。

【注释】

①有与:犹言为物所赞与,使之称心如愿。

【译文】

《象传》说:“迟疑缓缓地前来”,说明九四的心志在于求合在下的初六;尽管居位不妥当,但谦谨而行必能称心如愿。

九五,劓刖,困于赤绂①;乃徐有说,利用祭祀②。

【注释】

①劓刖,困于赤绂:劓,削鼻之刑;刖,音 yuè,截足之刑;赤绂,古代贵族祭服之饰,借喻九五高居尊位。此言九五以阳居阳位,行事刚猛,犹如过为施用刑法以治下,乃至众叛亲离,困穷于尊位。 ②乃徐有说,利用祭祀:徐,渐也;说,通“脱”。此谓九五虽“困于赤绂”,但因有刚中之德,故能改正过猛行为,渐能摆脱困境;此时应当广泛取信于人、神,才能保其“社稷”,故曰“利用祭祀”。

【译文】

九五,施用削鼻截足的刑罚治理众人,以至困穷在尊位;但可以渐渐摆脱困境,利于举行祭祀。

《象》曰:“劓刖”,志未得也;“乃徐有说”,以中直也;“利用祭祀”,受福也。

【译文】

《象传》说:“施用削鼻截足的刑罚治理众人”,说明九五济困的心志未能有所得;“可以渐渐摆脱困境”,这是守持刚中正直之道所致;“利于举行祭祀”,这样就能承受神灵施降的福泽。

上六,困于葛藟,于臲卼①;曰动悔有悔,征吉②。

【注释】

①困于葛藟,于臲卼:藟,音 lěi,藤类植物;臲卼,音 niè wù,意同“臬兀”、“隉

杌”、“峣屼”等,形容动摇不安之状。此言上六以阴居困之极,乘凌二刚,下无应援,犹如困于藤蔓之缠,又如濒临危坠之地。后句“于”字之前,承前句省略一“困”字。　②曰动悔有悔,征吉:曰,发语辞,此处含有“思量”、“谋划”之意;动悔,动辄生悔,犹言“后悔”,承上文“困”极而发;有悔,应有所悔,犹言“悔悟”,启下文“征吉”之占。这两句说明上六虽处极困之境,但困极必反,只要因“动悔”而能“有悔”,吸取教训、谨慎思谋其行为,必能解脱困境、“征”而获“吉”。

【译文】

上六,困在葛蔓藟藤之间,又困在摇动危坠之处;应当想一想:既然动辄后悔就要赶快悔悟,这样向前进发必获吉祥。

《象》曰:“困于葛藟”,未当也;“动悔有悔”,吉行也①。

【注释】

①吉行:犹言“行则吉”。

【译文】

《象传》说:“困在葛蔓藟藤之间”,说明上六所处地位未曾稳当;“动辄后悔就要赶快悔悟”,说明前行可以解困并获得吉祥。

【总论】

文天祥《正气歌》热情赞颂了古代为正义而斗争的人们,表现了诗人崇高的民族气节。诗中有两句说道:“时穷节乃见,一一垂丹青。”(《文山先生全集》)表明在困苦穷厄之际,最能检验人的品质。《困》卦大义,正是喻示处“困穷”的道理。卦辞极力说明,只有“君子”才能身当困境、其道亨通,称扬守持正固的“大人”可获吉祥、无咎;并进一步指出,此时凡有所言均难见信于人,因此务须洁身自守,修美己德。《彖传》用“刚揜”两字,揭出导致“困穷”的根本原因是阳刚被掩蔽不能伸展,亦即“君子”被“小人”压抑侵凌。卦中六爻分别展示不同的处“困”情状,其中三阴爻柔暗懦弱,罹困至甚:初六坐困不能自拔,六三困非其所、据非其地,两者难免凶危;惟上六当困极将通之时,能及早悔悟则可解困获吉。三阳爻虽亦在“困”中,但均以阳刚气质而能守正脱困:二、五禀刚中美德,或于贫困艰难之时舍身遂志而获无咎,或以孚诚中正之志转危为安渐脱困境;九四前路受困阻,因谦谨缓行也能得遂己愿。可见处“困”之道阴阳有别、因人而异。吴曰慎论曰:“困非自己致而时势适逢者,则当守其刚中之德,是谓‘困而不失其所亨’也,其道主于‘贞’;若困由己之柔暗而致者,则当变其所为,以免于困也,其道主于‘悔’。学者深察乎此,则处困之道,异宜而各得矣。”(《折中》引)若细致体味本卦的“象外之旨”，还可以看出作《易》者的一层深切寓旨：困穷有时难以避免，正气却不可一刻消颓。《大象传》称“君子以致命遂志”，正见此意；孔子曰：“三军可夺帅也，匹夫不可夺志也。”（《论语·子罕》）与这一义理也甚为吻合。

井卦第四十八

䷯ 井[1]：改邑不改井[2]，无丧无得[3]，往来井井[4]。汔至亦未繘井，羸其瓶，凶[5]。

【注释】

①井：卦名，下巽（☴）上坎（☵），象征“水井”。　②改邑不改井：改，迁移；邑，泛指“邑里”。此句以“邑”可迁“井”不可徙，喻井德“不变”。　③无丧无得：此以井水汲之不竭，注之不盈，喻井德“有常”。　④往来井井：往来，犹言“往者来者”；井井，即反复不断地以井为用。此句以井之用喻其“养物不穷”之德。　⑤汔至亦未繘井，羸其瓶，凶：汔，音 qì，接近；繘，音 jú，通“矞”，义谓“出”；羸，《王注》以“覆”释之，《程传》谓“毁败”，亦言“倾覆”；瓶，此指古代汲水器。这三句言汲水之道，说明水将出井、若倾覆水瓶，则无所获而有凶；比喻人的“德行”不能善始善终，必将导致凶咎。

【译文】

《井》卦象征水井：城邑村庄可以改移而水井不可迁徙，每日汲引不见枯竭、泉流注入也不满盈，往者来者都反复不断地依井为用。汲水时水瓶将升到井口尚未出井，要是使水瓶倾覆毁败，必有凶险。

《彖》曰：巽乎水而上水[1]，井；井养而不穷也[2]。“改邑不改井”，乃以刚中也[3]；“汔至亦未繘井”，未有功也[4]；“羸其瓶”，是以凶也[5]。

【注释】

①巽乎水而上水：巽，顺也，指下卦巽；水，指上卦坎；上，用如动词，“上水”犹言“使水上”。此以上下象释卦名“井”，说明井的形成，是顺沿水的渗性，掘地开孔，引泉使上，遂为“井”。　②井养而不穷也：养，施养于人。此句既承前文释卦名“井”之义，又启下节释卦辞之文。　③乃以刚中也：刚中，指九二、九五阳刚居中。此以二、五爻象释卦辞“改邑不改井”之义，谓两爻恒守“刚中”，犹如井德有常不渝。

④未有功也：释卦辞“汔至亦未繘井”。　⑤是以凶也：释卦辞“羸其瓶”。

【译文】

《象传》说：顺沿水的渗性而往地下开孔引水使上，便是水井；水井养人的功德无穷无尽。“城邑村庄可以改移而水井不可迁徙”，就像“君子”恒守阳刚居中的美德；“汲水时水瓶将升到井口尚未出井”，说明此时未曾实现井水养人的功用；“要是使水瓶倾覆毁败”，那就必然要导致凶险。

《象》曰：木上有水，井①；君子以劳民劝相②。

【注释】

①木上有水，井：释《井》卦下巽为木、上坎为水之象，言树木体内有水分津润、由根茎向上运行，正如井水被汲上养人。　②劳民劝相：劳，劳赉，“劳民”犹言“为民操劳”；相，助也，“劝相”犹言“互助”。这是说明“君子”观《井》卦之象，悟知应当“劳民劝相”、广益于人，以效法“井养而不穷”之德。

【译文】

《象传》说：树木上端有水分渗出，象征“水井”；君子因此(效法“井养”之德)努力为庶民操劳，劝勉百姓互相资助。

初六，井泥不食，旧井无禽①。

【注释】

①井泥不食，旧井无禽：旧，通“久”。此言初六阴柔卑下，上无应援，正如井底沉滞污泥而不出泉；井久未修，唯积淤泥，故“禽”不一顾，人不汲食。

【译文】

初六，井底污泥沉滞不可食用，这口井久未修治连禽鸟也不屑一顾。

《象》曰：“井泥不食”，下也；“旧井无禽”，时舍也。

【译文】

《象传》说：“井底污泥沉滞不可食用”，说明初六柔暗卑下；“这口井久未修治连禽鸟也不屑一顾”，说明初六一暗被外物共同舍弃。

九二，井谷射鲋，瓮敝漏①。

【注释】

①井谷射鲋，瓮敝漏：井谷，井中出水之穴窍也。鲋，音 fù，谓“小鱼”。“鲋”

犹言“射鱼”;瓮,指古代汲水器。这两句说明九二虽阳刚居中,但失位无应,未能施用于上,犹如井中穴窍容有清水却未见汲,而被枉作为“射鲋”之用;又如汲水者瓶瓮敝漏,无法汲引取用。

【译文】

九二,井中容水的穴窍被枉作为射取小鱼之用,此时瓶瓮敝败破漏无法汲水。

《象》曰:“井谷射鲋”,无与也[1]。

【注释】

①无与:犹“无应”,指九二上无应与。

【译文】

《象传》说:“井中容水的穴窍被枉作为射取小鱼之用”,说明九二无人应与援引。

九三,井渫不食,为我心恻[1];可用汲,王明并受其福[2]。

【注释】

①井渫不食,为我心恻:渫,音 xiè,掏去污泥使水洁净。 ②可用汲,王明并受其福:可用汲,犹言应该赶快汲取。此谓九三虽下无阴爻可据,但上与上六相应,故终将有“可汲”之时;而“君王”也将因汲用之明,使君臣并受福泽。

【译文】

九三,水井掏治洁净却不被汲食,使我心中隐隐凄恻;应该赶快汲取这清澈的井水,君王圣明君臣将共受福泽。

《象》曰:“井渫不食”,行恻也[1];求“王明”[2],受福也。

【注释】

①行恻:《王注》:“行感于诚,故曰‘恻’也。” ②求:盼求,犹言“希望”。

【译文】

《象传》说:“水井掏治洁净却不被汲食”,说明九三的行为未被理解真令人凄恻;希望“君王圣明”,是为了君臣共受福泽。

六四,井甃,无咎[1]。

【注释】

①井甃,无咎:甃,音 zhòu,以砖修井。此谓六四柔正得位,但下无所应,故当

静守修德,不可急于进取;犹如井坏能修,则可"无咎"。

【译文】

六四,水井正在修治,必无咎害。

《象》曰:"井甃无咎",修井也①。

【注释】

①修井:《正义》:"但可修井之坏,未可上给养人也。"

【译文】

《象传》说:"水井正在修治、必无咎害",说明六四但可修井(不可急切施养于人)。

九五,井洌,寒泉食①。

【注释】

①井洌,寒泉食:洌,音 liè,《说文》:"水清也。"此言九五阳刚中正,居《井》尊位,亲比上六,犹如"寒泉"般的清澈井水,可以汲上供人食用。

【译文】

九五,井水清澈,洁净的寒泉可供食用。

《象》曰:"寒泉之食",中正也。

【译文】

《象传》说:"洁净的寒泉可供食用",说明九五具有阳刚中正的美德。

上六,井收,勿幕;有孚,元吉①。

【注释】

①井收,勿幕;有孚,元吉:收,成也;幕,盖也。此谓上六居《井》之终,下应九三,犹如井水已汲出井口,为井功大成之象;此时应当心怀诚信,广施"井养"之德,必获"元吉"。

【译文】

上六,水井的功事已成,不用覆盖井口;此时心怀诚信,至为吉祥。

《象》曰:"元吉"在上,大成也。

【译文】

《象传》说:上六高居上位,至为吉祥,说明此时井功已经大成。

【总论】

《释文》引《周书》有“黄帝穿井”的传说,据此可以推知,在远古时代井就出现了。孔颖达所谓“养物不穷,莫过乎井”(《正义》),即道出水井对人类生活造福至伟。《井》卦的大旨,则是把“井”人格化了,通过展示水井“养人”的种种美德,譬喻“君子”应当修美自身、惠物无穷。卦辞一方面赞扬水井定居不移、不盈不竭、反复施用的特性,描绘出守恒不渝、大公无私的“君子”形象;另一方面告诫汲水者,当水将出井口时,若倾覆水瓶将有凶险,这又生动地暗示修德惠人者要善始善终,不可功败垂成。卦中六爻,从阴阳情状看,阳像井水,阴像井体,《折中》引邱富国云:“先儒以三阳为泉,三阴为井,阳实阴虚之象也。”若就诸爻所喻之“井德”看,则初、四两阴言井体有弊当修,或戒“井泥”必见弃于人,或曰井坏宜速治免咎;二、三两阳谓井水可汲当汲,或无人汲引将被枉作“射鱼”之用,或有明者汲取必见井养之福;五、上一阳一阴,前者水洁味甘、人所共食,后者井功大成、施用无穷。总观全卦的喻旨,无非强调“修身”与“养人”两端。其中九五以“井洌寒泉”为象,最见“井德”佳美。后汉李尤《井铭》曰:“井之所尚,寒泉洌清;法律取象,不概自平。多取不损,少汲不盈;执宪若斯,何有邪倾?”(《艺文类聚》引)此铭把“寒泉”视为清廉公允的象征,称颂井水“不损”、“不盈”的品质,寄托了作者对政治清明的殷殷期望之情:这些均可看出作品的立意受到《井》卦义理的深刻影响。

革卦第四十九

䷰ 革[①]:己日乃孚,元亨,利贞,悔亡[②]。

【注释】

①革:卦名,下离(☲)上兑(☱),象征“变革”。　②己日乃孚,元亨,利贞,悔亡:己日,古代以“十干”纪日,“己”正当前五数与后五数之中而交转相变之时,故有“转变”的象征寓意;其后一数“庚”,则有“已变更”之义。卦辞取“己日”为象,说明面临当须“转变”之际果断推行变革,并能够心怀“孚信”,则天下也将以“信”应之;这样就可获“元亨”,利于守“正”,其“悔”必将消亡。

【译文】

《革》卦象征变革:在亟须转变的“己日”推行变革并能取信于众,前景就至为亨通,利于守持正固,悔恨必将消亡。

《彖》曰:革,水火相息[①];二女同居,其志不相得[②],曰革。己日乃孚,革而信之[③];文明以说,大亨以正,革而当,其悔乃亡[④]。天地革而四时成;汤武革命[⑤],顺乎天而应乎人:革之时大矣哉!

【注释】

①水火相息:水,指上兑为泽;火,指下离为火;息,长也。此谓上下卦含水火相长、交互更革之象。　②二女同居,其志不相得:二女,指下离为中女,上兑为少女。此又以上下卦有“二女”之象,谓两者同居、志向各异而终将生变。此二句配合前文并释卦名“革”。　③革而信之:此释卦辞“己日乃孚”,说明推行变革若能适合当变之机并取信于众,则天下人必将纷纷信从。　④文明以说,大亨以正,革而当,其悔乃亡:文明,指下离为火;说,即“悦”,指上兑为悦。此释卦辞“元亨,利贞,悔亡”,说明变革之时以“文明”之德使天下愉悦,并守持正固使前景至为亨通,则所革必当,其悔必亡。　⑤汤武革命:指商汤灭夏桀,周武王灭殷纣。自前文“天地革”至末,广举“天地”、“四时”、“汤武”为说,极赞“变革”之时

功效弘大。

【译文】

《彖传》说：变革，譬如水火相长交互更革；又像两个女子同居一室，双方志趣不合终将生变，这就称为“变革”。在亟须转变的“己日”推行变革并能取信于众，于是变革过程天下就纷纷信服；凭着文明的美德使人心愉悦，守持正固使前景大为亨通，这样变革就稳妥得当，一切悔恨必将消亡。天地变革导致四季形成；商汤、周武变革桀、纣的王命，那是既顺从“天”的规律又应合百姓的愿望：“变革”之时的功效是多么宏大啊！

《象》曰：泽中有火，革①；君子以治历明时②。

【注释】

①泽中有火，革：释《革》卦上兑为泽，下离为火之象。 ②治历明时：这是说明“君子”观《革》卦之象悟知事物变革的道理，故撰制历法，以明四时之变。

【译文】

《象传》说：水泽中有烈火，象征“变革”；君子因此撰制历法以辨明四季的更改。

初九，巩用黄牛之革①。

【注释】

①巩用黄牛之革：巩，固也；黄，中之色，喻持中驯顺；牛之革，坚韧之物，喻守常不变。此谓初九以阳刚卑微处革之始，上无援助，未能应变，故以“黄牛之革”系缚喻必须固守常规，不可妄为。

【译文】

初九，应该用黄牛的皮革牢固束缚住。

《象》曰：“巩用黄牛”，不可以有为也。

【译文】

《象传》说：“用黄牛的皮革牢固束缚”，说明初九不可有所作为，妄行变革。

六二，己日乃革之，征吉，无咎①。

【注释】

①己日乃革之，征吉，无咎：此言六二处“革”之时，柔中得正，上应九五，又居下离之中，犹如时当“日中将昃”，正值“己日”待变之际，故须断然奉行变革；以此

有“征”,必能获“吉”而“无咎”。

【译文】

六二,在亟须转变的“己日”断然推行变革,往前进发必有吉祥,不致咎害。

《象》曰:“己日革之”,行有嘉也。

【译文】

《象传》说:“在亟须转变的‘己日’断然推行变革”,说明六二努力前行必获佳美之功。

九三,征凶,贞厉;革言三就,有孚[①]。

【注释】

①征凶,贞厉;革言三就,有孚:贞厉,犹言“守正防危”;言,语气助词;三,泛指多番;就,谓俯就。此言九三处《革》下卦之上,有“革”道初成之象,宜于审慎稳进,但三以阳居阳,刚亢躁行,故戒以“征凶,贞厉”;又谓此时的变革措施须以暂退求进,即“三就”于旧制,抚慰人心,安定大局,巩固成果,如此则能以“孚诚”取信于民,稳步推行改革。此亦《彖传》所云“革而当,其悔乃亡”之义。

【译文】

九三,急于求进必生凶情,守持正固防备危险;变革既已初见成效更须多番俯就人心安定大局,处事要心存诚信。

《象》曰:“革言三就”,又何之矣!

【译文】

《象传》说:“变革既已初见成效更须多番俯就人心安定大局”,说明九三此时又何必过急前行呢!

九四,悔亡,有孚改命,吉[①]。

【注释】

①悔亡,有孚改命,吉:改,犹言“革”,“改命”即“革除旧命”。此谓九四失位本有“悔”,但当“革”之时,处上卦“水火”更革之际,刚而能柔,正可推行变革,故“悔亡”;此时若能以孚诚之心革除旧命,必获吉祥。

【译文】

九四,悔恨消亡,心存诚信以革除旧命,吉祥。

《象》曰:"改命之吉",信志也[①]。

【注释】

①信志:信,通"伸"。

【译文】

《象传》说:"革除旧命可获吉祥",说明九四畅行变革之志。

九五,大人虎变,未占有孚[①]。

【注释】

①大人虎变,未占有孚:占,有疑而问;"未占"犹言"不须置疑"。此谓九五当"革"之时,以阳刚中正高居尊位,犹如"大人"全面推行变革,势若猛虎奋威;此时"革"道昭著,故不须占问,九五的孚信之德自显光彩。

【译文】

九五,大人像猛虎一样推行变革,毫无疑问必能昭显精诚信实的美德。

《象》曰:"大人虎变",其文炳也[①]。

【注释】

①其文炳:文,谓"文采"、"文章",指"道德"言。

【译文】

《象传》说:"大人像猛虎一样推行变革",说明九五的美德文采炳焕。

上六,君子豹变,小人革面[①];征凶,居贞吉[②]。

【注释】

①君子豹变,小人革面:面,朝向;"革面"犹言"改变倾向"。此谓上六处《革》之终,"革"道大成,犹如斑豹一样协助"大人"变革,从而建树功勋;此时全局已定,故"小人"纷纷顺应,改变倾向。　②征凶,居贞吉:此承前文之义而发,言上六既当变革成功、大局稳定之时,宜于静居持正,守成则吉;若不安守既有成果,再思变革,则过犹不及,必致凶险。

【译文】

上六,君子像斑豹一样助成变革,小人纷纷改变旧日倾向;此时若继续激进不止必有凶险,静居守持正固可获吉祥。

《象》曰:"君子豹变",其文蔚也[①];"小人革面",顺以从君也。

【注释】

①其文蔚：蔚，文采映耀之状。此言上六助成变革的美德，因“大人”的辉映而蔚然成彩。

【译文】

《象传》说：“君子像斑豹一样助成变革”，说明上六的美德因大人的辉映蔚然成彩；“小人纷纷改变旧日倾向”，这是顺从君主的变革。

【总论】

朱熹说：“革，是更革之谓，到这里须尽翻转更变一番”，“须彻底从新铸造一番，非止补苴罅漏而已。”（《朱子语类》）此语揭示了《革》卦所谕“变革”意义的激烈性质。从卦辞的主旨分析，则是集中强调变革取得成功的两大要素：首先，要把握时机，犹如选择亟待转变的“己日”断然推行变革，必能顺畅；其次，要存诚守正，即推行变革者必须遵循正道，以孚诚之心取信于人。以此行革，“元亨”可致，“悔恨”皆消。《彖传》称“汤武革命，顺乎天而应乎人”，正是用史例说明上述两义：“顺天”，则顺合当变之机；“应人”，则行正获人信从。六爻的喻象均围绕卦辞大义申发其旨，展示事物变革初期到末期的发展过程，体现了作者对变革规律的深刻认识：初九阳微位卑，时未可变须固守常制；六二柔中有应，其时将变当断然行革；九三变革小成，不可激进宜慎抚人心；九四以刚处柔，变局将著当力改旧命；九五阳刚中正，“虎变”创制而信德昭彰；上六助成革命，“豹变”立功要安守成果。显然，诸爻分别反映变革过程某一阶段的特征；初爻与上爻始于固守旧规、终于安保新制的义理，又表露出事物全面、彻底更革的“质变”情状。《周易》哲学立足于“变”，《革》卦则是论“变”的典型。尽管诸家《易》说多从政治变革的角度阐述卦旨，但其象征意义实可广为旁通。就文学现象而言，刘勰《文心雕龙》撰立“通变”一篇，论说文学发展的“参伍因革”之道，即与此卦理趣相通。唐代韩愈、柳宗元等人力扫齐梁积弊，推行旨在改革文风的“古文运动”，极力倡扬“惟陈言之务去”、“变浮靡为雅正”，更是“变革”哲理在文学理论上的体现。

鼎卦第五十

䷱ 鼎[①]:元吉,亨[②]。

【注释】

①鼎:卦名,下巽(☴)上离(☲),象征"鼎器"。　　②元吉,亨:此谓"鼎"有烹物成新之用,又有权力法制之象,故"君子"掌持此器也意味着执行权力、"自新新人",此时必获"元吉"而后致"亨通"。

【译文】

《鼎》卦象征鼎器:至为吉祥,亨通。

《象》曰:鼎,象也;以木巽火,亨饪也[①]。圣人亨以享上帝,而大亨以养圣贤[②]。巽而耳目聪明[③],柔进而上行,得中而应乎刚[④],是以元亨。

【注释】

①鼎,象也;以木巽火,亨饪也:木,指下巽为木;巽,顺从;火,指上离为火;亨,通"烹"(下两句"亨"字同)。此以上下卦象释卦名"鼎"之义,谓二体犹如以木顺火,含用鼎烹饪之象。　　②圣人亨以享上帝,而大亨以养圣贤:享,祭也;上帝,犹言"天帝"。这两句极称"鼎"具有烹物以祭享天帝、奉养贤人的两大功用。③巽而耳目聪明:巽,逊顺,指下卦;聪明,指上离为明。此句又取上下象为说,言"鼎"用之利,可使贤人获养然后逊顺以辅助于上,故上者获助而"耳目聪明"。无所为而有成。　　④柔进而上行,得中而应乎刚——柔进、得中,指六五上行居尊、得处中位;刚,指九二。此举六五所含"柔中"、"应刚"之德,喻尊者以鼎养贤、"自新新人",合前二句并释卦辞"元吉,亨"之义。

【译文】

《象传》说:鼎器,是烹饪养人的物象;用木柴顺从火的燃烧,即为烹饪情状。于是圣人烹煮食物来祭享天帝,又大规模地烹物来奉养圣贤。烹物养贤可以使贤人逊顺辅助尊者而尊者就能耳聪目明,此时尊者凭着谦柔美德前进并向上直行,高居中位又能下应阳刚贤者，所以至为亨通。

《象》曰：木上有火，鼎[1]；君子以正位凝命[2]。

【注释】

①木上有火，鼎：释《鼎》卦下巽为木、上离为火之象。此与《彖传》“以木巽火”义同。 ②正位凝命：正，端正，用如动词；凝，亦作动词，犹言“严守”，即不疏失；命，使命。这是说明“君子”效法鼎器体正实凝之象，端正己位、严守使命，以免入邪途，不负职守。

【译文】

《象传》说：木上烧着火焰，象征“鼎器”在烹煮；君子因此效法鼎象端正居位、严守使命。

初六，鼎颠趾，利出否[1]；得妾以其子，无咎[2]。

【注释】

①鼎颠趾；利出否：否，不善之物，谓废物。此言初六处“鼎”之始，阴虚在下，为“颠鼎”之象；鼎将纳物烹煮，宜先颠转清倒废物，故曰“利出否”。 ②得妾以其子，无咎：妾，喻初六；子，喻九四。此象与前文“颠趾”、“出否”相承，谓初六虽处卑下，但上应九四，当“出否”之后正可纳物烹饪；犹如为妾生子可以因子贵而扶为正室，此亦去旧成新之义，故“无咎”。

【译文】

初六，鼎器颠转脚跟，利于倾倒废物；就像娶妾生子扶作正室，必无咎害。

《象》曰：“鼎颠趾”，未悖也；“利出否”，以从贵也[1]。

【注释】

①从贵：指初六上从九四，得其纳物以为烹饪；犹“妾”因贵子而扶为正室。

【译文】

《象传》说：“鼎器颠转脚跟”，未必悖理；“利于倾倒废物”，说明初六应当上从尊贵者（以期纳新）。

九二，鼎有实[1]；我仇有疾，不我能即，吉[2]。

【注释】

①鼎有实：此言九二居《鼎》下卦之中，阳刚充实，故为“鼎有实”之象。

②我仇有疾,不我能即,吉:我,指九二;仇,匹配,指六五;即,就也,“不我能即”谓“不能就我”。此言九二上应六五,五乘刚犹如“有疾”而不能前来就二;九二则由是免增负荷,鼎实不致充溢,故“吉”。

【译文】

九二,鼎中装满物品;我的配偶身有疾患,暂不来加重我的负荷,吉祥。

《象》曰:“鼎有实”,慎所之也[①];“我仇有疾”,终无尤也[②]。

【注释】

①慎所之:鼎既有实,复加必溢,故其行当慎。　②终无尤:指鼎中不加重负荷,终将无过尤。

【译文】

《象传》说:“鼎中装满物品”,说明九二要谨慎前行;“我的配偶身有疾患”,说明九二(暂未获应于六五)终将无所过尤。

九三,鼎耳革,其行塞,雉膏不食[①];方雨亏悔,终吉[②]。

【注释】

①鼎耳革,其行塞,雉膏不食:雉,音 zhì,野鸡,“雉膏”谓“野鸡羹”。此言九三处《鼎》下卦之上,当“鼎耳”之位,但以阳居阳,刚实不能虚中,犹如鼎耳中空处变异堵塞,无法插杠举鼎运行,故曰“鼎耳革,其行塞”;又因三、上俱阳不应,则九三既难行又无援,故徒有鼎器无所为用,虽有“雉膏”不能见食。　②方雨亏悔,终吉:方,将要,此处含“待到”之意;雨,象征阴阳调和;亏,消也。这两句从正面诫勉九三,谓其虽阳刚太甚,有“耳革”、“行塞”、“雉膏不食”之悔,但所属下巽为阴卦,若能取阴调阳,必能出现阴阳和通之“雨”,则可消其悔,终获吉祥。

【译文】

九四,鼎器耳部变异,插杠举移的路途堵塞,精美的雉膏不得获食;待到出现阴阳调和的霖雨必能消除悔恨,终获吉祥。

《象》曰:“鼎耳革”,失其义也[①]。

【注释】

①失其义:义,宜也。

【译文】

《象传》说:“鼎器耳部变异”,说明九三有失虚中之宜。

九四，鼎折足，覆公餗，其形渥，凶[1]。

【注释】

①鼎折足，覆公餗，其形渥，凶：餗，音 sù，《正义》："餗，糁也，八珍之膳，鼎之实也"；形，指鼎身；渥，沾濡之状。此言九四上承六五，所任已重，但又下应初六，且失正不中，有行事不自量力之象，犹如鼎器难承重荷，必致"折足"、"覆餗"，其体亦遭沾渥，故"凶"。

【译文】

九四，鼎器难承重荷鼎足断折，王公的美食全被倾覆，鼎身沾濡龌龊，有凶险。

《象》曰："覆公餗"，信如何也[1]！

【注释】

①信如何：指九四不值得信任。

【译文】

《象传》说："王公的美食全被倾覆"，说明九四怎么值得信任呢！

六五，鼎黄耳金铉，利贞[1]。

【注释】

①鼎黄耳金铉，利贞：黄，中之色，喻六五柔中；金，刚坚之物，喻五居阳位又与刚爻相应；铉，音 xuàn，举鼎的器具，即"鼎杠"。此谓六五柔中处尊，既居阳位又获九二刚爻之应，犹如鼎器配着"黄耳"、插入"金铉"，适可举移以供烹饪；故利于守正，必尽鼎用之美。

【译文】

六五，鼎器配着黄色的鼎耳、刚坚的鼎杠，利于守持正固。

《象》曰："鼎黄耳"，中以为实也[1]。

【注释】

①中以为实：指六五下应九二，获阳实之益。

【译文】

《象传》说："鼎器配着黄色的鼎耳"，说明六五居中而获刚实之益。

上九，鼎玉铉，大吉，无不利[1]。

【注释】

①鼎玉铉,大吉,无不利:玉,刚坚温润之物,喻上九以刚处柔。此谓上九居《鼎》之终,阳处阴位,犹如用刚润之玉所制的鼎杠;此时上不系应于三,意在广应下者,犹如"玉铉"极其举鼎之用,为鼎功大成之象,故大为吉祥、无所不利。

【译文】

上九,鼎器配着玉制的鼎杠,大为吉祥,无所不利。

《象》曰:玉铉在上,刚柔节也。

【译文】

《象传》说:玉制的鼎杠高居于上,说明上九阳刚能用阴柔为调节。

【总论】

鼎,作为烹饪之器,有"养人"的功用;作为"法器",又是"权力"的象征。《九家易》曰:"鼎者,三足一体,犹三公承天子也。三公,谓调阴阳;鼎,谓调五味。"(《集解》引)可见,《鼎》卦立义,是借烹物化生为熟,譬喻事物调剂成新之理,其中侧重体现行使权力、"经济天下"、"自新新人"的意义:《杂卦传》所谓"《革》去故也,《鼎》取新也",即明此旨。马振彪指出:"革之大者,无过于迁九鼎之重器,以新一世之耳目;而鼎之为用,又无过于变革其旧者,咸与为新,而成调剂大功。故《鼎》承《革》卦,以相为用。若器主烹饪以养,犹其小焉者也。《大象》括以'正位凝命'四字,养德养身、治家治国之道,为有天下者所取法,皆不能出其范围。"(《周易学说》)从卦辞的大义看,所称"君子"掌持鼎器至为吉祥,前景亨通,也是立足于强调"去故取新"、法制昌明的宗旨。观卦中六爻,各取鼎器的某一部位或配件为喻,无非说明在一定的环境条件下,任事执权的不同情状。诸爻吉美之占居多,如初六阴柔在下,颠倒鼎脚、清除废物可获"无咎";九二鼎中有实,谨慎处之、不使充溢可致"吉祥";九三鼎耳变异、鼎用受碍,若能调和阴阳亦终有吉;至于五、上两爻如金玉之"铉",则佳美尤甚,前者为一卦掌鼎之主、"利"在守"正",后者鼎用大成、"大吉,无不利"。全卦惟九四一爻不称职权,"折足"、"覆餗",是寓诫最为深刻的反面形象。董仲舒引此论曰:"以所任贤,谓之主尊国安;所任非其人,谓之主卑国危:万世必然,无所疑也。其在《易》曰:'鼎折足,覆公餗。'夫鼎折足者,任非其人也;覆公餗者,国家倾也。是故任非其人而国家得不倾者,自古至今,未尝闻也。"(《春秋繁露·精华篇》)显然,六爻的正反面喻象集中揭示了本卦的核心意义:鼎器功用之所能成,事物新制之所以立,必须依赖多方面的纯正、坚实"力量"的协心撑持;《大象传》盛称"君子"应当端正居位、严守使命,实是对这一义理的绝好阐述。

震卦第五十一

☳☳ 震[1]：亨[2]。震来虩虩，笑言哑哑[3]；震惊百里，不丧匕鬯[4]。

【注释】

①震：卦名，上下卦均为震(☳)，象征"雷声震动"。　②亨：雷威震动万物，使皆警惧，故可致"亨通"。　③震来虩虩，笑言哑哑：虩，音 xì，"虩虩"，恐惧貌；哑，音 è，"哑哑"，笑声。此言雷动之际，天下恐惧，万物因之谨慎不敢妄为，然后能致福而欢笑。　④震惊百里，不丧匕鬯：百里，喻地域之广，兼指古代诸侯国以"百里"为封地；匕，勺、匙之类盛食物的器具，古代祭祀时用以盛"鼎实"；鬯，音 chàng，祭祀所用酒名。句中"匕鬯"借代"祭祀"。此取"人事"为喻，说明诸侯的"教令"如雷动惊闻百里，则国内整肃，就能"不丧"宗庙祭祀，"社稷"因之长保。

【译文】

《震》卦象征雷声震动：可致亨通。震雷骤来万物惶恐畏惧，然后慎行保福遂获笑语声声；君主的教令像震雷惊闻百里，宗庙祭祀于是长延不绝。

《彖》曰：震，亨[1]。"震来虩虩"，恐致福也[2]；"笑言哑哑"，后有则也[3]。"震惊百里"，惊远而惧迩也[4]；出，可以守宗庙社稷，以为祭主也[5]。

【注释】

①震，亨：此以卦辞"亨"字释卦名"震"。孔颖达谓或本无此二字。　②恐致福：此释卦辞"震来虩虩"。　③后有则：则，法则。此释卦辞"笑言哑哑"，谓因恐惧而谨守法则，然后致福而欢笑。　④惊远而惧迩：迩，近也。此释卦辞"震惊百里"。　⑤出，可以守宗庙社稷，以为祭主也：出，指君主外出；守宗庙、为祭主，指"震"有"长子"象，故当君主外出可以留守执掌国权，《说卦传》："震一索而得男，故谓之长男。"《序卦传》："主器者莫若长子，故受之以《震》。"此三句释

卦辞“不丧匕鬯”,谓诸侯能以教令震惧其国,则即使君主外出,长子亦能掌权长保社稷。

【译文】

《象传》说:雷声震动,可致亨通。“震雷骤来万物惶恐畏惧”,说明恐惧谨慎必能导福泽;“然后慎行保福遂获笑语声声”,说明警惧之后行为就能遵循法则。“君主的教令像震雷惊闻百里”,说明不论远近都震惊恐惧;(“宗庙祭祀于是长延不绝”)又说明此时即使君主外出,也能够有长子留守宗庙社稷,成为祭祀典礼的主持人。

《象》曰:洊雷,震①;君子以恐惧修省②。

【注释】

①洊雷,震:洊,再也,犹言“叠连”。此释《震》卦上下震均为雷之象。 ②恐惧修省:这是说明“君子”观《震》卦之象,悟知应当恐惧“天威”,自我修省。

【译文】

《象传》说:叠连轰响着巨雷,象征“雷声震动”;君子因此惶恐惊惧,自我修身省过。

初九,震来虩虩,后笑言哑哑,吉①。

【注释】

①震来虩虩,后笑言哑哑,吉:此言初九当“震”之时,阳刚在下,慎守勿用,先能恐惧修省,后致“笑言哑哑”,故“吉”。

【译文】

初九,雷动骤来而能惶恐畏惧,然后能慎行保福获笑语声声,吉祥。

《象》曰:“震来虩虩”,恐致福也;“笑言哑哑”,后有则也。

【译文】

《象传》说:“雷动骤来而能惶恐畏惧”,说明初九恐惧谨慎能导致福泽;“然后能慎行保福获笑语声声”,说明初九惊惧之后行为就能遵循法则。

六二,震来,厉①;亿丧贝,跻于九陵②,勿逐,七日得③。

【注释】

①震来,厉:此言六二当“震”之时,以柔乘刚,故“震来”将有“危”。 ②亿

丧贝，跻于九陵：亿，犹言“大”，作副词；贝，古代货币；跻，登也；九，为阳极之数，喻高，“九陵”犹言“峻高之陵”。这两句说明六二之“厉”，将至大失财币；但此爻又禀“柔中”之德，虽遇危却能守中不躁，自避于“九陵”而不顾其“贝”，如此则可无虞。③勿逐，七日得：七日，借取日序周期“七”象征转机迅速，犹言“过不了七日”。这两句紧承前文，说明六二既以“柔中”之德趋正自守，能不顾“丧贝”而“跻九陵”避之，则不用追寻失贝，“七日”即可复得；此亦《既济》六二《象传》所云“七日得，以中道也”之义。

【译文】

六二，雷动骤来，有危险；大失货贝，应当跻登远避于峻高的九陵之上，不用追寻，过不了七日必将失而复得。

《象》曰：“震来厉”，乘刚也。

【译文】

《象传》说：“雷动骤来有危险”，说明六二凌乘阳刚之上。

六三，震苏苏，震行无眚①。

【注释】

①震苏苏，震行无眚：苏苏，不安也；震行，犹言“震惧而行”。此谓六三处“震”之时，居位不当，故“苏苏”不安；但无乘刚之失，故能因“震惧”而慎行，则无祸患。

【译文】

六三，雷动之时惶惶不安，由于雷动而能警惧前行将不遭祸患。

《象》曰：“震苏苏”，位不当也。

【译文】

《象传》说：“雷动之时惶惶不安”，说明六三居位不妥当。

九四，震遂泥①。

【注释】

①震遂泥：遂，“隧”之省文，“隧”即“坠”。此言九四阳刚失位，刚德不足，又陷于上下四阴之间，故当“震”之时惊惶失措，坠入泥泞不能自拔。

【译文】

九四，雷动之时惊惶失措坠陷于泥泞中。

《象》曰:"震遂泥",未光也。

【译文】

《象传》说:"雷动之时惊惶失措坠陷于泥泞中",说明九四的阳刚之德未能光大。

六五,震往来,厉[1];亿无丧,有事[2]。

【注释】

①震往来,厉:此谓六五当"震"之时,阴柔居尊,上往则遇阴得敌,下行则乘刚有失,故"往来"皆"厉"。 ②亿无丧,有事:亿,谓"大","亿无丧",犹言"万无一失";事,谓祭祀之事。这两句承前文而发,说明六五有"柔中"美德,能以危惧之心慎守中道,不冒然"往来",故万无一失,长保祭祀之事,即卦辞"不丧匕鬯"之义。

【译文】

六五,雷动之时不论上下往来,都有危险;能够慎守中道就万无一失,可以长保祭祀盛事。

《象》曰:"震往来厉",危行也;其事在中,大无丧也。

【译文】

《象传》说:"雷动之时不论上下往来都有危险",说明六五应当心存危惧谨慎前行;处事能够慎守中道,就可以万无一失。

上六,震索索,视矍矍,征凶[1];震不于其躬,于其邻,无咎[2];婚媾有言[3]。

【注释】

①震索索,视矍矍,征凶:索索,形容惧极而双足畏缩难行;矍,音 jué,"矍矍",即双目旁顾不安之状。此谓上六以阴处"震"之极,惊恐至甚,无所安适,故双足"索索",两目"矍矍";以此而"征",必遭凶险。 ②震不于其躬,于其邻,无咎:躬,自身。这是从正面诫勉的角度申发爻义,说明上六若能在雷威未震及自身,才及于近邻时,就预先戒备,及早"恐惧修省",则可"无咎"。 ③婚媾有言:有言,指言语争执、不相和合,与《需》九二"小有言"义略近。此句进一步指出,上六当极惧之时,必多疑虑,难与外物相合,故又戒其不可急于谋求阴阳应合,若必欲"婚媾",则难免"有言"。辞意主于此时不宜妄动,与前文"征凶"之戒互为发明。

【译文】

上六，雷动之时恐慌得双足畏缩难行，两目惶顾不安，冒然进取必遭凶险；若能在雷动尚未震及自身，才及于近邻时就预先戒备，则不致咎害；但若谋求阴阳婚配将导致言语争端。

《象》曰："震索索"，中未得也[①]；虽凶无咎，畏邻戒也[②]。

【注释】

①中未得：犹言"未得中"也。 ②畏邻戒：《正义》："畏邻之动，惧而自戒，乃得无咎。"

【译文】

《象传》说："雷动之时恐慌得双足畏缩难行"，说明上六未能居处适中的位置；尽管有凶险却无所咎害，是由于畏惧近邻所受的震惊而预先戒备。

【总论】

《淮南子·人间训》载《尧戒》云："战战栗栗，日谨一日；人莫蹪于山，而蹪于垤。"这是用登山不至跌跤，而平地常使人栽倒为喻，说明凡事要警惕戒惧、敬慎小心；沈德潜称此戒为"大圣人忧勤惕厉语"(《古诗源》)。《震》卦取象于"雷动"威盛，正是揭明"震惧"可致"亨通"的道理。卦辞设拟两层相互见旨的譬喻：先言雷动奋起万物畏惧，于是慎行获福笑语声声；再言君主教令震惊百里，遂致万方警惧，社稷长保。《大象传》用"恐惧修省"四字，对全卦大义作了精要概括，揭出"惶恐惊惧"与"修身省过"之间的内在联系。卦中六爻分别喻示处"震"的不同情状：初九阳刚在下，知惧致福，六二因危守中、失"贝"复得，六三惶惶未安，慎行免祸，六五柔中"危行"，善保尊位，这四爻均见"惕惧修德"之功，故多吉无害；惟九四陷于阴中，惧而不能振奋，难以自拔；上六惧极有凶，但若因人之惧预先戒备，亦将"无咎"。显然，本卦的象征主旨是建立在"震惧"的基点上，然后谨慎前行，开拓"亨通"境界：此中寓涵着处"危"而后"安"的辩证哲理。马振彪论曰："人当颠沛造次之时，如履薄临深之可惧；国际风雨飘摇之会，有内忧外患之交乘：其危乃光，惩前毖后，必如此卦之爻象，始终戒惧乃可免祸而致福。"(《周易学说》)

艮卦第五十二

䷳ 〔艮〕:艮其背[①],不获其身[②];行其庭,不见其人[③],无咎。

【注释】

①〔艮〕:艮其背:艮,卦名,上下卦均为艮(☶),象征"抑止"。 ②不获其身:犹言"其身不得面向所止之处"。此谓"抑止"于背后,则被"止"者自身不至于面向当止之私欲,即"止得其所"之义。本句是直接申发前句"艮其背"的意旨。③行其庭,不见其人,无咎:这是紧承前文理趣,又进一步譬喻"止背"之道曰:犹如被"止"者行走在庭院里,也两两相背;则施"止"之时,互不见对方所止之邪恶。以此处"艮",则"抑止邪欲"之功必成,故"无咎"。

【译文】

〔《艮》卦象征抑止〕:抑止于背后以避免被觉察,不让身体直接面向应当被抑止的私欲;譬如行走在庭院里也两两相背,互相不见对方被抑止的邪恶,必无咎害。

《彖》曰:艮,止也。时止则止,时行则行;动静不失其时,其道光明[①]。艮其止,止其所也[②]。上下敌应,不相与也[③],是以"不获其身,行其庭,不见其人,无咎"也。

【注释】

①时止则止,时行则行;动静不失其时,其道光明:这四句紧承上文释卦名"艮"为"止"之义,进一步阐说"抑止"之道要适时而用,才能"动静"得当,而"抑止"的道理便因之而"光明"。 ②艮其止,止其所也:这两句释卦辞"艮其背"。首句谓"艮其止",则所"抑止"之处为"背";"背"为应当抑止之"所",故次句曰"止其所也"。 ③上下敌应,不相与也:敌应,犹言"敌对"。这两句以六爻关系再释卦名"艮"及卦辞"不获其身"以下四句。本卦上下对应爻均为同性相敌,故曰:"上下敌应,不相与";而六爻相敌对,不相亲与,正同"相背"而"抑止"之理,

即卦辞“不获其身，行其庭，不见其人，无咎”之义。

【译文】

《象传》说：“艮”，意思是抑止。其时应当抑止就抑止，应当前行就前行；或动或静适当而不违时，抑止的道理就光辉明灿。《艮》卦大义是象征抑止，这是说明抑止适得其所。卦中六爻上下相互敌对，不相交往亲与，所以就像不让身体面向当被抑止的私欲，譬如行走在庭院里也两两相背，互不见对方被抑止的邪恶，这样抑止就不致咎害。

《象》曰：兼山，艮①；君子以思不出其位②。

【注释】

①兼山，艮：兼，犹言“重”，指两山重叠。此释《艮》卦上下艮均为山之象。②思不出其位：位，本位，指本分所守之位。这是说明“君子”观《艮》象，悟知“抑止”邪欲之理，故所思虑均不敢逾越本位。

【译文】

《象传》说：两座山重叠，象征“抑止”；君子因此自我抑止内心邪欲、所思所虑不超越本位。

初六，艮其趾，无咎①，利永贞②。

【注释】

①艮其趾，无咎：初六居《艮》卦最下，有“趾”之象；其所施“止”，犹如施于“足趾”将动之前，不使有失正道，故曰“无咎”。②利永贞：此因初六阴柔弱质，故勉以“利永贞”，犹言始终守正，则可常保“无咎”。

【译文】

初六，抑止在脚趾迈出之前，必无咎害，利于永久守持正固。

《象》曰：“艮其趾”，未失正也①。

【注释】

①未失正：《正义》：“行则有咎，止则不失其正，释所以利永贞。”

【译文】

《象传》说：“抑止在脚趾迈出之前”，说明初六未曾违失正道。

六二，艮其腓，不拯其随，其心不快①。

【注释】

①艮其腓，不拯其随，其心不快：腓，小腿肚；拯，通“承”，举也，此处犹言“举步上承”。这三句说明六二以柔处《艮》下卦之中，外卦无应，本须上承九三之阳，但“其腓”被止，故曰“不拯其随”；当行不得行，承阳之志难遂，故曰“其心不快”。

【译文】

六二，抑止小腿的运动，未能举步上承本应随从的人，心中不得畅快。

《象》曰：“不拯其随”，未退听也①。

【注释】

①未退听：听，听从。这句合上句“不拯其随”，说明六二被强为抑止，进不能“拯其随”，退不能听其止，遂生“不快”之情。

【译文】

《象传》说：“六二未能举步上承本应随从的人”，又无法退而听从抑止之命（因此心中不得畅快）。

九三，艮其限，列其夤，厉薰心①。

【注释】

①艮其限，列其夤，厉薰心：限，界也，句中指人体上下交界处，即“腰部”；列，通“裂”；夤，音 yín，夹脊肉也。这三句说明九三处《艮》上下卦之中，犹人体之“腰”；而腰动被止，脊肉断裂，故致“薰心”之危，其凶可知。

【译文】

九三，抑止腰部的运动，以至断裂背夹脊肉（身体上下中分），危险像烈火一样薰灼其心。

《象》曰：“艮其限”，危薰心也。

【译文】

《象传》说：“抑止腰部的运动”，说明九三的危险将像烈火一样薰灼其心。

六四，艮其身，无咎①。

【注释】

①艮其身，无咎：身，上身。这是说明六四居《艮》上卦，犹处人身上体，故有“艮其身”之象；以柔居柔，“止”得其所，遂获“无咎”。

【译文】

六四，抑止上身不使妄动，必无咎害。

《象》曰："艮其身"，止诸躬也[①]。

【注释】

①止诸躬：此句犹言自我抑止。

【译文】

《象传》说："抑止上身不使妄动"，说明六四能自我抑止安守本位。

六五，艮其辅，言有序，悔亡[①]。

【注释】

①艮其辅，言有序，悔亡：辅，上牙床，此处指"口"；序，条理。这三句说明六五柔居尊位，持中不偏，犹处"口"位；慎"止"其口而"言有序"，故"悔"必"亡"。

【译文】

六五，抑止其口不使妄语，发言就有条理，悔恨消亡。

《象》曰："艮其辅"，以中正也。

【译文】

《象传》说："抑止其口不使妄语"，说明六五能居中守正。

上九，敦艮，吉[①]。

【注释】

①敦艮，吉：上九处《艮》之终，为抑止至极之象，故虽阳刚而能敦厚；以此抑止邪欲，遂获吉祥。

【译文】

上九，以敦厚的品德抑止邪欲，吉祥。

《象》曰："敦艮之吉"，以厚终也。

【译文】

《象传》说："以敦厚的品德抑止邪欲而获吉祥"，说明上九能将厚重的素质保持至终。

【总论】

《艮》卦取义于“止”，阐发“抑止”邪欲的道理。《礼记·乐记》云：“奸声乱色，不留聪明；淫乐慝礼，不接心术；惰慢邪辟之气，不设于身体。”所谓“不留”、“不接”、“不设”，正与《艮》卦“抑止”之理相通。卦辞反复申言“艮其背”之旨，正是展示“止邪”的最佳方式是使人“隔绝邪欲”，强调“心不乱”而邪已止的功效。钱锺书引《红楼梦》“风月宝鉴，宜照反面”为喻，指出“反面一照”，“妄动”能“治”（《管锥编》），颇与卦旨妙契。卦中六爻所发的意义，又分别取象于人体各部位，从不同角度揭明“抑止”或得或失的情状。六二如“小腿”当行不得行，九三似“腰部”宜动不能动：并属施止不当之象；初六止于“趾”动之前，六四自止其“身”，六五慎止其“口”，上九敦厚于止：均为施止妥善之象。若深究卦理，还可以发现，“抑止”并非绝对强调“不行”。《彖传》“时止则止，时行则行”，已经道出“行”、“止”间的辩证关系；六五“止其辅”之后导致“言有序”，更是以“止”求“行”的明显象例。因此，本卦尽管主于“止”义，“止”的目的却在于保持正确的“行”，含有“行正”必先“止邪”的微旨。那么，《大象传》言“思不出其位”，无疑是把“抑止”作为“进取”的前提。

渐卦第五十三

䷴ 渐[1]：女归吉，利贞[2]。

【注释】

①渐：卦名，下艮（☶）上巽（☴），象征"渐进"。　②女归吉，利贞：归，女子出嫁之称。这是用古代女子出嫁须备礼渐进、利于守正为喻，说明物进宜渐之理。

【译文】

《渐》卦象征渐进：譬如女子出嫁循礼渐行可获吉祥，利于守持正固。

《彖》曰：渐之进也[1]，女归吉也。进得位，往有功也；进以正，可以正邦也[2]。其位，刚得中也[3]；止而巽，动不穷也[4]。

【注释】

①渐之进：之，作动词，犹言"前行"。"渐之进"，即逐渐前行而进；这句既释卦名"渐"，又释卦辞"女归吉"之义。　②进得位，往有功也；进以正，可以正邦也：这四句举九五爻为例。说明"渐进"而"得位"、"得正"，可以"建功"、"正邦"，释卦辞"利贞"之义。　③其位，刚得中也：《渐》卦二至五诸爻均居正得位，此句特明前文称"位"专指九五。　④止而巽，动不穷也：《渐》卦下艮为止，上巽和顺，犹如静止而和巽；以此而动，其进唯渐，故不致穷困。

【译文】

《彖传》说：渐渐向前行进，譬如女子出嫁循礼渐行可获吉祥。此时渐进而获得显要地位，说明前往必能建树功勋；渐进又能遵循正道，就可以端正邦国民心。事物能够渐居尊位，往往由于阳刚强健又有中和美德；只要静止不躁而又谦逊和顺，这样逐渐行动就不致困穷。

《象》曰：山上有木，渐[1]；君子以居贤德善俗[2]。

【注释】

①山上有木，渐：释《渐》卦下艮为山，上巽为木之象。　②居贤德善俗：居，积也；善，作动词。这是说明"君子"观《渐》卦之象，悟知积德、善俗亦须渐进之理。

【译文】

《象传》说：山上有树木（渐渐高大），象征"渐进"；君子因此逐渐积累贤德、改善风俗。

初六，鸿渐于干[1]；小子厉，有言，无咎[2]。

【注释】

①鸿渐于干：鸿，水鸟名，即大雁；干，水涯。此句取鸿鸟渐飞之象为喻，说明初六处《渐》始，柔弱卑下，上无应援，所进尚浅，未得其安。　②小子厉，有言，无咎：有言，指受言语中伤。初六位卑未安，故又取"小子"有危厉，及受人言语中伤为喻；但渐进不躁，虽遭"厉"、"有言"，终获"无咎"。

【译文】

初六，大雁飞行渐进于水涯边（未获安宁）；就像童稚小子遭逢危险，蒙受言语中伤，但能渐进不躁则免遭咎害。

《象》曰："小子之厉"，义无咎也。

【译文】

《象传》说："童稚小子所遭逢的危险"，从初六渐进不躁的意义来看是没什么咎害。

六二，鸿渐于磐，饮食衎衎，吉[1]。

【注释】

①鸿渐于磐，饮食衎衎，吉：磐，磐石，喻安稳之所；衎，音 kàn，"衎衎"，和乐貌。这是说明六二"渐进"得位，柔中应五；犹如"鸿"飞至磐石上，安然得食，故获吉祥。

【译文】

六二，大雁飞行渐进于磐石上，安享饮食和乐欢畅，吉祥。

《象》曰："饮食衎衎"，不素饱也[1]。

【注释】

①不素饱：素，谓白、空，“素饱”犹《诗经·魏风·伐檀》“素餐”之义。这句说明六二“饮食衎衎”，是近承九三，远应九五，犹如臣事君上而获禄养，非“素餐”者。

【译文】

《象传》说：“安享饮食和乐欢畅”，说明六二尽心臣道而不是白白吃饭饱腹。

九三，鸿渐于陆，夫征不复，妇孕不育，凶[①]；利御寇[②]。

【注释】

①鸿渐于陆，夫征不复，妇孕不育，凶：陆，较平的山顶。这几句说明九三处《渐》艮上，有鸿飞渐至山顶之象；但与四非应相比，阴阳投合，乐而忘还，犹如“夫征不复”，遂致其妇非夫得孕、无颜生育，故为凶兆。　②利御寇：这句是诫勉九三之辞，谓其若能慎用刚强，不为邪淫，则利于以刚御寇，可避“夫征不复，妇孕不育”之凶。

【译文】

九三，大雁飞行渐进于小山，宛如夫君远征一去不还，妻子失贞得孕生育无颜，有凶险；（若能禀正用刚，则）利于抵御强寇。

《象》曰：“夫征不复”，离群丑也[①]；“妇孕不育”，失其道也；“利用御寇”，顺相保也[②]。

【注释】

①离群丑：丑，类也，指初、二两阴。此句说明九三之“征”，是远离其类。②顺相保：指九三不宜刚亢躁进，应当慎守正道，与其类和顺相保，则可免凶。

【译文】

《象传》说：“夫君远征一去不还”，说明九三离失其所匹配的群类；妻子失贞得孕生育无颜，说明违失夫妇相亲之道；“（若能禀正不邪，则）利于抵御强寇”，说明九三应当守正使夫妇和顺相保。

六四，鸿渐于木，或得其桷，无咎[①]。

【注释】

①鸿渐于木，或得其桷，无咎：桷，音 jué，树木枝间的平柯。这三句说明六四居位柔正，上承五阳，渐进不躁，犹如鸿飞木杪，栖止平柯，故获“无咎”。

【译文】

六四,大雁飞行渐进于高树,或能寻得平柯栖止稳当,不致咎害。

《象》曰:“或得其桷”,顺以巽也。

【译文】

《象传》说:“或能寻得平柯栖止稳当”,说明六四温顺而又和巽。

九五,鸿渐于陵,妇三岁不孕;终莫之胜,吉①。

【注释】

①鸿渐于陵,妇三岁不孕,终莫之胜,吉:三岁,泛指多年。这几句说明九五居《渐》尊位,犹鸿飞陵上;又以阳刚中正,下应六二,虽三、四阻隔,乃至六二多年“不孕”,但二五正应,终将会合,非外物所能侵阻取胜,故获吉祥。

【译文】

九五,大雁飞行渐进于丘陵,(宛如夫君远出)妻子三年不怀身孕;(但夫妇必将会合)外物终究不能侵阻取胜,吉祥。

《象》曰:“终莫之胜吉”,得所愿也。

【译文】

《象传》说:“(夫妇必将会合)外物终究不能侵阻取胜,吉祥”,说明九五得遂应合六二的愿望。

上九,鸿渐于陆,其羽可用为仪,吉①。

【注释】

①鸿渐于陆,其羽可用为仪,吉:陆,此处当指高山顶,比九三之“陆”为高,在“陵”之上。这三句说明上九“渐进”上位,远居卦极,不谋其功,高洁可法;犹鸿飞止于高山顶巅,其羽堪作仪饰,故为吉祥。

【译文】

上九,大雁飞行渐进于高山,羽毛可作洁美的仪饰,吉祥。

《象》曰:“其羽可用为仪,吉”,不可乱也。

【译文】

《象传》说:“羽毛可作洁美的仪饰,吉祥”,说明上九的高洁志向不可淆乱。

【总论】

《渐》卦,顾名思义,是阐明事物发展过程中"循序渐进"的道理。《孟子·公孙丑上》有一则"揠苗助长"的寓言,赵岐注曰:"喻人之情,邀福者必有害;若欲急长苗,而反使之枯死也。"此义与"渐进"的哲学内涵正可对照。卦辞拟"女子出嫁"为象,意在"礼备"而后渐行,已见全卦大旨。六爻以鸿鸟飞行设喻,形象更为生动:沿初爻至上爻,鸿飞所历,为水涯、磐石、小山陆、山木、山陵、大山陆,由低渐高,由近渐远,秩然有序。各爻立义,均主于守正渐行,因此多"吉"、"无咎"之占。其中九三虽过刚有"凶",但也勉其慎行"渐"道,化害为利。可见,本卦自始至终嘉美"渐进"的道理,乃至上九"位"穷而"用"无穷,所谓积渐大成,"仪型万方","贵一切也"(《尚氏学》)。《礼记·学记》叙古代的教学程序,谓七年"小成"、九年"大成",又曰"大学"之教"不陵节而施之谓'孙'(按照顺序)"。显然,这种"教学理论"的创制者,是深知"学"宜循"渐"然后能成的规律。

归妹卦第五十四

䷵ 归妹①:征凶,无攸利②。

【注释】

①归妹:卦名,下兑(☱)上震(☳),象征"嫁出少女"。　　②征凶,无攸利:指卦中二至五爻均失位,三既不中正又以阴乘阳,故戒以"征凶,无攸利"。

【译文】

《归妹》卦象征嫁出少女:要是行为不当往前进发必有凶险,无所利益。

《彖》曰:归妹,天地之大义也。天地不交,而万物不兴;归妹,人之终始也①。说以动,所归妹也②;"征凶",位不当也③;"无攸利",柔乘刚也④。

【注释】

①人之终始:指人类能终而复始地生息蕃衍。以上六句举"天地"、"万物"因阴阳交合而蕃生说明"归妹"的意义。　　②说以动,所归妹也:说,即"悦",指下兑;动,指上震;所,犹言"可"。这两句以上下卦象有"悦而动"之义,释卦名"归妹",谓因悦而动正可嫁出少女。　　③位不当:释卦辞"征凶",指卦中二至五爻居位不当。　　④柔乘刚:释卦辞"无攸利",指卦中六三以阴乘阳。

【译文】

《彖传》说:嫁出少女,这是体现天地阴阳的弘大意义。天阴地阳不相交,万物就不能繁殖兴旺;嫁出少女,人类就能终而复始地生息不止。由于欣悦而兴动,正可以嫁出少女;"往前进发必有凶险",说明居位不妥当;"无所利益",说明阴柔乘凌阳刚之上。

《象》曰:泽上有雷,归妹①;君子以永终知敝②。

【注释】

①泽上有雷,归妹:释《归妹》下兑为泽、上震为雷之象。 ②君子以永终知敝:永,用如动词,犹言"永久保持"。这是说明"君子"观《归妹》之象,既明夫妇之道宜于"永终",又知当防止淫佚,不可敝坏此道。

【译文】

《象传》说:大泽上响着震雷(欣悦而动),象征"嫁出少女";君子因此长久至终地保持夫妇之道并悟知不可淫佚而敝坏此道。

初九,归妹以娣,跛能履,征吉[①]。

【注释】

①归妹以娣,跛能履,征吉:娣,音 dì,古代以妹陪姊同嫁一夫,称妹曰"娣",犹"侧室";跛能履,辞义与《履》六三同,此处喻"娣"以"侧室"助"正室"。这三句说明初九当"归妹"之时,最处下位,上无正应,犹随姊出嫁而为"娣";但有阳刚之贤,能以"偏"助"正",犹"跛能履",故"征"而获"吉"。

【译文】

初九,嫁出少女作为侧室,宛如足跛而努力行走,往前进发可获吉祥。

《象》曰:"归妹以娣",以恒也[①];跛能履,吉相承也[②]。

【注释】

①恒:常也。 ②吉相承也:《周易集说》:"相承者,佐其嫡以相与奉承其夫也。"

【译文】

《象传》说:"嫁出少女作为侧室",这是婚嫁的常道;宛如足跛而努力行走,说明初九的吉祥在于以偏助正相与奉承夫君。

九二,眇能视,利幽人之贞[①]。

【注释】

①眇能视,利幽人之贞:眇能视,辞义与《履》六三同,此处喻九二嫁夫不良,勉力相从;幽人,幽静安恬者。这两句说明九二当"归妹"之时,阳刚居中,有"女贤"之象;但上应六五阴柔不正,犹配不良,故以"眇能视"为譬,并谓"利幽人之贞"。

【译文】

九二,眼盲而勉强瞻视,利于幽静安恬的人守持正固。

《象》曰："利幽人之贞"，未变常也。

【译文】

《象传》说："利于幽静安恬的人守持正固"，说明九二未曾改变严守节操的恒常之道。

六三，归妹以须，反归以娣[1]。

【注释】

①归妹以须，反归以娣：这两句说明六三处下卦之极，失正乘阳，有欲求为"室主"（正室）之象，故在须待；但不得其位，不可冒进，宜回头俟时嫁为侧室。

【译文】

六三，少女嫁出后引颈期盼成正室，应当反归待时，嫁作侧室。

《象》曰："归妹以须"，未当也。

【译文】

《象传》说："少女嫁出后引颈期盼成正室"，说明六三的行为不妥当。

九四，归妹愆期，迟归有时[1]。

【注释】

①归妹愆期，迟归有时：愆，音 qiān，超过。这两句说明九四刚居柔位，下无其应，犹"贤女"延期未嫁，静待良配。

【译文】

九四，嫁出少女超延佳期，迟迟未嫁静待时机。

《象》曰：愆期之志，有待而行也。

【译文】

《象传》说：九四超延佳期的心志，在于静待时机而后行。

六五，帝乙归妹，其君之袂，不如其娣之袂良[1]；月几望，吉[2]。

【注释】

①帝乙归妹，其君之袂，不如其娣之袂良：帝乙归妹，喻六五尊高而下配；君，《正字通》"夫称妇曰'君'"，此处指六五"嫁为正室"；袂，衣袖，句中借代"衣饰"。这三句说明六五高居尊位，下应九二，犹帝乙嫁出少女；位贵下嫁，德尚谦逊，故虽

为“正室”，其“袂”俭朴，不如“侧室”美好。 ②月几望，吉：几望，月将满圆，喻六五德盛不盈。这是别取一象，说明“归妹”之时，尊贵能谦、美盛不盈，必吉。

【译文】

六五，帝乙嫁出少女，正室的衣饰，却不如侧室的衣饰美好；（品德适到好处，譬如）月亮接近圆满而不过盈，吉祥。

《象》曰：“帝乙归妹，不如其娣之袂良”也；其位在中，以贵行也。

【译文】

《象传》说：“帝乙嫁出少女，其衣饰不如侧室的衣饰美好”；说明六五位尊而守中不偏，虽高贵却能施行谦俭之道。

上六，女承筐，无实；士刲羊，无血。无攸利①。

【注释】

①女承筐，无实；士刲羊，无血。无攸利：实，句中指“筐”中之物；刲，音 kuī，割杀，犹言“屠”；“承筐”、“刲羊”，当指“夫妇祭祀”之事。这几句说明上六处《归妹》之终，位穷无所适，下又不应于六三，犹如女子承筐无实可盛，男子刲羊无血可取；既“无实”、“无血”，难以献享，则夫妇祭祀之礼未成，譬喻“妹”无所“归”，故“无攸利”。

【译文】

上六，女子手奉竹筐，无物可盛；男子刀屠其羊，不见血腥：（夫妇祭祀之礼难成，）无所利益。

《象》曰：上六无实，承虚筐也。

【译文】

《象传》说：上六阴爻中虚无实，正如手奉空虚的竹筐。

【总论】

《归妹》以“嫁出少女”主一卦之义，说明“男婚女嫁”是人类蕃衍的根本因素。用《礼记》的话来说，就是：“天地合，而后万物兴焉；夫昏礼，万世之始也。”（《郊特牲》）然而，卦辞却谓“归妹，征凶，无攸利”，其理何在？原来，作者是为所“归”之“妹”设置诫辞，即强调女子出嫁必须严守“正”道，以“柔顺”为本，成“内助”之功；反此而行，必为凶兆。可见，本卦一开始便反映着古代礼教对女子的“约束”

性质。六爻所揭示的意义,正是围绕卦辞而发:初安分卑居"侧室",二嫁夫不良"守贞",四"愆期"待时而嫁,五"贵女"谦逊下嫁,此四爻虽地位不同,但均合"妇德"故无凶有吉,其中六五最为纯"吉";至于三、上两爻,或有非分之念,或处穷高之所,故一"凶",一"无攸利"。诚然,此卦大旨亦非拘限于"嫁出少女"一事;归根结底,还是阐发"天地阴阳"的"恒常不易"之道:申明"阴"以"阳"为归宿,则天地和合,万物繁殖。因此,《彖传》所谓:"归妹,天地之大义也;天地不交,而万物不兴",正是本卦义理的核心所在。

卷八

丰卦第五十五

䷶ 丰①:亨,王假之②;勿忧,宜日中③。

【注释】

①丰:卦名,下离(☲)上震(☳),象征“丰大”。　②亨,王假之:假,至也,犹言“达到”。这是说明物“丰”可以亨通;但致丰之道,必须有德者才能获得,故又以“王假之”为譬。　③勿忧,宜日中:日中,太阳正中,喻保持丰德。

【译文】

《丰》卦象征丰盈硕大:亨通,有德君王可以达到丰盈硕大的境界;不必忧虑,宜于像太阳位居中天一样保持充盈的光辉。

《彖》曰:丰,大也;明以动,故丰①。“王假之”,尚大也②;“勿忧,宜日中”,宜照天下也③。日中则昃④,月盈则食;天地盈虚,与时消息,而况于人乎?况于鬼神乎?

【注释】

①明以动,故丰:明,指下离;动,指上震。这是用上下象释卦名“丰”,谓以光明之德而动,必可致“丰”。　②尚大也:此释卦辞“王假之”,说明王者致“丰”,是崇尚宏大之德。　③宜照天下也:此释卦辞“勿忧,宜日中”。　④日中则昃:此句至终,广引天地、日月盛盈必亏的现象,发卦辞的言外之意,说明“丰”极必衰,不可过“中”。

【译文】

《彖传》说:“丰”,意思是丰盈硕大;譬如道德光明而后施于行动,就能获丰盈硕大的成果。“有德君王可以达到丰盈硕大的境界”,说明王者崇尚宏大的美德;“不必忧虑,宜于像太阳正居中天一样保持充盈的光辉”,说明宜于让盛德之光遍照天下。太阳正居中天必将西斜,月亮圆满盈盛必将亏蚀;天地大自然有盈满有亏虚,都伴随一定的时候更替着消亡与生息,又何况人呢?何况鬼神呢?

《象》曰：雷电皆至，丰[1]；君子以折狱致刑[2]。

【注释】

①雷电皆至，丰：释《丰》卦上震为雷、下离为电（火）之象。　②折狱致刑：致刑，犹言“动用刑罚”。这是说明“君子”效法雷之威动以“折狱”、电之光明以“致刑”，则刑狱之事不违情实。

【译文】

《象传》说：雷声和电光一起到来，象征（威明之德）“丰盈硕大”；君子因此效法雷的威震和电的光明审理讼狱、动用刑罚。

初九，遇其配主，虽旬无咎，往有尚[1]。

【注释】

①遇其配主，虽旬无咎，往有尚：配主，相匹配之主，指九四；旬，均也，指初四均为阳爻。这三句说明初九当丰之时，下处离明而上趋震动，与所遇“配主”阳德均等，相互光大，故“无咎”而“往有尚”。

【译文】

初九，遇合相匹配之主，尽管两者阳德均等也不致咎害，前往必受尊尚。

《象》曰：“虽旬无咎”，过旬灾也[1]。

【注释】

①过旬灾也：过旬，即过均，犹言“不均等”。

【译文】

《象传》说：“尽管两者阳德均等也不致咎害”，说明初九和九四要是阳德不均等必致竞争而有灾患。

六二，丰其蔀，日中见斗，往得疑疾[1]；有孚发若，吉[2]。

【注释】

①丰其蔀，日中见斗，往得疑疾：蔀，音 bù，又音 pǒu，通“蔽”，犹言“障蔽”。这三句说明六二当“丰”之时，以阴处阴，犹如丰大其障蔽以掩光明，又如日当中天却出现昏夜斗星；以此往见六五，必有被疑之患。　②有孚发若，吉：若，语气词。这是说明六二尽管不能自丰其光明之德，但因处中居正，若能发其诚信，必可摆脱昏暗，获得吉祥。

【译文】

六二，丰大掩盖光明的障蔽，犹如太阳正当中天却出现斗星，往前必有被猜疑的疾患；若能自我发挥诚信，则可获吉祥。

《象》曰："有孚发若"，信以发志也①。

【注释】

①信以发志：发，同前句"发若"之"发"，这里涵有"开拓"之意。

【译文】

《象传》说："自我发挥诚信"，说明六二应当通过诚信来开拓丰大光明的志向。

九三，丰其沛，日中见沬①；折其右肱，无咎②。

【注释】

①丰其沛，日中见沬：沛，通"旆"；沬，音 mèi，通"昧"。这两句说明九三与上六相应，上为阴爻，所趋阴暗，故犹如丰大其幡幔以遮光明，又如日当正午而出现暮夜小星。 ②折其右肱，无咎：这是诫勉九三之辞，说明九三所趋既为阴暗，则不可施其大用，故以折断右臂为喻，犹言屈己慎守，可免其咎。

【译文】

九三，丰大掩遮光明的幡幔，犹如太阳正当中天却出现小星；若能像折断右臂一样屈己慎守，则不致咎害。

《象》曰："丰其沛"，不可大事也；"折其右肱"，终不可用也。

【译文】

《象传》说："丰大幡幔以遮掩光明"，说明九三不可承担大事；"像折断其右臂一样屈己慎守"，说明九三终究不可施展才用。

九四，丰其蔀，日中见斗①；遇其夷主，吉②。

【注释】

①丰其蔀，日中见斗：义见六二注。九四以阳居阴，故与六二阴爻之象相类。②遇其夷主，吉：夷，平也，与"均"义近，"夷主"指初九。

【译文】

九四，丰大掩挡光明的障蔽，犹如太阳正当中天却出现斗星；但能遇合阳德相平衡之主，吉祥。

《象》曰："丰其蔀"，位不当也；"日中见斗"，幽不明也；"遇其夷主"，吉行也[①]。

【注释】

①"遇其夷主"，吉行也：《周易举正》谓"行"上脱"志"字，则这两句当作"遇其夷主吉，志行也"，似可从。

【译文】

《象传》说："丰大掩挡光明的障蔽"，说明九四居位不妥当；"犹如太阳正当中天却出现斗星"，说明此时幽暗而不见光亮；"遇合阳德相平衡之主"，说明九四可获吉祥宜于前行。

六五，来章，有庆誉，吉[①]。

【注释】

①来章，有庆誉，吉：这是说明六五以阴居《丰》尊位，体虽阴柔而实含阳刚因素，故能召致天下章美之才，以丰大光明之德，遂"有庆誉"而吉祥。

【译文】

六五，召致天下章美之才以丰大光明，必获福庆和佳誉，吉祥。

《象》曰：六五之吉，有庆也。

【译文】

《象传》说：六五的吉祥，说明必有福庆。

上六，丰其屋，蔀其家，窥其户，阒其无人，三岁不觌，凶[①]。

【注释】

①丰其屋，蔀其家，窥其户，阒其无人，三岁不觌，凶：窥，视也；阒，音 qù，寂静无声；觌，音 dí，见也。这几句说明上六以阴居《丰》之极，体柔昏暗，而"丰大其屋，障蔽其家"，有高处深藏之象；乃至"窥户无人"，三年不见其露面，犹如居"丰大"之世而自绝于人，故为凶兆。

【译文】

上六，丰大房屋，障蔽居室，对着门户窥视，寂静毫无人踪，时过三年仍不见露面，如此深藏自蔽必有凶险。

《象》曰："丰其屋"，天际翔也；"窥其户，阒其无人"，自藏也。

【译文】

《象传》说："丰大房屋"，说明上六居处穷高犹如飞翔在天际；"对着门户窥视，寂静毫无人踪"，说明上六自蔽深藏。

【总论】

《丰》卦说明事物"丰大"的道理。卦辞称扬物丰可致亨通，并强调指出善处"丰"时的两项准则：一是必须道德盛美，故称有德"君王"可以致"丰"；二是必须光明常照，故云太阳正中可以无忧。显然，本卦虽取名于"丰美硕大"，却深诫：求丰不易，保丰更难。卦中六爻，分别表明处丰得失善否的情状：初九微阳处下，慎行求丰"有尚"；六二阴处阴位，有蔽光明，须发挥"柔中"信德则可致丰获吉；九三居下离之终，过丰有损光明，当自折"右肱"才能"无咎"；九四阳居阴位，虽丰却掩去光明，宜与阳刚在下的初九相遇相辅则吉；六五阴居尊位，内含刚美，又能召致六二以丰大光明盛德，最得"庆誉"并获吉祥；上六高居卦终，丰极柔暗，深藏自绝于人以致有凶。综观六爻大旨，凡处上下卦之极者，并为过丰损德之象，故三、上两爻虽阴阳有应，或不免"折肱"，或终致凶险；凡在下守中者，均为谨慎修己以求丰保丰之象，故初、二、四、五诸爻虽阴阳不应，却多吉祥，而六五之吉尤为纯美。《折中》引熊良辅曰："当丰大之时，以同德相辅为善，不取阴阳之应也。"但事物的发展规律，决定了任一"丰大"情态总是暂时、相对的，终究要趋向亏损。《彖传》阐发《丰》卦的象外之旨曰："日中则昃，月盈则食；天地盈虚，与时消息。"可见，作《易》者撰立此卦的宗旨，又在于警醒人们"丰"不忘丧，盈不忘亏，寓意颇为深切。

旅卦第五十六

䷷ 旅[①]:小亨[②],旅贞吉[③]。

【注释】

①旅:卦名,下艮(☶)上离(☲),象征“行旅”。　②小亨:小,指阴柔弱小者,又指行事小心谦顺;“小亨”与《睽》卦辞“小事吉”之义略近。此谓行旅之时,以柔小谦顺之道处之则亨,若刚大亢盛则难通。卦中六五柔中居尊,顺于刚、丽于明,正见“小亨”之象。　③旅贞吉:此言行旅虽小事,却也不应该苟且轻率,亦当守其正方可获吉。

【译文】

《旅》卦象征行旅:谦柔小心可致亨通,行旅能守持正固必获吉祥。

《彖》曰:“旅,小亨”,柔得中乎外而顺乎刚,止而丽乎明[①],是以“小亨,旅贞吉”也。旅之时义大矣哉[②]!

【注释】

①柔得中乎外而顺乎刚,止而丽乎明:这是以六五爻及上下象释卦辞之义。六五以阴居外卦之中,故曰“柔得中乎外”;上承上九,故曰“顺乎刚”;下艮为止,上离为明,故曰“止而丽乎明”。　②旅之时义大矣哉:这是《彖传》作者对本卦大义的叹美之辞。

【译文】

《彖传》说:“行旅,谦柔小心可致亨通”,譬如禀性谦柔的人外居适中之位而顺从刚强者,恬静安止又能附丽于光明,所以说“谦柔小心可致亨通,行旅能守持正固必获吉祥”。行旅之时的意义是多么宏大啊!

《象》曰:山上有火,旅[①];君子以明慎用刑而不留狱[②]。

【注释】

①山上有火,旅:释《旅》卦下艮为山、上离为火之象。 ②君子以明慎用刑而不留狱:这是说明“君子”观察山火为旅之象,悟知“用刑”宜“明慎”,狱事不可稽留。

【译文】

《象传》说:山上燃烧着火,象征“行旅”;君子因此明决审慎地动用刑罚而不稽留讼狱。

初六,旅琐琐,斯其所取灾①。

【注释】

①旅琐琐,斯其所取灾:琐琐,猥琐卑贱之貌;斯,帛书《周易》作“此”,义同。这是说明初六以阴处《旅》之始,其位卑下,犹如行旅之初举动猥琐卑贱,虽有上应亦无济于事,故必自取其灾。

【译文】

初六,行旅之初举动猥琐卑贱,这是自我招取灾患。

《象》曰:“旅琐琐”,志穷灾也。

【译文】

《象传》说:“行旅之初举动猥琐卑贱”,说明初六意志穷迫,自取灾患。

六二,旅即次,怀其资,得童仆,贞①。

【注释】

①旅即次,怀其资,得童仆,贞:即,就也,犹言“就居”;次,舍也,此指“客舍”。这几句说明六二当“旅”之时,柔中居正,犹行旅安居客舍;上承九三之阳,犹畜资财;下乘初六,犹得童仆,故宜于守“贞”。

【译文】

六二,行旅赁居在客舍,怀藏资财,拥有童仆,应当守持正固。

《象》曰:“得童仆贞”,终无尤也。

【译文】

《象传》说:“拥有童仆应当守持正固”,说明六二终将无所过尤。

九三,旅焚其次,丧其童仆;贞厉①。

【注释】

①旅焚其次,丧其童仆;贞厉:这是说明九三刚亢不中,处旅躁动,下比六二之阴,犹如擅行施惠于下,必遭上者疑忌,而有"焚次"、"丧仆"之灾;以此处旅,有失"小亨"之道,故特戒其守"贞"防"厉",即谓稍不慎将危及其身。

【译文】

九三,行旅(刚亢躁动)被火烧毁客舍,丧失童仆;应当守持正固防备危险。

《象》曰:"旅焚其次",亦以伤矣;以旅与下,其义丧也。

【译文】

《象传》说:"行旅(刚亢躁动)被火烧毁客舍",说明九三也因此遭受损伤;作为行旅的人而擅行施惠于下,其理必致丧亡。

九四,旅于处,得其资斧,我心不快[①]。

【注释】

①旅于处,得其资斧,我心不快:处,指暂为栖处,未能安居,与"次"异;资斧,当作"齐斧",即"利斧"之意。这几句说明九四居位不正,犹行旅不得安居,唯暂为栖处,虽获利斧以斫除荆刺,但其心毕竟"不快"。

【译文】

九四,行旅暂为栖处未能安适,获得利斧斫除荆棘,但我心中不甚畅快。

《象》曰:"旅于处",未得位也;"得其资斧",心未快也。

【译文】

《象传》说:"行旅暂为栖处未能安适",说明九四未能得居适当之位;"尽管获得利斧砍除荆棘",但此时心中不甚畅快。

六五,射雉,一矢亡;终以誉命[①]。

【注释】

①射雉,一矢亡;终以誉命:这是说明六五当"旅"之时,处上离之中,上承上九阳刚,有"文明"柔顺而得中道之象;此时虽行旅在外,略有损失,但终能以"柔中"、"文明"之德导致吉祥,故以"射雉,一矢亡"为喻,并称终获"誉命"。

【译文】

六五,射取野鸡,一支箭亡失;(尽管微有损失但)终将获得美誉、爵命。

《象》曰:“终以誉命”,上逮也[①]。

【注释】

①上逮:逮,及也。此言六五上承上九,故有“誉命”。

【译文】

《象传》说:“终将获得美誉、爵命”,说明六五能向上承及尊者。

上九,鸟焚其巢,旅人先笑,后号咷[①];丧牛于易,凶[②]。

【注释】

①鸟焚其巢,旅人先笑,后号咷:这三句说明上九身当行旅,以阳刚处高亢之位,必遭祸害,故以巢焚为喻;又谓“旅人”先得高位而“笑”,后因灾凶“号咷”,亦亢极致祸之义。　②丧牛于易,凶:易,通“埸”,即田畔,此指荒远的田畔,喻上九居穷极之地。这是又取一象,说明上九当旅穷之时,遭祸于外,犹丧牛于荒远田畔,无人援救,即《象传》所谓“终莫之闻也”,故“凶”。

【译文】

上九,高枝上鸟巢被焚烧,行旅人先得高位欣喜欢笑,后遭祸殃痛哭号咷;就像在荒远的田畔丧失了牛,有凶险。

《象》曰:以旅在上,其义焚也;丧牛于易,终莫之闻也。

【译文】

《象传》说:作为行旅人却高居上位,其理必致焚巢之灾;在荒远的田畔丧失了牛,说明上九羁旅遭祸终将无人闻知。

【总论】

《旅》卦专明“行旅”之理。《杂卦传》曰“旅,亲寡”,《序卦传》曰“旅而无所容”;张衡《思玄赋》云“颤羁旅而无友兮,余安能留乎此”:显然,在古人心目中,“羁旅”生涯是充满孤独、愁郁情调的。《周易》作者设此一卦,似乎也正是基于“旅”而难“居”的因素,喻人善处“行旅”之道。卦辞所谓“小亨”、“贞吉”,表明“行旅”既须守正,又当以柔顺持中为本。视其六爻,凡阴柔中顺皆吉,但以卑屈者设反面之戒;凡阳刚高亢皆危,而以穷骄者最呈凶象。范仲淹曰:“夫旅人之志,卑则自辱,高则见嫉;能执其中,可谓智矣。是故初‘琐琐’而四‘不快’者,以其处二体之下,卑以自辱者也;三‘焚次’而上‘焚巢’者,以其据二体之上,高而见嫉者也;二‘怀资’而五‘誉命’,柔而不失其中者也。”(《范文正公集》)此说从六爻位次析其吉凶,颇见理致。当然,本卦大旨并非拘于狭义的“行旅”,略推之,所谓“诸侯之寄寓,大夫之去乱,圣贤之周游皆是”(梁寅《周易参义》);广言之,李白称:“天地者,万物之逆旅”(《春夜宴桃李园序》),则将人生、万物均视为“行旅”之事,此中含有明显的消极思想,但与《旅》卦的“象外之旨”亦略有可通之处。《彖传》极言“旅之时义大矣哉”,于上述之例似能见其一斑。

巽卦第五十七

䷸ 巽[1]:小亨[2],利有攸往[3],利见大人[4]。

【注释】

①巽:音 xùn,卦名,上下卦皆为巽(☴),象征“顺从”。　②小亨:小,指阴柔弱小者,又指行事小心谦顺;“小亨”与《旅》卦辞义略同。此谓处“巽”之道主于阴顺阳、臣顺君,以柔小逊顺则亨,若刚大逆上则难通。卦中二阴处二体之下,主于“顺从”阳刚,正见“小亨”之象。　③利有攸往:谓此时谦柔顺从必利于有所行。卦中初、四柔行遇阳得通,即见“利往”之象。　④利见大人:此谓下顺上、臣顺君的最终目的,是利于“大人君主”申命施治。卦中九五阳刚居尊,上下顺从,正为“大人”之象。

【译文】

《巽》卦象征顺从:谦柔小心可致亨通,利于有所前往,利于出现大人。

《彖》曰:重巽以申命[1]。刚巽乎中正而志行[2],柔皆顺乎刚[3],是以“小亨,利有攸往,利见大人”。

【注释】

①重巽以申命:重巽,上下卦皆“巽”,犹言“上下顺从”。此以上下象释卦名“巽”,谓其义主于上下顺从,而此时正宜于尊者申饬命令。　②刚巽乎中正而志行:刚,指九五;巽,此当作被动词解,“巽乎中正”犹言“以中正之德被顺从”。此句说明九五居尊而阳刚中正,众爻皆巽顺,遂行其“申命”之志。　③柔皆顺乎刚:柔,指初、四两爻。这句与前句并释卦辞“小亨,利有攸往,利见大人”之义;此言卦中两阴爻均顺承阳爻,故可“小亨”。

【译文】

《彖传》说:上下顺从可以申谕命令。譬如阳刚尊者以中正美德被人顺从而其志得以施行,阴柔者都能谦顺上承阳刚,所以说“谦柔小心可致亨通,利于有所前往,利于出现大人"。

《象》曰:随风,巽[①];君子以申命行事[②]。

【注释】

①随风,巽:随,连继相随之意。此释《巽》卦上下巽皆为风之象。 ②申命行事:行事,犹言"施行政事"。这是说明"君子"效法"风行"之象,"申命"于众,"行事"于天下。

【译文】

《象传》说:和风连连相随,象征"顺从";君子因此(效法风行天下无所不顺之象),申谕命令,施行政事。

初六,进退,利武人之贞[①]。

【注释】

①进退,利武人之贞:进退,即"进退犹疑"之意。这两句说明初六以阴居《巽》之始,卑顺太甚,当进不进,故勉以"利武人之贞"。

【译文】

初六,卑顺过甚进退犹豫,利于勇武的人守持正固。

《象》曰:"进退",志疑也;"利武人之贞",志治也[①]。

【注释】

①志治:治,修立、修治之意。

【译文】

《象传》说:初六爻辞"卑顺过甚进退犹豫",是说其意志懦弱疑惧;"利于勇武之人守持正固",是勉励其修治和树立坚强的意志。

九二,巽在床下[①],用史、巫纷若吉,无咎[②]。

【注释】

①巽在床下:说明九二当"巽"之时,阳居阴位,有过卑之嫌,故以屈居"床下"为喻。 ②用史、巫纷若吉,无咎:用,犹言"施用于",此处含"效法"之意;史、巫,古代事神者"祝史"、"巫觋"的合称;纷若,盛多,"若"为语气词。这两句诫告九二不可以卑顺屈事于威势,勉其守持中道,效法"史巫"以卑恭事神则可获纷多之吉,不致咎害。

【译文】

九二，顺从卑居在床下，若能效法祝史、巫觋以谦卑奉事神祇可以大获吉祥，必无咎害。

《象》曰："纷若之吉"，得中也。

【译文】

《象传》说："可以大获吉祥"，是因为九二能够守中不偏。

九三，频巽，吝①。

【注释】

①频巽，吝：频，即"颦"，颦蹙忧郁之意。这两句说明九三居《巽》下卦之终，而上为四阴所乘，压抑颦蹙志穷委屈而顺从，故有"吝"。

【译文】

九三，忧郁不乐勉强顺从，将有憾惜。

《象》曰："频巽之吝"，志穷也。

【译文】

《象传》说："忧郁不乐勉强顺从，将有憾惜"，是因为九三心志困穷不振。

六四，悔亡，田获三品①。

【注释】

①悔亡，田获三品：三品，犹言"三类"，此处指古代贵族田猎所获之物的三种效用，即供"干豆"（将猎获物晒成干肉置于豆器供祭祀）、"宾客"、"充庖"三用。这两句说明六四因乘刚而有"悔"，但以阴居阴，得位且顺承九五之阳，故"悔亡"；以此奉行君命，必能除暴建功，获益至大，故以"田获三品"为喻。

【译文】

六四，悔恨消亡，田猎获取（可供祭祀、接待宾客、国君庖厨之用的）三类物品。

《象》曰："田获三品"，有功也。

【译文】

《象传》说："田猎获取可供祭祀、接待宾客、国君庖厨之用的三类物品"，说明六四奉行君命获得功勋。

九五,贞吉,悔亡,无不利[①];无初有终[②];先庚三日,后庚三日,吉[③]。

【注释】

①贞吉,悔亡,无不利:此言九五当“巽”之时,以阳居阳,似有不甚“谦逊”之“悔”;但以中正之德,为申命之君,故“悔亡”而“吉”、“利”。 ②无初有终:此谓九五以刚直申命,初未能服众,但终能以正胜邪,其令畅行。 ③先庚三日,后庚三日,吉:庚,“天干”数中居第七位,在“己”之后,为“过中”之数,故古人取以象征“变更”,此处作为“更布新令”之象。这两句以“先庚三日”发布新令,“后庚三日”实行新令为喻,正是紧承“无初有终”之意,进一步说明九五“申命”当慎守“中”道,渐行其事,才能深入人心,上下顺从,并获“吉祥”。

【译文】

九五,守持正固可获吉祥,悔恨消亡,无所不利;申谕命令起初不甚顺利,但最终必能畅行;预先在象征“变更”的“庚”日前三天发布新令,而在“庚”日后三天实行新令,这样上下顺从必获吉祥。

《象》曰:九五之吉,位正中也。

【译文】

《象传》说:九五吉祥之象,是因为它居位端正而守持中道。

上九,巽在床下,丧其资斧;贞凶[①]。

【注释】

①巽在床下,丧其资斧;贞凶:资斧,当作“齐斧”,即“利斧”之意,《汉书·王莽传》引此爻正作“丧其齐斧”。这三句说明上九处《巽》之极,以阳刚之质而顺从过甚,有“巽在床下”之象,又如丧其“利斧”而失刚断之性,颇有凶险,故诫其守“贞”防“凶”。

【译文】

上九,顺从至极屈居在床下,犹如丧失了刚坚的利斧;守持正固以防凶险。

《象》曰:“巽在床下”,上穷也;“丧其资斧”,正乎凶也[①]。

【注释】

①正乎凶:犹言“正于凶”,即守“正”避“凶”之义。

【译文】

《象传》说:"顺从至极屈居在床下",说明上九居于极端穷困之位;"犹如丧失了刚坚的利斧",说明上九应当守持阳刚之正以防凶险。

【总论】

《巽》卦之义,主于"顺从"。况诸阴阳之理,为阴顺阳;譬于君臣之道,则臣顺君。卦辞一方面表明此时柔小谦顺者可致亨通、利有所往,另一方面指出上下巽顺的最终归宿是利于"大人"施治申命。但卦中诸爻所明"顺从"的内在意义,却并非一味强调无条件的盲从卑顺,而往往是以"刚健"之德为勉。如初六勉以"武人之贞",六四嘉以"田获"之功:两爻均须柔而能刚则美;九三以刚屈柔而生"吝",上九以阳顺极而有"凶":两爻均因丧失刚德致危。至于二、五之吉,前者以刚中之道顺事神祇,不屈于威势;后者以中正之德申命行事,居一卦之尊。可见,六爻关于"顺从"的义理,无论是下顺乎上,还是上被下顺,均不离两项原则:(一)"巽"之道在持正不阿;(二)"巽"之时在有所作为。因此,所谓"顺从",当本于阳刚气质,与"屈从"之义格格不入。郭雍云:"'巽'之为道,岂柔弱畏懦之义哉?"(《郭氏传家易说》)正明此理。然而,若就《周易》所蕴含的政治思想而言,阴顺阳,臣顺君,又是直接为"君子"、"大人"申谕政令、行使权力服务的。《象传》谓"重巽以申命",《系辞下传》谓"巽以行权",并可揭示作者设立此卦的一项重要宗旨。

兑卦第五十八

䷹ 兑[①]:亨,利贞[②]。

【注释】

①兑:音 duì,卦名,上下卦皆兑(☱),象征"欣悦"。　②亨,利贞:此谓事物"欣悦"之时,必可"亨通"畅达;但不能"悦"于为邪,故诫以"利贞"。

【译文】

《兑》卦象征欣悦:亨通,利于守持正固。

《彖》曰:兑,说也。刚中而柔外,说以利贞[①]。是以顺乎天而应乎人[②]。说以先民,民忘其劳;说以犯难,民忘其死[③]:说之大,民劝矣哉[④]!

【注释】

①刚中而柔外,说以利贞:刚中,指九二、九五阳刚居中;柔外,指六三、上六阴柔处外。此以卦中二、五、三、上诸爻之象释卦辞"亨,利贞",说明柔悦不失内刚,刚正不失外悦,内外刚柔兼济,不谄媚、不暴戾,遂见处"悦"而能亨通、守正之旨。②是以顺乎天而应乎人:此句广明"欣悦"的意义应合"天"之道与"人"之情;在文章结构中又有承上启下的作用。　③说以先民,民忘其劳;说以犯难,民忘其死:这四句进一步发挥"欣悦"之道,说明"君子大人"若能欣然身先百姓以任劳、犯难,则百姓亦必欣然"忘劳"、"忘死"。　④说之大,民劝矣哉:劝,勉也,此为"自我勉励"之意。这两句归结前文,极称"欣悦"的义理宏大。

【译文】

《彖传》说:"兑",意思是欣悦。譬如阳刚居中心怀诚信而柔和处外逊顺接物,就能导致物情欣悦并利于守持正固。因此正确的"欣悦"是既顺符天的道理而又应合人情。君子大人欣悦于身先百姓不辞劳苦,百姓也必然能任劳忘苦;欣悦于趋赴危难不避艰险,百姓也必然能舍生忘死:欣悦的意义是那样宏大,可以使百姓自我勉励啊！

《象》曰：丽泽，兑[①]；君子以朋友讲习[②]。

【注释】

①丽泽，兑：丽，谓并连。此释《兑》卦上下兑均为泽之象。 ②君子以朋友讲习：讲习，指"学问"之道，即讲其所未明、习其所未熟。这是说明"君子"效法《兑》卦两泽相连互悦之象，乐于"朋友"相互"讲习"。

【译文】

《象传》说：两泽并连（交相浸润），象征"欣悦"；君子因此欣悦于良朋益友相互讲解道理、研习学业。

初九，和兑，吉[①]。

【注释】

①和兑，吉：这是说明初九当"悦"之时，以阳居下，不系应于四，有广泛"和悦"待人之象；且以刚健为质，行为不邪，人所不疑，故"吉"。

【译文】

初九，平和欣悦以待人，吉祥。

《象》曰：和兑之吉，行未疑也。

【译文】

《象传》说：平和欣悦以待人的吉祥，说明初九行为端正而不为人所疑忌。

九二，孚兑，吉，悔亡[①]。

【注释】

①孚兑，吉，悔亡：此言九二当"悦"之时，以阳居阴，虽有"失位"之"悔"，但刚中有信，能孚诚欣悦待人，故"吉"而"悔亡"。

【译文】

九二，诚信欣悦以待人，吉祥，悔恨消亡。

《象》曰："孚兑之吉"，信志也[①]。

【注释】

①信志：犹言"其志信"，即"心存诚信"。

【译文】

《象传》说："诚信欣悦以待人而获吉祥"，说明九二志存信实。

六三，来兑，凶①。

【注释】

①来兑，凶：来，犹言"来求"。此谓六三居下兑之终，处位不正，与上无应，而来求合二、初两阳，以谋欣悦；以此处"兑"，为邪佞之象，故"凶"。

【译文】

六三，前来谋求欣悦，有凶险。

《象》曰："来兑之凶"，位不当也。

【译文】

《象传》说："前来谋求欣悦而逢凶险"，说明六三居位不正当。

九四，商兑未宁，介疾有喜①。

【注释】

①商兑未宁，介疾有喜：商，商度思量；介，隔绝；疾，喻指六三谄邪之患。这两句说明九四阳刚失正，下比六三之佞，上承九五之尊，故商度其"悦"，中心未宁；若能隔绝六三之"疾"，介然严守其正，则有喜庆。

【译文】

九四，商度思量所欣悦之事而心中未曾宁静，能绝除谄佞者的邪疾则有喜庆。

《象》曰：九四之喜，有庆也。

【译文】

《象传》说：九四的喜兆，是因为有值得庆贺之象。

九五，孚于剥，有厉①。

【注释】

①孚于剥，有厉：剥，消剥，即"小人道长，君子道消"之义，此喻上六为剥君子之小人。这两句说明九五虽阳刚中正，却比近上六之阴，为其引诱，而孚信小人，并与相悦，故"有厉"。

【译文】

九五，施诚信于消剥阳刚的阴柔小人（被其引诱而相悦），有危险。

《象》曰：孚于剥，位正当也[①]！

【注释】

①位正当：这是以“正当”之位责备九五不该“孚于剥”。

【译文】

《象传》说：（九五竟然）“施诚信于消剥阳刚的阴柔小人（被其引诱而相悦）”，只可惜它所居的正当之位啊！

上六，引兑[①]。

【注释】

①引兑：引，引诱。此谓上六以阴居《兑》卦之终，为一卦欣悦之主，悦极不能自已，故有引诱五、四两阳以相悦之象。

【译文】

上六，引诱他人相与欣悦。

《象》曰：上六“引兑”，未光也。

【译文】

《象传》说：上六“引诱他人相与欣悦”，说明欣悦之道未能光大。

【总论】

“欣悦”，是人情所常有的事态：轻歌悦耳，美景悦目，无不如是。但《兑》卦所明“欣悦”之道，则强调以“刚中柔外”为悦，即刚为柔本、悦不失正。卦辞既称物情欣悦可致亨通，又云欣悦应当守持正固，正是揭明此旨。卦中六爻，两阴均以柔媚取悦，为被否定之象；四阳情状不一：初刚正和悦，最吉；二诚信而悦，“悔亡”亦吉；四商度抉择其悦，“有喜”；五居尊位而悦信于小人，则深戒以“危厉”。纵观全卦大旨，无非说明：阳刚不牵于阴柔，秉持正德，决绝邪谄，才能成“欣悦”之至美；反之，偏离正德，曲为欣悦，则不论是取悦于人，还是因人而悦，均将导致凶咎。可见《周易》所肯定的“欣悦”，是立足于鲜明的道德准则之上，张耒《出山诗》曰：“青山如君子，悦我非姿媚”，似与此理有合；而《孟子·告子上》：“理义之悦我心，犹刍豢之悦我口”，则尤与本卦“欣悦”之义映照成趣。

涣卦第五十九

䷺ 涣①：亨，王假有庙，利涉大川，利贞②。

【注释】

①涣：卦名，下坎(☵)上巽(☴)，象征“涣散”。　②亨，王假有庙，利涉大川，利贞：假，犹言“感格”。此谓事物当“涣”之时，形态虽散，神质须聚，散、聚相依为用，必致亨通，故以“王假有庙”喻聚合神灵之祐，以“利涉大川”喻聚合人力而济难，并以“利贞”揭明此时行为须“正”。

【译文】

《涣》卦象征涣散：亨通，君王以美德感召神灵而保有庙祭，利于涉越大河巨流，利于守持正固。

《彖》曰：“涣，亨”，刚来而不穷，柔得位乎外而上同①。“王假有庙”，王乃在中也②；“利涉大川”，乘木有功也③。

【注释】

①刚来而不穷，柔得位乎外而上同：刚，指九二；柔，指六四。这是用九二阳刚来居下卦与初、三、四诸阴交往不穷，以及六四当位居上卦，承五、上两阳而心志协同，说明阴阳散而能聚，释卦辞“涣，亨”之义。　②王乃在中：此释卦辞“王假有庙”，喻九五位居正中，以至诚感格神灵，为聚散之主。　③乘木有功：此释卦辞“利涉大川”，谓上卦巽有“木”象，下卦坎为水，如舟行水上，以喻聚合人力济险。

【译文】

《彖传》说：“涣散，亨通”，譬如阳刚者前来居阴柔之中而不穷困，阴柔者获得正位于外而上与阳刚之志协同(于是阴阳虽散而心神聚通)。“君王以美德感召神灵而保有庙祭”，说明君王聚合人心居处正中；“利于涉越大河巨流”，说明乘着木舟协力涉险必能成功。

《象》曰:风行水上,“涣”[①];先王以享于帝立庙[②]。

【注释】

①风行水上,“涣”:释《涣》卦上巽为风、下坎为水之象。 ②先王以享于帝立庙:这是说明“先王”观“风行水上”之象,悟知“散中有聚”之理,故“享帝”、“立庙”以归系天下人心。

【译文】

《象传》说:风行水面,象征“涣散”;先代君王因此通过祭享天帝、建立宗庙,以归系人心。

初六,用拯马壮吉[①]。

【注释】

①用拯马壮吉:拯,拯济。此言初六以阴居《涣》之初,上承九二,犹得壮马之助,济其阴柔弱质;以此拯“涣”,不致离散,故可获“吉”。

【译文】

初六,借助健壮的良马勉力拯济可获吉祥。

《象》曰:初六之吉,顺也。

【译文】

《象传》说:初六的吉祥,是由于顺承九二。

九二,涣奔其机,悔亡[①]。

【注释】

①涣奔其机,悔亡:机,通“几”,即“几案”,喻初六。

【译文】

九二,涣散之时奔就几案似的可供凭依的处所,悔恨消亡。

《象》曰:“涣奔其机”,得愿也[①]。

【注释】

①得愿:指二得初。阴阳相合,散而能聚,故“得愿”。

【译文】

《象传》说:“涣散之时奔就几案似的可供凭依的处所”,说明九二得遂阴阳聚合的愿望。

六三，涣其躬，无悔①。

【注释】

①涣其躬，无悔：这是说明六三当“涣”之时，居下卦之终，与上九相应，有涣散其身，附从上九，而无所悔恨之象。

【译文】

六三，涣散自身（附从阳刚尊者），无所悔恨。

《象》曰：“涣其躬”，志在外也。

【译文】

《象传》说：“涣散自身（附从阳刚尊者）”，说明六三的意志在于向外发展。

六四，涣其群，元吉①；涣有丘，匪夷所思②。

【注释】

①涣其群，元吉：群，犹言“朋党”。此言六四得位承五，下无应而无私，故有散其朋党之象，并获“元吉”。　②涣有丘，匪夷所思：丘，山丘，喻“大”。这两句紧承前文，说明六四既能散其“朋党”，又能化小群以聚成大群，成“混一天下”之功，此非平常人所能思及。

【译文】

六四，涣散朋党，至为吉祥；涣散小群聚成山丘似的大群，这不是平常人思虑所能达到的。

《象》曰：涣其群元吉，光大也。

【译文】

《象传》说：“涣散朋党至为吉祥”，说明六四的品德光明正大。

九五，涣汗其大号，涣王居，无咎①。

【注释】

①涣汗其大号，涣王居，无咎：这三句说明九五尊居“君位”，阳刚中正，处“涣”之时，所发号令当如“发汗”一样出而不反；又须散发居积，收聚“民心”，则可“无咎”。

【译文】

九五，像发散身上汗水（出而不反）一样发布盛大的号令，又能疏散王者的居积以聚合天下人心,必无咎害。

《象》曰:“王居无咎”,正位也①。

【注释】

①王居无咎,正位也:按《象传》句读当训“居”为“居处”,爻辞当读作“涣,王居无咎”,旧说多与《象传》之意合。

【译文】

《象传》说:“疏散王者的居积必无咎害”,说明九五正居“君主”尊位。

上九,涣其血去逖出,无咎①。

【注释】

①涣其血去逖出,无咎:血,通“恤”,犹言“忧恤”;逖,通“惕”,即“惕惧”。此谓上九居《涣》之极,散极然后四方聚合,出现天下“归于一统,非复前日之离散”的景象,故能离“忧”出“惕”,无所咎害。案,本爻“血去逖出”,当与《小畜》六四“血去惕出”同,《本义》谓“‘逖’当作‘惕’”,今查帛书《周易》作“湯”,正取“惕”音,于通假之例合。

【译文】

上九,涣散(至极而四方聚合),于是离去忧恤脱出惕惧,无所咎害。

《象》曰:涣其血,远害也。

【译文】

《象传》说:涣散至极四方聚合遂能离去忧恤,说明上九已经远脱出离散的咎害。

【总论】

《涣》卦所谓“涣散”,并非立义于“散乱”,而是兼从对立的角度揭示“散”与“聚”互为依存的关系。卦辞以“君王”祭庙喻聚合“神灵”之祐,以涉越大河喻聚合人心济难,说明事物形态虽散而神质能聚必致亨通,并强调此时行事利于守正。卦中六爻虽然均处“涣散”之时,但阴阳刚柔相比、相应,已流露出“聚”的气象。如初六阴柔在下,九二阳刚处中,时当“涣散”而两心系联,故前者如获“良马”拯助而致“吉”,后者似得“几案”凭依而“悔亡”;三、上两爻刚柔交应,或散其自身附从尊者而“无悔”,或散极见聚而“无咎”。四、五两爻的情状则更为典型,六四上承九五,有散小群、聚大群的美质;九五阳刚"尊主",有散居积、聚民心的"盛德":因此四得"元吉",五获"无咎"。可见,本卦所明处"涣"之道,是立足于散而不乱、散而能聚的基点上;从哲学意义看,即是展示事物"散"、"聚"既对立又统一的特定规律。马振彪谓:"涣者其形迹,不涣者其精神。"(《周易学说》)实为本卦义理的内蕴所在。至于卦象"风行水上"所显露的"自然成文"的美学意蕴,则是本卦的又一特色。马振彪援据苏洵、姚鼐借卦论文之说,指出"'风行水上'有自然之妙境",故可"推论文章之妙"(《周易学说》)。这种推论引申,正与"形散神聚"、"涣然有文"的卦义相契合。因此,《涣》卦所蕴含的美学因素,也是值得注意的一项内容。

节卦第六十

䷻ 节[①]:亨[②];苦节不可,贞[③]。

【注释】

①节:卦名,下兑(☱)上坎(☵),象征"节制"。　②亨:此明凡事能适当节制,可致亨通。　③苦节不可,贞:这是从正反两面见义,先言节制过苦则有伤事理,故"不可";又言"节制"应当持"正",则其道可通,故曰"贞"。

【译文】

《节》卦象征节制:亨通;但不可以过分节制,应当守持正固。

《彖》曰:"节,亨",刚柔分而刚得中[①]。"苦节不可,贞",其道穷也[②]。说以行险,当位以节,中正以通[③]。天地节而四时成;节以制度,不伤财不害民。

【注释】

①刚柔分而刚得中:刚,指上坎为阳卦;柔,指下兑为阴卦;刚得中,指九二、九五。此以上下卦象及二、五爻象释卦名及卦辞"节,亨"之义。　②其道穷也:此以上六穷极于上之象,释卦辞"苦节不可,贞"。　③说以行险,当位以节,中正以通:说,即"悦",指下兑为"悦";险,指上坎为险;当位,指四、五两爻阴阳得位;中正,谓五。此又举上下象及四、五爻象,进一步申明"节制"必须不违"悦"、适当而不过"中"之理。

【译文】

《彖传》说:"节制,亨通",乃是由于刚柔上下区分而阳刚获得中道(主持节制)。"但不可以过分节制而感到苦涩,应当守持正固"(乃是由于不如此),节制之道必至困穷。物情欣悦就勇于蹈艰赴险,居位妥当就能自觉有所节制,处中守正而行事必将畅通。天地自然正是有所节制而一年四季才能形成;君主以典章制度为节制,就能不浪费资财、不残害百姓。

《象》曰：泽上有水，节[①]；君子以制数度，议德行[②]。

【注释】

①泽上有水，节：释《节》卦下兑为泽、上坎为水之象。 ②制数度，议德行：数度，犹言"礼数法度"；议，评议、商度。这是说明"君子"效法《节》象，制定礼法作为"节制"的准则，又评议人的德行优劣以期任用得宜。

【译文】

《象传》说：大泽上有水（筑堤为防），象征"节制"；君子因此制定礼数法度以为准则，详议道德行为任用得宜。

初九，不出户庭，无咎[①]。

【注释】

①不出户庭，无咎：户庭，户外庭院。此言初九居《节》之始，上应六四；但前路九二阻塞，故节制慎守，遂以"不出户庭"免"咎"。

【译文】

初九，（节制慎守）不跨出户庭，必无咎害。

《象》曰："不出户庭"，知通塞也。

【译文】

《象传》说："（节制慎守）不跨出户庭"，说明初九深知路途畅通则行、阻塞则止的道理。

九二，不出门庭，凶[①]。

【注释】

①不出门庭，凶：门庭，门内庭院。此谓九二阳居阴位，拘于节制，当二阴待于前、路途畅通之际，仍怀失正无应之忧而"不出门庭"，故有凶险。

【译文】

九二，（拘于节制）不跨出门庭，有凶险。

《象》曰："不出门庭凶"，失时极也[①]。

【注释】

①失时极：极，中也。失时极，即失时之中也。

【译文】

《象传》说："（拘于节制）不跨出门庭而有凶险"，说明九二丧失了适中的时机。

六三，不节若，则嗟若，无咎[①]。

【注释】

①不节若，则嗟若，无咎：若，语气助词；嗟，伤叹。此言六三阴居阳位，处《节》下卦之终，乘凌二阳，有骄侈而不能节制之象；但若能嗟伤自悔，亦可"无咎"。

【译文】

六三，不能节制，于是嗟叹伤悔，可免咎害。

《象》曰："不节之嗟"，又谁咎也[①]！

【注释】

①又谁咎：犹言"未必有咎"，义与《同人》初九《象传》同。

【译文】

《象传》说："不能节制而嗟叹伤悔"，又有谁会施加咎害呢？

六四，安节，亨[①]。

【注释】

①安节，亨：谓六四柔正得位，顺承九五，有安行节制之象，遂得"亨通"。

【译文】

六四，安然奉行节制，亨通。

《象》曰："安节之亨"，承上道也。

【译文】

《象传》说："安然奉行节制可获亨通"，说明六四谨守顺承尊上之道。

九五，甘节，吉，往有尚[①]。

【注释】

①甘节，吉，往有尚：甘，美。此谓九五阳刚中正，下乘重阴，为《节》卦之主，能甘美而恰到好处地施行节制，故获"吉"而"往有尚"。

【译文】

九五,适当节制而令人感到甘美适中,吉祥,往前进发,必受尊尚。

《象》曰:“甘节之吉”,居位中也。

【译文】

《象传》说:“适当节制而令人感到甘美适中,于是获得吉祥”,说明九五尊居正中之位。

上六,苦节;贞凶,悔亡[①]。

【注释】

①苦节;贞凶,悔亡:贞凶,犹言“守正防凶”。这三句说明上六处《节》之极,有节制过苦、人所不堪之象;但以柔居上,未失其正,故爻辞又勉之曰:守“正”防“凶”,则可“悔亡”。

【译文】

上六,节制过分,令人苦涩不堪;应当守持正固防备凶险,悔恨就可以消亡。

《象》曰:“苦节贞凶”,其道穷也。

【译文】

《象传》说:“节制过分,令人苦涩不堪,应当守持正固防备凶险”,说明上六的节制之道已经困穷。

【总论】

适当的“节制”,往往是事物顺利发展的一项重要因素。《礼记·曲礼上》谓:“礼不逾节”,《论语·学而》称:“知和而和,不以礼节之,亦不可行也。”其说虽均针对“礼仪”而发,但所明“节制”之理却含有普遍性的意义。《周易》设立《节》卦,正是集中阐说“节制”应当“持正”、“适中”的道理,故卦辞既称节制可致亨通,又戒不可“苦节”。卦中六爻两两相比之间,呈三正三反之象。邱富国指出:“初与二比,初‘不出户庭’则‘无咎’,二‘不出门庭’则‘凶’,二反乎初也;三与四比,四柔得正则为‘安节’,三柔不正则为‘不节’,三反乎四者也;五与上比,五得中则为节之‘甘’,上过中则为节之‘苦’,上反乎五者也。”(《折中》引)其中凡有凶咎者,皆因不中不正所致;而最吉之爻,当推九五中正“甘节”,来知德誉为“节之尽善尽美”,“立法于今,而可以垂范于后也”(《来氏易注》)。可见,《节》卦的基本含义在于:合乎规律的“节制”,有利于事物的正常发展;反之则致凶咎。这一道理广见于自然界及人类社会的诸多物象,如季节的推展,动植物的蕃衍,人类喜怒哀乐的情状,衣食住行的处置,均与“节制”有关。至于古代经济思想中“节用爱民”的观点,也与《节》卦的义理密切关联。欧阳修分析此卦说:“君子之所以节于己者,为其爱于物也。故其《象》曰‘节以制度,不伤财,不害民’者是也。”(《易童子问》)从这一角度看,可以说,《节》卦在某种程度上反映了《周易》作者的经济思想。

中孚卦第六十一

䷼ 中孚①:豚鱼吉②,利涉大川,利贞③。

【注释】

①中孚:卦名,下兑(☱)上巽(☴),象征"中心诚信"。　②豚鱼吉:豚,音tún,小猪,"豚鱼"犹言"小猪小鱼",喻微隐之物。此句以信及豚鱼,譬喻"中孚"之德广被微物,故获吉祥。　③利涉大川,利贞:此言有"中孚"之德则利于涉险,利于守正。

【译文】

《中孚》卦象征中心诚信:(诚信到)能感化小猪小鱼,(故而)可获吉祥,利于涉越大河巨川,利于守持正固。

《彖》曰:"中孚",柔在内而刚得中①;说而巽,孚乃化邦也②。"豚鱼吉",信及豚鱼也③;"利涉大川",乘木舟虚也④;中孚以利贞,乃应乎天也⑤。

【注释】

①柔在内而刚得中:柔,指六三、六四;刚,指九二、九五。此以中四爻的结构释卦名"中孚"。从全卦整体看,两阴正居其内,犹如"中虚"至诚;从上下卦看,两阳分处其中,犹如"中实"有信,故谓"中孚"。　②说而巽,孚乃化邦也:说,指下兑为"悦";巽,指上巽含"和顺"之义。这两句又以上下卦象再释卦名"中孚"之义,谓上下交孚,则其信可以"化邦"。　③信及豚鱼也:此释卦辞"豚鱼吉"。④乘木舟虚:木,指"舟",上巽为木、下兑为泽,故有乘舟之象;虚,此处亦指"舟","木舟虚"三字合称"船"。本句释卦辞"利涉大川"。　⑤乃应乎天也:此释卦辞"利贞"。

【译文】

《彖传》说:"中心诚信",譬如柔顺处内能够谦虚至诚而刚健居外又能中实有信；于是下者欣悦、上者和顺，诚信之德就能被化邦国。“（诚信到）能感化小猪小鱼（故而）可获吉祥”，是说诚信已施及于猪、鱼微物；“利于涉越大河巨流”，是因为此时能像乘驾木船那样畅行无阻；中心诚信而又利于守持正固，是因为应合“天”的刚正美德。

《象》曰：泽上有风，中孚[①]；君子以议狱缓死[②]。

【注释】

①泽上有风，中孚：释《中孚》下兑为泽、上巽为风之象。 ②议狱缓死：指“君子”效法“中孚”之象，广施信德，乃至慎议刑狱，宽缓死刑。

【译文】

《象传》说：大泽上吹拂着和风（犹如广施信德），象征“中心诚信”；君子因此以诚信之德审议讼狱、宽缓死刑。

初九，虞吉，有它不燕[①]。

【注释】

①虞吉，有它不燕：虞，犹言“安”；燕，通“宴”，亦“安”之意；有它，有应于他方，此处指应四。这两句说明初九以阳居《中孚》之始，能安守诚信则吉；虽与六四有应，但九二在前为阻，欲“有它”往应则不得安宁。

【译文】

初九，安守（诚信）可获吉祥，别有它求则不得安宁。

《象》曰：初九“虞吉”，志未变也。

【译文】

《象传》说：初九“安守（诚信）可获吉祥”，说明不欲它求的心志未曾改变。

九二，鸣鹤在阴，其子和之[①]；我有好爵，吾与尔靡之[②]。

【注释】

①鸣鹤在阴，其子和之：鹤，喻九二；阴，山阴，喻九二处两阴之下；其子，喻九五。这两句说明九二阳刚居中，笃实诚信，声闻于外；九五处上，亦以诚德遥相应和。 ②我有好爵，吾与尔靡之：我、吾，均指九二；爵，饮器，此处借指“酒”；尔，指九五；靡，共也。这两句进一步说明二、五以诚信相互感通，犹如以美酒共饮同乐。

【译文】

白鹤鸣叫在山的背阴,它的同类声声应和;我有甘美的酒浆,愿与你共饮同乐。

《象》曰:"其子和之",中心愿也[1]。

【注释】

①中心愿:中心,犹言"内心"。指五、二以真诚的意愿相应和。

【译文】

《象传》说:"白鹤的同类声声应和",这是发自内心的真诚意愿。

六三,得敌,或鼓或罢,或泣或歌[1]。

【注释】

①得敌,或鼓或罢,或泣或歌:敌,三、四俱阴,故称敌;罢,谓"疲"。此言六三阴柔失正,与四为敌,有存心不诚而躁动之象,故击鼓欲进;但四位柔正,三不能取胜,只得疲惫而退;又惧四反击,不免忧惧悲泣;而六四守正,不加侵害,遂无忧而"歌"。

【译文】

六三,(存心不诚)前临劲敌,或击鼓进攻,或疲惫败退,或(惧敌反攻而)悲泣,或(因敌不侵而)欢歌。

《象》曰:"或鼓或罢",位不当也。

【译文】

《象传》说:"或击鼓进攻、或疲惫败退",说明六三居位不妥当。

六四,月几望,马匹亡,无咎[1]。

【注释】

①月几望,马匹亡,无咎:几望,月亮将满未盈;匹,配也,指初与四阴阳互应。此谓六四处"中孚"之时,柔顺居正,上承九五,犹如"阴德"方盛而不盈,遂有"月几望"之象;既已专诚事五,则不可分心应初,故必如马亡其匹、与初割绝,才能"无咎"。

【译文】

六四,月亮接近满圆,良马亡失匹配,不致咎害。

《象》曰："马匹亡"，绝类上也[1]。

【注释】

①绝类上：类，指初九；上，用如动词，犹言"上承"、"上从"。

【译文】

《象传》说："良马亡失匹配"，说明六四断绝其配偶而上承九五。

九五，有孚挛如，无咎[1]。

【注释】

①有孚挛如，无咎：挛，牵系；如，语气助词。此谓九五阳刚中正，为《中孚》之主，能以诚信广系"天下"之心，则"天下"亦以诚信相应，故无所咎害。

【译文】

九五，用诚信牵系天下之心，无所咎害。

《象》曰："有孚挛如"，位正当也。

【译文】

《象传》说："用诚信牵系天下之心"，说明九五居位中正适当。

上九，翰音登于天，贞凶[1]。

【注释】

①翰音登于天，贞凶：翰，高飞，"翰音"犹言"飞鸟鸣音"。此谓上九居《中孚》之极，诚信衰而虚伪起，遂有"翰音"虚升于天之象；但毕竟具备阳刚本质，故爻辞又设守"贞"防"凶"之诫。

【译文】

上九，飞鸟的鸣叫声响彻天宇（虚声远闻而信实不继），必须守持正固以防凶险。

《象》曰："翰音登于天"，何可长也！

【译文】

《象传》说："飞鸟的鸣叫声响彻天宇（虚声远闻而信实不继）"，这种虚声怎能保持长久呢？

【总论】

孔子曾经反复以“信”德施教,《论语》二十篇屡屡强调这一宗旨,如“敬事而信”(《学而》),“主忠信,徙义崇德也”(《颜渊》),“人而无信,不知其可也”(《为政》)等均是。《中孚》卦,正是阐明“中心诚信”的意义。卦辞用“感化小猪小鱼可获吉祥”,喻诚信之德应当广被微物,并称此时利于涉险、利于守正。卦中诸爻从不同的角度揭示其理:初安于下位以守信,二笃诚中实以感物,四专心致诚而不贰,五广施诚信而居尊,这四爻虽处位不同、阴阳有别,但皆为有“信”的正面形象;而六三居心不诚,言行无常,上九信衰诈起、虚声远闻,则为无“信”的反面形象。六爻最受推崇的,是二、五两爻。九二取“鸣鹤在阴,其子和之”为喻,贾谊由此推得“爱出者爱反,福往者福来”(《新书·春秋》)的论旨。至于九五所取以“诚信”牵系“天下”之象,更蕴含着对“有国者”必须“取信于民”的期望,与卦辞申言:信及“豚鱼”、感化万物的观点相合。刘向论曰:“人君苟能至诚动于内,万民必应而感移。尧、舜之诚感于万国,动于天地,故荒外从风,凤麟翔舞,下及微物,咸得其所。《易》曰:‘中孚,豚鱼吉’,此之谓也。”(《新序·杂事篇》)可见,《中孚》卦所发“诚信”之义,既泛及一般的社会道德,又兼及特殊的政治伦理。那么,在研究我国古代社会的伦理思想中,尤其在探索“信”这一道德范畴的历史渊源时,本卦实可提供一定的资料依据。

小过卦第六十二

䷽ 小过①:亨,利贞②;可小事,不可大事③;飞鸟遗之音,不宜上,宜下,大吉④。

【注释】

①小过:卦名,下艮(☶)上震(☳),象征"小有过越"。 ②亨,利贞:此谓"小过"之时,可致亨通;但"过越"又不能不以"正"为本,故称"利贞"。 ③可小事,不可大事:小事,指柔小之事;大事,指刚大之事。 ④飞鸟遗之音,不宜上,宜下,大吉:这几句取"飞鸟"象,比喻"小过"主于谦柔,可居下,不可居上。

【译文】

《小过》卦象征小有过越:亨通,利于守持正固;可以施行寻常小事,不可践履天下大事;譬如飞鸟留下悲哀的鸣声,不宜于向上强飞,宜于向下安栖,大为吉祥。

《彖》曰:小过,小者过而亨也①;过以利贞,与时行也②。柔得中,是以小事吉也;刚失位而不中,是以不可大事也③。有飞鸟之象焉④:"飞鸟遗之音,不宜上,宜下,大吉",上逆而下顺也⑤。

【注释】

①小者过而亨也:此释卦辞"小过,亨"。 ②与时行也:此释卦辞"利贞",谓"小过"之道须行于正当之时,不可随意妄为。 ③柔得中,是以小事吉也;刚失位而不中,是以不可大事也:柔,指六二、六五;刚,指九三、九四。这四句用卦中柔爻、刚爻的居位特点,释卦辞"可小事,不可大事"。 ④有飞鸟之象焉:此谓卦辞取"飞鸟遗之音,不宜上,宜下"为喻象。 ⑤上逆而下顺也:上逆,指五居上乘刚;下顺,指二处下承阳。此释卦辞"飞鸟遗之音,不宜上,宜下"。

【译文】

《彖传》说:小有过越,说明在寻常柔小之事有所过越而能亨通;有所过越而利于守持正固，说明应当配合一定的时候奉行此道。譬如阴柔居中不偏，所以施行寻常柔小之事可获吉祥；阳刚有失正位而不能持中，所以不可践履天下刚大之事。卦中有飞鸟的喻象："飞鸟遗下悲哀的鸣声，不宜于向上强飞，宜于向下安栖，大为吉祥"，说明向上行大志则违逆而向下施小事则安顺。

《象》曰：山上有雷，小过①；君子以行过乎恭，丧过乎哀，用过乎俭②。

【注释】

①山上有雷，小过：释《小过》下艮为山、上震为雷之象。 ②行过乎恭，丧过乎哀，用过乎俭：这是说明"君子"效法《小过》之象，在行止之恭、丧事之哀、用费之俭这些寻常小事上，稍能过越，以正俗弊。

【译文】

《象传》说：山顶上响动着震雷（其声过常），象征"小有过越"；君子因此行止稍过恭敬，丧事稍过悲哀，费用稍过节俭。

初六，飞鸟以凶①。

【注释】

①飞鸟以凶：以，连词，犹"而"。此言初六处"小过"之始，本当"宜下"，却如"飞鸟"逆势上翔，往应九四，故有凶险。

【译文】

初六，飞鸟逆势向上将有凶险。

《象》曰："飞鸟以凶"，不可如何也①。

【注释】

①不可如何：犹言"无奈其何"，谓难以解救。

【译文】

《象传》说："飞鸟逆势向上将有凶险"，这是初六自取凶咎，无奈其何。

六二，过其祖，遇其妣；不及其君，遇其臣，无咎①。

【注释】

①过其祖，遇其妣；不及其君，遇其臣，无咎：祖，祖父，喻九四；妣，祖母，与下文"君"皆喻六五；臣，喻六二，"遇其臣"犹言"君得其臣"。这几句说明六二柔顺

中正，其进可越三而超过四"祖"，得遇六五之"妣"；但六五"君位"，二不敢擅越，而臣事之，五遂得遇其臣，故又曰"不及其君，遇其臣"；居二之位，当"小过"之时，必须如此既过又不过，才能"无咎"。

【译文】

六二，超过祖父，得遇祖母；然而不及其君主，君主于是得遇合臣仆，必无咎害。

《象》曰："不及其君"，臣不可过也。

【译文】

《象传》说："不及其君主"，说明六二作为臣仆不可超过尊上。

九三，弗过防之，从或戕之，凶[①]。

【注释】

①弗过防之，从或戕之，凶：防，防备；之，语气词(下句同)；从，作副词，犹言"随着"、"从而"；戕，音 qiāng，害也。此谓九三居下卦之上，处阴过阳之时，阳刚得正，自恃强盛，不愿过为防备，则将为人所害，故"凶"。

【译文】

九三，不肯过为防备，将要受人加害，有凶险。

《象》曰："从或戕之"，凶如何也！

【译文】

《象传》说："将要受人加害"，说明九三的凶险多么严重啊！

九四，无咎，弗过遇之；往厉必戒，勿用，永贞[①]。

【注释】

①无咎，弗过遇之；往厉必戒，勿用，永贞：弗过，指九四失位不过刚；遇之，谓得遇初六；往，指前往应初。此谓九四阳居阴位，不为过刚，遂能得遇下卦之初，有"宜下"之象，故"无咎"；但既已失正，若主动前往应初，则失自慎静守之道，故戒以"往厉"，并告其"勿用"、"永贞"。

【译文】

九四，无所咎害，不过分刚强就能得遇阴柔；但前往应合将有危险，务必自戒，不可施展才用，而要永久守持正固。

《象》曰:“弗过遇之”,位不当也;“往厉必戒”,终不可长也。

【译文】

《象传》说:“不过分刚强就能得遇阴柔”,说明九四未居适当的阳刚位置;“前往应合将有危险,务必自戒”,说明若往应阴终将不能长久无害。

六五,密云不雨,自我西郊①;公弋取彼在穴②。

【注释】

①密云不雨,自我西郊:义与《小畜》卦辞同。此处说明六五以阴居尊位,下无阳应,犹如西郊阴方唯浓云密布,无阳而不能化雨;象旨正合“小者过”、“不可大事”之义。 ②公弋取彼在穴:公,指六五;弋,音 yì,用缴(细绳)系在箭矢上射;在穴,即藏于穴中的狡兽,喻隐患、弊端。此句承前两句之意,说明六五虽不能治天下,但作为“王公”则能过行其臣职,竭力除害矫弊。

【译文】

六五,浓云密布而不降雨,它从我们城邑的西郊升起;王公竭力射取隐藏穴中的害兽。

《象》曰:密云不雨,已上也①。

【注释】

①已上:指阴已居上,未得阳和,故“不雨”。

【译文】

《象传》说:“浓云密布而不降雨”,说明六五阴气旺盛已经高居在上。

上六,弗遇过之①;飞鸟离之,凶,是谓灾眚②。

【注释】

①弗遇过之:此句说明上六居《小过》之终,阴处穷高,过越至极,不仅不能应合在下之阳,且已身之亢已超过阳刚,故谓“弗遇过之”。 ②飞鸟离之,凶,是谓灾眚:离,通“罹”,谓遭受,此指飞鸟遭射;灾眚,即灾殃祸患。此以飞鸟穷飞遭射之象,喻上六过极自取灾凶。

【译文】

上六,不能遇合阳刚却更超过阳刚;正像飞鸟(不停地飞动)遭受射杀,有凶险,这就叫作灾殃祸患。

《象》曰："弗遇过之"，已亢也。

【译文】

《象传》说："不能遇合阳刚却更超过阳刚"，说明上六已居亢极之地。

【总论】

《小过》阐明事物有时必须"小有过越"的道理。全卦宗旨约见于两方面：一是此理必须用在处置"柔小之事"，即卦辞所谓"可小事，不可大事"；二是"过越"的本质体现于谦恭卑柔，亦即卦辞所谓"不宜上，宜下"。然而，所"过越"者虽为"柔小之事"，也须建立在"正"的基础上；否则，必将导致大凶：这又是卦辞强调"利贞"之所以然。卦中诸爻的吉凶情状，一一围绕着上述意义而发。其中六二、六五以阴柔居中，最得"小过"之旨；初、上虽亦阴爻，但均违"宜下"之道而致"凶"；三、四两阳，前者过刚不能自下，后者居柔能下，故一"凶"一"无咎"。可见，"宜下"的准则，在本卦大义中至关重要。《大象传》谓："行过乎恭，丧过乎哀，用过乎俭"，《左传》桓公五年郑伯称："君子不欲多上人"，正与"宜下"之义切合。

既济卦第六十三

䷾ 既济[1]:亨小,利贞[2];初吉终乱[3]。

【注释】

①既济:卦名,下离(☲)上坎(☵),象征“事已成”。 ②亨小,利贞:亨小,犹言“小亨”,“小”指阴柔。此谓“既济”之时,不但大者亨通,小者也均获亨通,故卦中六爻皆得位;而此时又宜于守正,故曰“利贞”。 ③初吉终乱:这是诫勉“事成”之后应慎为守成,否则将致危乱。

【译文】

《既济》卦象征事已成:此时连柔小者也获得亨通,利于守持正固;若不慎守成功起初吉祥,最终将致危乱。

《彖》曰:“既济,亨”,小者亨也[1]。“利贞”,刚柔正而位当也[2]。“初吉”,柔得中也;“终止则乱”,其道穷也[3]。

【注释】

①既济,亨,小者亨也:此释卦辞“既济,亨小”。 ②刚柔正而位当也:此以卦中六爻刚柔均当位,释卦辞“利贞”。 ③初吉,柔得中也;终止则乱,其道穷也:柔得中,指六二柔顺居中;止,停止不前。此释卦辞“初吉终乱”。

【译文】

《彖传》说:“事已成,亨通”,说明此时连柔小者也获得亨通。“利于守持正固”,说明阳刚阴柔均利于行为端正,居位适当。“起初吉祥”,说明柔小者也像刚大者一样能持中不偏;“最终停止不前必将导致危乱”,说明“事成”之道已经困穷。

《象》曰:水在火上,既济[1];君子以思患而豫防之[2]。

【注释】

①水在火上，既济：释《既济》上坎为水、下离为火之象。 ②思患而豫防之：豫，即“预”。这是说明“君子”观《既济》卦象，知“初吉终乱”之理，故能思其后患而预为防备。

【译文】

《象传》说：水在火上（煮成食物），象征“事已成”；君子因此于事成之后思虑可能出现的祸患而预先防备。

初九，曳其轮，濡其尾，无咎①。

【注释】

①曳其轮，濡其尾，无咎：此谓初九处“既济”之始，上应六四，但不急于求应，有谨慎守成之象，故取曳轮不令猛行，濡尾不使速进为喻；事成之初，能如此谨守，则可“无咎”。

【译文】

初九，向后拖曳车轮（不使猛行），小狐渡河沾湿尾巴（不使速进），必无咎害。

《象》曰：“曳其轮”，义无咎也。

【译文】

《象传》说：“向后拖曳车轮（不使猛行）”，说明初九的行为合符谨慎守成的意义而不致咎害。

六二，妇丧其茀，勿逐，七日得①。

【注释】

①妇丧其茀，勿逐，七日得：妇，喻六二；茀，音 fú，古代贵族妇女所乘车辆上的蔽饰；七日，喻为时之快。此谓六二上应九五，犹“五”之妇而柔顺中正，故能“丧茀”不寻，静俟自复；以此处“既济”，必不失所成，遂致“七日”又复得其“茀”。

【译文】

六二，妇人丧失车辆的蔽饰（难以出行），不用追寻，过不了七日必将失而复得。

《象》曰：“七日得”，以中道也。

【译文】

《象传》说：“过不了七日必将失而复得”，说明六二能守持中正不偏之道。

九三,高宗伐鬼方,三年克之;小人勿用①。

【注释】

①高宗伐鬼方,三年克之;小人勿用:高宗,殷王武丁;鬼方,国名,古代西北地区"猃狁"部落之一。此谓九三以阳刚居《既济》下卦之终,犹"事成"之后尚致力于排除余患,故以"高宗伐鬼方"为喻;此时虽仅存余患,但也必须以"三年克之"的精神持久努力,才能安保其成,若任用焦躁激进的"小人"必致危乱,故戒"小人勿用"。

【译文】

九三,殷高宗讨伐鬼方,持续三年之久终于获胜;焦躁激进的小人不可任用。

《象》曰:"三年克之",惫也。

【译文】

《象传》说:"持续三年之久终于获胜",说明九三持久努力到了疲惫的程度。

六四,繻有衣袽,终日戒①。

【注释】

①繻有衣袽,终日戒:繻,音 rú,彩色的丝帛,此处借指美服;有,犹"或"也,句中含"将要"之意;袽,音 rú,败絮,指衣服破敝。这两句说明六四柔顺得正,居上卦之始,"既济"之道将有转化,如美服或要变为敝衣,故勉其"终日戒",即谓守正防患。

【译文】

六四,华美衣服将变成敝衣破絮,应当整天戒备祸患。

《象》曰:"终日戒",有所疑也。

【译文】

《象传》说:"整天戒备祸患",说明六四有所疑惧。

九五,东邻杀牛,不如西邻之禴祭,实受其福①。

【注释】

①东邻杀牛,不如西邻之禴祭,实受其福:东邻、西邻,假设之辞,犹言彼、此,主于为九五诫;杀牛,指举行盛大祭祀;禴祭,薄祭(见《萃》六二译注)。此谓九五居《既济》尊位,阳刚中正,事成物盛,故取东、西邻祭祀之象设诫,勉其敬慎修德,

则可“受福”而免遭危害。

【译文】

九五，东边邻国杀牛盛祭，不如西边邻国举行微薄的“禴祭”，更能切实地承受神灵降予的福泽。

《象》曰：“东邻杀牛”，不如西邻之时也①；“实受其福”，吉大来也。

【注释】

①时：合时。

【译文】

《象传》说：“东边邻国杀牛盛祭”，不如西边邻国微薄的禴祭适时明德；“西邻更能切实地承受神灵降予的福泽”，喻示吉祥将源源来临。

上六，濡其首，厉①。

【注释】

①濡其首，厉：此言上六以阴居“既济”之终，济极终乱，故有狐渡河而水湿其首之象，其势必“危厉”。

【译文】

上六，小狐渡河沾湿头部，有危险。

《象》曰：“濡其首，厉”，何可久也！

【译文】

《象传》说：“小狐渡河沾湿头部，有危险”，喻示事成之后若不审慎怎能长久守成！

【总论】

《既济》卦名的取义，是借“涉水已竟”喻“事已成”；但全卦大旨却是阐发“守成艰难”的道理。唐太宗曾问身边的侍臣：“帝王之业，草创与守成孰难？”魏徵答曰：“帝王之起，必承衰乱，覆彼昏狡，百姓乐推，四海归命，天授人与，乃不为难。然既得之后，志趣骄逸，百姓欲静，而徭役不休；百姓凋残，而侈务不息：国之衰弊，恒由此起。以斯而言，守成更难。”（见《贞观政要·君道》）此语虽论“帝王事业”，但其义却甚合《既济》卦旨。从本卦的卦辞看，虽称“事成”之时，物无大小，俱获亨通，但又以“利贞”二字强调不可忘忽守“正”；而“初吉终乱”一语，更是深明此时稍不敬慎必将复乱的诫意。卦中六爻，无不见警戒之旨：初戒“曳轮”不可前，二戒“丧茀勿逐”，三戒“小人勿用”，四“终日戒”，五有“东邻杀牛”之戒，上更以“濡首厉”为戒。可见，“既济”之时虽万事皆成，但要安保这一既成局面，却非易事。《大象传》言“君子以思患而豫防之”，意味实颇深长。欧阳修论曰：“人情处危则虑深，居安则意殆，而患常生于怠忽也。是以君子‘既济’，则思患而豫防之也。”（《易童子问》）此语可以视为本卦精义的概括。

未济卦第六十四

䷿　未济①：亨②；小狐汔济，濡其尾，无攸利③。

【注释】

①未济：卦名，下坎（☵）上离（☲），象征"事未成"。　②亨：谓"事未成"正可促使其成，故"亨"。　③小狐汔济，濡其尾，无攸利：汔，接近。此承前文"亨"而发，谓"未济"虽有"可济"之理，但若处事不敬慎，像小狐涉水将竟，却濡湿其尾，必将不能成济而无所利。

【译文】

《未济》卦象征事未成，勉力使成可获亨通；若像小狐渡河接近成功，被水沾湿尾巴，则无所利益。

《彖》曰："未济，亨"，柔得中也①。"小狐汔济"，未出中也②；"濡其尾，无攸利"，不续终也③。虽不当位，刚柔应也④。

【注释】

①柔得中：柔，指六五。此句以六五爻象释卦辞"未济，亨"。　②未出中：指九二居下坎之中，未能出险。　③不续终：指初六居卦下而"濡尾"，力弱未能持续至终，遂使九二也难以出险，而"济"事不成。此句合前文"未出中"释卦辞"小狐汔济，濡其尾，无攸利"之义。　④虽不当位，刚柔应也：这两句以六爻不当位但刚柔有应，故能化"未济"为"既济"，再释"未济"所以能"亨"之理。

【译文】

《彖传》说："事未成，勉力使成可获亨通"，是因为柔顺而能守持中道。"小狐渡河接近成功"，喻示尚未脱出险阨之中；"被水沾湿尾巴，则无所利益"，说明促使事成的努力不能持续至终。卦中六爻尽管居位均不适当，但阳刚阴柔却能相应（可促使成功）。

《象》曰：火在水上，未济[1]；君子以慎辨物居方[2]。

【注释】

①火在水上，未济：释《未济》上离为火、下坎为水之象。 ②君子以慎辨物居方：居，处也；方，犹"所"。这是说明"君子"观《未济》卦水火、刚柔居位不当之象，悟知"未济"之时必须审慎辨物，使各居其所，则可促成"既济"。

【译文】

《象传》说：火在水上（难以煮物），象征"事未成"；君子因此审慎分辨诸物、使之各居适当的处所则万事可成。

初六，濡其尾，吝[1]。

【注释】

①濡其尾，吝：此言初六以柔处坎险之下，时当"未济"，却急于上应九四而不能谨慎持中，故为小狐"濡尾"之象；未能成"济"，故其行必"吝"。

【译文】

初六，小狐渡河被水沾湿尾巴，有所憾惜。

《象》曰："濡其尾"，亦不知极也[1]。

【注释】

①不知极："不知极"指初六居下失中。

【译文】

《象传》说："小狐渡河被水沾湿尾巴"，说明初六也太不知谨慎持中。

九二，曳其轮，贞吉[1]。

【注释】

①曳其轮，贞吉：此谓九二以刚中居"未济"之时，虽应六五，但尚未出险，谨慎而不敢轻进，故有"曳轮"之象；以此谨慎守正，故吉。

【译文】

九二，向后拖曳车轮（不使猛行），守持正固可获吉祥。

《象》曰：九二贞吉，中以行正也。

【译文】

《象传》说：九二守持正固可获吉祥，说明要持中而行事端正不偏。

六三，未济，征凶[①]，利涉大川[②]。

【注释】

①未济，征凶：此言六三当"未济"之时，以柔居坎险之上，力弱失正；此时不宜躁进，故"征"必有"凶"。 ②利涉大川：此句似从正面示勉，说明六三下比九二，若能不自求进，而与二同舟共济，涉险排难，则可脱出坎险，济成其事，故利在"涉川"。

【译文】

六三，事未成，急于进取必有凶险，但利于涉越大河巨流以脱出险难。

《象》曰："未济征凶"，位不当也。

【译文】

《象传》说："事未成急于进取必有凶险"，说明六三居位不适当。

九四，贞吉，悔亡[①]；震用伐鬼方，三年有赏于大国[②]。

【注释】

①贞吉，悔亡：此言九四以阳处《未济》上卦之始，事将可济，虽失正有"悔"，但能努力趋"正"则"吉"而"悔亡"。 ②震用伐鬼方，三年有赏于大国：震，作副词，犹言"以雷震之势"；伐鬼方，与《既济》九三辞义同；有赏于大国，即被封为大国之侯。这两句承上文意，说明九四必须勉力持久地求成其事，故以"伐鬼方"、"三年有赏"为喻。

【译文】

九四，守持正固可获吉祥，悔恨消亡；以雷霆之势讨伐鬼方，经过三年奋战功成而被封赏为大国诸侯。

《象》曰："贞吉悔亡"，志行也。

【译文】

《象传》说："守持正固可获吉祥，悔恨消亡"，说明九四求济的志向正在践行。

六五，贞吉，无悔；君子之光，有孚吉[①]。

【注释】

①贞吉，无悔；君子之光，有孚吉：君子之光，喻五居上卦离明之中。此言六五处《未济》盛位，体禀"文明"，能持正必将获吉无悔；又应二比四，犹如焕发"君子

之光”，以诚信待物，其时可济，故“有孚吉”。

【译文】

六五，守持正固可获吉祥，无所悔恨；这是君子的光辉，心怀诚信必得吉祥。

《象》曰：“君子之光”，其晖吉也①。

【注释】

①晖：《说文》“光也”。

【译文】

《象传》说：“君子的光辉”，喻示六五光耀焕发正体现着吉祥。

上九，有孚于饮酒，无咎①；濡其首，有孚失是②。

【注释】

①有孚于饮酒，无咎：孚，信也，此处犹言“信任”（下文同）。这是说明上九以阳居《未济》之极，物极至反，遂成“既济”；成“既济”则诸事皆当，心无烦忧，故信任于下，自可“饮酒”逸豫，无所咎害。　②濡其首，有孚失是：濡其首，与《既济》上六辞义同；是，正也，“失是”犹言“有失正道”。这两句又从反面设诫，说明上九若自逸无度，荒废其事，将有“濡首”之危，则是过分委信于人致失正道。

【译文】

上九，信任他人，安闲饮酒，不致咎害；但（逸乐过度）将如小狐渡河被水沾湿头部，那是无限度地委信于人而将损害正道。

《象》曰：“饮酒濡首”，亦不知节也。

【译文】

《象传》说：“饮酒逸乐而（如小狐渡河）沾湿头部遭致祸害”，说明上九要是这样也太不知节制了。

【总论】

《周易》六十四卦，以《未济》为终，似乎蕴含着对“《易》者，变也”这一义理的归结。从卦名看，《未济》是借“未能济渡”喻“事未成”；而全卦大旨乃在于说明：当“事未成”之时，若能审慎进取，促使其成，则“未济”之中必有“可济”之理。但卦辞在指出努力求济可致“亨通”的同时，仍不忘事物发展的另一面，又以“小狐”渡河将竟“濡尾”、徒劳无益为喻，诫人若不慎始慎终必难成济。卦中诸爻所示，下三爻尚未能“济”，主于戒其“慎”；上三爻已向“既济”转化，主于勉其“行”。

《折中》引邱富国曰:“内三爻,坎险也,初言‘濡尾’之吝,二言‘曳轮’之贞,三有‘征凶,位不当’之戒,皆未济之事也;外三爻,离明也,四言‘伐鬼方,有赏’,五言‘君子之光,有孚’,上言‘饮酒,无咎’,则未济为既济矣。”然而,六爻的寓意,以上六最为深长。就“爻位”看,其时虽已转为“既济”,但若纵逸无度,必有重反“未济”之危,故爻辞既言“无咎”又发“失是”之戒,意在揭明:事物的成败,是随时均可能转化的。《老子》曰:“祸兮福之所倚,福兮祸之所伏,孰知其极?”(五十八章)《序卦传》以为六十四卦终于《未济》,是表明“物不可穷”,即事物的对立、变化无时休止。可见,此卦的本旨,以设诫为最后归宿。从这一点看,其象征意义广泛展示了事物的“完美”或“成功”只是相对的,“缺陷”或“未成”却是时时伴随着前者而存在。龚自珍《己亥杂诗》之一曰:“《未济》终焉心缥缈,百事翻从阙陷好;吟到夕阳山外山,古今谁免余情绕?”诗中流露着浓厚的失意烦恼情绪;但如何化“阙陷”为“完美”,俟“夕阳”成“朝日”,则显然体现了从“未济”中求得“可济”的哲理。

卷九

系 辞 上 传

天尊地卑，乾坤定矣。卑高以陈，贵贱位矣。动静有常，刚柔断矣。方以类聚，物以群分，吉凶生矣。在天成象，在地成形，变化见矣。是故刚柔相摩，八卦相荡。鼓之以雷霆，润之以风雨；日月运行，一寒一暑。乾道成男，坤道成女。乾知大始，坤作成物。乾以易知，坤以简能；易则易知，简则易从；易知则有亲，易从则有功；有亲则可久，有功则可大；可久则贤人之德，可大则贤人之业。易简，而天下之理得矣；天下之理得，而成位乎其中矣。

【译文】

天尊而高，地卑而低，乾坤的位置就确定了。卑低、尊高一经陈列，事物显贵和微贱就各居其位。天的动和地的静有一定的规律，阳刚阴柔的性质就判然分明。天下各种意识观念以门类相聚合，各种动物植物以群体相区分，吉和凶就（在同与异的矛盾中）产生。悬于天上的（如日月星辰等）成为表象，处在地面的（如山川动植等）成为形体，事物变化的道理（就从这些形、象中可以）显现出来。所以阳刚阴柔互相摩切交感（而生成八卦），八卦又互相推移变动（而衍成六十四卦）。譬如雷霆在鼓动，风雨在润泽；日月往来运行，出现寒暑交替（这是天上表象的阴阳变化）。又如乾道构成男性，坤道构成女性（这是地面形体的阴阳变化）。乾的作为体现于（万物的）太初创始，坤的作为体现于（承乾而）生成万物。乾的作为以平易为人所知，坤的作为以简约见其功能。平易就容易使人明了，简约就容易使人顺从；容易明了则（心志通同）有人亲近，容易顺从则（齐心协力）可建功绩；有人亲近处世就能长久，可建功绩立身就能弘大；处世长久是贤人的美德，立身弘大是贤人的事业。所以，明白乾坤的平易和简约，天下的道理就都懂得了；懂得天下的道理，就能（遵循天地规律而）居处适中合宜的地位。

圣人设卦观象，系辞焉而明吉凶，刚柔相推而生变化。是故吉凶者，失得之象也；悔吝者，忧虞之象也。变化者，进退之象也；刚柔者，昼夜之象也。六爻之动，三极之道也。是故君子所居而安者，《易》之序也；所乐而玩者，爻之辞也。是故君子居则观其象而玩其辞，动则观其变而玩其占，是以“自天祐之，吉无不利”。

【译文】

圣人观察(宇宙间的种种)物象而创设六十四卦，各卦各爻下都撰系文辞借以表明吉凶的征兆，卦中阳刚阴柔(三百八十四爻)互相推移而产生无穷的变化。所以(卦爻辞中的)“吉”、“凶”，是处事或失、或得的象征；“悔”、“吝”，是(处事微失而)忧念、愁虑的象征。诸卦反映的变化，是处事权衡进退的象征；刚爻柔爻，是白昼(为阳)黑夜(为阴)的象征。六爻的变动，包涵着(大千世界)上至天、下至地、中至人的道理。所以君子能居处而获安稳，正是符合《周易》所体现的一定位序；所喜爱而研探玩味的，是卦爻陈列的精微文辞。因此君子平时居处就观察《周易》的象征而探研玩味其文辞，有所行动就观察《周易》的变化而探研玩味其占筮，所以就能(像《大有》卦上九爻所说的)“从上天降下祐助，吉祥而无所不利”。

彖者，言乎象者也；爻者，言乎变者也。吉凶者，言乎其失得也；悔吝者，言乎其小疵也；无咎者，善补过也。是故列贵贱者存乎位，齐小大者存乎卦，辩吉凶者存乎辞，忧悔吝者存乎介，震无咎者存乎悔。是故卦有小大，辞有险易；辞也者，各指其所之。

【译文】

彖辞，是总说全卦的象征；爻辞，是分说各爻的变化。“吉”、“凶”，说明处事或失、或得；“悔”、“吝”，说明处事稍有弊病；“无咎”，说明善于补救过失。所以陈列尊贵、微贱的象征在于爻位，确定柔小、刚大的象征在于卦体，辨别“吉”、“凶”的象征在于卦爻辞，忧念“悔”、“吝”的象征在于预防纤介小疵，震惧“无咎”的象征在于内心悔悟。因此卦体有柔小、有刚大，卦爻辞有艰险，有平易；卦爻辞，是分别指示所应当趋避的方向。

《易》与天地准，故能弥纶天地之道。仰以观于天文，俯以察于地理，是故知幽明之故；原始反终，故知死生之说；精气为物，游魂为变，是故知鬼神之情状。与天地相似，故不违；知周乎万物而道济天下，故不过；旁行而不流，乐天知命，故不忧；安土敦乎仁，故能爱。范围天地之化而不过,曲成万物而不遗,通乎昼夜之道而知,故神无方而《易》无体。

【译文】

《周易》的创作与天地相准拟,所以能普遍包涵天地间的道理。(用《周易》的法则)仰观天上日月星辰的文采,俯察地面山川原野的理致,就能知晓幽隐无形和显明有形的事理;推原事物的初始、反求事物的终结,就能知晓死生的规律;考察精气凝聚成为物形,气魂游散造成变化,就能知晓"鬼神"的情实状态。(明白了《周易》的义理,可以)和天地的道理相近似,所以行为不违背天地自然的规律;知识周遍于万物而道德足以匡济天下,所以动止不会偏差;权力广泛推行而不流溢淫滥,乐其天然、知其命数,所以无所忧愁;安处其环境以敦厚施行仁义,所以能泛爱天下。(可见,《易》道的广大)足以拟范周备天地的化育而不致偏失,足以曲尽细密地助成万物而不使遗漏,足以会通于昼夜幽明的道理而无所不知,所以说事物神奇的奥妙不泥于一方而《周易》的变化不定于一体。

一阴一阳之谓道。继之者善也,成之者性也。仁者见之谓之仁,知者见之谓之知,百姓日用而不知,故君子之道鲜矣。显诸仁,藏诸用,鼓万物而不与圣人同忧。盛德大业至矣哉！富有之谓大业,日新之谓盛德。生生之谓易,成象之谓乾,效法之谓坤,极数知来之谓占,通变之谓事,阴阳不测之谓神。

【译文】

一阴一阳的矛盾变化就叫作"道"。传继此道(发扬光大以开创万物)的就是"善",蔚成此道(柔顺贞守以孕育万物)的就是"性"。仁者发现"道"有"仁"的蕴存就称之为"仁",智者发现"道"有"智"的蕴存就称之为"智",百姓日常应用此"道"却茫然不知,所以君子所谓"道"的全面意义就很少人懂得了。(天地的"道")显现于仁德(而广被宇宙间),潜藏于日用(而不易察觉),(在自然无为中)鼓动化育万物而与圣人(体"道")尚存忧患之心有所不同。(然而圣人努力效法"道",他的)盛美德行和弘大功业也算至极无比了！广泛获有万物叫作弘大功业,日日增新不断更善叫作盛美德行！阴阳转化而生生不绝叫作变易,画卦成为天的象征叫作乾,画卦仿效地的法式叫作坤,穷极蓍数预知将来叫作占筮,通转变化叫作(天下的)事态,阴阳矛盾变化不可测定叫作(微妙的)神。

夫《易》广矣大矣！以言乎远则不御,以言乎迩则静而正,以言乎天地之间则备矣。夫乾,其静也专,其动也直,是以大生焉;夫坤,其静也翕,其动也辟,是以广生焉。广大配天地,变通配四时,阴阳之义配日月,易简之善配至德。

【译文】

《周易》的象征是何等广大啊!将它比拟于远处则变化穷深遥无止境,将它比拟于近处则宁静端正不见邪僻,将它比拟于天地之间则完备充实万理具在。象征阳的乾,当宁静的时候是专一含养,当兴动的时候是直遂不挠,所以生出刚大的气魄;象征阴的坤,当宁静的时候是闭藏微伏,当兴动的时候是开辟展布,所以生出宽柔的气质。(《周易》义理中)宽柔刚大的象征可以配合天地形象,变化交通的象征可以配合四季规律,阳刚阴柔的意义可以配合太阳月亮的情态,平易简约的美善原理可以配合至高的道德。

子曰:"《易》其至矣乎!夫《易》,圣人所以崇德而广业也。知崇礼卑,崇效天,卑法地。天地设位,而《易》行乎其中矣。成性存存,道义之门。"

【译文】

孔子说:"《周易》的道理应该是至善至美啊!《周易》,是圣人用来增崇其道德而广大其事业的。智慧贵在崇高,礼节贵在谦卑,崇高是仿效天,谦卑是取法地。天地创设了上下尊卑的位置,《周易》的道理就在其间变化通行。(能够用《易》理修身)成就美善德性,反复涵养蕴存,就是找到了通向'道'和'义'的门户。"

圣人有以见天下之赜,而拟诸其形容,象其物宜,是故谓之象。圣人有以见天下之动,而观其会通,以行其典礼,系辞焉以断其吉凶,是故谓之爻。言天下之至赜,而不可恶也;言天下之至动,而不可乱也。拟之而后言,议之而后动,拟议以成其变化。"鸣鹤在阴,其子和之;我有好爵,吾与尔靡之。"子曰:"君子居其室,出其言善,则千里之外应之,况其迩者乎?居其室,出其言不善,则千里之外违之,况其迩者乎?言出乎身,加乎民;行发乎迩,见乎远:言行,君子之枢机。枢机之发,荣辱之主也;言行,君子之所以动天地也,可不慎乎?""同人,先号咷而后笑。"子曰:"君子之道,或出或处,或默或语。二人同心，其利断金；同心之言，其臭如兰。”“初六，借用白茅，无咎。”子曰：“苟错诸地而可矣，借之用茅，何咎之有？慎之至也。夫茅之为物薄，而用可重也。慎斯术也以往，其无所失矣。”“劳谦，君子有终，吉。”子曰：“劳而不伐，有功而不德，厚之至也。语以其功下人者也。德言盛，礼言恭；谦也者，致恭以存其位者也。”“亢龙有悔。”子曰：“贵而无位，高而无民，贤人在下位而无辅，是以动而有悔也。”“不出户庭，无咎。”子曰：“乱之所生也，则言语以为阶。君不密则失臣，臣不密则失身，几事不密则害成。是以君子慎密而不出也。”子曰：“作《易》者其知盗乎？《易》曰：‘负且乘，致寇至。’负也者，小人之事也；乘也者，君子之器也。小人而乘君子之器，盗思夺之矣；上慢下暴，盗思伐之矣。慢藏诲盗，冶容诲淫。《易》曰‘负且乘，致寇至’，盗之招也。”

【译文】

圣人发现天下幽深难见的道理，就把它譬拟成具体的形象容貌，用来象征特定事物适宜的意义，所以称作“象”。圣人发现天下万物运动不息，就观察其中的会合变通，以利于施行典法礼仪，并（在六十四卦三百八十四爻下）撰系文辞来判断事物变动的吉凶，所以称作“爻”。（《周易》）言说天下至为幽深难见的道理，而不可鄙贱轻恶（其取象平易）；（《周易》）言说天下至为纷繁复杂的变动，而不可错乱乖违（其内涵规律）。（作《易》者）先譬拟物象然后言说道理，先审议物情然后揭示变动，通过譬拟和审议就形成此书的变化哲学。（譬如，《中孚》九二说）“鹤在山阴鸣唱，其子声声应和；我有一壶美酒，愿与你共饮同乐。”孔子解释说：“君子平居家中，发出美善的言论，远在千里之外的人也将闻风响应，何况近处的人呢？平居家中，要是发出不善的言论，远在千里之外的人也将违逆背离，何况近处的人呢？言论出于自身，要施加给百姓；行为发于近处，远方的人也能看见：言论和行为，犹如君子‘门户’开阖的机要。‘门户’机要的启发，恰似或荣或辱的关键，言论和行为，是君子用来鼓动天地万物的，岂能不慎重呢？”（《同人》九五说）“和同于人，起先痛哭号咷，后来欣喜欢笑。”孔子解释说：“君子（处世待人）的道理，有时（可）外出行事，有时（要）安居静处，有时（要）沉默寡言，有时（可）畅发议论。两人心意相同，犹如利刃可以切断金属；心意相同的言语，其气味像兰草一样芬芳。”（《大过》初六说）“初六，用洁白的茅草衬垫承放（奉献尊者的物品），必无咎害。”孔子解释说：“假如直接放在地上也是可以的，再用茅草衬垫承放，哪还有什么咎害呢？这是敬慎之至的行为。茅草作为物是微薄的，但可以发挥重大作用。慎守这种恭谨的方法而前往，必将无所过失吧。”（《谦》九三说）“勤劳而谦虚，君子能保持至终，吉祥。”孔子解释说：“勤劳而不自夸其善，有功而不自以为恩德，这是敦厚至极啊。这是说明有功勋而能谦下于人。道德要隆盛，礼节要恭谨。谦虚的含义，正是致力于恭谨来保存其地位的意思。”（《乾》上九说）“巨龙高飞穷极（天宇），终将有所悔恨。”孔子解释说：“尊贵而没有实位，崇高而管不到百姓，贤明的人在下位而不辅助他，所以轻举妄动必将有所悔恨。”（《节》初九说）“（节制慎守）不跨出庭户，必无咎害。”孔子解释说：“危乱的产生，往往是语言不守机密引起的。君主不守机密就使臣下受损失，臣下不守机密就使自身受损失，办事的开始不守机密就危害成功。所以君子慎守机密而不泄露言语。”孔子说道：“创作《周易》的人大概知道盗寇的事吧？《周易》（《解》卦六三）说：‘背负重荷而身乘大车，必致强寇前来夺取。’背负重荷，是小人的事务；身乘大车，是君子的车具。小人却乘坐君子的车具，盗寇就思谋夺取了；上者任人轻慢而下者骄奢暴虐，盗寇就思谋侵伐了。轻忽于收藏财物就是引人为盗，妖冶其容貌姿致就是引人淫荡。《周易》说‘背负重荷而身乘大车，必致强寇前来夺取’，盗寇就是这样招引来的啊！”

大衍之数五十，其用四十有九。分而为二以象两，挂一以象三，揲之以四以象四时，归奇于扐以象闰；五岁再闰，故再扐而后挂。天数五，地数五，五位相得而各有合。天数二十有五，地数三十，凡天地之数五十有五。此所以成变化而行鬼神也。《乾》之策二百一十有六，《坤》之策百四十有四，凡三百有六十，当期之日。二篇之策，万有一千五百二十，当万物之数也。是故四营而成《易》，十有八变而成卦，八卦而小成。引而伸之，触类而长之，天下之能事毕矣。显道神德行，是故可与酬酢，可与祐神矣。子曰：“知变化之道者，其知神之所为乎？”

【译文】

广为演绎的占筮之数是用五十根蓍策表示，其中（虚空一根不用而）实用四十九根。（把四十九策）任意分为左右两份以象征天地两仪，从中取一策悬挂（于左手小指间）以象征天地人三才，每束四策地揲算蓍策以象征四季，把（右份）揲算剩余的蓍策归附夹勒（在左手无名指间）以象征闰月，五年再出现闰月，于是再把（左份）揲算剩余的蓍策夹勒（在左手中指间）而后别起一挂反复揲算。天的数字象征有一、三、五、七、九等五个奇数，地的数字象征有二、四、六、八、十等五个偶数,五位奇偶数互相搭配而各能谐合。五个天数(相加)为二十五,五个地数(相加)为三十,天地的象征数(并加)共为五十五。这就是《周易》运用数字象征形成变化哲学而通行于阴阳鬼神之奥理的一方面特点。《乾》卦在蓍数中体现为二百十六策,《坤》卦为一百四十四策,《乾》、《坤》共计三百六十策,相当于一年三百六十天。《周易》上下经六十四卦则为一万一千五百二十策,相当于万物的数目。因此,通过(分二、挂一、揲四、归奇)这"四营"过程就筮得《周易》的卦形,其中每十八次变数形成一卦,而每九变出现的八卦之一则为小成之象。就这样朝着六十四卦引申推广,触逢相应的事类则增长发挥其象征意义,天下所能取法阐明的事理就赅尽无遗了。《周易》能彰显出幽隐的道理,能神奇地玉成令德美行,所以运用《易》理可以应对万物之求,可以祐助神化之功。孔子说:"通晓变化道理的人,大概知道神妙的自然规律吧?"

《易》有圣人之道四焉:以言者尚其辞,以动者尚其变,以制器者尚其象,以卜筮者尚其占。是以君子将有为也,将有行也,问焉而以言,其受命也如向,无有远近幽深,遂知来物。非天下之至精,其孰能与于此?参伍以变,错综其数:通其变,遂成天地之文;极其数,遂定天下之象。非天下之至变,其孰能与于此?《易》无思也,无为也,寂然不动,感而遂通天下之故。非天下之至神,其孰能与于此?夫《易》,圣人之所以极深而研几也。唯深也,故能通天下之志;唯几也,故能成天下之务;唯神也,故不疾而速,不行而至。子曰"《易》有圣人之道四焉"者,此之谓也。

【译文】

《周易》含有圣人常用的道理四方面:用来指导言论的人崇尚其文辞精义,用来指导行动的人崇尚其变化规律,用来指导制作器物的人崇尚其卦爻象征,用来指导卜问决疑的人崇尚其占筮原理。所以君子将有所作为,有所行动之时,用《周易》揲蓍占问而据以发言行事,《周易》就能如响应声地承受占筮者的蓍命,不论遥远、切近还是幽隐、深邃的事情,都能推知将来的物状事态。若不是通晓天下极为精深的道理,谁能做到这样?三番五次地变化研求,错综往复地推衍蓍数:会通其变化,就能形成天地的文采;穷究其蓍数,就能判定天下的物象。若不是通晓天下极为复杂的变化,谁能做到这样?《周易》的道理不是冥思苦想而来的,是自然无为所得,它寂然不动,根据阴阳交感相应的原理就能会通天下万事。若不是通晓天下极为神妙的规律,谁能做到这样?《周易》,是圣人用来穷究幽深事理而探研细微征象的书。只有穷究幽深事理,才能会通天下的心志;只有探研细微征象,才能成就天下的事务;只有神奇地贯通《易》道,才能不须急疾而万事速成,不须行动而万理自至。孔子称“《周易》含有圣人常用的道理四方面”,说的正是上述意思。

天一、地二,天三、地四,天五、地六,天七、地八,天九、地十。子曰:“夫《易》何为者也?夫《易》开物成务,冒天下之道,如斯而已者也。”是故圣人以通天下之志,以定天下之业,以断天下之疑。是故蓍之德圆而神,卦之德方以知,六爻之义易以贡。圣人以此洗心,退藏于密,吉凶与民同患;神以知来,知以藏往。其孰能与此哉?古之聪明睿知,神武而不杀者夫。是以明于天之道,而察于民之故,是兴神物以前民用。圣人以此齐戒,以神明其德夫。是故阖户谓之坤,辟户谓之乾,一阖一辟谓之变,往来不穷谓之通;见乃谓之象,形乃谓之器,制而用之谓之法,利用出入,民咸用之谓之神。是故《易》有太极,是生两仪,两仪生四象,四象生八卦,八卦定吉凶,吉凶生大业。是故法象莫大乎天地;变通莫大乎四时;县象著明莫大乎日月;崇高莫大乎富贵;备物致用,立成器以为天下利,莫大乎圣人;探赜索隐,钩深致远,以定天下之吉凶,成天下之亹亹者,莫大乎蓍龟。是故天生神物,圣人则之;天地变化,圣人效之;天垂象,见吉凶,圣人象之;河出图,洛出书,圣人则之。《易》有四象,所以示也;系辞焉,所以告也;定之以吉凶,所以断也。

【译文】

天数一、地数二,天数三、地数四,天数五、地数六,天数七、地数八,天数九、地数十。孔子说:“《周易》为什么取这些天地数呢?这是圣人(探研数理、创造筮法用来)开启物智、成就事务,包容天下的道理,不过如此罢了。”所以圣人用《周易》的理论会通天下的心志,确定天下的事业,决断天下的疑难。因此蓍数的性质圆通而神奇,卦体的性质方正而明智,六爻的意义通过变化而告人吉凶。圣人用此洗濯净化其心,退而隐密深藏其功用(潜化万物),吉凶之事与百姓同所忧患;神奇而能推知未来的情状,明智而又含藏往昔的哲理。一般人谁能做到这样啊?只有古代聪明睿智,神武而不用刑杀的君主才能如此。所以能够明确天的道理,察知百姓的事状,于是兴起神妙的蓍占之物引导百姓使用(以避凶趋吉)。圣人用

《周易》修齐警戒,正是为了神妙地显明其道德吧。所以(《周易》体现着阴阳变化生息的道理),譬如关闭门户(包藏万物)叫作坤,打开门户(吐生万物)叫作乾,一闭一开(的交感勾联)叫作变化,来来往往地变化无穷叫作会通;变化的情状有所显现叫作表象,变化成为形体叫作器物,制造器物以供人使用叫作仿效,器物利于反复使用、百姓都在运用它(却不知其来历)叫作神奇。所以《周易》创作之先有(混沌未分的)太极,太极产生(天地阴阳)两仪,两仪产生(太阳、太阴、少阳、少阴)四象,四象产生(天地雷风水火山泽)八卦;八卦(的变化推衍可以)判定吉凶,判定吉凶就产生盛大的事业。所以仿效自然没有比天和地更大的;变化会通没有比一年四季更大的;高悬表象显示光明没有比太阳月亮更大的;尊崇高尚没有比富豪荣贵更大的;备置实物让人使用,创成器具来便利天下,没有比圣人更大的;窥探求索幽隐难见之理,钩取招致深处远方之物,来判定天下的吉凶,助成天下勤勉不懈的功业,没有比蓍占龟卜更大的。所以天生出神奇的蓍草和灵龟,圣人取法它(创立卜筮);天地出现四季变化,圣人仿效它(制定刑赏条令);天上垂悬日月星辰等表象,显示吉凶的征兆,圣人模拟它(造出测天仪器);黄河出现龙图,洛水出现龟书,圣人取法它(撰制八卦、九畴)。《周易》有(太阳、太阴、少阳、少阴)四象,是用来显示(变动征兆);在卦下撰系文辞,是用来告诉人(变化情状);文辞中确定吉凶的占语,是用来判断(行事得失)。

《易》曰:“自天祐之,吉无不利。”子曰:“祐者,助也。天之所助者,顺也;人之所助者,信也。履信思乎顺,又以尚贤也,是以‘自天祐之,吉无不利’也。”子曰:“书不尽言,言不尽意。”然则圣人之意其不可见乎?子曰:“圣人立象以尽意,设卦以尽情伪,系辞焉以尽其言,变而通之以尽利,鼓之舞之以尽神。”乾坤,其《易》之缊邪?乾坤成列,而《易》立乎其中矣;乾坤毁,则无以见《易》;《易》不可见,则乾坤或几乎息矣。是故形而上者谓之道,形而下者谓之器,化而裁之谓之变,推而行之谓之通,举而错之天下之民谓之事业。是故夫象,圣人有以见天下之赜,而拟诸其形容,象其物宜,是故谓之象。圣人有以见天下之动,而观其会通,以行其典礼,系辞焉以断其吉凶,是故谓之爻。极天下之赜者存乎卦;鼓天下之动者存乎辞;化而裁之存乎变;推而行之存乎通;神而明之存乎其人;默而成之,不言而信,存乎德行。

【译文】

《周易》(《大有》上九)说:“从上天降下祐助,吉祥而无所不利。”孔子解释说："祐助，就是帮助的意思。天所帮助的人，是顺从正道的；人所帮助的人，是笃守诚信的。能够践履诚信而时时考虑顺从正道，又能尊尚贤人，所以'从上天降下祐助，吉祥而无所不利'。"孔子说："书面文字不能完全表达作者的语言，语言不能完全表达人的思想。"那么，圣人的思想难道无法体现了吗？孔子又说："圣人创立象征来尽行表达他的思想，设制六十四卦来尽行反映万物的真情和虚伪，在卦下撰系文辞来尽行表达他的语言，又变化会通（三百八十四爻）来尽行施利于万物，于是就能鼓励推动天下来尽行发挥《周易》的神奇道理。"乾坤两卦，应当是《周易》的精蕴吧？乾坤创成而分列上下，《周易》就确立于其中了；要是乾坤的象征毁灭，就不可能出现《周易》；《周易》不能出现，乾坤化育的道理差不多要止息了。所以居于形体之上的（精神因素）叫作"道"，居于形体以下的（物质状态）叫作"器"，两者的作用，导致事物交感化育而互为裁节叫作"变"，顺沿变化推广而旁行叫作"通"，将这些道理交给天下百姓使用叫作"事业"。因此，所谓"象"，是圣人发现天下幽深难见的道理，把它譬拟成具体的形象容貌，用来象征特定事物适宜的意义，所以称作"象"。圣人发现天下万物运动不息，观察其中的会合变通，以利于施行典法礼仪，并（在六十四卦三百八十四爻下）撰系文辞来判断事物变动的吉凶，所以称作"爻"。穷极天下幽深难见道理的在于卦形的象征；鼓舞天下奋动振作的在于卦爻辞的精义；促使万物交相感化而互为裁节的在于变动；让万物顺沿变化推广而旁行的在于会通；使《周易》的道理神奇而显明的，在于运用《周易》的人；（学《易》的人）默然潜修而有所成就，不须言辞而能取信于人，在于美好的道德品行。

【总论】

《系辞传》分为上下篇，《正义》引何氏云："上篇明'无'，故曰'《易》有太极'，太极即'无'也。又云'圣人以此洗心，退藏于密'，是其'无'也。下篇明'几'，从无入有，故云'知几其神乎'。"这是一种说法。又引或说："以上篇论《易》之大理，下篇论《易》之小理。"这是以一种说法。孔颖达已驳"大小理"之说"事必不通"，认为只是"以简编重大，是以分之"（《正义》）；朱熹也说："以其通论一经之大体凡例，故无经可附，而自分上下。"（《本义》）孔、朱之说似可从。

上传十二章，始于"乾坤易简"，终于学《易》"存乎德行"，每章大略都侧重某一角度抒论。从整体看，其内容正如朱熹所云："或言造化以及《易》，或言《易》以及造化。不出此理。"（《朱子语类》）用今天的话说，就是把《易》理同自然界的发展规律结合起来探讨，以体现作者的哲学观点。这是《系辞传》上下篇的通例。

系辞下传

八卦成列，象在其中矣；因而重之，爻在其中矣；刚柔相推，变在其中矣；系辞焉而命之，动在其中矣。吉凶悔吝者，生乎动者也；刚柔者，立本者也；变通者，趣时者也。吉凶者，贞胜者也；天地之道，贞观者也；日月之道，贞明者也；天下之动，贞夫一者也。夫乾，确然示人易矣；夫坤，隤然示人简矣。爻也者，效此者也；象也者，像此者也。爻象动乎内，吉凶见乎外；功业见乎变，圣人之情见乎辞。天地之大德曰生，圣人之大宝曰位。何以守位？曰仁。何以聚人？曰财。理财正辞、禁民为非曰义。

【译文】

八卦创成而分列其位，万物的象征就都在其中了；根据八卦重成六十四卦，三百八十四爻就都在其中了；刚爻柔爻相互推移，变化的道理就都在其中了；在卦爻下撰系文辞而告明吉凶，适时变动的规律就都在其中了。“吉”、“凶”、“悔”、“吝”，产生于变动；阳刚阴柔，是确立一卦的根本；变化会通，是趋向合宜的时机。吉凶的规律，说明守正就能获胜；天地的道理，说明守正就被人瞻仰；日月的道理，说明守正就焕发光明；天下的变动，说明万物都应当专一守正。乾的特征，坚确刚健而以平易显示于人；坤的特征，隤弱柔顺而以简约显示于人。爻，就是仿效此物的变动；象，就是模拟此物的情态。爻和象发动于卦内，吉和凶体现于卦外；功绩事业的兴起体现于变动，圣人的意旨体现于卦爻辞。天地的宏大德泽是“化生”，圣人的重大珍宝是“盛位”。用什么来守持盛位？用“仁人”。用什么来聚集仁人？用“财物”。管理财物端正言辞而禁止百姓为非乱法就是“合义”。

古者包牺氏之王天下也，仰则观象于天，俯则观法于地，观鸟兽之文，与地之宜，近取诸身，远取诸物，于是始作八卦，以通神明之德，以类万物之情。作结绳而为罔罟，以佃以渔，盖取诸《离》。包牺氏没，神农氏作，斲木为耜，揉木为耒，耒耨之利，以教天下，盖取诸《益》。日中为市，致天下之民，聚天下之货，交易而退，各得其所，盖取诸《噬嗑》。神农氏没，黄帝、尧、舜氏作，通其变，使民不倦；神而化之，使民宜之。《易》穷则变，变则通，通则久，是以"自天祐之，吉无不利"。黄帝、尧、舜垂衣裳而天下治，盖取诸《乾》、《坤》。刳木为舟，剡木为楫，舟楫之利以济不通，致远以利天下，盖取诸《涣》。服牛乘马，引重致远，以利天下，盖取诸《随》。重门击柝，以待暴客，盖取诸《豫》。断木为杵，掘地为臼，臼杵之利，万民以济，盖取诸《小过》。弦木为弧，剡木为矢，弧矢之利，以威天下，盖取诸《睽》。上古穴居而野处，后世圣人易之以宫室，上栋下宇，以待风雨，盖取诸《大壮》。古之葬者，厚衣之以薪，葬之中野，不封不树，丧期无数，后世圣人易之以棺椁，盖取诸《大过》。上古结绳而治，后世圣人易之以书契，百官以治，万民以察，盖取诸《夬》。

【译文】

古时候伏牺氏治理天下，他抬头观察天上的表象，俯身观察大地的形状，观察飞禽走兽身上的纹理，以及适宜存在于地上的种种事物，从近处援取人的一身作象征，从远处援取各类物形作象征，于是才创作了八卦，用来贯通神奇光明的德性，用来类归天下万物的情态。（伏牺氏）发明了编结绳子的方法而制成罗网，用来围猎捕鱼，大概是吸取了《离》卦（网目相连而物能附丽）的象征吧。伏牺氏去世，神农氏继起。他砍削树木制成耒耜的耜头，揉弯木干制成耒耜的曲柄，这种翻土耘田农具的好处，可以用来教导天下（百姓耕作），这大概是吸取了《益》卦（木体能入而下动）的象征吧。又规定中午为墟市时间，招致天下的百姓，聚集天下的货物，交换贸易然后归去，各人都获得所需的物品，这大概是吸取了《噬嗑》卦（上光明下兴动而交往相合）的象征吧。神农氏去世，黄帝、尧、舜先后继起。他们会通过改变前代的器用、制度，使百姓进取不懈；（在实践中）神奇地变化，使百姓应用适宜。《周易》的道理是穷极就出现变化，变化就能畅通，畅通就可以长久，所以能够（像《大有》上九所说的）"从上天降下祐助，吉祥而无所不利"。黄帝、尧、舜改进服制让人们穿着长垂的衣裳而天下大治，这大概是吸取了《乾》、《坤》两卦（上衣下裳）的象征吧。他们挖空树木成为船只，削制木材成为桨楫，船只桨楫的好处，可以用来济渡难以通行的江河，就能直达远方而便利天下，这大概是吸取了《涣》卦（木在水上而流行如风）的象征吧。他们驾御牛、乘坐马，拖运重物、直达远方,用来便利天下,这大概是吸取了《随》卦(下能运动而上者欣悦)的象征吧。他们设置多重屋门而夜间敲梆警戒,以防备暴徒强寇,这大概是吸取了《豫》卦(设双门敲小木而为豫备)的象征吧。他们斫断木头作为捣杵,挖掘地面作成捣臼,捣臼、捣杵的好处,万民可以用来舂米为食,这大概是吸取了《小过》卦(上动下止)的象征吧。他们弯曲木条并在两端牵系弦绳作为弓弧,削尖树枝作为箭矢,弓箭的好处,可以用来威服天下,这大概是吸取了《睽》卦(事物乖睽而用威制服)的象征吧。远古的人居住在洞穴而散处在野外,后代的圣人制造房屋改变了过去的居住方式,上有栋梁下有檐宇,用来防备风雨,这大概是吸取了《大壮》卦(上动下健而大为壮固)的象征吧。古时候丧葬的办法,只用柴草厚厚地裹缠死者的遗体,埋在荒野之间,不堆坟墓也不植树木,没有限定的居丧期数,后代圣人发明棺椁改变了过去的丧葬习俗,这大概是吸取了《大过》卦(大事不妨过厚)的象征吧。远古的人系结绳子作标记来处理事务,后代圣人发明契刻文字改变了过去的结绳方式,百官可以用它治理政务,万民可以用它稽察琐事,这大概是吸取了《夬》卦(断事明决)的象征吧。

是故《易》者,象也;象也者,像也。彖者,材也;爻也者,效天下之动者也。是故吉凶生而悔吝著也。

【译文】

所以《周易》一书,就是象征;象征,就是模像外物(以喻意)。彖辞,是总说一卦的材德;六爻,是仿效天下万物的发生与变动。因此,(行动有得有失就)产生"吉"、"凶"而(行动小有疵病就)出现"悔"、"吝"。

阳卦多阴,阴卦多阳。其故何也?阳卦奇,阴卦耦。其德行何也?阳一君而二民,君子之道也;阴二君而一民,小人之道也。

【译文】

阳卦中阴爻居多,阴卦中阳爻居多。那是什么缘故呢?因为阳卦以一阳为主(所以阳少阴多),阴卦以二阳为主(所以阴少阳多)。两者各自说明什么德性品行呢?阳卦一个君主两个百姓(说明君为众民拥戴,上下协心),是君子之道;阴卦两个君主一个百姓(说明君长相互倾轧,下者贰心其主),是小人之道。

《易》曰:"憧憧往来,朋从尔思。"子曰:"天下何思何虑?天下同归而殊途,一致而百虑,天下何思何虑?日往则月来,月往则日来,日月相推而明生焉；寒往则暑来，暑往则寒来，寒暑相推而岁成焉。往者屈也，来者信也，屈信相感而利生焉。尺蠖之屈，以求信也；龙蛇之蛰，以存身也。精义入神，以致用也；利用安身，以崇德也。过此以往，未之或知也；穷神知化，德之盛也。"《易》曰："困于石，据于蒺藜，入于其宫，不见其妻，凶。"子曰："非所困而困焉，名必辱；非所据而据焉，身必危。既辱且危，死期将至，妻其可得见邪？"《易》曰："公用射隼于高墉之上，获之，无不利。"子曰："隼者，禽也；弓矢者，器也；射之者，人也。君子藏器于身，待时而动，何不利之有？动而不括，是以出而有获，语成器而动者也。"子曰："小人不耻不仁，不畏不义，不见利不劝，不威不惩。小惩而大诫，此小人之福也。《易》曰'屦校灭趾，无咎'，此之谓也。""善不积不足以成名，恶不积不足以灭身。小人以小善为无益而弗为也，以小恶为无伤而弗去也，故恶积而不可掩，罪大而不可解。《易》曰：'何校灭耳，凶。'"子曰："危者，安其位者也；亡者，保其存者也；乱者，有其治者也。是故君子安而不忘危，存而不忘亡，治而不忘乱。是以身安而国家可保也。《易》曰：'其亡其亡，系于苞桑。'"子曰："德薄而位尊，知小而谋大，力小而任重，鲜不及矣！《易》曰：'鼎折足，覆公𫗧，其形渥，凶。'言不胜其任也。"子曰："知几其神乎？君子上交不谄，下交不渎，其知几乎！几者，动之微，吉之先见者也。君子见几而作，不俟终日，《易》曰：'介于石，不终日，贞吉。'介如石焉，宁用终日？断可识矣！君子知微知彰，知柔知刚，万夫之望。"子曰："颜氏之子，其殆庶几乎？有不善，未尝不知；知之，未尝复行也。《易》曰：'不远复，无只悔，元吉。'""天地絪缊，万物化醇；男女构精，万物化生。《易》曰：'三人行，则损一人；一人行，则得其友。'言致一也。"子曰："君子安其身而后动，易其心而后语，定其交而后求：君子修此三者，故全也。危以动，则民不与也；惧以语，则民不应也；无交而求，则民不与也：莫之与，则伤之者至矣。《易》曰：'莫益之，或击之，立心勿恒，凶。'"

【译文】

《周易》(《咸》九四)说："心意不定而频频往来，友朋终究顺从你的思念。"孔子解释说："天下事何必思念，何须忧虑？天下万物(自然感应就能)沿着不同的道路走到共同的目标,使千百种思虑合并为统一的观念。天下事何必思念,何必忧虑?譬如太阳西往就有月亮东来,月亮西往就有太阳东来,太阳月亮交相推移而光明常生;寒季归去就有暑季前来,暑季归去就有寒季前来,寒季暑季交相推移而年岁形成。'往'就是回缩,'来'就是伸展,回缩和伸展交相感应而利益常生。尺蠖毛虫的回缩其体,是为了求得伸展;巨龙长蛇的冬眠潜伏,是为了保存自身。(学者)精研道义、深入神理,是为了进献才用;利于施用、安处其身,是为了增崇美德。超过这种境界再往前发展,或许就未能有所知晓了;穷极神理、通晓变化,这是美德隆盛(自然所致的)。"《周易》(《困》六三)说:"困穷于巨石之下(石坚不可入),凭据在蒺藜之上(棘刺不可践);即使退入自家居室(也只能茕茕独处),见不到其配人为妻的一天,有凶险。"孔子解释说:"困穷于不妥当的处所,其名必受损辱;凭据于不适宜的地方,其身必遭危险。既受损辱又遭危险,灭亡的日期即将来临,哪有可能见到其配人为妻的一天呢?"《周易》(《解》上六)说:"王公发矢射击窃据高城上的恶隼,一举射获,无所不利。"孔子解释说:"恶隼,是禽鸟;弓矢,是武器;发矢射击恶隼的,是人。君子身上预藏成器,等待时机而行动,哪会有什么不利呢?有所行动而毫无滞碍括结,所以外出必有收获。这是说明先具备现成的器用然后再行动。"孔子说道:"小人不知羞耻、不明仁德,不畏正理、不行道义,不看见利益就不愿勤勉,不受到威胁就不能戒惕。受到微小惩罚而承获重大告诫,这是小人的幸运。《周易》(《噬嗑》初九)说:'足着刑具而伤灭脚趾,不致危害。'说的就是这一道理。"(孔子又说)"善行不积累不足以成就美名,恶行不积累不足以灭亡其身。小人把小善看成无所获益的事而不屑于施行,把小恶看成无伤大体的事而不愿意除去,所以恶行积累满盈而无法掩盖,罪行发展极大而难以解救。因此《周易》(《噬嗑》上九)说:'肩荷刑具,遭受伤灭耳朵的重惩,有凶险。'"孔子说:"凡是倾危的,都曾经逸乐安居其位;凡是灭亡的,都曾经自以为长保生存;凡是败乱的,都曾经自恃万事整治。因此君子安居而不忘倾危,生存而不忘灭亡;整治而不忘败乱,自身则可常安而国家可以永保。所以《周易》(《否》九五)说:'(心中时时自警)"将要灭亡、将要灭亡",就能像系结于丛生的桑树一样安然无恙。'"孔子说:"才德浅薄而地位尊高,智能窄小而图谋宏大,力量微弱而身任重负,这样很少有不涉及灾祸的。所以《周易》(《鼎》九四)说:'鼎器难承重荷折断其足,王公的美食全被倾覆,鼎身沾濡一派龌龊,有凶险。'正是说明力不胜任的情状。"孔子说:"能够预知几微的事理应该算达到神妙的境界了吧?君子与上者交往不谄媚,与下者交往不渎慢,可以说是预知几微的事理吧!几微的事理,是事物变动的微小征兆,吉凶的结局先有所隐约的显现。君子发现几微的事理就迅速行事,不等候一天终竟。所以《周易》(《豫》六二)说:'耿介如石,不等候一天终竟(就悟知愉乐必须适中的道理),守持正固可获吉祥。'既然有耿介如石的品德,岂须等候一天终竟(才领悟道理)呢？当时就能断然明知。君子知晓隐微的前征就知晓昭著的结局，知晓阴柔的功益也知晓阳刚的效用，这是千万人所瞻望景仰的杰出人物。”孔子说：“颜渊这位贤弟子，他的道德大概接近完美了吧？一有不善的苗头，没有不自知的；一知不善，没有再次重犯的。《周易》(《复》初九)说：‘起步不远就回复正道，免致灾患、悔恨，至为吉祥。’”(孔子说)“天地二气缠绵交密，万物化育醇厚；男女阴阳交合其精，万物化育孕生。所以《周易》(《损》六三)说：‘三人同行并求一阳，则损彼阳刚一人；一人独行专一求合，则得其阳刚友朋。’正是说明阴阳相求必须专心致一。”孔子说：“君子先安定其自身然后有所行动，先平和其内心然后发表言论，先确定其交往然后求益于人：君子能修美这三种德性，所以于人于己两全其益。自身倾危而急于行动，百姓就不予赞助；内心疑惧而发表言论，百姓就不予响应；无所交往而求益于人，百姓就不愿给予：没有人给他利益，于是损伤他的人就跟着来了。所以《周易》(《益》上九)说：‘没有人增益他，有人攻击他，居心不常安(而贪求无厌)，有凶险。’”

子曰：“乾、坤，其《易》之门邪？”乾，阳物也；坤，阴物也。阴阳合德而刚柔有体，以体天地之撰，以通神明之德。其称名也，杂而不越，于稽其类，其衰世之意邪？夫《易》，彰往而察来，而微显阐幽。开而当名辨物，正言断辞则备矣。其称名也小，其取类也大，其旨远，其辞文，其言曲而中，其事肆而隐。因贰以济民行，以明失得之报。

【译文】

孔子说：“乾、坤两卦，应该是《周易》的门户吧？”乾，是阳的物象；坤，是阴的物象。阴阳德性相配合而刚柔成为形体，可以用来体察天地的撰述营为，用来贯通神奇光明的德性。《周易》卦爻辞所称述的物名，尽管繁杂却不逾越卦爻义理；稽考卦爻辞的表述(多有忧虞警诫的)事类，或许是流露作者处在衰危之世的思想吧？《周易》，是彰著往昔的变故而察辨将来的事态，显示初微的征象而阐明幽深的道理。作《易》者开释卦爻(撰系文辞)使各卦各爻名义适当，物象明辨，而且语言周正措辞决断以至天下万理俱备。卦爻辞所称述的物名虽多细小，但所取喻的事类却十分广大，其意旨深远，其修辞颇饰文采，其语言曲折切中事理，所用典故明白显露而哲理隐奥。运用《周易》阴阳两方面的道理济助百姓的行动，可以让人们明确吉凶得失的应验。

《易》之兴也，其于中古乎？作《易》者，其有忧患乎？是故

《履》,德之基也;《谦》,德之柄也;《复》,德之本也;《恒》,德之固也;《损》,德之修也;《益》,德之裕也;《困》,德之辨也;《井》,德之地也;《巽》,德之制也。《履》,和而至;《谦》,尊而光;《复》,小而辨于物;《恒》,杂而不厌;《损》,先难而后易;《益》,长裕而不设;《困》,穷而通;《井》,居其所而迁;《巽》,称而隐。《履》以和行,《谦》以制礼,《复》以自知,《恒》以一德,《损》以远害,《益》以兴利,《困》以寡怨,《井》以辩义,《巽》以行权。

【译文】

《周易》的兴起,大概在殷商之末的中古时代吧?创作《周易》的人,大概心怀忧患吧?因此,《履》卦(说明小心履礼),是树立道德的初基;《谦》卦(说明行为谦虚),是施行道德的柯柄;《复》卦(说明回复正途),是遵循道德的根本;《恒》卦(说明守正有恒),是巩固道德的前提;《损》卦(说明自损不善),是修美道德的途径;《益》卦(说明施益于人),是充裕道德的方法;《困》卦(说明遭困守操),是检验道德的准绳;《井》卦(说明井养不穷),是居守道德的处所;《巽》卦(说明因顺申命),是展示道德的规范。《履》卦,教人和顺小心而行走到目的地;《谦》卦,教人要谦虚才能被尊崇而光大其德;《复》卦,教人针对微小的征兆辨析事物的善恶(及早回复正道);《恒》卦,教人在正邪相杂的环境中恒久守德而不厌倦;《损》卦,教人先为自损之难而后成获益之易;《益》卦,教人施益于人长久充裕己德而不虚设其益;《困》卦,教人在困穷时守正而求得亨通;《井》卦,教人居得安适的处所而能广为迁施惠泽;《巽》卦,教人顺势称扬号令而不自我显露。《履》卦的道理可以用来和顺小心地行走,《谦》卦的道理可以用来控制礼节,《复》卦的道理可以用来自我省知得失,《恒》卦的道理可以用来始终不移地纯一守德,《损》卦的道理可以用来自损不善、远离祸害,《益》卦的道理可以用来益人益己、广兴福利,《困》卦的道理可以用来处困守操,不怨天尤人,《井》卦的道理可以用来广养万物、辨明道义,《巽》卦的道理可以用来顺势利导、行使权力。

《易》之为书也,不可远。为道也屡迁,变动不居,周流六虚,上下无常,刚柔相易,不可为典要,唯变所适。其出入以度,外内使知惧。又明于忧患与故,无有师保,如临父母。初率其辞,而揆其方,既有典常。苟非其人,道不虚行。

【译文】

《周易》这部书(包含人生处世的哲学),不可须臾远离。它所体现的道理在于屡屡推迁，变化运行而不居止，周遍流动于各卦六爻之间，上下往来没有定准，阳刚阴柔相互更易，不可执求于典常纲要，只有变化才是它趋赴的方向。(《周易》的道理可以启发人)当出入行藏之际多加考虑遵守法则或度数，使人处内外隐显之时知晓惕惧得失。又可以使人深明将来的忧患和往昔的事态，虽然没有师保的监护，却好像面临父母的教诲。处事之初遵循《周易》卦爻辞的意旨，揆度行动的方式，就掌握了(适应事物变化的)经常可行的规律。假如没有贤明的人研探阐述，《周易》的道理就难以凭空推行。

《易》之为书也，原始要终以为质也。六爻相杂，唯其时物也。其初难知，其上易知：本末也，初辞拟之，卒成之终。若夫杂物撰德，辩是与非，则非其中爻不备。噫！亦要存亡吉凶，则居可知矣。知者观其彖辞，则思过半矣。二与四同功而异位，其善不同；二多誉，四多惧，近也。柔之为道，不利远者；其要无咎，其用柔中也。三与五同功而异位：三多凶，五多功，贵贱之等也。其柔危，其刚胜邪？

【译文】

《周易》这部书，以推原事物的初始、归纳事物的结局而形成卦体大义。各卦六爻相互错杂，只是反映特定的时宜和阴阳物象。初爻的意义较难理解，上爻的意义容易理解：因为前者是本始，后者是末尾，初爻的爻辞拟议事物产生的端绪，到了上爻事物发展完结而卦义最终形成。至于错杂各种物象而撰述阴阳德性，辨识是非吉凶，要是撇开中间四爻那就无法全面理解。是啊！(明白了中四爻的意义)也就大致把握了存亡吉凶的规律，即使平居无为也能知晓事理。明智的人只要观察研析卦辞，就把全卦大义多半领悟了。第二爻和第四爻同具阴柔的功能而各居上下卦不同之位，两者象征的利害得失也不相同：第二爻(处下居中)多获美誉，第四爻(处上居下)多含惕惧，因为靠近君位。阴柔的道理，不利于有远大作为；其要旨在于慎求"无咎"，其功用在于柔和守中。第三爻和第五爻同具阳刚的功能而各居上下卦不同之位：第三爻(处下卦之极)多有凶危，第五爻(处尊居中)多见功勋，这是上下贵贱的等差所致。大略说来，若阴柔(处三、五阳位)，就有危患，若阳刚(处三、五阳位)，就能胜任吧？

《易》之为书也，广大悉备：有天道焉，有人道焉，有地道焉。兼三才而两之，故六；六者，非它也，三才之道也。道有变动，故曰爻；爻有等，故曰物；物相杂，故曰文；文不当，故吉凶生焉。

【译文】

《周易》这部书，道理广大周备：含有天的道理，人的道理，地的道理。兼合（三画的八卦符号中）天地人的象征而每两卦相重，就出现了六画的卦；六画，没有别的意思，正是象征天地人的道理。《周易》的道理在于变化运动，仿效变动的情状就叫六爻；六爻各有上下等次，就叫作物象；阴阳物象相互错杂，就叫作文理；文理有的适当、有的不适当，所以吉凶就产生了。

《易》之兴也，其当殷之末世，周之盛德邪？当文王与纣之事邪？是故其辞危。危者使平，易者使倾；其道甚大，百物不废。惧以终始，其要无咎，此之谓《易》之道也。

【译文】

《周易》的兴起，大概是在殷朝末年，周文王德业正隆盛的时候吧？大概在文王臣事殷纣期间吧。因此卦爻辞多含警戒危惧的意义。知所畏惧可以使人平安，掉以轻心必将导致倾覆；其中的道理至为宏大，各种事物赖以长生不废。自始至终保持惕惧，其要旨归于慎求"无咎"，这就叫作《周易》的道理。

夫乾，天下之至健也，德行恒易以知险；夫坤，天下之至顺也，德行恒简以知阻。能说诸心，能研诸侯之虑，定天下之吉凶，成天下之亹亹者。是故变化云为，吉事有祥；象事知器，占事知来。天地设位，圣人成能；人谋鬼谋，百姓与能。八卦以象告，爻彖以情言；刚柔杂居，而吉凶可见矣。变动以利言，吉凶以情迁；是故爱恶相攻而吉凶生，远近相取而悔吝生，情伪相感而利害生。凡《易》之情，近而不相得则凶；或害之，悔且吝。将叛者其辞惭，中心疑者其辞枝，吉人之辞寡，躁人之辞多，诬善之人其辞游，失其守者其辞屈。

【译文】

乾，是天下最为刚健的象征，表现的德性行为是恒久平易而能知晓艰险所在；坤，是天下最为柔顺的象征，表现的德性行为是恒久简约而能知晓难阻。（领会知险知阻的德行）能够使人心情欢悦，研磨思虑，并能判定天下万事吉凶得失，促成天下万物勤勉奋发。因此，遵循《周易》的变化规律而有所作为，是为了使吉祥的事物有以呈现；乃至观察所拟取的物象就能明白器用的形成，占问眼前的事理就能推知将来的应验。天地设立了刚柔尊卑的位置，圣人依此创成《周易》广施功用；于是人的谋虑沟通了鬼神的谋虑，连寻常百姓也能掌握《周易》的功用。八卦用卦形象征来表示哲理,卦爻辞拟取事物的具体情态来陈述卦义;六爻阴阳刚柔交错居位,吉凶的道理就可以显现出来。各爻变化运动得当与否用"利"或"不利"来表达,结局是吉是凶依据拟喻的事物情态而推移。所以事物或相爱相求、或相恶相敌而吉与凶就在这类矛盾中产生,远近或相应、或亲比而取舍不当则悔恨憾惜就由此产生,或以真情相感、或以虚伪相感而利与害就由此产生。凡是《周易》各爻所拟喻的事物情态,两相比近而互不相得就有凶险;或者遭受外来的伤害,也难免悔恨和憾惜。(《周易》)拟喻的事物情态,正如现实中人的情态一样各不相同,譬如将要违叛的人其言辞必然惭愧不安,内心疑惑的人其言辞必然散乱无章,贤美吉善的人其言辞必然少而精粹,焦躁竞进的人其言辞必然多而繁杂,诬陷善良的人其言辞必然虚漫浮游,疏失职守的人其言辞必然亏屈不展。

【总论】

《系辞下传》十二章,始于"八卦"、"吉凶"要义的分析,终于"象理"、"辞情"特征的概括。与上篇一样,下篇诸章各自侧重于某一角度抒论,而章与章之间又有一定联系;至其内容,均不离阐明"《易》道",揭示哲理的主旨。

合上下篇而论,《系辞传》的基本价值大略有两方面:

第一,对《周易》的诸多内容作了较为全面、可取的辨析、阐发,有助于后人理解八卦、六十四卦及卦爻辞的大义。其中有对《周易》作者、成书年代的推测,有对《周易》"观物取象"创作方法的论述;或辨阴阳之理,或释八卦之象,或疏解乾坤要旨,或展示《易》筮略例;同时穿插解说某些卦爻辞的深义,远引上古史迹,近取日常现象,尽行表述了作者的《易》学观点。从这一方面看,《系辞传》实可称为一篇早期的、颇有系统的《易》义通论。

第二,在阐释《易》理的同时,作者广泛表达了自己的哲学思想,尤其是披露了一定的唯物观和辩证法的认识。其中较为突出的如关于宇宙万物生于阴阳二气的看法,关于事物的发展"穷则变,变则通,通则久"的观点,以及贯穿整个《系辞传》的关于遵循变化规律、促进事物更新进展的积极进取倾向,均在中国哲学史上产生过重大影响,乃至成为今天研究古代哲学的重要资料。从这一方面看,《系辞传》又可称为一篇内涵丰富、体现着古人宇宙观、认识论的哲学专著。

至于《系辞传》中必须扬弃的某些内容,也不宜忽视。诸如"天人感应"论、"筮理"神秘说之类,并属此例,读者应当明于鉴别,知所去取。

若综合上述两端细为辨识,还应当看到,尽管作者在解《易》过程中阐发了各方面的哲学见解,但其主旨又无不归趋于《易》理范畴。换言之,从创作宗旨这一角度认识,《系辞传》旨在发《易》义之深微,示读《易》之范例。朱熹曰:"熟读六十四卦,则觉得《系辞》之语甚为精密,是《易》之括例。"(《折中》引《朱子语类》)此说尽赅《系辞传》作为"经"之"翼"的根本功用。

此外,《系辞传》在流传过程中,似亦存在错简或被增删改易的现象。朱熹注《下系》第六章曰:"多阙文疑字,不可尽通。后皆放此。"(《本义》)即对文义提出存疑的看法。据近年出土的西汉马王堆帛书《周易》,其《系辞传》分上下篇,但与通行本有异,主要见于:帛书上篇包括通行本《系辞上传》第一至七章,九至十二章,及《系辞下传》第一至三章,第四章大部分,第七章后面数句("若夫杂物撰德"以下数句),第九章;下篇包括通行本《系辞》所无的部分约二千一百字,通行本《说卦》的前三节,通行本《系辞下传》第五、六章,第七章前面部分("若夫杂物撰德"以前部分),第八章。(参阅于豪亮《帛书周易》,载《文物》一九八四年第三期)可见,帛书《系辞传》虽亦分上下篇,但简次不同于通行本,字数也颇有多出。两者之间,何本近古,何本精善,尚待学术界进一步考订、证实。

卷十

说 卦 传

昔者圣人之作《易》也，幽赞于神明而生蓍，参天两地而倚数，观变于阴阳而立卦，发挥于刚柔而生爻，和顺于道德而理于义，穷理尽性以至于命。

【译文】

从前圣人创作《周易》的时候，凭着精深的智虑赞祝神奇光明的造化而创造出用蓍草来揲筮的方法，于是采取天的"三"数和地的"两"数而建立阴阳奇耦数的象征（来配合蓍占），并且观察天地阴阳的变化规律而演算成立卦形，发动挥散卦中刚柔两画而产生各爻的变迁，然后和协顺成其道德而运用合宜的方法治理天下，又能穷极奥理，尽究万物的性质以至于通晓自然命运。

昔者圣人之作《易》也，将以顺性命之理。是以立天之道曰阴与阳，立地之道曰柔与刚，立人之道曰仁与义。兼三才而两之，故《易》六画而成卦；分阴分阳，迭用柔刚，故《易》六位而成章。

【译文】

从前圣人创作《周易》的时候，是要用它来顺合万物的性质和自然命运的变化规律。所以确立天的道理有"阴"和"阳"两方面，确立地的道理有"柔"和"刚"两方面，确立人的道理有"仁"和"义"两方面。（作《易》者）兼合（三画的八卦符号中）天地人的象征而每两卦相重，所以《周易》的卦体必须具备六画才形成一卦；六画又分阴位阳位，更迭运用柔爻刚爻来布居，所以《周易》的卦体必须具备六位才蔚成章理。

天地定位，山泽通气，雷风相薄，水火不相射；八卦相错。数往者顺，知来者逆，是故《易》逆数也。

【译文】

天地设定上下配合的位置,山泽一高一低交流沟通气息,雷风各自与动交相潜入应和,水火异性不相厌弃而相资助:八卦就是这样(既对立又统一地)互相错杂。(掌握这种对立统一的运动规律),欲明过去的事理可以顺着推算,欲晓将来的事理可以逆着推知(将来的事理隐奥难测),所以《周易》的主要功用是逆推来事。

雷以动之,风以散之;雨以润之,日以烜之;艮以止之,兑以说之;乾以君之,坤以藏之。

【译文】

(震为)雷用来振奋鼓动万物,(巽为)风用来散布流通万物;(坎为)雨水用来滋润万物,(离为)太阳用来干燥万物;艮(为山)用来抑止万物,兑(为泽)用来欣悦万物;乾(为天)用来君临万物,坤(为地)用来储藏万物。

帝出乎震,齐乎巽,相见乎离,致役乎坤,说言乎兑,战乎乾,劳乎坎,成言乎艮。万物出乎震,震东方也。齐乎巽,巽东南也;齐也者,言万物之絜齐也。离也者,明也,万物皆相见,南方之卦也;圣人南面而听天下,向明而治,盖取诸此也。坤也者,地也,万物皆致养焉,故曰致役乎坤。兑,正秋也,万物之所说也,故曰说言乎兑。战乎乾,乾西北之卦也,言阴阳相薄也。坎者,水也,正北方之卦也,劳卦也,万物之所归也,故曰劳乎坎。艮东北之卦也,万物之所成终而所成始也,故曰成言乎艮。

【译文】

主宰大自然生机的元气使万物出生于(象征东方和春分的)震,生长整齐于(象征东南和立夏的)巽,纷相显现于(象征南方和夏至的)离,致力用事于(象征西南和立秋的)坤,成熟欣悦于(象征西方和秋分的)兑,交配结合于(象征西北和立冬的)乾,勤劬劳倦于(象征北方和冬至的)坎,最后成功而又重新萌生于(象征东北和立春的)艮。万物出生于震,因为震卦是象征(万物由以萌生的)东方。生长整齐于巽,因为巽卦是象征(万物和顺生长的)东南方;生长整齐,是说万物的生长状态整洁一致。离卦是光明的象征,万物都旺盛而纷相显现,这是代表南方的卦;圣人坐北朝南而听政于天下,面向光明而治理事务,大概是吸取了这一卦的象征吧。坤卦,是地的象征,万物都致力养育于大地,所以说致力用事于坤。兑卦,象征正秋时节,万物成熟欣悦于此时,所以说成熟欣悦于兑。交配结合于乾,乾卦是象征西北(阴方)的卦,说明阴阳于此交相潜入应和。坎卦,是水的象征,是代表正北方的卦,又是代表勤劬劳倦的卦,万物劳倦必当归藏休息,所以说勤劬劳倦于坎。艮卦是象征东北(终而复始之位)的卦,万物于此成就其终而更发其始,所以说最后成功而又重新萌生于艮。

神也者,妙万物而为言者也。动万物者莫疾乎雷,桡万物者莫疾乎风,燥万物者莫熯乎火,说万物者莫说乎泽,润万物者莫润乎水,终万物始万物者莫盛乎艮。故水火相逮,雷风不相悖,山泽通气,然后能变化既成万物也。

【译文】

所谓大自然的神奇造化,是说它在于能够奇妙地化育万物。鼓动万物者没有比雷更迅猛的,吹拂万物者没有比风更疾速的,干燥万物者没有比火更炎热的,欣悦万物者没有比泽更和悦的,滋润万物者没有比水更湿润的,最终成就万物又重新萌生万物者没有比艮更美盛的。所以水火异性而相互济及,雷风异动而不相违逆,山泽异处而流通气息,然后自然界才能变动运化而形成万物。

乾,健也;坤,顺也;震,动也;巽,入也;坎,陷也;离,丽也;艮,止也;兑,说也。

【译文】

乾,表示强健;坤,表示温顺;震,表示奋动;巽,表示潜入;坎,表示险陷;离,表示附丽;艮,表示静止;兑,表示欣悦。

乾为马,坤为牛,震为龙,巽为鸡,坎为豕,离为雉,艮为狗,兑为羊。

【译文】

乾为马象,坤为牛象,震为龙象,巽为鸡象,坎为猪象,离为雉鸟象,艮为狗象,兑为羊象。

乾为首,坤为腹,震为足,巽为股,坎为耳,离为目,艮为手,兑为口。

【译文】

乾为头象,坤为腹象,震为足象,巽为大腿象,坎为耳象,离为目象,艮为手象,兑为口象。

乾,天也,故称乎父;坤,地也,故称乎母;震一索而得男,故谓之长男;巽一索而得女,故谓之长女;坎再索而得男,故谓之中男;离再索而得女,故谓之中女;艮三索而得男,故谓之少男;兑三索而得女,故谓之少女。

【译文】

乾,是天的象征,所以称作父;坤,是地的象征,所以称作母;(父母阴阳互求,阳求合于阴得男,阴求合于阳得女。)震是初次求合所得的男性,所以叫作长男;巽是初次求合所得的女性,所以叫作长女;坎是再次求合所得的男性,所以叫作中男;离是再次求合所得的女性,所以叫作中女;艮是三次求合所得的男性,所以叫作少男;兑是三次求合所得的女性,所以叫作少女。

乾为天,为圜,为君,为父,为玉,为金,为寒,为冰,为大赤,为良马,为老马,为瘠马,为驳马,为木果。

坤为地,为母,为布,为釜,为吝啬,为均,为子母牛,为大舆,为文,为众,为柄,其于地也为黑。

震为雷,为龙,为玄黄,为旉,为大涂,为长子,为决躁,为苍筤竹,为萑苇,其于马也为善鸣,为馵足,为作足,为的颡,其于稼也为反生,其究为健,为蕃鲜。

巽为木,为风,为长女,为绳直,为工,为白,为长,为高,为进退,为不果,为臭,其于人也为寡发,为广颡,为多白眼,为近利市三倍,其究为躁卦。

坎为水,为沟渎,为隐伏,为矫輮,为弓轮,其于人也为加忧,为心病,为耳痛,为血卦,为赤,其于马也为美脊,为亟心,为下首,为薄蹄,为曳,其于舆也为多眚,为通,为月,为盗,其于木也为坚多心。

离为火,为日,为电,为中女,为甲胄,为戈兵,其于人也为大腹,为乾卦,为鳖,为蟹,为蠃,为蚌,为龟,其于木也为科上槁。

艮为山,为径路,为小石,为门阙,为果蓏,为阍寺,为指,为狗,为鼠,为黔喙之属,其于木也为坚多节。

兑为泽,为少女,为巫,为口舌,为毁折,为附决,其于地也为刚卤，为妾，为羊。

【译文】

乾为天象，为圆圜象，为君主象，为父象，为玉象，为金象，为寒象，为冰象，为大红颜色象，为良马象，为老马象，为瘦马象，为驳马象，为树木果实象。

坤为地象，为母象，为钱币流布之象，为锅釜象，为吝啬象，为平均象，为子牛母牛象，为大车象，为文采章理象，为众多象，为柯柄象，对于地来说为黑色土壤之象。

震为雷象，为龙象，为青黄颜色交杂之象，为花朵象，为宽阔大路象，为长子象，为刚决躁动象，为青嫩幼竹象，为萑苇象，对于马来说为擅长鸣啸的马象，为后左足长白毛的马象，为前两足腾举的马象，为额首斑白的马象，对于禾稼来说为顶着种子的甲壳萌生之象，此卦发展至极则化为刚健之象，为草木蘩育鲜明之象。

巽为树木象，为风象，为长女象，为笔直的准绳象，为工巧象，为白色象，为长象，为高象，为抉择进退之象，为迟疑不决之象，为气味象，对于人来说为头发稀少象，为额首宽广象，为多以白眼视人之象，为亲近于利而购物必获三倍利益者之象，此卦发展至极则化为急躁卦。

坎为水象，为沟洼渎洎象，为隐伏象，为矫鞣屈曲象，为弯弓转轮象，为深加忧虑象，为内心患病象，为耳中疾痛象，为鲜血卦，为赤色象，对于马来说为脊背美丽的马象，为内心焦急的马象，为头部下垂的马象，为脚蹄频频踢地的马象，为艰难拖曳的马象，对于车辆来说为多灾多难的车象，为通行象，为月亮象，为盗寇象，对于树木来说为坚硬而多生小刺之象。

离为火象，为太阳象，为闪电象，为中女象，为护身甲胄象，为戈矛兵器象，对于人来说为妇女大腹怀孕象，为干燥卦，为鳖象，为蟹象，为螺象，为龟象，对于树木来说为柯干中空上部枯槁之象。

艮为山象，为斜径小路象，为小石象，为崇门高阙象，为果蓏象，为阍人寺人象，为手指象，为狗象，为鼠象，为黑嘴刚猛的禽类象，对于树木来说为坚硬而多生节纽之象。

兑为泽象，为少女象，为巫师象，为口舌象，为毁灭摧折象，为附从决断象，对于地来说为土壤刚硬不生植物之象，为妾象，为羊象。

【总论】

《说卦传》十一章，先追溯《周易》的创作者用“蓍”衍卦的历史；再申言八卦的两种方位；然后集中说明八卦的取象特点，强调八种基本物象及象征意义，并广引众多象例，是今天探讨《易》象的产生及推展的重要资料。

《晋书·束皙传》:“《汲冢竹书》有《卦下易经》一篇,似《说卦》而异。”近年出土的马王堆汉墓帛书《周易》,其《系辞传》中杂有今本《说卦传》前三章(见于豪亮《帛书周易》)。可见,《说卦传》在流传过程中也不可避免地存在着钞录错讹、或被增删改易的现象。《释文》所引或本第十一章卦象序次之异及《九家》本多出的象例,即可为证。

《说卦传》值得今天继续研究的内容,主要有两方面:一是“先天”、“后天”八卦方位的本来面目及其在历史上产生的各方面影响;二是早期《易》象设立的背景,推衍的规律及其在解《易》、用《易》中的重要功用。这两方面的研究,均当立足于对《周易》“以象为本”的特色的科学辨析,以利于揭示此书特异的象征哲学体系。

《易》以象为本,故《说卦传》专言象以揭其纲;汉儒说《易》,莫不重象,九家逸象、虞氏逸象又一再引其绪。王弼扫象之后,象学虽渐衰,然唐之李鼎祚,宋之朱震,元之吴澄,明之来知德,以及清儒之讲汉《易》者,无论其详略深浅,皆能认识《易》象。近时研究《易》象者,尤以行唐尚节之先生的贡献,最为卓越。先生探象的特点,是以精研《周易》经传为本,进而深究《左传》、《国语》、《逸周书》,尤其是《易林》中由来久远而为人忘忽的象例,发现了失传的《易》象,包括六十四卦的内外卦象、互象、对象、正反象、半象、大象等百二十余例的应用规律。其发明见于所著《焦氏易诂》、《焦氏易林注》、《左传国语易象释》、《周易尚氏学》诸书。于省吾称“先生对《易》象的贡献是空前的”(《周易尚氏学序》),实非虚美之辞。因此,今天研《易》者如欲深入探讨《说卦传》的象例,或进而广泛研究先秦两汉以来的各家《易》说,以新的科学方法总结出《易》象规律,则尚先生的学说实是不可或缺的津梁。

序 卦 传

有天地然后万物生焉。盈天地之间者唯万物，故受之以《屯》；屯者盈也，屯者物之始生也。物生必蒙，故受之以《蒙》；蒙者蒙也，物之稚也。物稚不可不养也，故受之以《需》；需者饮食之道也。饮食必有讼，故受之以《讼》。讼必有众起，故受之以《师》；师者众也。众必有所比，故受之以《比》；比者比也。比必有所畜，故受之以《小畜》。物畜然后有礼，故受之以《履》。履而泰，然后安，故受之以《泰》；泰者通也。物不可以终通，故受之以《否》。物不可以终否，故受之以《同人》。与人同者，物必归焉，故受之以《大有》。有大者不可以盈，故受之以《谦》。有大而能谦必豫，故受之以《豫》。豫必有随，故受之以《随》。以喜随人者必有事，故受之以《蛊》；蛊者事也。有事而后可大，故受之以《临》；临者大也。物大然后可观，故受之以《观》。可观而后有所合，故受之以《噬嗑》；嗑者合也。物不可以苟合而已，故受之以《贲》；贲者饰也。致饰然后亨则尽矣，故受之以《剥》；剥者剥也。物不可以终尽，剥穷上反下，故受之以《复》。复则不妄矣，故受之以《无妄》。有无妄然后可畜，故受之以《大畜》。物畜然后可养，故受之以《颐》；颐者养也。不养则不可动，故受之以《大过》。物不可以终过，故受之以《坎》；坎者陷也。陷必有所丽，故受之以《离》；离者丽也。

有天地然后有万物，有万物然后有男女，有男女然后有夫妇，有夫妇然后有父子，有父子然后有君臣，有君臣然后有上下，有上下然后礼义有所错。夫妇之道不可以不久也，故受之以《恒》；恒者久也。物不可以久居其所，故受之以《遁》；遁者退也。物不可以终遁，故受之以《大壮》。物不可以终壮,故受之以《晋》;晋者进也。进必有所伤,故受之以《明夷》;夷者伤也。伤于外者必反其家,故受之以《家人》。家道穷必乖,故受之以《睽》;睽者乖也。乖必有难,故受之以《蹇》;蹇者难也。物不可以终难,故受之以《解》;解者,缓也。缓必有所失,故受之以《损》。损而不已必益,故受之以《益》。益而不已必决,故受之以《夬》;夬者决也。决必有所遇,故受之以《姤》;姤者遇也。物相遇而后聚,故受之以《萃》;萃者聚也。聚而上者谓之升,故受之以《升》。升而不已必困,故受之以《困》。困乎上者必反下,故受之以《井》。井道不可不革,故受之以《革》。革物者莫若鼎,故受之以《鼎》。主器者莫若长子,故受之以《震》;震者动也。物不可以终动,止之,故受之以《艮》;艮者止也。物不可以终止,故受之以《渐》;渐者进也。进必有所归,故受之以《归妹》。得其所归者必大,故受之以《丰》;丰者大也。穷大者必失其居,故受之以《旅》。旅而无所容,故受之以《巽》;巽者入也。入而后说之,故受之以《兑》;兑者说也。说而后散之,故受之以《涣》;涣者离也。物不可以终离,故受之以《节》。节而信之,故受之以《中孚》。有其信者必行之,故受之以《小过》。有过物者必济,故受之以《既济》。物不可穷也,故受之以《未济》终焉。

【译文】

有了天地然后万物才开始产生。最初充盈天地之间的只有万物(初生时的细缊气息),所以(《周易》首先设定了象征天地的《乾》、《坤》两卦)接着是象征事物"初生"的《屯》卦;"屯"表示阴阳初交时的孕育之气充塞满盈,"屯"的意思又指事物开始萌生。事物初生必然蒙昧无知,所以接着是象征"蒙稚"的《蒙》卦;"蒙"表示蒙昧,就是事物幼稚的意思。事物幼稚不可不加以养育,所以接着是象征"需待"的《需》卦;"需"含有需待饮食的道理。面临饮食问题必然有所争讼,所以接着是象征"争讼"的《讼》卦。争讼必然要依靠众人力量的兴起,所以接着是象征"兵众"的《师》卦;"师"是兵士众多的意思。凡是事物众多必然有所比辅,所以接着是象征"亲密比辅"的《比》卦;"比"是比辅的意思。相互比辅必然有所畜聚,所以接着是象征"小有畜聚"的《小畜》卦。事物相畜聚然后要用礼节规范行为,所以接着是象征循礼"小心行走"的《履》卦。循礼小心行走而导致通泰,然后万事均安,所以接着是象征"通泰"的《泰》卦;"泰"是安泰亨通的意思。事物不可能终久通泰,所以接着是象征"否闭"的《否》卦。事物不可能终久否闭,所以接着是象征"和同于人"的《同人》卦。与人和同,外物必然纷纷归附,所以接着是象征"大获所有"的《大有》卦。大获所有的人不应当盈满自傲,所以接着是象征"谦虚"的《谦》卦。既获广大又能谦虚的人必然愉乐,所以接着是象征"愉乐"的《豫》卦。与人共相愉乐必然有人随从,所以接着是象征"随从"的《随》卦。以喜悦之心随从于人的必然有所用事,所以接着是象征"拯弊治乱"的《蛊》卦;"蛊"含有拯治事务的意思。能够拯治事务而后功业可以盛大,所以接着是象征"高临"于众人的《临》卦;"临"含有功业盛大而居高治下的意思。事物尊高盛大然后可以受人观仰,所以接着是象征"观仰"的《观》卦。可以受人观仰而后上下有所融合,所以接着是象征"啮合"的《噬嗑》卦;"嗑"是相合的意思。事物不能草率交合,所以接着是象征"文饰"的《贲》卦;"贲"是文饰的意思。过分致力于文饰然后亨通的路途就穷尽了,所以接着是象征"剥落"的《剥》卦;"剥"是剥落穷尽的意思。事物不可能终久穷尽,剥落穷尽于上就导致回复于下,所以接着是象征"回复"的《复》卦。能回复正道就不至于胡作妄为,所以接着是象征"不妄为"的《无妄》卦。能够不妄为然后可以畜聚外物,所以接着是象征"大为畜聚"的《大畜》卦。事物大为畜聚然后可以施用于颐养,所以接着是象征"颐养"的《颐》卦;"颐"是颐养的意思。没有充足有余的颐养就不可能振作兴动,所以接着是象征"大为过甚"的《大过》卦。事物不能终久过甚,过极必险所以接着是象征"险陷"的《坎》卦;"坎"是险陷的意思。遭遇险陷必然要有所附丽才能获援脱险,所以接着是象征"附丽"的《离》卦;"离"是附丽的意思。

有了天地然后才有万物,有了万物然后才有男性女性,有了男性女性然后才能配成夫妇,有了夫妇繁衍后代然后才产生父子,有了父子然后(人类发展愈多,须加治理)才出现了君臣,有了君臣然后才产生上下尊卑的名分,有了上下尊卑的名分然后礼义才有所安置。(象征"交感"的《咸》卦所揭示的)夫妇道理不能不恒久存在,所以(《咸》卦之后)接着是象征"恒久"的《恒》卦;"恒"是恒久的意思。事物不可能长久安居于一个处所,所以接着是象征"退避"的《遁》卦;"遁"是退避远去的意思。事物不能终久退避(必将重新振兴盛大),所以接着是象征"大为强盛"的《大壮》卦。事物不可能终久安守壮盛而无所进取,所以接着是象征"晋长"的《晋》卦;"晋"是晋长升进的意思。往前进取必然有所损伤,所以接着是象征"光明殒伤"的《明夷》卦;"夷"是损伤的意思。在外遭受损伤的人必然要返回家中(以求家庭温暖的慰藉),所以接着是象征"一家人"的《家人》卦。家庭(成员都是至亲,要是失于节制,荡检逾闲,将会)流于穷困必然要产生种种乖背睽违的事端,所以接着是象征"乖背睽违"的《睽》卦;"睽"是乖背睽违的意思。事物乖背睽违必然导致蹇难，所以接着是象征“蹇难”的《蹇》卦；“蹇”是蹇难的意思。事物不可能终久蹇难，所以接着是象征“舒解”的《解》卦；“解”是舒缓解散的意思。过于舒缓必然有所损失，所以接着是象征“减损”的《损》卦。能够不断自我减损（施益他人）必然也受人增益，所以接着是象征“增益”的《益》卦。增益不止必然满盈流溃而被断然决除，所以接着是象征“决断”的《夬》卦；“夬”是决断（清除邪恶）的意思。决断（清除邪恶）必然有所喜遇，所以接着是象征“相遇”的《姤》卦；“姤”是相遇的意思。事物相遇而后会聚，所以接着是象征“会聚”的《萃》卦；“萃”是会聚的意思。会聚而能上进就叫作上升，所以接着是象征“上升”的《升》卦。上升不止必然要困穷，所以接着是象征“困穷”的《困》卦。困穷于上的必然要返归于下（以求安居），所以接着是象征“水井”的《井》卦。水井的道理（历久必秽），不能不变革整治，所以接着是象征“变革”的《革》卦。变革事物没有比鼎器（化生为熟）更显著的，所以接着是象征“鼎”器的《鼎》卦。主持鼎器的人没有比长子更适合的，所以接着是象征权威“雷动”的《震》卦；“震”是雷震奋动的意思。事物不能终久奋动，应当适当抑止，所以接着是象征“抑止”的《艮》卦；“艮”是抑止的意思。事物不可能终久抑止（必将逐渐前进），所以接着是象征“渐进”的《渐》卦；“渐”是渐进的意思。渐进必将有所依归，所以接着是象征“嫁出少女”的《归妹》卦。事物获得依归必然丰大，所以接着是象征“丰大”的《丰》卦；“丰”是丰大的意思。穷极丰大的人必将丧失安居的处所，所以接着是象征“行旅”的《旅》卦。行旅而无处容身（必然要顺从于人才能进入客居处所），所以接着是象征“顺从”的《巽》卦；“巽”含有顺从则能入的意思。进入适宜的居所而后心中欣悦，所以接着是象征“欣悦”的《兑》卦；“兑”是欣悦的意思。心中欣悦而后能推散其所悦，所以接着是象征“涣散”的《涣》卦；“涣”是涣发离散的意思。事物不能终久无节制地涣发离散，所以接着是象征“节制”的《节》卦。有所节制就应当用诚信来守持，所以接着是象征“中心诚信”的《中孚》卦。坚守诚信的人必然要过为果决地履行职责，所以接着是象征“小有过越”的《小过》卦。（美善的行为）有所过越者办事必能成功，所以接着是象征“事已成”的《既济》卦。事物的发展不可能穷尽（成功之后又将带来新的未成功因素），所以接着是象征“事未成”的《未济》卦作为《周易》六十四卦的终了。

【总论】

《序卦传》是分析《周易》六十四卦的编排次序，并揭示诸卦前后相承的意义。

全文分为两段：前段叙上经卦次，后段叙下经卦次。此篇创作宗旨及命名之义，孔颖达认为：“六十四卦分为上下二篇，其先后之次，其理不见，故孔子就上下

二经,各序其相次之义,故谓之《序卦》焉。”(《正义》)

文中以简约的语言概括诸卦名义,有与卦义切合者,有仅取其一端为说者,目的均在揭明卦与卦之间的有机联系,而不在于阐析各卦的完整意义。韩康伯指出:“《序卦》之所明,非《易》之蕴也。”(《正义》引)苏轼也说:“《序卦》之论《易》,或直取其名而不本其卦者多矣,若赋诗断章然,不可以一理求也。”(《东坡易传》)

《序卦传》在分析六十四卦序次之理的同时,集中揭示了事物“相因”、“相反”的两种发展规律。如“节而信之,故受之以《中孚》”,“入而后说之,故受之以《兑》”,即指明事物沿正面的趋势进展;“损而不已必益”,“益而不已必决”,则指明事物向相反的方面转化。蔡清曰:“《序卦》之义,有相因者,有相反者。相反者,极而变者也;相因者,其未至于极者也。总不出此二例。”(《折中》引)文中释义尽管简约,但卦次编排的原理,作者的辩证哲学观点,均得到显明的反映。可以说,《序卦传》是一篇颇具哲理深度的六十四卦推衍纲要。

《序卦传》还披露了一个客观事实:今本六十四卦的卦序及上下经的区分,是相沿已久的。张载曰:“《序卦》相受,圣人作《易》当有次序。”(《横渠易说》)项安世曰:“《易》之称上下经者,未有考也。以《序卦》观之,二篇之分,断可知矣。”(《周易玩辞》)两人所论,正是基于上述事实而发。当然,《周易》创定之初,卦次是否如此编排,上下经是否如此区分,尚待将来学术界的进一步考证。

应当指出,马王堆帛书《周易》的卦序,与《序卦传》所列为两种不同的体例。帛书六十四卦以上卦为纲、下卦为目排列,此种排列方式比较便于检索,当是后人为了占筮实用而作的改编(见《马王堆帛书六十四卦释文》及张政烺《帛书六十四卦跋》,两者均载《文物》一九八四年第三期)。然而,经过改编的帛书卦序,各卦之间已不复存在哲理的联系;因此,对于考究《序卦传》的叙《易》原理,就没有什么用处了。

杂卦传

《乾》刚《坤》柔,《比》乐《师》忧;《临》、《观》之义,或与或求。《屯》见而不失其居,《蒙》杂而著。《震》起也,《艮》止也;《损》、《益》盛衰之始也。《大畜》时也,《无妄》灾也。《萃》聚而《升》不来也,《谦》轻而《豫》怠也。《噬嗑》食也,《贲》无色也;《兑》见而《巽》伏也。《随》无故也,《蛊》则饬也。《剥》烂也,《复》反也。《晋》昼也,《明夷》诛也;《井》通而《困》相遇也。《咸》速也,《恒》久也;《涣》离也,《节》止也。《解》缓也,《蹇》难也。《睽》外也,《家人》内也;《否》、《泰》反其类也。《大壮》则止,《遁》则退也。《大有》众也,《同人》亲也;《革》去故也,《鼎》取新也;《小过》过也,《中孚》信也。《丰》多故也,亲寡《旅》也;《离》上而《坎》下也。《小畜》寡也,《履》不处也。《需》不进也,《讼》不亲也。《大过》颠也,《姤》遇也,柔遇刚也。《渐》女归待男行也。《颐》养正也,《既济》定也。《归妹》女之终也,《未济》男之穷也。《夬》决也,刚决柔也;君子道长,小人道忧也。

【译文】

《乾》卦阳刚、《坤》卦阴柔,《比》卦欣乐、《师》卦烦忧;《临》、《观》两卦的意义,或施予或营求。《屯》卦生机呈现而不失所居,《蒙》卦交错于明暗而童真昭著。《震》卦奋动振起,《艮》卦稳静安止;《损》、《益》两卦是盛衰互转的开始。《大畜》卦适时畜聚,《无妄》卦谨防飞灾。《萃》卦会聚共相处而《升》卦上升不返来,《谦》卦轻己必重人而《豫》卦纵乐必懈怠。《噬嗑》卦啮合如口进食,《贲》卦美饰不须色彩;《兑》卦欣悦外现而《巽》卦顺从内伏。《随》卦毫无成见,《蛊》卦用心治乱。《剥》卦烂熟剥落,《复》卦重返正本。《晋》卦如白昼太阳进长,《明夷》卦如暮夜光明殒伤;《井》卦滋养广通而《困》卦前途被挡。《咸》卦感应神速,

《恒》卦恒心永久；《涣》卦离披涣散，《节》卦制约不流。《解》卦松懈舒缓，《蹇》卦坎坷艰难。《睽》卦乖违于外，《家人》卦和睦于内；《否》、《泰》两卦是相反的事类。《大壮》卦强盛知止，《遁》卦时穷退避。《大有》卦所有众多，《同人》卦与人亲近；《革》卦革除故旧，《鼎》卦烹饪取新。《小过》卦小有过越，《中孚》卦中心诚信。《丰》卦丰大则多事，亲朋寡少是《旅》卦；《离》卦火焰炎上而《坎》卦水势流下。《小畜》卦畜聚甚少，《履》卦循礼而行未敢安处中道。《需》卦审慎需待不能躁进，《讼》卦争讼纷起难以相亲。《大过》卦颠殒常理；《姤》卦不期而遇，阴柔遇合阳刚。《渐》卦如女子出嫁，待男子礼备而成双。《颐》卦养身持正，《既济》卦事成安定。《归妹》卦是女子终得依归之时，《未济》卦是男子穷极行事之际。《夬》卦处事决断，是阳刚决除阴柔；说明君子之道盛长，小人之道困忧。

【总论】

《杂卦传》取名于“杂”的意旨，韩康伯云：“杂糅众卦，错综其义。”（《韩注》）可见，本篇是打散《序卦传》所揭明的卦序，把六十四卦分为三十二组两两对举，以精要的语言说明卦义。

文中对举的两卦之间，一般在卦形上非“错”（旁通）即“综”（反对），在卦义上多成相反。如《乾》卦纯阳（䷀），义主“刚健”；旁通为《坤》卦纯阴（䷁），义主“柔顺”。又如《睽》卦下兑上离（䷥），义主“乖违于外”；反对为《家人》卦下离上巽（䷤），义主“相亲于内”。之所以如此对举见义，一方面由于事物的发展往往在正反相对的因素中体现其规律；另一方面六十四卦的卦体形式均存在反对、旁通的现象，尚先生云：“卦象正则如此，反则如彼也。”（《尚氏学》）

这种“错”、“综”规律，是《杂卦传》作者所着重表现的内容，集中揭示了《周易》在卦形结构上反映的辩证观点。

但文中自《大过》卦以下八卦，不以相对卦为说，《易》家有多种不同看法。今引四说以备参考：

（一）虞翻认为，《大过》卦（䷛）“木灭于泽”为“死象”，下互《姤》卦（䷫），上互《夬》卦（䷪），故次以《姤》而终《夬》（见《集解》引）。

（二）干宝认为：“《杂卦》之末，又改其例，不以两卦反复相酬者，以示来圣后王，明道非常道，事非常事也。化而裁之存乎变，是以终之以《夬》，言能决断其中，唯阳德之主也。”（《集解》引）

（三）朱熹指出：“自《大过》以下，卦不反对，或疑其错简。今以韵叶之，又似非误。未详何义。”（《本义》）朱子的看法，是存疑待决。

（四）尚先生认为：“宋儒颇以为错简，然曰‘女之终’、‘男之穷’，上下对文，似

非错简。”并谓诸卦“虽不对举，而义仍反对。”(《尚氏学》)

以上四说均言之成理，当并存备考。

《杂卦传》除了以两卦对举明义为特点外，在六十四卦的整体排列上，还可以看出作者用心细密之处：如前部分三十卦始于《乾》、《坤》，后部分三十四卦始于《咸》、《恒》，既合上下经卦数，又各以上下经的居首两卦为首；而篇末以《夬》卦居终，义取“刚决柔，君子道长，小人道忧”，深合《周易》推尚“阳刚正道”的宗旨，并与全《易》始于《乾》卦相应。由此可知，《杂卦传》虽“杂”叙诸卦，其条理却秩然分明，实当视为《序卦传》的姐妹篇。

还应当提及，《杂卦传》属于通篇用韵的韵体文。这一特点，与卦爻辞及《彖传》、《象传》等均多叶韵又相应合，是研究上古韵的重要参考资料。